Dieses Buch gehört:

....

Vorn

pmv Ausflugs- & Wanderführer:

EIFEL MIT KINDERN

Vor die Haustür, fertig – los!

pmv-Leser sind neugierig und mobil – nicht nur in der Fremde, sondern auch in der eigenen Umgebung. Den Wissensdurst ihres Nachwuchses wollen sie fördern, seinem Tatendrang im Einklang mit der Natur freie Bahn lassen. Daher finden Sie in diesem Ausflugsführer Tipps und Adressen zu allem, was kleine und große Kinder begeistert, je nach Wetterlage und Jahreszeit. Alle Adressen und Aktivitäten wurden vom Autor persönlich begutachtet und strikt nach Kinder- und Familienfreundlichkeit ausgewählt.

Gestatten?

Ich bin Sam, die Wasserratte. Meine Clique und ich begleiten euch mit noch ein paar Freunden auf euren Entdeckertouren durch dieses Buch und die Eifel. Darf ich vorstellen:

Karlinchen, unsere Frischluftfanatikerin,

Herr Mau, Experte für Handwerk und Geschichte,

und Mockes, der liebt Musik und Action.

EIFEL MIT KINDERN

700 Ausflüge, Aktivitäten und Adressen für Ferien und Freizeit

VON INGRID RETTERATH

pmv

1. Auflage Frankfurt am Main 2004

PETER MEYER VERLAG

INHALT

PRÜM & DIE SCHNEIFEL

HOHE EIFEL

RUND UM DIE AHR

BITBURG & DIE SÜDEIFEL

VULKANEIFEL

INFO & VERKEHR

FERIENADRESSEN

VORWORT

Seit meiner frühesten Kindheit verbringe ich einen großen Teil meiner Zeit in der Eifel. Ihr könnt euch also vorstellen, dass ich spontan zusagte, als mir der Verlag dieses Buchprojekt vorschlug. Innerhalb eines Jahres all die schönen Orte wiederzusehen, an die ich gute Erinnerungen hatte, und neue Ziele kennen zu lernen, war sehr verlockend für mich.

Meine Erwartungen wurden nicht enttäuscht. Überall können Kinder fröhlich schwimmen, paddeln und rodeln, schlaue Tatsachen über Geschichte und Technik lernen, an lustigen Volksfesten teilnehmen und viel Zeit in der Natur verbringen. Während unzähliger Wanderungen und Fahrten mit Bahn, Auto und Fahrrad habe ich viele nette Menschen kennen gelernt, die nur zu gerne Kindergruppen und Familien einen schönen Urlaub oder Ausflugstag ermöglichen. Die Eifel war schon immer ein beliebtes Reiseziel für Deutsche, Belgier, Briten und Franzosen. So beliebt, dass sogar die Grenzen dieser Region nicht genau festzumachen sind. Manch ein Mitarbeiter in einer Touristeninformation hat mir traurig geschrieben, dass einige Orte in seinem Einzugsbereich nicht in der Eifel, sondern »nur« an der Mosel, in den Ardennen oder am Rhein liegen. Dort ist es auch sehr schön, nur ist es eben nicht die Eifel. Und die ist schon etwas Besonderes mit ihren Maaren, Burgen, historischen Werkstätten und Eisenbahnen. Seit einigen Jahren kommen manche Menschen sogar nur deshalb in die Eifel, weil sie einen der vielen spannenden Eifel-Krimis gelesen haben und sich nun den Tatort ansehen wollen.

Alle Regionen der Eifel haben so viel zu bieten, dass man schnell den Überblick verlieren kann. Ich habe deshalb die schönsten Ziele für einen

Über die Autorin

Ingrid Retterath lebt in Hürth, also nur einen Steinwurf von der nördlichen Voreifel entfernt. Ihr Großvater wurde in Retterath in der Hohen Eifel geboren. Familiäre Bindungen, Klassenfahrten, Radtouren, Wochenendausflüge und schließlich Urlaubsfahrten als Kindergruppenleiterin führten sie in alle Regionen der Eifel. Sie ist hauptberuflich Juristin und ehrenamtlich Ausbilderin im DRK. Selbst wenn sie Katastrophenschutzübungen plant und leitet, finden diese meist in der Eifel statt. In ihrer Freizeit schreibt sie seit 1999 Reiseführer und Kurzgeschichten.

Ferienaufenthalt, einen Schulausflug oder eine Tagestour in diesem Buch zusammengestellt, um Kindern, Eltern, Lehrern und Kindergruppenleitern die Auswahl zu erleichtern. Bei der Vielzahl der touristischen Möglichkeiten kann dies selbstverständlich keine abschließende Aufzählung sein. Mein Augenmerk lag bei der Auswahl stets darauf, was Kindern zwischen 3 und 13 Jahre Spaß machen könnte bzw. darauf, ob die Aktivitäten familienfreundlich, preiswert und gut zu erreichen sind. Naturnähe und Umweltverträglichkeit sowie das Votum meiner »Testkinder« gaben schon mal vor den großen bekannten Attraktionen den Ausschlag für kleine, engagierte Anbieter.

Ich wünsche euch allen viel Spaß und unvergessliche Begegnungen in der Eifel.

Ingrid Retterath

Zur Gliederung dieses Buches

In diesem Buch wird die Eifel in sieben Reise- und zwei Servicekapiteln vorgestellt. Die Griffmarken am Seitenrand sind von Norden nach Süden sortiert und weisen euch den Weg zu den Regionen *Hohes Venn & Monschau, Nordeifel, Prüm & Die Schneifel, Hohe Eifel, Rund um die Ahr, Bitburg & Die Südeifel* und *Vulkaneifel.* Innerhalb einer Region findet ihr immer zuerst **Tipps für Wasserratten** und Aktionen **in der Natur**. Wer also schwimmen, paddeln, radeln, skaten und wandern will, findet hier ebenso gute Adressen wie die Naturfreunde und Umweltforscher unter euch. Zum Schluss der Frischluftaktivitäten findet ihr Tipps für den Winterspaß mit Ski, Rodeln und Eislauf.

Danksagung

Mein Dank gilt all den hilfsbereiten Menschen in Schwimmbädern, Museen, Touristeninformationen und meinem Bekanntenkreis, die mir meine Fragen beantworteten, wertvolle Tipps gaben und mich mit Material versorgten. Mein Verleger Peter Meyer hat mir ein erstklassiges PC-System vorgegeben und mich während der Recherchephase perfekt betreut. Bei Eberhard Schmitt-Burk möchte ich mich herzlich für die vielen nützlichen Aktivitäten-Tipps zu Zielen in der Südeifel bedanken. Vielen Dank auch für die stete Unterstützung an Kurt Köhler, der mich in Bewegung hielt, an Jörg Peters, Dirk Winter und Ursula Niemandt, die mich nach langen Nächten vor dem Computer aufmunterten, und an meine Mutter und Holger Kempkes für die Begleitung bei vielen Recherchen.

In den Randspalten des Buches findet ihr **Tipps** zum Einkehren, Einkaufen oder Feiern sowie Hinweise auf weiterführende Literatur, Kartenempfehlungen, Spiel- und Wandertipps und und und. Ihr werdet ja sehen!

Dahinter kommen interessante Ziele aus **Handwerk und Geschichte** wie Besucherbergwerke, Museumsbahnen, Fabrikbesichtigungen, Burgen und Museen, also eher Dinge, die man auch bei schlechtem Wetter unternehmen kann.
Abgerundet wird jede Griffmarke mit einem **Festkalender** einschließlich Weihnachtsmärkten und Karnevalsveranstaltungen.
In den letzten beiden Griffmarken – **Info & Verkehr** sowie **Ferienadressen** – mache ich euch Vorschläge zum umweltfreundlichen Reisen mit öffentlichen Verkehrsmitteln, zu kinderfreundlichen Unterkünften auf Bauern- und Reiterhöfen, Jugendherbergen und Naturfreundehäusern sowie tollen Jugendzelt- und Campingplätzen.

Hinweis in eigener Sache

Die Adressen, Preise und Informationen habe ich an vielen Tagen in der Eifel zusammengetragen und in ebenso vielen Nächten in den Computer eingegeben. Doch trotz aller Sorgfalt können sich Fehler einschleichen. Und es lässt sich auch nicht verhindern, dass sich Daten noch während des Niederschreibens oder nach dem Erscheinen des Buches ändern. Auf jeden Fall freuen wir – der Verlag und ich – uns, wenn ihr uns auf Fehler und Veränderungen aufmerksam macht. Auch Lob und zusätzliche Tipps sind jederzeit willkommen!

Schreibt an:
Peter Meyer Verlag
– Eifel mit Kindern –
Schopenhauerstraße 11
60316 Frankfurt a.M.
www.PeterMeyerVerlag.de
info@PeterMeyerVerlag.de

HOHES VENN & MONSCHAU

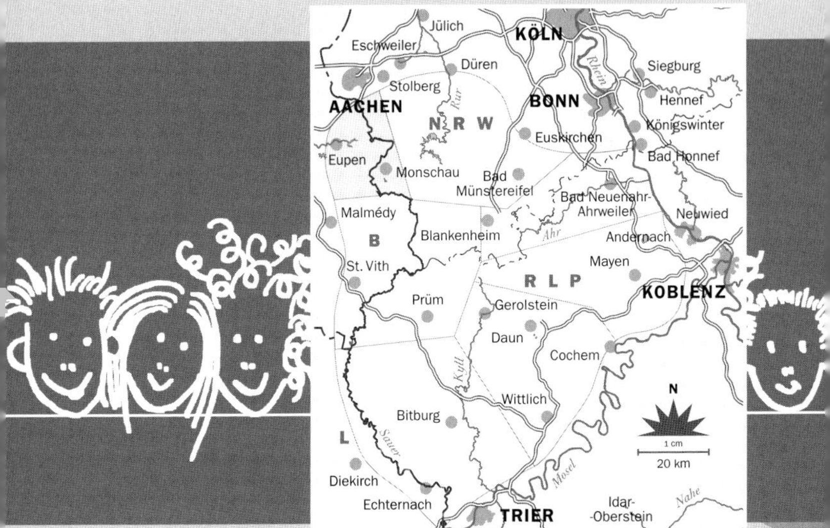

IM GEHEIMNISVOLLEN MOOR

Das Hohe Venn (franz.: Hautes Fagnes) ist ein ausgedehntes, unbesiedeltes Hochplateau im äußersten Osten Belgiens, das unter anderem bei allen Belgiern bekannt ist, weil hier der höchste Berg Belgiens, der Signal de Botrange, liegt. Mit 694 m Höhe kann er zwar uns Deutsche nicht gerade umhauen, er ist aber immerhin mehr als doppelt so hoch wie der höchste Punkt der Niederlande. Und darauf sind die Belgier sehr stolz!

Hier leben mehr als 70.000 Menschen, deren Muttersprache Deutsch ist. Gemeinsam mit dem *Naturpark Nordeifel* bildet der *Naturpark Hohes Venn* den 2439,7 qkm großen **Deutsch-Belgischen Naturpark Hohes Venn-Eifel.**

»Fenn« kommt aus dem Indogermanischen und bedeutet Sumpf – und das sagt schon alles. Denn das niederschlagsreiche Hochplateau, eigentlich ein Höhenrücken der Ardennen, besteht aus nichts anderem als Sumpf und Moor. Bäume wachsen hier nur geduckt nah am Boden, Binsen und andere Sumpfpflanzen herrschen vor. Das Wasser ist moorig schwarz, wer vom Weg abkommt, sinkt sofort tief ein. Liegt Nebel über dem Moor, kann's ganz schön gruselig werden.

Im Norden des Hohen Venns liegt **Eupen** mit dem *Lac d'Eupen*, der **Wesertalsperre**, an der es sich herrlich wandern lässt. An der Talsperre sowie in Eupen gibt es passend zum Thema Wasser interessante Lehrpfade, an denen es allerlei zu entdecken und auszuprobieren gibt. Wem das alles noch zu trocken ist, kann sich den Tag im Schokoladenmuseum von Eupen versüßen lassen!

Am Ostrand des Hohen Venns liegt die geschichtsträchtige Eifelstadt **Monschau**. Über ihrer schönen Altstadt thront eine Burg, zwischen den historischen Fachwerkbauten und an dem

Packtipp: Bei Venn-Wanderungen gehören Gummistiefel und trockene Strümpfe zur Ausrüstung. Wanderstiefel müssen vorher besonders gründlich mit Lederfett behandelt werden.

Wer sich gruselt, muss oben bleiben: Die Monschauer Burgerstürmung macht allen Spaß

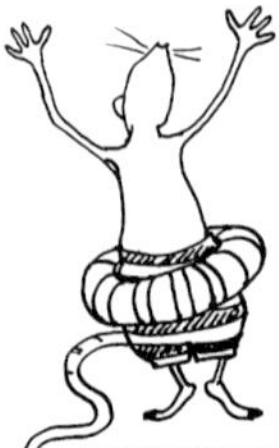

TIPPS FÜR WASSER-RATTEN

berühmten Roten Haus vorbei rauscht die *Rur.* Ihr Wasser war und ist noch immer für den Senfmüller, den Braumeister und die Tuchmacher sehr wichtig. Das erfahrt ihr alles vor Ort ganz genau, wenn ihr wollt, auch durch eine Stadtführung.

Frei- & Hallenbäder

Hallenbad Eupen

Stockberger Weg 5, B-4700 Eupen. ✆ 0032-87/742222. **Anfahrt:** In Eupen der Ausschilderung »Sportzentrum« folgen. **Zeiten:** täglich 10 – 12, zusätzlich Mo 15 – 16.45 Uhr, Di 15 – 20.45 Uhr, Mi 14 – 20 Uhr, Do 15 – 17.30 Uhr, Fr 15 – 20 Uhr, Sa, So 14 – 17 Uhr. **Preise:** 2,25 €, Dampfbad und Whirlpool 0,85 € extra; Kinder 3 – 15 Jahre 1,50 €.

▶ Hallenbad mit großem Sportbecken, kleinem Lehrschwimmbecken mit Minirutsche, Riesenrutsche, Plantschbecken mit Wasserspuckern und Babywickeltisch. Die Cafeteria im Obergeschoss ist täglich ab 15 Uhr geöffnet.

Wetzlarbad

Huette 56, B-4700 Eupen. ✆ 0032-87/742545. **Anfahrt:** Vom Zentrum N67 Richtung Monschau. **Zeiten:** Im Sommer täglich 10 – 19 Uhr, bei schlechtem Wetter 10 – 12 und 16 – 18 Uhr. **Preise:** 2,50 €; Kinder 1,75 €.

▶ Freibad im Süden der Stadt mit 50-m-Schwimmerbecken, Kleinkinderbecken, Nichtschwimmerbereich mit Rutsche, Sprunganlage und großer Liegewiese. Rund um das Schwimmbad stehen über 100 abschließbare Einzelumkleidekabinen.

Vennbad Monschau

Wilhelm-Jansen-Straße 1, 52156 Monschau. ✆ 02472/3298. **Zeiten:** Di 15 – 20 Uhr, Mi, Fr 15 – 22 Uhr, Do 15 – 20 Uhr, Sa 14 – 18 Uhr, So 9 – 18 Uhr. **Preise:** 100 Minuten 3,70 €, Tageskarte 4,50 €; Kinder 4 – 18 Jahre 100 Minuten 2,80, Tageskarte 3,40 €; Ermäßigungen für Familien, Schüler, Studenten, Schwerbehinderte, Zivildienst- und Wehrpflichtige.

▶ Kleines Spaß- und Freizeitbad mit Solar-Sonnenwiese, Solarium, Sauna, Dampfbad, Whirlpool, 70-m-Rutsche, 1-m-Sprungbrett und kleinem Wassergarten für Kleinkinder. Mittwochs ist das Vennbad 14 – 15 Uhr für Frauen und Kinder im Vorschulalter reserviert, dienstags dürfen 15 – 20 Uhr bei heißer Disco-Musik Wasserspielzeuge zu Wasser gelassen und eigene Flossen, Tauchermasken und Schnorchel mitgebracht werden.

Picknick mitbringen ist im Vennbad ausdrücklich erlaubt, nur keine Glasflaschen.

Happy Birthday! Geburtstagskinder erhalten an ihrem Ehrentag freien Eintritt.

RAUS IN DIE NATUR

Radeln, Spazieren & Wandern

Wanderung um die Wesertalsperre

Besucherzentrum Wesertalsperre, Lac d'Eupen, Langesthal 164, B-4700 Eupen. **Länge:** 14 km Rundweg, leicht und meist flach.

▶ Eine Umrundung des »Stausees Eupen« ist eine herrliche Ganztageswanderung oder eine nette Radtour. Die Strecke ist mit roten Quadraten gut gekennzeichnet. Außerdem muss man einfach nur drauf achten, immer einen Zipfel Talsperre sehen zu können, dann kann man sich kaum verlaufen. Die Strecke ist auch mit Kinderwagen und Rollstuhl befahrbar und hat nur zwei kleine Steigungen.

Packtipp: Östlich der Talsperre heißen manche Waldabschnitte nicht umsonst »Mückenwinkel« und »Mückenheide«. Also im Sommer besser Insektenschutz mitnehmen.

VERHALTEN IM NATURSCHUTZGEBIET HOHES VENN

Im Hohen Venn müsst ihr einige Regeln beachten, um die Umwelt nicht zu schädigen und selbst ungefährdet wieder am Startpunkt anzukommen. Denn dieses Moor- und Sumpfgebiet hat es in sich.

Der Untergrund ist nicht für stramme Wanderungen geeignet, deshalb plant ihr auch an Sommertagen besser nie mehr als 15 km Vennwanderung ein. Die Moose und Gräser am Boden speichern viel Regenwasser. Wenn man darüber geht, hat man manchmal sogar das Gefühl, zu schwanken. Auf den matschigen Wegen braucht ihr Gummistiefel, denn nur an ganz schlimmen Stellen gibt es Holzstege. Bitte verlasst die Wege nicht und geht in der Wegmitte. Wenn ihr auf den Rändern geht, können die Pflanzen dort nicht überleben und die Wege werden immer breiter. Selbstverständlich pflückt ihr keine Pflanzen, viele von ihnen sind sehr selten und auch die anderen haben es schwer genug, hier zu wachsen.

Außer Gummistiefeln gehören in euren Wanderrucksack: Regenjacke, Proviant, eine Wanderkarte und – wenn ihr eins habt – ein Mobiltelefon für Notrufe. Ihr müsst immer damit rechnen, dass plötzlich Nebel aufzieht. Bei Nebel wandert ihr nicht, wenn er euch unterwegs überrascht, brecht ihr am besten die Wanderung ab.

Geht niemals von den gekennzeichneten Wegen ab. Nur sie sind garantiert ungefährlich und im Hohen Venn kann man sich schnell verlaufen, denn es gibt ja keine hohen Bäume, Strommasten, Häuser oder Kirchturmspitzen zur Orientierung. Plant eure Strecke so, dass ihr in jedem Fall im Hellen am Ziel seid, schon in der Dämmerung fällt es schwer, den Weg zu finden. Bei Nacht haben sich schon viele Menschen dort verlaufen.

Und egal was kommt, zündet niemals ein Feuer im Venn an und achtet auch auf von euren erwachsenen Mitwanderern weggeschnippte Zigarettenkippen. An trockenen Tagen entzündet sich der Torf rasch und kann dann oft tagelang nur mit ein wenig Rauch schwelen und große Gebiete zerstören, ohne dass jemand offene Flammen gesehen hätte.

Für die Vorsichtigen unter euch werden geführte Wanderungen angeboten. Fast jeder Führer weiß gruselige Geschichten über Irrlichter, Moorleichen, Sumpfgeister und Nebelgestalten zu erzählen.

Am Wegesrand gibt es viel zu sehen und erforschen, es gibt herrlich viele Tannenzapfen, Brombeeren, Blaubeeren, sonnenbadende Eidechsen und flinke Eichkätzchen. Früchte und Beeren vor dem Verzehr unter fließendem Wasser abspülen, um die Eier des Fuchsbandwurms fortzuwaschen.
Wer am Ende der Wanderung noch Kraft hat, kann sich vom **Aussichtsturm** am Parkplatz einen Überblick über den See verschaffen.
Ab und zu wird ein Talsperrenlauf veranstaltet, Infos unter © 0032(0)478/639948.

Wandern im Münsterwald

Schmithof. **Länge:** 2 Stunden. **Anfahrt:** A44 Abfahrt 2, AC-Lichtenbusch, B258 circa 6 km südwärts bis zum Wanderparkplatz gegenüber vom Relais Königsberg, Zufahrt Richtung Rott.

▶ Diese mittelschwere Wanderung durch den Münsterwald ist zwar durchgängig mit Kinderwagen oder Buggy befahrbar, es gibt aber einen steilen Berg, für den so manch ein Wagenschieber trainierte Armmuskeln oder eine helfende Hand braucht.
Auf dem Wanderparkplatz geht ihr hinter den Naturinformationstafeln zum Thema Waldschäden über einen schmalen Zubringerweg auf dem Weg 3/4 zum Hauptwanderweg 10. Dort geht unser Weg 3 sofort wieder links ab. Lasst euch nicht davon verwirren, dass er kurz den Weg 2 berührt. Am Feuchtbiotop *Bechheimer Bach* sind je nach Jahreszeit Kaulquappen, Seerosen oder Libellen zu sehen.
Kurz darauf erkennt ihr eine Schutzhütte wieder. Ja, richtig! Hier seid ihr auf dem Hinweg schon entlang gelaufen. Ihr könnt euch nun entscheiden, ob ihr rechts herum auf dem schon be-

Hunger & Durst

Im **Restaurant am Parkplatz** gibt es Eis und Kuchen sowie kleine Gerichte wie Gulaschsuppe und Lasagne. Di – Sa ab 13 Uhr, So ab 11 Uhr. Großer Spielplatz mit ungewöhnlichen Spielgeräten. Eure Eltern könnt ihr ruhig auf der Restaurant-Terrasse sitzen lassen, ihr könnt sie vom Spielplatz aus im Auge behalten.
Mi und Fr gibt es Indoor-Animation.

Hunger & Durst

Auf halber Strecke erreicht ihr mit einem kleinen Abstecher das **Waldrestaurant Birkenhof,** © 02408/5338, Fax 927670, Di – So 12 – 22 Uhr. Die beste Zeit für Leckermäuler ist die »Pfannkuchenzeit« 15 – 18 Uhr, bei der ihr die Wahl zwischen acht köstlichen süßen und herzhaften Pfannkuchen-Variationen habt. Hunde willkommen.

kannten Weg 3/4 zurück geht oder geradeaus mit dem Weg 4 quasi eine 8 lauft. Dieser Weg ist ungefähr gleich lang und führt unmittelbar zum Parkplatz zurück.

Wanderung durchs Perlenbachtal

Monschau-Höfen. **Länge:** 5 km, leicht. **Anfahrt:** B258 bis zum östlichen Ortsausgang von Höfen, dort über K25 Richtung Alzen zur Höfener Mühle und Perlenbacher Mühle.

▶ Vom Parkplatz an der **Höfener Mühle** beginnt eine angenehme 5-km-Wanderung immer am *Schwalmbach* entlang durch den Wald. Schon im 14. Jahrhundert wussten die Menschen, dass es in dem Bach Flussperlmuscheln gab, deswegen wird er allgemein *Perlenbach* genannt. Aber nur eine von 1000 *Margaritifera margaritifera* trägt überhaupt eine Perle, denn nur wenn zufällig ein Sandkorn zwischen Mantelhaut und und Muschelschale gerät, kann eine Perle entstehen. Die Suche danach lohnt also nicht!

Nach etwa 2 km kommt ihr hinter einer Wiese an eine Schutzhütte. Auf dem »Unteren Steg« überquert ihr den Bach und geht auf der anderen Bachseite zurück zur Mühle. Der Weg ist mit den Zahlen 2 und 3 gekennzeichnet.

Tipp: Besonders schön ist diese Wanderung, wenn in der Osterzeit die riesigen *Narzissenwiesen* blühen. Dabei sollte es selbstverständlich für euch sein, die Blumen nur anzusehen oder höchstens als Foto mit nach Hause zu nehmen. Nur so können wir uns alle an der Blütenpracht freuen.

Man kann die Wege an der Schwalm und dem nahen Fuhrbach zu einem großen Rundweg von knapp 10 km verbinden.

Achtung! Im Nationalpark Eifel und in den Landschaftsschutzgebieten (z.B. im Perlenbachtal) müssen Hunde angeleint werden.

In der Karte »Perlen der Natur im Deutsch-Belgischen Naturpark« ist dieser Weg zusammen mit drei anderen schönen Wegen durch das Perlenbachtal und das Fuhrbachtal eingezeichnet. Die Karte gibt's bei Touristeninformationen in der Region oder unter info@naturpark-hohes-venn-eifel.de.

Tipp: Sonntags nachmittags sind an schönen Frühlingstagen alle Parkplätze belegt. Wer die Narzissen ungestört bewundern will, sollte schon morgens oder an einem anderen Wochentag auf Tour gehen.

Natuererlebnispfade & Umwelt-Infozentren

Wald- und Wasserlehrpfad Eupen

Besucherzentrum Wesertalsperre, Lac d'Eupen, Langesthal 164, B-4700 Eupen. **Länge:** Wasserlehrpfad 1 km, mit vielen Stufen, 1 sehr anstrengende Stunde; Walderlebnispfad 2,4 km, reine Gehzeit 45 Minuten. **Infos:** Auch die Aufbereitungsanlage der Wesertalsperre ist für Gruppen nach Anmeldung offen, ✆ 0032/(0)87/740028.

▶ Der **Wasserlehrpfad** erklärt euch Interessantes und Wissenswertes zu dem Wasser, das hier gestaut wird und das wir täglich trinken. Er beginnt unten am Stausee. Vom Parkplatz aus geht ihr dafür die Straße hinunter an der Staumauer vorbei links zum äußersten Ende der Wiese. Hier stehen die Tafeln 1 bis 4. Zur Tafel 5 findet ihr, wenn ihr an der Staumauer vorbei geht (nicht überqueren!) und euch dann links haltet. Es geht leicht bergab, zum Teil auch mit Stufen. Bald verlasst ihr den Wald und kommt auf eine breite Straße. Hier geht ihr bis zu der Brücke, wo das Talsperrenwasser wieder zum Bach wird. Dort führt der breite Weg links weiter. An der Tafel 12 geht es nun steil den Berg hinauf und oben angekommen über die Staumauer zurück. Rechnet bei Sommertouren mit Schleckermäulern mit erheblichen Verzögerungen, denn hier wachsen überall die süßesten Waldbeeren (Blaubeeren) und Brombeeren.

Der **Walderlebnispfad** beginnt beim äußersten Ende des Parkplatzes am Besucherkomplex Wesertalsperre. Hier wird erklärt, wie der Boden, das Klima und der Mensch den Wald beeinflussen, welche Tiere im Wald leben, was »Mischwald« und »Monokultur« bedeutet. Aber ihr

Besser ist es, wenn ihr euch mit dem Heft der Touristeninformation Eupen aufmacht. Auf 15 Schautafeln zwischen Parkplatz und Talsperre findet ihr interessante Informationen zum Wasserkreislauf, zu pH-Wert, zu Trinkwassertalsperren und zur Trinkwasseraufbereitung. Ein kleiner Wurm namens *Professor Tropf* begleitet euch bei dieser Entdeckungstour, gibt euch im Heft Zusatzinfos und stellt vertiefende Fragen.

müsst nicht nur langweilige Tafeln lesen: Dort gibt es ein Baumtelefon, Ausguckrohre und eine Lauschecke und ihr könnt beim Weitsprung sehen, ob ihr die gleiche Entfernung schafft, wie euer Lieblingstier.

Hunger & Durst

Die **Cafeteria** ist Di ab 12.30 Uhr und Mi – So ab 10 Uhr geöffnet. Drinnen stehen rustikale Holzmöbel, draußen isst man im Schatten einer alten Kastanie neben dem Spielplatz mit Sandkiste.

Naturzentrum Haus Ternell

CRIE, Centre régional d'initiation à l'environment, Ternell 2 – 3, B-4700 Eupen. ✆ 0032-87/552313, Fax 558160. www.hausternell.be. haus.ternell@pi.be. **Anfahrt:** Bus 385 Küchelscheid/Monschau – Eupen, am Wochenende NaTourBus und Kalterherberg – Monschau – Eupen. Auf halbem Weg an der N67 Monschau-Mützenich – Eupen. **Zeiten:** Mo – Fr Empfang 8.30 – 17 Uhr, Museum 10 – 12, 13 – 17 Uhr, Sa, So, Fei 9.30 – 17 Uhr.

▶ Das Naturzentrum Haus Ternell ist eine Bildungseinrichtung der deutschsprachigen Gemeinschaft Belgiens für die Themenbereiche Naturschutz und die naturbezogene Öffentlichkeitsarbeit. Seit 1999 ist es zusätzlich auch als *Regionales Zentrum für die Umwelterziehung* (CRIE d'Eupen) anerkannt. Dazu gehören ein Infostand, eine »grüne Boutique« mit guten Sach- und Lehrbüchern rund um die Natur, Klassenräume, Labor, ein forstzoologisches Museum, ein Kindererlebnispfad, eine meteorologische Station, ein geologischer Lehrpfad, ein Wald- und Wasserlehrpfad, ein Wildgehege und ein Küchenkräutergarten.

Bei Schnee können hier Langlaufski geliehen werden. Das kostet inklusive Erlaubnis-Vignette für 3 Stunden 10 €.

Besonders beliebt sind die vielen spannenden Wanderungen: botanische, geologische, ornithologische, Pilz- und Insektenwanderungen, Wasserwanderungen von Quellen bis zur Wasseraufbereitung, Geschichtliche Vennwanderungen, Herbst-, Wald- und Vennwanderungen, Familien- und Gruppenwanderungen.

MONSCHAUER HECKENLAND

Wenn ihr durch die westliche Nordeifel fahrt oder wandert, sind euch bestimmt schon die riesigen Hecken aufgefallen, die vor den Häusern wachsen. Sie sehen manchmal richtig lustig aus, wenn der Eigentümer Durchfahrten für sein Auto oder Fenster hinein geschnitten hat. Doch wozu sind sie gut?

Diese Hecken werden auch »Hausschutzhecken« genannt. Mindestens seit dem 17. Jahrhundert gibt es in den Dörfern rund um Monschau und Simmerath diese bis zu 7 m hohen Buchenhecken. Hier oben in der Ebene schützen sie die Bewohner der Häuser dahinter gegen Wind und Wetter. Im Sommer spenden sie Schatten, im Winter halten sie viel vom rauen Eifelwind ab. Dadurch können die Menschen immer noch einiges an Heizkosten sparen, auch wenn die Isolierung der Wohnhäuser heute um einiges besser ist als noch vor hundert Jahren. Es ist gar nicht so leicht, eine solche Buchenhecke anzulegen und zu pflegen. Schon beim Pflanzen muss darauf geachtet werden, dass die Stecklinge so dicht beieinander stehen, dass sie miteinander verflochten werden können. Das macht die Hecke stabiler. Sie muss unten ein wenig breiter sein als oben und sollte möglichst nur im Winter geschnitten werden, weil dann die Baumkrankheiten nicht so schlimm sind. Und man muss beachten, dass sie dick genug ist, etwa 70 – 100 cm, damit man später beim Schneiden nicht mit der Leiter durchrutscht.

Naturhaus Seebend

Hauptstraße 123, 52156 Monschau-Höfen. ✆ 02472/ 912886, Fax 6982. www.eifelverein-hoefen.de. info@eifelverein-hoefen.de.

▶ Das Naturhaus liegt nur wenige Meter vom *Naturschutzgebiet Perlenbach-Fuhrtsbachtal* entfernt und beherbergt eine Ausstellung über die Buchenhecken und die Narzissentäler in der Nordeifel. Ein weiterer Bereich der Ausstellung zeigt die Herstellung von Pferdegeschirr in Handarbeit. In den Sommerferien gibt es manchmal lustige Ferienangebote wie »Wir wandern auf den Spuren von Asterix und Obelix«.

Von hier starten im Frühling viele Narzissenwanderungen. Nach der Wanderung kann man im Naturhaus einkehren.

Sommerrodelbahn

Sommer- und Wintersportzentrum Monschau-Rohren, Rödchenstraße 37, 52156 Monschau-Rohren. ✆ 02472/4172, Fax 4147. www.sommerbobbahn.de. info@sommerbobbahn.de. **Anfahrt:** Ab Monschau Bus 84. Von der B258 am Südende von Höfen nach Norden. **Zeiten:** April – Oktober 10 – 18 Uhr, außer bei Nässe. **Preise:** 2 €, 5er-Karte 8 €; Kinder bis 15 Jahre 1,50 €, 5er-Karte 7 €, bis 5 Jahre frei; Mo – Fr sowie an Samstagen mit geringem Andrang zahlen Erwachsene in Gruppen für 30 Fahrten 38 €, Kinder 33 €. Internetermäßigung mit ausgedrucktem Gutschein.

▶ 750 m rasante Abfahrt auf der Bobbahn mit Einzel- und Doppelsitzern. Außerdem Kinderspielplatz mit Trampolin, Grill- und Imbisshütte.

In der Ortsmitte von Rohren startet der **Naturlehr- und Wanderweg Rohren**. Er ist 4 km lang und informiert über die historische Sägemühle und einige Naturkundethemen. Auch der Schaumeiler eines Köhlers ist zu sehen.

Spiel & Sport bei Schnee & Eis

Rodeln am Westwall

Schmithof. **Anfahrt:** A4, Abfahrt 2 Aachen-Lichtenbusch, gut 5 km Richtung Monschau an der Kreuzung mit der B258.

▶ Wer keine Zeit hat, tief in die Eifel zu fahren, kann sich schon kurz hinter der Autobahnabfahrt Lichtenbusch im Schnee vergnügen. Vor der ungewöhnlichen Kulisse der riesigen Betonklötze des Westwalls liegt ein beliebter Rodelberg.

Tipp: Zum Westwall ↗ Westwallmuseum in Irrel.

Sommer- und Wintersportzentrum Monschau-Rohren

Rödchenstraße 37, 52156 Monschau-Rohren. ✆ 02472/4172 (auch Schneetelefon), Fax 4147. www.winterzentrum.de. info@sommerbobbahn.de. **Preise:** Tageskarte 16 €, Halbtageskarte 12 €;

Kinder bis 5 Jahre kostenlos, 6 – 15 Jahre Tageskarte 13 €, Halbtageskarte 9 €; Einzel-, Zehner- und Tageskarten für nur einen der Lifte kosten weniger, Halbtageskarten ab 13 Uhr.

▶ Skischule, Skiverleih (Alpin und Langlauf), 1 Ankerlift, 3 Übungslifte, 4 Pisten, 1 Waldabfahrt, markierte Loipen, Rodelwiese.

Winterspaß in Rohren

Herr Dederichs, 52156 Monschau-Rohren. Handy 0171/3557411. **Preise:** Schlitten 1 Tag 5 €, Langlaufski 1 Tag 8 €.

▶ Wer sich nicht so sehr für Abfahrtskilauf interessiert, muss nicht unbedingt in die drangvolle Enge am Wintersportzentrum Rohren: Hinter dem Parkplatz am Ortseingang liegt ein toller Rodelhügel und beginnt eine 10 km lange Loipe.

HANDWERK UND GESCHICHTE

Betriebsbesichtigungen

Monschauer Glashütte

Belissima – Tradition in Glas, Marika Liessem, Burgau 15, 52156 Monschau. ✆ 02472/990115, Fax 990130. belissima.monschau@freenet.de. **Zeiten:** Täglich 10 – 18 Uhr. **Preise:** 2 €, Gruppen ab 20 Personen 1,80 €; Kinder, Schüler, Studenten 1,50 €; Familienkarte 5 €.

▶ Die Monschauer Glashütte ist wohl das »Heißeste«, was Monschau zu bieten hat und gleichzeitig ein kleines Glasmuseum. Besichtigungen sind jederzeit möglich, die **Vorführungen** am Glasofen sind um 10.15, 11, 11.45, 12.30, 13.45, 14.30, 15.15, 16, 16.45 und 17.30 Uhr.

Historische Senfmühle

Breumo, Laufenstraße 118, 52156 Monschau. ✆ 02472/2245, Fax 5999. www.senfmuehle.de. info@senfmuehle.de. **Anfahrt:** B258 bis Monschau-Imgenbroich, im Kreisverkehr hinter den Serpentinen die 3. Straße. **Zeiten:** März – Nov Mi 11 und 14 Uhr, Gruppen ganzjährig nach Vereinbarung.

▶ In der alten Senfmühle von 1882 kann man sehen, wie der Müller die Senfkörner zwischen den schweren Mühlsteinen zu Senfpulver mahlt. Er zeigt das Einmaischen mit Essig, Kochsalz und Gewürzen und die doppelte Vermahlung. Außer dem alten Originalrezept für Monschauer Senf *Moutarde de Montjoie* mischt er leckere Spezialsorten, im Winter auch einen Senf mit Lebkuchengeschmack. Seit Neuestem stellt er sogar Senfpralinen her. Im Shop nebenan kann man alle Senfsorten kosten.

Burgen & Museen

Burgerstürmung in Monschau

Franz-Peter Müsch, Alzerstraße 13, 52156 Monschau. ✆ 02472/2472, 803960, Fax 9127902. Handy 0173/9292301. fpMuesch@myrealbox.com. **Zeiten:** Nach Vereinbarung. **Preise:** Führung bis 25 Personen 52,50 €. **Infos:** Buchung auch über Monschau Touristik GmbH möglich.

▶ Ihr könnt die **Burg Monschau** ganz normal erklimmen oder – weitaus besser – während der Monschauer Kinderwochen in den Sommerferien unter fachkundiger, pädagogischer An(!)führung regelrecht erstürmen. Herr Müsch, Schulleiter der Mädchenrealschule in Monschau, organisiert die Burgerstürmung darüber hinaus auch für Gruppen zu jeder Jahreszeit.

Kinder aufgepasst!
Wenn sich mehrere Familien zu einer solchen Tour zusammenschließen, hat Herr Müsch schon mehr als einmal die Väter die Burg so schnell erstürmen sehen, dass die Kinder gar nicht hinterher kamen. Lasst euch nicht abhängen, das ist euer Ritterspiel!

Man trifft sich unten in der Stadt, schmiedet einen Plan zur Überwindung von Burggraben und fünf Burgtoren, prüft noch einmal Taschenlampen und Rammbock – und los geht es!
Doch es bleibt nicht allein bei der Eroberung der Burg. Ganz unauffällig werden nebenher Monschauer Stadtgeschichte und Burgarchitektur in das Geschehen eingeflochten, die Funktion des Hallers gegenüber der Burg erklärt und im dunklen Burgturm der Umgang mit Ängsten vor Dunkelheit oder Spinnen geübt. Wer sich anschließend nicht mehr gruselt, mag vielleicht in der Jugendherberge auf der Burg übernachten, ↗ Ferien-Adressen.

DER HALLER VON MONSCHAU

Monschau liegt in einem tiefen Tal in der Nordeifel. Im Talkessel rund um die Rur gibt es zwei große Erhebungen: den *Burgberg* und den *Haller,* Luftlinie etwa 500 m entfernt. Schon beim Bau der Burg wussten die Monschauer, dass der Haller etwas ganz Besonderes ist. Denn wenn man sich dort mit Blick auf den Burgberg hinstellt und etwas ruft, ist es an der Burg gut verständlich, egal, wie laut es unten im Tal in den Straßen der Altstadt ist. Außerdem kann man vom Haller aus in alle drei Seitentäler blicken. Griffen also früher Feinde die Burg an, konnte ein Wächter auf dem Haller die Männer in der Burg frühzeitig warnen. Selbst wenn die Angreifer schon durch den Ort marschierten, konnten Nachrichten noch zwischen Burg und Haller ausgetauscht werden. Das war ein echter strategischer Vorteil für die Monschauer Burgherren.

Versucht es selbst einmal: *Ein Teil eurer Gruppe bleibt an der Burg, die anderen wandern durch die Stadt zum Haller hinauf und rufen etwas. Wenn ihr laut genug ruft und nicht alle durcheinander kreischt, müsstet ihr verstanden werden.*

Stadtmuseum Eupen

Gospert 52, B-4700 Eupen. ✆ 0032-87/740005, Fax 740005. http://eupener-stadtmuseum.org. stadtmuseum.eupen@swing.be. **Zeiten:** Di – Fr 9.30 – 12, 13 – 16 Uhr, Sa 14 – 17 Uhr, So 10 – 12 und 14 – 17 Uhr, Gruppen nach Voranmeldung auch zu anderen Zeiten. **Preise:** 1,50 €; Kinder 1 €; Gruppen 0,75 €.

▶ Das Eupener Stadtmuseum zeigt die Vergangenheit der Eupener Region, die im Laufe der Jahrhunderte oftmals ihre politische Zugehörigkeit ändern musste und dadurch ihren unverwechselbaren Stempel aufgedrückt bekam. Schon das Haus, in dem es untergebracht ist, kann als kleine Sehenswürdigkeit gelten. Hier residierte einst einer jener Tuchkaufleute, die in der Blütezeit der Tuchmanufakturen das Bild der Stadt wesentlich beeinflussten.
Ausgestellt werden antike Uhren, Delfter Kacheln, Ölgemälde, Steinzeug, Kleidung aus alten Zeiten, Karnevalskostüme und eigentlich alles, was man in einem Stadtmuseum erwartet.

Hunger & Durst
In der Metzgerei **La Bottega** genau gegenüber dem Eupener Stadtmuseum gibt es frische Salate, Nudelgerichte und Pizza zum Mitnehmen.

Schokoladenmuseum

Chocolaterie Jacques, Industriestraße 16, B-4700 Eupen. ✆ 0032-87/592967 (Frau Moons und Frau Ernotte), Fax 592929. www.chocojacques.be. musee@chocojacques.be. **Anfahrt:** Mit der Bahn bis Bhf Eupen, von dort am Bushof (TEC) Bus 10 oder 22 Richtung Welkenraedt/Kelmis bis Industriegebiet. E40 Lüttich – Aachen, Ausfahrt 38 Eupen, 1. Ampel rechts. **Zeiten:** Mo – Fr 9 – 17 Uhr, Sa 11 – 17 Uhr (letzter Einlass 16.30 Uhr). **Preise:** Besichtigung frei, Führung 30 € für bis zu 15 Personen, 2 € in Gruppen ab 16 Teilnehmer, Einzelgäste können sich eventuell einer Gruppe anschließen; Kinder bis 4 Jahre bei Führungen frei.

Im Shop lässt sich herrlich frische Jacques-Schokolade kaufen, die nicht schon Monate in Kisten, Lkw und Regalen gelegen hat. Schmeckt ganz anders!

▶ Im Schokoladenmuseum erfahrt ihr die ganze Geschichte der Schokolade mit eigenen Augen:

Kakaoanbau, Videovorführungen, Sammlungen historischer Gegenstände wie alte Formen, Verpackungen, Maschinen, Farbbilder oder Werbungen. Wer Glück hat, bekommt eine Waffel mit noch warmer, tropfender Schokolade in die Hand gedrückt.
Im ersten Stock stellt eine Mitarbeiterin in handwerklicher Arbeit Figuren aus hohler Schokolade her, während die Teilnehmer der Führungen ungeduldig auf eine Kostprobe warten. Anschließend kann jeder einen Blick in das Labor werfen und von einer Zuschauerempore die Produktionshalle der Chocolaterie Jacques betrachten, wo die köstlichen Riegel und Tafeln vom Band laufen.

Töpfereimuseum Raeren

Burgstraße 86, B-4730 Raeren. ✆ 0032-87/850903. **Anfahrt:** Bus 22 Eynatten – Lichtenbusch bis Mühlenstraße. A44 Abfahrt 2 Aachen-Lichtenbusch nach Süden.

▶ Dieses kleine Töpfermuseum in der alten Burg Raeren zeigt die typischen Tonwaren aus Ostbelgien. Wenn ihr euch als Gruppe telefonisch anmeldet, könnt ihr einer Töpferin an der Töpferscheibe zusehen oder ein lustiges Korbspiel quer durch das ganze Museum und den Burghof machen.

Am 2. Wochenende im September findet rund um das Töpfereimuseum der **Euregio-Keramikmarkt** statt, bei dem die 50 besten Keramik-Künstler der Region dabei sind.

Hunger & Durst

Auf dem Parkplatz gegenüber vom Töpfereimuseum könnt ihr in der **Cafeteria Zahlepohl** gut und preiswert essen.

Rotes Haus

Laufenstraße 10, 52156 Monschau. ✆ 02472/5071, Fax 4534. rotes-haus@t-online.de. **Zeiten:** Karfreitag – Nov, Einlass nur um 10, 11, 14, 15, 16 Uhr. **Preise:** 2,50 €; Kinder, Schüler, Studenten 1,50 €; Familienkarte 5 €.

▶ Das bekannteste Haus von Monschau wurde 1760 für 90.000 Taler erbaut. Das war damals ein

Hunger & Durst
Im Cafégarten **Restaurant Tomasa** im Hotel Horchem direkt an der Rur gibt es köstliche Butterwaffeln.

Vermögen! Herr Scheibler, der es sich damals bauen ließ, war ein reicher Tuchhändler. Allein für die aus Eichenholz geschnitzte Treppe in der linken Haushälfte benötigten die italienischen Künstler drei volle Jahre. Lasst euch mal von euren Eltern vorrechnen, wie viel sie bezahlen müssten, wenn sie heute auch nur einen Handwerker ein halbes oder ganzes Jahr lang beschäftigen würden …

Felsenkeller Brauerei-Museum

St. Vither Straße 22 – 28, 52156 Monschau.
✆ 02472/3018, 2217, Fax 3017. www.brauerei-museum.de. info@brauerei-museum.de. **Zeiten:** Karfreitag – Ende Oktober Mi – So 11 – 18 Uhr, Di ab 14 Uhr, Nov – Gründonnerstag Sa, So 11 – 18 Uhr. **Preise:** 2,60 €, Gruppen ab 15 Personen 2,30 €; Schulkinder 1,60 €.

Tipp: In den Schulferien NRW haben Kinder in Begleitung ihrer Eltern freien Eintritt.

▶ Historisches Brauhaus mit einer Sammlung alter Brauerei-Gerätschaften und Gewölbekeller. Ein besonderes Erlebnis ist der Felsenkeller. Hier könnt ihr 150 Jahre Braukunst erleben und eure Eltern dürfen das original Monschauer Zwickelbier probieren.

? *Rätsel: Wer von euch weiß, wer das Drucken mit beweglichen Lettern erfand? Lettern nennt man Buchstaben, die aus in Förmchen gegossenem Blei gemacht wurden und immer wieder verwendet werden konnten. Vor dieser Erfindung musste jede Buchseite geschnitzt oder mit der Hand geschrieben werden.*

Druckerei-Museum Weiss

Am Handwerkerzentrum 16, 52156 Monschau.
✆ 02472/982783, 982982, Fax 982785.
www.druckereimuseum-weiss.de. info@druckereimuseum-weiss.de. **Zeiten:** Sa und So 10.30 – 16 Uhr, Gruppen nach Vereinbarung. **Preise:** 5 €, Gruppen ab 15 Personen 4 €; Familienkarte 10 €. Gruppenführung für 25 € möglich.

▶ Ein sehr modernes und informatives Museum rund um die Geschichte des Druckens und die verschiedenen Druckverfahren vom Bleisatz bis zum Computer-Layout. Mit drehbaren Litfasssäulen zu speziellen Einzelthemen, Info-Hörbüchern und vielen uralten Originalmaschinen. Ungewöhnlich: Die beiden Ausstellungsetagen sind kreisrund!

Stadtführungen in Monschau

Monschau Touristik GmbH, Stadtstraße 1, 52156 Monschau. ✆ 02472/3300, 804824, Fax 4534. www.monschau.de. touristik@monschau.de. **Zeiten:** Mo – Fr 10 – 17 Uhr, Sa und So 10 – 15 Uhr. **Preise:** Stadtführung bis 25 Personen 42,50 €, thematische Führung bis 25 Personen 52,50 €; beide Führungen zusammen Mo – Fr 5 € weniger.

▶ Noch interessanter als eine normale Stadtführung ist eine Führung mit Themen wie Wasser, Tuchmacher, Gespenster, Geologie oder sogar eine Nachtführung.

FESTE & MÄRKTE

Halloween und Halali

Monschau Touristik GmbH, Stadtstraße 1, 52156 Monschau. ✆ 02472/3300, 804824, Fax 4534. www.monschau.de. touristik@monschau.de. **Termine:** Halloween letztes Wochenende im Oktober, Halali am Wochenende nach Hubertus (4. November).

▶ Im Herbst steht an zwei Wochenenden ganz Monschau Kopf: Beim **Halloweenfest** dreht sich alles um Spuk und Kürbisse. Die Bewohner der Monschauer Altstadt dekorieren ihre Häuser und necken Nachbarn und Besucher. Jeder darf Kürbisspezialitäten essen, am Kürbiswettschnitzen teilnehmen, Zauberern bei ihrer Kunst zusehen und sich während der schaurigschönen Geisterführungen am Abend kräftig gruseln.

Halali ist ein echtes Abenteuer rund um das Thema Jagd und Wald mit Krabbelwald, Jagdhornbläsern, Waldschule samt Kinderjägerprü-

Festkalender für das Hohe Venn

April:	30.: Eupen, Maiennacht mit Maibaumaufsetzen
Mai:	Anfang Mai: Eupen Seifenkistenrennen mit 8 Rennklassen! Mitte Mai: Eupener Blumenmarkt
Juli:	21.: Eupen, großes Volksfest am Nationalfeiertag mit Feuerwerk, Karussell, Spielbuden, Zirkusshow etc.
September:	2. So: Eupen, Lambertusmarkt mit Musik, Tanz, Kinderschminken, Ballonwettbewerb, Ponykutsche, Bimmelbahn usw.
November:	11.: Eupen, St. Martinszug

Weitere Weihnachtsmärkte

1. Advent:	Sa, So: Burg Raeren
2. Advent:	Sa, So: Eupen, Unterstadt

Karneval

Weiberfastnacht (Do):	Eupen, Altweiberzug
Karnevalssamstag:	Eupen, Schlüsselübergabe an den Prinzen Monschau-Imgenbroich, Karnevalszug
Karnevalssonntag:	Eupen, Kinderzug Lichtenbusch (Eynatten), Karnevalsumzug Raeren, Karnevalsumzug
Rosenmontag:	Eupen, Rosenmontagszug Kalterherberg, Rosenmontagszug Monschau-Höfen, Rosenmontagszug Roetgen, Rosenmontagszug
Veilchendienstag:	Raeren, Kinderzug

fung, Wald-Erlebnisdschungel, Hirschrufwettbewerb, Greifvogelschau, Imkereipräsentation und vielem mehr. Für etwas ruhigere Kinder besonders schön sind die Waldgeschichten, Lesungen für Kinder und Jugendliche in der Waldstube.

Weihnachten

Weihnachtsmarkt Eupen

Termin: 2. Advent Fr 19 Uhr – So Christkindlmarkt Unterstadt, 3. Advent Fr 19 Uhr – So Weihnachtsmarkt Oberstadt.

► In der Oberstadt findet ein schöner Weihnachtsmarkt mit Bühnenprogramm, Ponyreiten und Karussell statt. An vielen liebevoll dekorierten und interessanten Ständen bieten Privatinitiativen und Vereine Selbstgemachtes und Informationen an.

In Eupen ist mittwochs in der Unterstadt und freitags in der Oberstadt 7 – 12.30 Uhr **Wochenmarkt**. Jeden Sonntag findet in der Sport- und Festhalle Kettenis ein **Trödelmarkt** statt.

Weihnachtsmarkt Monschau

www.monschauer-weihnachtsmarkt.de. **Anfahrt:** Bis Haag oder Imgenbroich, dann mit dem P&R-Bus zum Weihnachtsmarkt ins Ortszentrum. **Termin:** 1. – 4. Advent Fr 14 – 20 Uhr, Sa 11 – 20, So 11 – 19 Uhr.

► Mit seinen vielen Kunsthandwerkern und der Kulisse der historischen Fachwerkaltstadt ist er wohl einer der romantischsten Weihnachtsmärkte in der Eifel. Jeden Abend besucht der Nikolaus den Markt. Highlights im Programm sind mittelalterliche Turmbläser, festliche Choräle und Alphornbläser.

Tipp: Am Freitagnachmittag ist es nicht so voll.

Lebende Krippe auf der Burg Monschau

Krippenfreunde Höfen, Im Sief 22, 52156 Monschau. www.lebende-krippe.de. info@lebende-krippe.de.

Termin: 1. – 4. Adventswochenende Sa, So, 15 und 17 Uhr.

▶ Besinnliche Vorführung auf der Burg Monschau. Das Geschehen von Bethlehem mit der heiligen Familie, den Hirten, dem Verkündungsengel, den drei Königen und allen Tieren wird volkstümlich dargestellt. Zwischen den Vorstellungen dürfen die Tiere gestreichelt und gefüttert werden.

NORDEIFEL

Jülich
KÖLN
Eschweiler
Düren
Siegburg
Rhein
Stolberg
Rur
AACHEN
BONN
Hennef
N R W
Königswinter
Euskirchen
Eupen
Bad Honnef
Monschau
Bad
Münstereifel
Bad Neuenahr-
Ahrweiler
Malmédy
Neuwied
B
Blankenheim
Ahr
Andernach
St. Vith
Mayen
R L P
KOBLENZ
Prüm
Gerolstein
Daun
Cochem
Kyll
N
Wittlich
Bitburg
1 cm
20 km
L
Sauer
Diekirch
Mosel
Nahe
Echternach
Idar-
-Oberstein
TRIER

24
COMMANDER

WANDERN, WASSER UND WINTER-SPORT

Die Nordeifel wird im Norden durch die Voreifel, im Westen durch das Hohe Venn, im Osten durch die Ahr und im Süden durch die Schneifel begrenzt. Fast alles in der Gegend hat mit Wasser zu tun: Die Rur, die der Region im Westen den Beinamen Rureifel verlieh, lockt Wanderer an ihre Ufer und Wassersportler auf ihre Stauseen. Auch die Flüsse Erft, Olef und Urft tragen zu diesem Wasserparadies bei. Im Winter macht hier alles Spaß, was mit gefrorenem Wasser zu tun hat: Schlittschuhlaufen, Rodeln und Skifahren.

In **Heimbach,** unterhalb der Rurtalsperre Schwammenauel und an der oberen Rur gelegen, könnt ihr im Freibad nass werden, ein Wasserkraftwerk besichtigen oder euch im Wasser-Info-Zentrum Eifel eingehend über den Wasserkreislauf und Umweltschutz informieren.

Auch **Bad Münstereifel** an der Erft ist einen Ausflug wert. Zu erleben gibt es unter anderem ein Apothekenmuseum, ein Spaßbad, das riesige Radioteleskop Effelsberg und einige Kunsthandwerker, denen man bei der Arbeit über die Schulter sehen kann.

Hier, in der östlichen Nordeifel bauten vor 2000 Jahren die Römer eine Wasserleitung nach Köln. Doch schon Jahrmillionen vorher entstand die *Kakushöhle,* in der die Urmenschen Schutz vor Regen, Hagel und Schnee suchten. Heutzutage lässt sich im Naturschutzzentrum Eifel in **Nettersheim** viel über Wasser und die übrige Umwelt lernen. Und sogar im Rheinischen Freilichtmuseum in **Kommern** gibt es viele Tümpel und Dorfteiche, aus denen wir schon so manchen Hund oder manches Kind gezogen haben. Insgesamt gibt es also viele Möglichkeiten zum Plantschen und Matschen, eine herrlich feucht-fröhliche Angelegenheit!

Die Karte »RAD Verkehrsnetz NRW Kreis Euskirchen« des Ministeriums für Verkehr, Energie und Landesplanung des Landes NRW kann dort kostenlos angefordert werden, ✆ 0211/837-4576 oder peter.london@mvel.nrw.de. Ebenso bei Nordrhein-Westfalen Tourismus e.V., ✆ 0221/17945-24 oder krieger@nrw-tourismus.de.

So schön kann Matschen sein! Zur Papierherstellung braucht man Altpapier – und viel Wasser

TIPPS FÜR WASSER-RATTEN

Happy Birthday!
Kinder bis 10 Jahre haben am Geburtstag freien Eintritt!

Hunger & Durst
Im Freibad Rurberg gibt es einen Imbiss mit Terrasse und Kiosk für Eis, Getränke und Fritten.

Frei- & Hallenbäder

Freibad Rurberg

Simmerath-Rurberg. ✆ 02473/94950. **Anfahrt:** Bus 68 Gemünd – Heimbach (- Aachen). B266 bis Rurberg. **Zeiten:** täglich 10 – 18 Uhr. **Preise:** 4 €; Kinder bis 3 Jahre frei, 4 – 10 Jahre 1,50 €, 11 – 17 Jahre 3 €.

▶ Im manchmal *Eiserbachsee* genannten Teil des Rursees sind Becken abgeteilt: Schwimmbecken 100 x 100 m, Nichtschwimmerbecken 30 x 50 m, Beckentiefe von knöcheltief übergehend bis 1 m. 40-m-Rutsche, Tretbootverleih, 5-m-Sprungturm, 1-m-Sprungbrett. Große Liegewiese und Parkgelegenheit. Umkleidekabinen, Duschen, Toiletten und großer Parkplatz vorhanden.

Freibad Heimbach

Auf Wissen Woog, 52396 Heimbach. ✆ 02446/3196, Fax 80888. **Anfahrt:** Ab Ortsmitte der Ausschilderung »Sportzentrum« folgen. **Zeiten:** Mitte Mai – Juni Mo – Sa 11 – 18 Uhr, So und Fei 10 – 19 Uhr, Juli und August täglich 10 – 18 Uhr, bei schlechter Witterung 14 – 17 Uhr. **Preise:** 3,60 €; Kinder bis 6 Jahre frei, 7 – 10 Jahre 1,60 €, 11 – 17 Jahre 2,20 €; Ermäßigung bei Eintritt nach 17 Uhr, für Familien, Sozialhilfeempfänger, Schwerbehinderte, Schüler, Studenten, Wehr- und Zivildienstleistende und Kurgäste. Zehnerkarten und Jahreskarten.

▶ Beheiztes Freibad mit Schwimmer- und Nichtschwimmerbereich, Rutsche, Schwalldusche, Spielbecken, großer Liegewiese und Beach-Volleyballfeld.

Eifelbad

Dr.-Greve-Straße, 53902 Bad Münstereifel. ✆ 02253/ 542450, Fax 505172. www.bad-muenstereifel.de/ sport/eifelbad.htm. **Anfahrt:** RB23 Voreifelbahn von Bonn – Euskirchen. A1 Abfahrt 112, 2 km südlich der Stadtmitte an der B51. **Zeiten:** Mo 12 – 22 Uhr, Di – Fr 11 – 22 Uhr, Sa 10 – 19 Uhr, So und Fei 9 – 19 Uhr, Mitte März – Okt Sa, So und Fei bis 20 Uhr. **Preise:** 2 Stunden 3,50 €, Tageskarte 4,50 €, Sa, So und Fei 4 bzw. 5 €; Kinder 100 cm – 16 Jahre 2 Stunden 2 €, Tageskarte 3 €, Sa, So, Fei 2,50 bzw. 3,50 €; Ermäßigungen für Kurgäste, Schwerbehinderte, Sozialhilfeempfänger, Familien, Gruppen.

▶ Spaßbad mit Schwimm- & Sportbecken, Spiel- & Spaß-, Außen- und Kinderbecken, Klettergrotte, Wasser- und Riesenrutsche, Suhle, Whirlpool, Sauna, Cafeteria und großer Liegewiese mit Volleyballnetz. Für ganz Vergessliche: Das Eifelbad hat sogar Leih-Handtücher und Leih-Badeanzüge für euch.

Happy Birthday!
Bei Vorlage des Ausweises erhalten Geburtstagskinder 7 – 16 Jahre freien Eintritt.

Skater aufgepasst:
Auf dem Parkplatz vor dem Eifelbad steht eine Halfpipe!

Tipp: Wohnmobile sind auf dem Parkplatz vor dem Eifelbad für eine Nacht erlaubt.

Hallenbad Kall

Am Hallenbad, 53925 Kall. ✆ 02441/6354. **Zeiten:** Di – Fr 7 – 8.15 Uhr, Di, Do, Fr 14 – 20.30 Uhr, Mi 15 – 18.30, Sa 8 – 16 Uhr, So 8 – 12 Uhr. **Preise:** 2,50 €; Kinder 6 – 18 Jahre 1,50 €; Ermäßigungen für Gruppen, Schüler, Studenten, Auszubildende, Wehr- und Zivildienstleistende, Behinderte.

▶ Kleines Hallenbad mit einem 25 x 8 m großen Becken mit Schwimmer- und Nichtschwimmerteil. In der Sommersaison zusätzlich Hochterrasse, 2000 qm Liegewiese mit Kinderplantschbecken sowie Verkaufskiosk und 3 Außenumkleidekabinen. Für Spontanbesucher werden Handtücher, Badehosen und Badeanzüge vermietet.

Happy Birthday!
Kinder und Jugendliche erhalten an ihrem Geburtstag bei Vorlage des Ausweises freien Eintritt.

Freibad Einruhr

Rurstraße, 52152 Simmerath-Einruhr. ✆ 02485/317, 912929, Fax 319. **Anfahrt:** 6 km östlich von Simmerath an der B266. **Zeiten:** täglich 10 – 18 Uhr bei schönem Wetter. **Preise:** 2,50 €; Kinder 1,50 €; 10 % Rabatt für Gruppen ab 10 Personen.

Happy Birthday

Für Kinder bis 10 Jahre gilt am Geburtstag freier Eintritt (Personalausweis mitbringen).

▶ Freibad im oberen Bereich des Rursees mit Schwimmer-, Nichtschwimmer- und Kinderplantschbecken, Kinderrutsche, Sprungbrett, großer Liegewiese, Terrasse, Kiosk und Tischtennis.

Übrigens: Über Jahre hinweg hat das Freibad Einruhr für Wasserqualität die Note »Sehr gut« vom Ministerium für Umwelt und Naturschutz, Landwirtschaft und Verbraucherschutz des Landes NRW erhalten.

Baden & Wassersport an Seen und Flüssen

Badestrand Eschauel

Nideggen-Schmidt. ✆ 02474/998239. **Zeiten:** Sa, So und Sommerferien NRW täglich 10 – 19 Uhr. **Preise:** 2,50 €, 10er-Karte 11 €, Jahreskarte 21 €; Kinder bis 3 Jahre frei, 4 – 10 Jahre 1 €, 10er-Karte 6 €, Jahreskarte 10 €, 11 – 15 Jahre 1,50 €, 10er-Karte 10 €, Jahr 15 €.

▶ Der Badestrand Eschauel (auch *Sonnenstrand Eschauel* genannt) ist einer der am Untersee der Rurtalsperre angesiedelten Strandbäder. Nicht nur Schwimmer, sondern auch Segler, Surfer, Ruderer, Angler, Tretbootfahrer und Taucher (nur VDST) kommen in diesem Teil des Rursees auf ihre Kosten. Mit Erste-Hilfe-Station, Umkleidekabinen und sanitären Anlagen.

Die Erftquelle in Holzmühlheim

Anfahrt: A1 Ausfahrt 114 Blankenheim, dann 5 km B51 Richtung Bad Münstereifel.

▶ Als die Eifel noch der Meeresboden eines tropischen Meeres war, setzten sich auf den wasserundurchlässigen Tonschichten die Schalen von unendlich vielen Muscheln und Schnecken ab. Daraus entstand eine dicke Kalkschicht. Bei späteren Verschiebungen der Erdkruste entstand die *Frohngauer Kalkmulde* und wurden die Kalkschicht und die darunter liegende Tonschicht so gefaltet, dass nur hier an dieser ganz speziellen Stelle das Grundwasser, das auf der Tonschicht entlangfließt, durch einen schmalen Spalt als Quelle austreten kann.

Die **Grillhütte** an der Talsperre könnt ihr unter ✆ 02240/1061 reservieren.

Tretboot fahren auf dem Rurtal-Stausee

Becker Wassersport, Kommweg 41, 52372 Kreuzau. ✆ 02422/5752 (Büro), 02446/1497 (Steg), Fax 902066. Handy 0172/2315204. www.becker-wassersport.de. **Anfahrt:** Von Heimbach Bus 231; So, Fei mit Doppeldeckerbus Mäxchen im Ringverkehr von Heimbach, Hasenfeld, Schmidt und Mariawald/Kermeter. Von Heimbach, Schmidt oder Gemünd der Ausschilderung »Schwammenauel« folgen.

▶ Wie gut ist eure Kondition: eine halbe Stunde im Vierer-Tretboot kostet 5 €, 1 Stunde 9 €, 2 Stunden 14 €, 3 Stunden 19 €, 4 Stunden 23 € und ein ganzer Tag 28 € (nur wochentags), Gruppen haben bei ½ Stunde, 1 Stunde und 2 Stunden je 1 € Ermäßigung. Die Boote liegen direkt an der Staumauer Schwammenauel.

Hunger & Durst

Restaurant Seehof an der Staumauer Schwammenauel.

Tipp: Mitte Mai bis Mitte Sept. wird auf dem Oberen Parkplatz Schwammenauel an der Rurtalsperre So, 11 Uhr, ein katholischer Open-Air-Touristengottesdienst abgehalten.

Kanu fahren auf der Rur

Kanuschule Petry, Wolfgang Petry, Frankenstraße 7, 53894 Mechernich-Eicks. ✆ 02443/6747, Fax 7413. Handy 0179/4629930. www.kanu-petry.de. **Preise:**

Einer-Kayaks pro Tag 21 €, Zweier-Kayaks 31 €, Zweier/Dreier-Kanadier 33 €. Die Boote werden auf Wunsch auch an die Ein- und Ausstiegsstelle gebracht. Preise für Kurse und Neoprenanzüge auf Anfrage.

▶ Die Rur liegt im *Naturschutzgebiet Ruraue* und gehört zu den schönsten Flüssen in Nordrhein-Westfalen, die im Sommer zu befahren sind. Der Fluss ist naturbelassen und bietet an seinen Ufern viele Buchten, überhängende Bäume und kleine Badestellen zum Spielen. Aber Vorsicht, dass ihr nicht hineinfallt und von der Strömung mitgezogen werdet!
Die Rur ist mit ihren zahlreichen Kehrwassern, Schwellen, kleinen Stromschnellen für Kajakanfänger und Fortgeschrittene ein idealer Übungsfluss. Bei Anfängern beginnt der Paddeltag auf dem Staubecken Heimbach und nachdem die Grundbegriffe des Paddelns sitzen, geht die Tour auf der Rur von Heimbach bis Abenden oder Zerkall, immer mit Pause in Blens.
Bei reinem Kayak-Verleih sind Einsetzstelle und Ziel beliebig, aber auch da ist die Strecke von Heimbach bis Zerkall die reizvollste.

Kanu fahren auf dem Staubecken Heimbach

Kanuschule Petry, Wolfgang Petry, Frankenstraße 7, 53894 Mechernich-Eicks. ✆ 02443/6747, Fax 7413. Handy 0179/4629930. www.kanu-petry.de. **Anfahrt:** Rurtalbahn bis Heimbach, dann etwa 45 schöne Wanderminuten durch den Kurpark und auf dem Seerandweg. In Heimbach Hasenfelder Straße Richtung Schwammenauel, in Hasenfeld 1. Straße links (Kleestraße) bis zur Brücke über das Staubecken. Die Einsetzstelle liegt am RWE-Kraftwerk. **Preise:** Einer-Kayaks pro Tag 21 €, Zweier-Kayaks 31 €, Zweier/Dreier-Kanadier 33 €. Die Boote werden auf Wunsch auch

Um den Naturschutz zu gewährleisten (Vogelbrut), ist die Rur nur vom 15. Juli bis 28. Februar bei einem festgelegten Mindestpegelstand befahrbar. Auch die Anzahl der Boote ist beschränkt.

***Kanu** heißen alle Boote, in denen ihr mit dem Gesicht in Fahrtrichtung sitzt und die mit Paddeln bewegt werden. Ein Kanadier ist oben meist offen und ihr benutzt ein Stechpaddel. In einem Kayak haltet ihr ein Doppelpaddel in den Händen, das Kayak ist rundherum geschlossen und die Sitzöffnung ist mit einer Spritzdecke abgeschlossen. Sitzt ihr mit dem Rücken zur Fahrtrichtung, dann rudert ihr, denn es sind Ruderboote.*

an die Ein- und Ausstiegsstelle gebracht. Preise für Kurse und Neoprenanzüge auf Anfrage.

▶ Im schmalen Staubecken südlich von Heimbach könnt ihr das ganze Jahr über paddeln. Die Rur fließt so langsam durch das lang gezogene Becken, dass ihr die Strömung kaum merken werdet.

Am Ufer gibt es ein **Jugendstil-Wasserkraftwerk** aus dem Jahr 1904 zu sehen und viele bewaldete Hänge, die bis ans Wasser reichen. In den mit Schilf und Gräsern bewachsenen Flachuferabschnitten kann man Schwäne und andere Wasservögel beobachten. Wenn das Staubecken komplett gefüllt ist, bewegen wir uns auf einer Wasseroberfläche von 33,6 Hektar.

Rursee-Schifffahrt

Schwammenauel, 52396 Heimbach. ✆ 02446/479, Fax 1267. www.rursee-schifffahrt.de. info@rursee-schifffahrt.de. **Anfahrt:** So, Fei Doppeldeckerbus Mäxchen im Ringverkehr von Heimbach, Hasenfeld, Schmidt und Mariawald/Kermeter. **Zeiten:** In der Hauptsaison stündlich 10 – 17 Uhr, Mo, Fr und in der Nebensaison seltener. **Preise:** Rurseerundfahrt 7 €; Kinder 4 – 14 Jahre die Hälfte; Familien 17 €.

▶ Auf vier unterschiedlichen Schiffen könnt ihr den Rursee kennen lernen. Angefahren werden auf dem Rursee Schwammenauel, Eschauel, Kermeterufer, Woffelsbach, Rurberg und der Staumauer-Anschluss zum Obersee. Auf dem Obersee fahren die Schiffe zwischen Rurberg, Einruhr und der Urftseemauer hin und her.

Überall lassen sich die Landgänge mit einer kleinen Wanderung kombinieren, besonders viel Natur gibt es am *Kermeterufer* zu erleben, denn hier steht man sofort imWald und kann Vögel, Käfer und viele andere Tiere sehen.

Hunger & Durst

Weit über die Nordeifel hinaus bekannt ist die leckere Erbsensuppe im **Trappistenkloster Mariawald** bei Heimbach. Dieser Orden ist sehr streng, den Mönchen wird Armut, Ehelosigkeit, Gehorsam, intensive praktische Arbeit und das Schweigegebot abverlangt. Trotzdem wirken sie ausgeglichen und glücklich bei den Gebeten, bei der Arbeit im Garten oder mit den Tieren.

Am 1. Advent findet traditionell je eine **Nikolausfahrt** um 11 und um 15 Uhr statt, bei Bedarf auch Zusatzfahrten am Samstag davor. Hierzu muss man sich unbedingt anmelden.

@ www.der-rurrad-weg.de

Als »**Rur-Ufer-Radweg**« beginnt diese Route schon in Monschau und wird zum Teil bis Roermond (Mündung in die Maas) weiter befahren. Die Kennzeichnung ist das Wort RUR = Rur-Ufer-Radweg mit einem blauen Fluss auf grünem Grund.

Radeln & Skaten

Rurradweg von Heimbach bis Obermaubach

Länge: 18 km, leicht. **Anfahrt:** Rurtalbahn Düren – Bhf Heimbach, Rückfahrt von Hausen, Abenden, Nideggen-Brück oder Obermaubach. Von der B265 Zülpich – Schleiden in Vlatten abbiegen.

▶ Der Rurradweg ist von Heimbach bis Jülich 61 km lang und führt auf Feldwegen und Nebenstraßen immer recht nah am Rurufer entlang durch Wälder, Felder und nette kleine Örtchen. Ihr könnt zwischen sieben Teilstücken von 3 bis 16 km wählen, da dürfte doch für jeden etwas dabei sein. Die schönste Etappe ist 18 km lang und verläuft von Heimbach nach Obermaubach.

Vom Bahnhof **Heimbach** startet ihr im Kreisverkehr Richtung Rursee. Auf der Hasenfelder Straße biegt ihr nach Überquerung der Rur in die erste Straße rechts Richtung Freibad. Diesem Weg folgt ihr bis zum Campingplatz Habersauel. Vor dessen Einfahrt dem Weg rechts bis zur L249, Hausener Straße, folgen. Nun links abbiegen und entlang der L249 bis zur ersten Abzweigung nach Hausen, hier die Straßenseite wechseln und weiter dem Radweg bis zum Bahnhof **Hausen** folgen.

Hier biegt ihr links ab und überquert die Schienen und anschließend die Rur. Den Campingplatz nördlich von Hausen rechts liegen lassen. Nach einem steilen Anstieg könnt ihr rechts die Felsen der Breidelsley bei Blens sehen. Das war früher ein beliebter Klettergarten und ist jetzt Naturschutzgebiet. Der Straße bis **Blens** folgen und am Ortseingang über St.-Georgs-Straße zum Blenser Platz und rechts über die Rur in die

Rurstraße und wieder zurück zur L249 fahren. Hier geht es links auf dem Radweg weiter bis zur Einmündung nach Abenden.

Am Ortseingang **Abenden** links in die Blenser Straße einbiegen, dann die 3., die Mühlbachstraße, nach links nehmen. Nun rechts vor der Rurbrücke in die Palander Straße und danach sofort links in den Berrefelderweg fahren. Dem Berrefelderweg solange folgen bis er hinter den letzten Häusern einen Rechtsknick macht und steil ansteigt. Dem Rechtsknick folgen und nach 150 m links ab in einen Wirtschaftsweg einbiegen. Dieser Weg führt zuerst auf halber Höhe durch Wiesen bis er anschließend durch den Wald nach einer abschüssigen Fahrt in **Nideggen-Brück** an der L11 endet. Vorsicht, die letzte Strecke bergab kann gefährlich werden, denn sie hat ein Gefälle von 12 % und am Ende ist eine – meist geschlossene – Schranke. An der L11 links abbiegen Richtung Brück, dann über die Rurbrücke bis in den Kreisverkehr. Den Kreisverkehr am nächsten Abzweig in Richtung Zerkall verlassen und am Bhf. Brück vorbei dorthin radeln. 100 m hinter dem Ortseingang **Zerkall** rechts abbiegen und gleich wieder rechts in den Mühlenweg. Nachdem ihr erneut die Rur überquer habt, biegt ihr links auf den Radweg zum *Gut Kallerbend* ein. Hier überquert ihr auf der Holzbrücke erneut die Rur und nach 50 m führt der Weg nach rechts. Nun geht es weiter an *Gut Neuenhof* vorbei, über die neue Rurbrücke und dann über den unbeschrankten Bahnübergang der Rurtalbahn. Jetzt sind wir in **Obermaubach** angekommen.

Tipp: In Abenden lädt im Sommer das ↗ Freibad zu einer Badepause ein.

Wer nicht mehr weiterfahren kann oder will, hat immer eine Haltestelle der Rurtalbahn in seiner Nähe.

Hunger & Durst

Kiosk an der Staumauer, Am Stausee 2, 52372 Obermaubach, ✆ 02422/3976. Mit etwa 40 Außensitzplätzen, Blick auf den Stausee, kleiner Speisekarte, Snacks, Eis und Getränken.

Achtung! Bis Ende 2005 unbedingt an die Öffnungszeiten halten, denn es ist ein Truppenübungsplatz, auf dem außerhalb dieser Zeiten geschossen wird! Danach wird die Route Teil des Nationalparks Eifel und ist jederzeit zugänglich.

Radeln auf der Urftseeroute

Schleiden-Gemünd. **Länge:** 9,5 km einfach, flach und leicht. **Anfahrt:** So Pendelbus Gemünd-Marienplatz (11 und 14 Uhr) – Urftsee-Halfenbach (11.30, 14.30 und 16.30 Uhr). Mit dem Auto zur Kreuzung von B265 und B266. **Zeiten:** April – Okt Sa, So, Fei 8 – 20 Uhr, Nov – März 8.30 – 17 Uhr, an aufeinander folgenden Öffnungstagen durchgehend.

Einkehr: An der Staumauer der Urfttalsperre gibt es ein Café/Restaurant.

▶ Auf der Verlängerung der Urftseestraße kann man auf einem autofreien, gut befestigten Weg immer am Wasser entlang von Gemünd durch das wilde Urfttal bis zur Staumauer der Urfttalsperre fahren. Die Strecke ist etwa 9 km lang und führt immer unmittelbar am Seeufer entlang. Da nur am Wochenende Menschen herkommen dürfen, gibt es hier seltene Pflanzen und Tiere, z.B. echte Wildkatzen, die zwar fast so aussehen, wie verwilderte Hauskatzen, aber eine andere zoologische Art sind. Im Sommer kann man an heißen Tagen sogar einen Feuersalamander oder eine Mauereidechse beim Sonnenbad sehen.

Wer die Strecke nicht zurückfahren will, kann auf den Pendelbus zwischen Urftsee-Staumauer und Gemünd umsteigen.

Von Gemünd folgt ihr immer der Urftseestraße, die zunächst Anliegerstraße und ab Ortsende nur noch für Radler und Wanderer zugelassen ist. An der Staumauer erfahrt ihr den aktuellen Sachstand bei den Vorbereitungsarbeiten zum geplanten Nationalpark und viele nützliche Infos über die Gegend.

Radeln an der Erft

Holzmühlheim. **Länge:** 18 km, anfangs hügelig, dann flach. **Anfahrt:** Bhf Nettersheim, ab Bad Münstereifel kann man jederzeit aussteigen, ein Bahnhof ist nie sehr weit. A1 Ausfahrt 114 Blankenheim, B51.

▶ 110 km sind es von der Erftquelle in Holzmühlheim bis zur Mündung in den Rhein bei Neuss. Besonders schön ist die erste Etappe von Holzmühlheim ins malerische Bad Münstereifel, circa 8 km.
Um nach Holzmühlheim zu kommen, startet ihr am besten am 10 km entfernten **Bahnhof Nettersheim** und haltet euch immer Richtung Osten. Von der Bahnhofstraße geht's bergauf durch die Straße »Am Kirchberg« in die Martinusstraße, diese wird am Ortsende zu einem schönen Forstweg, der auch bei Skatern sehr beliebt ist. Achtet darauf, dass der Genfbach immer links von euch plätschert, bis ihr zwischen zwei Waldgebieten die Autobahn seht. Auf die fahrt ihr dann schnurstracks zu, unterquert sie und kreuzt kurz darauf die B477. Links von euch liegt nun Engelgau mit seinen vielen Windrädern. Nun kommt ihr nach Frohngau, von dort ist es durch die Holzmühlheimer Straße nicht mehr weit bis nach Holzmühlheim. Dort ist die **Erftquelle** auch ausgeschildert und liegt gleich hinter der Kreuzung mit der B51 auf der linken Seite. Sie wird von einem steinernen Löwen bewacht, es gibt einen Spielplatz und eine Grillhütte.
Die eigentliche **Etappe 1** des Erft-Radwegs führt nun 13 km stetig bergab. Sie ist zwar nicht besonders gut ausgeschildert, aber trotzdem nicht schwer zu finden. Von der Quelle folgt ihr der Erftstraße bis **Schönau,** dort fahrt ihr auch dann die Erftstraße geraudeaus weiter, wenn die Vorfahrtsstraße rechts abknickt. Kurz bevor die Erftstraße in die Eicherscheider Straße mündet, nehmt ihr den Feldweg, der nun parallel zu dieser Straße zum Regenrückhaltebecken am Lingscheider Hof führt. Über den Lingscheider Weg

Der Erft-Radweg – Von der Quelle bis zur Mündung, Bouvier-Verlag, 12,80 €.

Hunger & Durst

Einkehrmöglichkeiten findet ihr in Nettersheim, Holzmühlheim, Engelgau, Schönau, Eicherscheid und Bad Münstereifel.

und den Achenweg kommt ihr in die Ortsmitte von Eicherscheid, überquert dort die B51, die Bitburger Straße, und fahrt über die Kohlstraße und den Irscheider Weg nach **Bad Münstereifel** hinein. Gleich am Anfang kommt ihr am Eifelbad vorbei, für uns immer ein willkommenes Ende der Radtour, bei dem die Muskeln mit Plantschen, Toben, Schwimmen und Whirlpool gelockert werden.

Hinter Bad Münstereifel wird der Weg flacher, wenn es in die Voreifel-Orte Euskirchen, Weilerswist und Erftstadt geht, ↗ Wasserburgen-Route und Euskirchener Burgenrunde.

Spazieren & Wandern

Wandern auf dem Eifelsteig zwischen Einruhr und Gemünd

Simmerath-Einruhr. www.eifelsteig.de. **Länge:** Teilstrecke Einruhr – Gemünd 20 km, Ganztageswanderung. **Anfahrt:** Bus 63 von Simmerath nach Gemünd, So, Fei Doppeldeckerbus Mäxchen im Ringverkehr von Heimbach, Hasenfeld, Schmidt und Mariawald/Kermeter. 6 km östlich von Simmerath an der B266.

▶ Auf 86 km führt der Eifelsteig durch die schönsten Ecken der Nordeifel. Er beginnt an der Ahrquelle in Blankenheim und führt über Wildenburg, Reifferscheid, Hellenthal, die Oleftalsperre, Dedenborn, Einruhr, den Obersee und die Urfttalsperre, Wolfgarten, Gemünd, Golbach, Steinfeld und Marmagen zurück nach Blankenheim. Alle *vier Teiletappen* haben ihren Reiz, und wer erst einmal eine Etappe gelaufen ist, will meist auch die gesamte Strecke in Angriff nehmen. Die komplette Wegbeschreibung könnt ihr euch aus dem Internet laden. Gekennzeichnet ist der Eifelsteig mit einem gelben »e« auf blauem Grund.

Die 20 km zwischen Einruhr und Gemünd sind für sportliche Familien, die zeitig starten, kein

Problem. Ein Großteil der Strecke verläuft nahezu eben entlang der Rurtalsperre.
Von der Rurbrücke in **Einruhr** aus führt der Weg links am Obersee vorbei bis nach Rurberg. Wer hier nicht einkehrt, muss zumindest knapp zwei Stunden mit seinen Rucksackvorräten auskommen. Über den **Staudamm Paulushof,** der den Obersee vom Rursee trennt, folgt ihr dem Willi-Brordus-Weg den Honigberg hinauf. Der Weg ist mit HWW 5 markiert. Ihr seid nun mitten im **Kermeter,** einem Waldgebiet, durch das schon die Römer ihre Römerstraße von Köln nach Reims in Frankreich bauten. Hier ist es auch recht hügelig, das ist der anstrengendste Teil der Wanderung. Die *Hirschley*, ein 460 m hoher Berg, müsst ihr nicht ganz besteigen, der Weg führt kurz unter dem Gipfel vorbei bis zum Parkplatz Paulushof.
Hier folgt ihr etwa 300 m der Straße, dann weisen euch Wegweiser wieder links in den Wald und schon bald erreicht ihr das Forsthaus Kermeter. Von dort führt der Weg direkt nach **Wolfgarten,** hier gibt es auch eine Einkehrmöglichkeit in der *Kermeterschänke*. Vorbei am 28 m hohen Aussichtsturm, der einen weiten Blick über die Hochlagen des Kermeters bis zur Burg Vogelsang bietet, geht es rechts weiter, bis der Weg nochmals scharf nach rechts abzweigt. Kurz darauf erreicht ihr den breiten »Jägerpfad«. Diesem Fahrweg folgt ihr dann nach rechts, biegt nach etwa 600 m an einem großen Steinblock nach links ab und wandert auf dem Weg Nr. 2 ins Tal nach **Gemünd.**
An Wochenenden und Feiertagen habt ihr ab Rurberg eine flachere **Wanderalternative** durch das militärische Sperrgebiet: Hinter der Staumauer Paulushof folgt ihr rechts dem Obersee-

@ Für die Wanderprofis unter euch: Unter www.wanderbares-deutschland.de könnt ihr außer dem Eifelsteig noch 75 andere Wanderwege in ganz Deutschland mit Übersichtskarten, Etappenvorschlägen, Info-Adressen, touristischen Highlights, Höhenprofilen, Karten- und Büchertipps und vielem mehr finden.

Eifelverein Wanderkarte 4 Schleiden, Gemünd, 1:25:000.

randweg bis zur Staumauer der Urfttalsperre und von dort dem Urftseerandweg bis Gemünd. Das sind dann nur 19 km. Im Sommer könnt ihr den Weg mit einem Linienschiff von Einruhr nach Rurberg und von Rurberg zur Urftseestaumauer abkürzen.

Wandern um das Staubecken Obermaubach

Hunger & Durst

Einkehrmöglichkeiten an Start und Ziel Obermaubach, unterwegs im **Naturfreundehaus Obermaubach** (↗ Ferienadressen) und im Friesengestüt **Gut Mausauel** (Di – So 11 – 18 Uhr), Familie Demary, ✆ 02427/6505, Fax 8610, www.gut-mausauel.de.

Kreuzau-Obermaubach. **Länge:** 6 km, 2 Stunden, mittelschwer. Erstes Drittel asphaltiert und eben, danach langes, schmales Stück durch Wald, teilweise mit Stufen, am Schluss geht es wieder eben zurück zum Ausgangspunkt. **Anfahrt:** Rurtalbahn Düren – Heimbach bis Obermaubach.

▶ Vom Bahnhof bzw. Wanderparkplatz Obermaubach direkt an der Staumauer geht es los, zunächst parallel zur Eisenbahnlinie an der Ostseite des Staubeckens. Plant ein wenig Zeit ein, denn hier gibt es einen Waldkinderspielplatz mit Schutzhütte und Picknicktisch und einen Waldlehrpfad. Der Weg führt auf einer kleinen Brücke über die Rur und am anderen Ufer durch dichten Wald zurück. Dabei habt ihr an manchen Stellen einen schönen Ausblick auf das Staubecken. Am Waldende geht es auf Nebenstraßen in den Ort zurück.

Römerwanderung

Mechernich-Vussem. **Länge:** 14 km anstrengender Rundweg, mindestens 4 Stunden. **Anfahrt:** B477 zwischen den A1-Abfahrten 112 Mechernich und 113 Nettersheim.

▶ Auf der 14 km langen Strecke mit 630 m Höhenunterschied werdet ihr je nach Kondition und Besichtigungszeit zwischen 4 Stunden und einem ganzen Wandertag zubringen.

Hier gibt es viel über die Römer zu erfahren. Gestartet wird am **römischen Aquädukt** in **Vussem.** Um das begehrte Eifelwasser über das 70 m breite Tal hinüberzubringen, bauten die Römer ihre Wasserleitung auf 14 Brückenpfeilern. Als die kläglichen Stümpfe dieser Pfeiler

RÖMISCHE WASSERLEITUNG

Im Imperum Romanum kurz nach Christi Geburt gab es viele Genießer. Die wollten zwar am Rhein leben, aber nicht daraus trinken. Und auch für ihr tägliches Bad forderten sie frisches, wohlriechendes Wasser. Der größte deutsche Fluss scheint also schon damals ein Problemgewässer gewesen zu sein. Kein Wunder, denn dorthinein wurden die Abwässer und Abfälle entsorgt.

Das Wasser von *Gleueler Bach, Urbach* und *Duffesbach* reichte schon bald nicht mehr für die wachsende Einwohnerzahl. Also planten die Stadtväter von *Colonia Claudia Ara Agrippinensium* – so hieß Köln damals – eine 95 km lange Wasserleitung, in der frisches und wohlschmeckendes Nass aus dem Quellgebiet der Urft bis ins Zentrum von Köln fließen konnte. Und dort konnten die Römer – egal ob arm oder reich – dann nach Herzenslust in den öffentlichen Thermen stundenlang baden, erzählen, essen, trinken, über Politik diskutieren oder Geschäfte verhandeln.

Das nach kurzer Bauzeit fertig gestellte Bauwerk konnte bis zu 24.000 Kubikmeter (das sind 24 Mio. Liter) Wasser befördern, anfangs mehr, später weniger, als die Wände durch braune, marmorartige Kalkablagerungen immer dicker und die Durchflussröhren dadurch immer dünner wurden. Um das Wasser kühl zu halten, war der Aquädukt unterirdisch angelegt und nur für die Überquerung von Bächen und Flüssen sichtbar. Freigelegte Reste der römischen Wasserleitung könnt ihr noch an vielen Stellen zwischen Köln und der Nordeifel sehen, z.B. in Hürth, Kreuzweingarten und Sötenich. ◄

Wer aus der Regionalbahn 20/22 Köln-Gerolstein in Urft aussteigt, für den lohnt sich eine Wanderung auf dem Römerkanalweg nach Kall (dort ist auch ein Bahnhof).

entdeckt wurden, hat man drei davon so rekonstruiert, dass ihr heute, 2000 Jahre später, wieder sehen könnt, wie sie gebaut waren.

Ihr nehmt vom Parkplatz den Weg 10 am Sportplatz vorbei im Tal bergauf. An der nächsten Gabelung biegt ihr links nach **Harzheim** ab. Unterhalb der Kirche erreicht ihr die Landstraße, der ihr links herum bis zum ersten Feldweg rechts folgt. Weiter durch ein Tal und an einer Bank rechts hoch und dann talabwärts der Stromleitung folgen und am Ende des Gebüschs sofort links zum Parkplatz »Hornbachtal«. Von hier ist es nicht mehr weit zum Römischen Tempelbezirk auf dem Addig. Die Hälfte des Weges ist nun schon geschafft.

In diesem Streckenabschnitt läuft der Eifelverein-Hauptwanderweg 11 parallel, ihr könnt also auch der Markierung mit dem schwarzen Winkel folgen. Am Tempel geht es nun neben der Schutzhütte bergab, am Parkplatz im Tal wieder bergan nach **Pesch.** Durch die Jakob-Kneip-Straße und den Lindenhof erreicht ihr den Friedhof, hiervor biegt ihr rechts ab, geht durch eine Senke wieder hinauf um die Hardt herum. An dem kleinen Kiefernwäldchen quert ihr die Römerstraße und geht weiter bergab, dabei am Sperrschild rechts abbiegen. Am Pumpwerk geht der Weg rechts nach **Dreimühlen,** und von dort hinauf zum Kartstein mit der ↗ **Kakushöhle.** Die hat zwar nichts mit den Römern zu tun, weil sie schon von Urzeitmenschen benutzt wurde, ist deshalb aber vielleicht noch interessanter für euch.

Hunger & Durst

An der Kakushöhle bietet ein Kiosk Snacks und warme Getränke.

Am Höhleneingang führt unser altbekannter Weg 10 – zunächst über einige Stufen – hinab bis **Eiserfey,** das ihr rechts liegen lasst. Am Ortsende geht ihr über die Straßen Im Wiesenthal und Am Römerkanal auf die andere Seite des Tals und weiter zu einem Einzelhof. Hier verlasst ihr den Weg 10 und geht rechts um den Hang am Friedhof entlang zurück zum Parkplatz am Römischen Aquädukt.

Mini-Wanderung in Bad Münstereifel

Bad Münstereifel. **Länge:** 2,5 km Rundweg mit Steigungen und Gefälle. **Anfahrt:** RB23 Voreifelbahn von Bonn – Euskirchen; vom Bhf Bad Münstereifel 5 – 10 Minuten zu Fuß. A1 Abfahrt 112, dann B51.

▶ Vom Parkplatz unter der Umgehungsstraße B51, ganz im Norden der Stadt, führt ein Weg Richtung Ringwall steil den Berg hinauf, vorbei an einer Hotelzufahrt. Oben angekommen werdet ihr außer einem Erläuterungsschild zum Ringwall »Alte Burg« nicht viel sehen. Wer zumindest noch Reste des Walls sehen will, muss hinter dem Schild mutig in den Wald laufen und den Boden nach Erhebungen absuchen. Ansonsten geht ihr einfach auf der anderen Seite des Berges wieder hinab und erreicht schon bald den Kurpark mit einem Minigolfplatz und einem großen Spielplatz. Links am Waldrand entlang geht es zurück zum Parkplatz.

Wer am Ringwall noch einen Abstecher machen will, geht rechts Richtung **Damwildgarten**. Die Rehe dort sind sehr zutraulich, das Gehege ist jederzeit kostenfrei zugänglich.

Der Rescheider Bergbaupfad

Heimatverein Rescheid e. V., Giescheid 36, 53940 Hellenthal-Rescheid. ✆ 02448/911140, Fax 637. www.grubewohlfahrt.de. heimatverein.rescheid@t-online.de. **Länge:** leichte Rundwege von 8 bzw. 11 km. **Anfahrt:** Mo – Sa Taxibus 838; So und Fei im Sommer Luchsus-Linie 817. B51 bis Dahlem, dort Richtung Dahlemer Binz, ab der Flugplatzzufahrt kleine Wegweiser.

▶ Der Heimatverein Rescheid hat rund um das Besucherbergwerk »Grube Wohlfahrt« zwei

Zu den Strecken gibt es ein Faltblatt mit Hintergrundinfos zum Bergbau rund um das Bergwerk.

Eifelverein Wanderkarte 14 Hellenthal 1:25.000.

unterschiedlich lange Rundwege markiert. Die 8 km lange Strecke mit einigen kleinen Steigungsabschnitten, aber ohne größeren Schwierigkeitsgrad, führt vom Besucherbergwerk zum Grubenhaus, zu Bewetterungsschächten, zu einem Bohrloch, zum Zechenplatz, zu einer ehemaligen Schachtanlage, zu zwei weiteren Stollen und vorbei an der Pfarrkirche St. Barbara. An einigen Stellen sind Schautafeln mit Erklärungen montiert. Die 3 km längere Alternativroute hat auch für Naturfreunde einiges zu bieten, denn sie führt durch das schöne Schwalenbachtal und das Prethtal.

Eifelverein Wanderkarte 5 Nettersheim, Kall, 1:25.000.

Am Start und Ziel des Bergbaupfades verpflegt euch der **Landgasthof »Auf Wohlfahrt«.**

Römerwanderung entlang der Urft

Nettersheim. **Länge:** 10 km, leicht. **Anfahrt:** Ab Köln RE 22 oder RB 24 zum Bhf Nettersheim, zurück ab Bhf Urft.

Vor Beginn der Wanderung solltet ihr unbedingt das ↗ Naturschutzzentrum Eifel in der Ortsmitte von Nettersheim besuchen.

▶ Die Wanderung führt immer am Ufer der Urft entlang. Gegenüber vom Bahnhof Nettersheim geht ihr an der Apotheke links in die Bahnhofsstraße. Nachdem ihr die Urft überquert habt, biegt ihr rechts in die Steinfelder Straße ab und folgt ihr, auch wenn sie den Namen wechselt und zur Talstraße wird. Der Weg führt nun entlang der Bahnlinie durchs Tal. Hier könnt ihr auch der Ausschilderung des Römerkanal-Wanderwegs folgen, das ist ein schwarzer Bogen auf weißem Grund. Am Ortsausgang führt der Weg unter der Umgehungsstraße hindurch. Kurz darauf gibt es auf der anderen Urftseite die **Mannenberghöhlen,** die leider nicht mehr besichtigt werden können, weil die Besucher jahrelang ihren Unrat dort gelassen und die Höhlenwände beschädigt haben. In dem ver-

winkelten Höhlenkomplex leben die *Bechsteinfledermaus* und das *Große Mausohr* nun geschützt und in Frieden.
Die nächsten 3 km folgt ihr dem Weg durch Wiesen und am Waldrand entlang. Gegenüber von zwei Weihern steigt ihr rechts an einer Schutzhütte zu einer Wiese hinab und steht nun vor der Quellfassung **Grüner Pütz.** Hier beginnt die ↗ *römische Wasserleitung,* die vor 2000 Jahren die Stadt Köln mit Eifelwasser versorgte.
Es geht weiter mit dem Wald links, Urft und Bahnlinie rechts von euch. Auch am Bahnwärterhäuschen folgt ihr dem Weg entlang der Gleise. Kurz vor dem Bahnübergang könnt ihr vielleicht noch erahnen, dass links in der Böschung der Römerkanal verlief. Jetzt ist aber nur noch eine Welle in der Wiese zu sehen.
Nun überquert ihr Schienen und Fluss über eine Brücke an der Flussschleife **Königsberger Benden.** Hinter der Brücke wählt ihr den linken Weg, der euch entlang einer weiteren Flussschleife durch den Wald an der **Acherlochhöhle** vorbei führt. Die kleine Höhle liegt oberhalb des Weges im Fels, ohne Hinweisschild. Wer sie ansehen will, sollte eine Taschenlampe mitnehmen, trittsicher sein und festes Schuhwerk anziehen, denn es geht sehr steil den Berg hinauf. Der Weg verläuft hinter dem Wald am **Gut Neuwerk** vorbei genau auf die Urfttalstraße zu, der ihr links zum Bahnhof Urft folgt. Uff, geschafft!

Hunger & Durst

In Kall-Urft liegt direkt am Bahnhof der Gasthof **Schneiders Eck** und 50 m Richtung Steinfeld eine Frittenbude.

Nur wenige Kilometer vom Ziel der Wanderung entfernt befindet sich das **Kloster Steinfeld,** ein altes Kloster der Salvatorianer, das durch sein Kulturprogramm und die weltoffene Haltung bei seinen Besuchern sehr beliebt ist. Es hat sogar eine eigene Homepage: www.kloster-steinfeld.de

Achtung! Im Nationalpark Eifel und in den Landschaftsschutzgebieten müssen Hunde angeleint werden.

*Besonders schwierig ist die Frage, was mit der **Burg Vogelsang** geschehen soll, die 1936 als nationalsozialistische Ordensburg und Junkerschmiede eingeweiht wurde. Sie soll zwar zum »Lernort Geschichte« umgebaut werden, wie aber kann man diesen riesigen Gebäudekomplex außerdem nutzen, ohne Gefahr zu laufen, dass er zum Pilgerort für Neonazis wird? Infos zur Geschichte und zum aktuellen Stand unter www.lernort-vogelsang.de.*

Naturerlebnispfade & Umwelt-Infozentren

Nationalpark Eifel

Nationalparkverwaltung Eifel, Urftseestraße 34, 53937 Schleiden-Gemünd. ✆ 02444/9510-0, Fax 9510-85. www.nationalpark-eifel.de. info@nationalpark-eifel.de. **Anfahrt:** Doppeldeckerbus Mäxchen von Heimbach, Schwammenauel und Rurberg bis Kermeter, von dort schöner Wanderweg zur Urftseestaumauer. Pendelbus von Gemünd bis fast an die Urftseestaumauer. B265 und B266 bis Gemünd. **Zeiten:** Verwaltung Mo – Fr 8 – 16 Uhr, Wanderweg Urftseeufer Sa, So, Fei 8 – 20 Uhr, Rest jederzeit frei zugänglich. **Infos:** Der Container an der Urftseestaumauer mit immer neuen Informationen ist Sa 14 – 18 Uhr und So 12 – 18 Uhr geöffnet.

▶ Ich lade euch in den jüngsten Nationalpark Deutschlands ein! Erst am 11. Januar 2004 wurde der Nationalpark Eifel eröffnet. Eure Eltern kennen ihn vielleicht unter der Bezeichnung Truppenübungsplatz Vogelsang, aber bis Ende 2005 wollen die Belgischen Streitkräfte den Platz aufgeben.

Wer bislang dort hinwill, braucht eine Sondergenehmigung. Nur ein Wanderweg entlang der Urfttalsperre ist an den Wochenenden für Zivilisten zugänglich. Aber lasst es euch von mir gesagt sein: es ist ein hinreißendes Gelände. Ich durfte nämlich schon bei einigen Katastrophenschutzübungen dieses riesige Areal näher kennen lernen und freue mich schon richtig auf die Eröffnung des ersten Nationalpark in NRW! Zusammen mit dem Kermeter wird er über 40 qkm groß sein.

Die Panzerspuren und Schießbahnen machen nur einen kleinen Teil des Gesamtgeländes aus, drum herum leben seltene Pflanzen und Tiere (Mauereidechse und Wildkatze zum Beispiel). Bisher konnten schon 80 Pflanzenarten und 240 Tierarten als gefährdete Arten der »Roten Liste« nachgewiesen werden. Deshalb bemüht man sich, die jahrelang weitgehend ungestörte Natur wirkungsvoll zu schützen und dieses Naturerbe der Bevölkerung trotzdem schonend zugänglich zu machen. Ihr könnt euch auf ein Informationszentrum mit Aussichtsturm auf Vogelsang und kleinere Info-Stationen in Heimbach-Höfen, Rurberg, Einruhr, Gemünd und Nideggen, spannende Lehr- und Naturerlebnispfade, Beobachtungsstationen für Rotwild und vieles mehr freuen.

Wasser-Info-Zentrum Eifel (W.I.ZE.)

Karl-H.-Krischer-Platz 1, 52396 Heimbach. © 02446/ 9119906, Fax 9119907. www.wasser-info-zentrum-eifel.de. info@wasser-info-zentrum.de. **Anfahrt:** Rurtalbahn von Düren. Rad: Rur-Ufer-Weg. **Zeiten:** Di – So 14 – 17 Uhr. **Preise:** 2,50 €; Kinder bis 5 Jahre frei, 6 – 17 Jahre 1,50 €, Schulklassen 1 € pro Kind; Familienkarte 5 €, Gruppen ab 10 Personen 2 €. **Infos:** Führungen für Gruppen nach Anmeldung 1 Stunde 35 € + 1 €/Person.

▶ Für jeden Besucher zugänglich sind die Ausstellungen »Natur und Umwelt« mit der heimischen Wasserwelt in Groß-Aquarien, einem Riesenglobus und einem Minigebirge und »Wassertechnik« mit Stauseen zum Selbersteuern, Strom aus Wasser auf Knopfdruck, und einem Wasserwerk-Modell. Klasse ist auch die gläserne Wasserleitung durch 2000 Jahre Wassernutzung in der Eifel.

Schulklassen und andere Arbeitsgruppen experimentieren im so genannten »blauen Klassen-

Am besten könnt ihr das Wasser schützen, indem ihr sparsam damit umgeht.

Hunger & Durst

Bistro mit Limonade, Cola, Kaffee, Tee. Ein Glas Wasser gibt es für Groß und Klein an der **Aqua-Bar** im W.I.Z.E. gratis. Gruppen wird nach Anmeldung auch ein Imbiss gereicht, z.B. belegte Brötchen, Suppen oder Kuchen.

zimmer«, dem Wasserlabor. In der Verbraucherberatung erfahrt ihr, wie man Trinkwasser sparen und Regenwasser nutzen kann: Modelle, Bauanleitungen und Formulare.

Kakushöhle

Kakusstraße, 53894 Mechernich-Eiserfey. **Anfahrt:** A1 Ausfahrt 113 Nettesheim, zwischen Weyer und Eiserfey unmittelbar an der B477. **Zeiten:** frei zugänglich.

▶ Die Kakushöhle wird schon seit langer Zeit gerne von Ausflüglern besucht. Bereits zu Anfang des 20. Jahrhunderts wurden Postkarten mit diesem Motiv verschickt. Doch viel früher wurde darin gewohnt. Vor 200.000 – 40.000 Jah-

Höhlenforscher nennen diese Art von Höhle »Primärhöhle«. Sie entsteht zusammen mit dem umgebenden Gestein, der Raum der Höhle bleibt bereits bei der Entstehung des Gesteins als Hohlraum erhalten.

DIE ENTSTEHUNG DER KAKUSHÖHLE

Tuffhöhlen wie die Kakushöhle bestehen aus Kalktuff, einem Material, das sich erst in erdgeschichtlich jüngster Zeit gebildet hat. Es entsteht nur in der Umgebung von Karstquellen, die sehr kalkreiches Wasser schütten. Nach Zutagetreten des Wassers entweicht Kohlendioxid in die Luft oder wird von Organismen verbraucht. Das Wasser kann den Kalk nicht mehr in Lösung halten und so wird er ausgefällt.

Die Ablagerung des Kalks führt zur Bildung von porösem, tuffartigem Gestein. Diese Besonderheit (im Gegensatz zu den Sinterablagerungen in anderen Höhlen) ist auf die unterschiedlichen Entstehungsbedingungen an der Erdoberfläche zurückzuführen. Organisches Material wie Algen, Moose, Blätter, Zweige oder Tierkadaver werden mit Kalk überzogen und so integriert. Häufig zersetzt sich das organische Material später, so dass detaillierte Abdrücke im Kalk erhalten bleiben. Wenn das Wasser über eine Gesteinsstufe fließt, bilden sich Überhänge und Halbhöhlen, die dann sogar zu einer vollständigen Höhle zusammenwachsen können. ◀

ren – je nachdem, welcher Wissenschaftler es sagt, jedenfalls vor ewig langen Zeiten – suchten schon Steinzeitmenschen Schutz in dieser Höhle und wohnten darin. Grabungen zwischen 1911 und 1913 haben insgesamt 7 übereinander liegende Kulturschichten festgestellt. Neben Resten von Beutetieren, darunter Knochen von Höhlenbär und Hyäne, wurden Herdstellen und Steinzeitwerkzeuge von *homo erectus, homo sapiens neanderthalensis* und eiszeitlichen Rentierjägern gefunden.

Im Volksmund heißt die Höhle auch »Kartstein«, weil drei Männer hier durch ihr Kartenspielen den Ostersonntag geschändet haben sollen.

Sie ist etwa 80 m lang; wenn ihr alle Winkel und Nebenhöhlen ansehen wollt, solltet ihr eine Taschenlampe mitnehmen. Die Höhle ist auf Wegen leicht zu begehen.

Auf der Höhe über der Kakushöhle befinden sich zudem die Reste einer keltischen Ringwallanlage aus der Zeit von 300 – 50 v. Chr.

Hunger & Durst

Am Parkplatz werden in einem **Kiosk** Eis, Süßigkeiten und warme Getränke verkauft.

Naturkundlicher Lehrpfad

Bad Münstereifel. **Anfahrt:** A1 Abfahrt 112, Wanderparkplatz »Zu den Nöthener Tannen« im Westen der Altstadt.

▶ Mit einer Kopie aus dem Verkehrsamt Bad Münstereifel macht ihr euch auf den etwa 4 km langen Weg ohne große Steigungen. Es geht durch den Kurpark, über Felder, Wiesen und durch den Wald. Nicht nur Bäume, auch Büsche, Staudenblumen und Farne werden erklärt. Im Kalkstein entlang dem Weg sind Fossilien zu finden, die hier vor 350 Mio Jahren ein Korallenriff bildeten.

Die **Fossilien** bitte nur ansehen und fotografieren, nicht zerstören oder als Andenken mitnehmen. So bleiben die Korallen, Armfüßler und Seelilien noch lange der Nachwelt erhalten.

Seminar »Delikatessen am Wegesrand«

Kurverwaltung, Bahnhof, Kölner Straße 13, 53902 Bad Münstereifel. ✆ 02253/542244, Fax 542245. www.bad-muenstereifel.de. touristinfobadmuenstereifel@t-online.de. **Preise:** 77 € für Materialkosten, Fr Imbiss, Sa Imbiss, mehrgängiges Menü und Teestunde, So Mittagessen, aber ohne Übernachtung und Anreise.

▶ An einigen Wochenenden im Frühling und Sommer bietet die Kurverwaltung ein ganz besonderes Seminar an: Von Freitagabend bis Sonntagmittag begleitet ihr die Ethnobotanikerin und Naturpädagogin Dr. Brigitte Klemme durch Wiesen und Wälder. Ihr lernt viele Wildkräuter kennen, trinkt Giersch-Limonade, esst Vogelmiere. Nach vielen leckeren Imbissen und einem üppigen Menü spricht keiner mehr von Un-Kraut!

@ Leckere **Rezepte zum Ausprobieren** verrät Frau Klemme auf ihrer Homepage www.un.kraut.de und in ihren Büchern »Delikatessen am Wegesrand«, »Un-Kräuter zum Genießen« und »Baumblättersalat«.

Walderlebniszentrum Gemünd

Kurgartenstraße 6, 53937 Schleiden-Gemünd. ✆ 02444/2011, 951014 (geführte Wanderungen), Fax 1641. **Anfahrt:** An der Kreuzung der B258 Blankenheim – Monschau mit der B265 Zülpich – Prüm.

▶ Hier könnt ihr dem Wald mit allen Sinnen begegnen. Die Ausstellung im Walderlebniszentrum behandelt die Besonderheiten des Eifelwaldes, insbesondere des Kermeters, durch die Themenbereiche »Buchenwald«, »Wald und Wild«, »Wald und Krieg«, »Fichte im Kermeter«, »Forstgeschichte im Kermeter« und »Rohstoff Holz«. Im angrenzenden Kermeter könnt ihr unterschiedlich lange ausgeschilderte oder spannend geführte Wanderungen machen.

Der 5 km lange **Waldlehrpfad** von Gemünd nach Wolfgarten macht euren Besuch im Walderlebniszentrum erst richtig rund.

✱ Tipp: Naturschutzzentrum Eifel

Römerplatz 8 – 10, 53947 Nettersheim. ✆ 02486/1246, Fax 7878. www.nettersheim.de. nettersheim@

eifel-online.de. **Anfahrt:** A1 Ausfahrt 113. **Zeiten:** Mo – Fr 9 – 17 Uhr, Sa und So 10 – 17 Uhr. **Preise:** Zentralgebäude 1 €, Alte Schmiede und Werkhäuser 2 €; Kinder bis 14 Jahre zahlen die Hälfte; Ermäßigungen für Familien und Gruppen. Bauern- und Färbergarten und der Erlebnispfad sind gratis.

▶ Vielseitiges ökologisches Informationszentrum mit Abteilungen zu den verschiedensten Themen: Waldausstellung, Lebensraum Wasser, Natur im Dorf, historisches Bauernhaus, Bauerngarten, Archäologie, Geologie mit riesiger Fossiliensammlung. Zum Entspannen geht es auf die große Spielwiese oder den Spielplatz. Hier könnt ihr Kräutersäckchen nähen und füllen, Wassertiere im Bach fangen, benennen und wieder freilassen, Ammoniten sammeln, Bäume mit verbundenen Augen erkennen und vieles mehr.

Tipp: Lustig geht es bei den **Kartoffel-Wochenenden** »Tolle Knolle« zu. Im Frühjahr werden die Kartoffeln in die Erde gelegt, im Sommer gepflegt und im Herbst geerntet. Dabei werden sie im Kartoffelfeuer gebraten und jede Familie darf sich als Kartoffelbauerlohn einen Zentner Kartoffeln zum Einkellern selbst ernten.

Am Naturschutzzentrum beginnt ein **Erlebnispfad mit 20 Stationen.** Er ist 6 km lang. Wer sich darauf vorbereiten will, kann hierzu eine 50-seitige Broschüre gegen 2,50 € Schutzgebühr plus Porto anfordern. Es gibt aber auch ein kostenloses Faltblatt, mit dem ihr euren Weg finden könnt. Unterwegs könnt ihr Rätsel lösen, einen Barfußpfad, eine Baumorgel und ein Baumtelefon ausprobieren, einen Meilenstein vermessen, wie es die Römer taten, Bienen beobachten und vieles mehr.

Im **Museumsshop** findet ihr eine riesige Auswahl an Büchern und Heften zur Naturkunde, Archäologie und Geologie, viele auch speziell für Kinder. Außerdem gibt es Spiele, Honig, Saft, Mulsum (römischer Würzwein), Wanderkarten und vieles mehr.

Hunger & Durst

In der Nähe des Naturschutzzentrums liegen das Eiscafé **Eis Stüffje**, Steinfelder Straße 2, und Bäckerei/Café **Die Ähre**, Bahnhofsstraße 29.

Die Region zwischen Nettersheim und Blankenheim wird manchmal auch Kalkeifel genannt.

Reiten & Kutschfahrten

Postkutschenfahrt

Förderverein Postkutsche Einruhr/Erkensruhr e.V., Rursee-Touristik GmbH, 52152 Simmerath-Einruhr. ✆ 02485/317, Fax 319. info@rursee.de. **Anfahrt:** 6 km östlich von Simmerath an der B266. **Zeiten:** Juni – Okt Sa, So nachmittags. **Preise:** Einfache Fahrt 5 €, hin und zurück 9 €; Kinder bis 12 Jahre zahlen die Hälfte; Gruppen bis 6 Pers. 50 €, bis 9 Pers. 70 €.

▶ Die Tour mit der historischen Postkutsche »Diligence« führt duch das malerische Tal zwischen Einruhr und Erkensruhr oder von Einruhr nach Jägersweiler Richtung Urftsee-Wanderweg oder von Einruhr entlang der Rur nach Dedenborn. Je Strecke dauert es etwa 30 Minuten. Die Postkutsche kann auch für Sonderfahrten gebucht werden.

Rurberger Ponyhof

Matthias und Iris Reulike, Im Bollard 14, 52152 Simmerath-Rurberg. ✆ 02473/4001, ponyhof-rurberg@web.de. **Anfahrt:** Am Ende der Fahrstraße vom Seeufer aufwärts. **Zeiten:** Anfänger Di, Do 16 – 17.30 Uhr, Fortgeschrittene Mo, Mi 16 – 17.30 Uhr. **Preise:** bitte aktuell erfragen.

▶ Schnupperkurse für Pony-Fans von 3 bis 12 Jahre, die nicht einfach nur Reiten lernen wollen, sondern auch, mit den Tieren umzugehen. Iris Reulike ist Tierpädagogin und hat immer wieder eine neue, gute Idee, wie Kinder ein Pony-Abenteuer haben können, bei dem das Tier keinen Schaden nimmt. So dürfen die Kinder nach der notwendigen Theorie zuerst ohne Sattel auf den Ponys reiten. Das ist zwar schwieriger, Tier und Mensch lernen sich so aber besser kennen. Die Sättel für die ganz Kleinen sind

Hunger & Durst

Restaurant Eifelhaus, Am Obersee 1, hausgebackener Kuchen und selbst gemachtes Eis, direkt an der Bootsanlegestelle mit Kinderspielplatz. Hier könnt ihr beim Kaffeerösten zusehen!

Hofmolkerei Jansen, Schießgasse 11, 52152 Simmerath-Lammersdorf. ✆ 02473/1342, Fax 87317. www.jansen-joghurt.de. Fr 14.30 – 18 Uhr, Sa 9 – 12 Uhr. **Angebot:** 15 verschiedene Käsesorten, Joghurt, Quark, Milch, Sahne, Butter aus der eigenen Molkerei und Eier aus Freilandhaltung.

Spezialanfertigungen, die den Kids noch mehr Halt und damit Sicherheit geben. Wer Spaß am Ponyreiten gefunden hat, kann in acht Lektionen viel Neues lernen. Im Ponyhof wohnen außerdem noch Ziegen, ein Schwein, ein Hund und andere Tiere.

Reiterhof Hubertusmühle

Burgstraße 6, 52385 Nideggen-Brück. ✆ 02427/6078, Fax 6078. www.hubertusmuehle.de. info@hubertusmuehle.de. **Anfahrt:** An der Rurtalbahn Düren – Heimbach.

▶ Prima Reiterhof mit allem, was dazu gehört: Reitstunde/Ausritt 11 €, Kutsche 30 € pro Stunde, Ponyreiten 8 € pro halbe Stunde, Kindergeburtstag mit bis zu 8 Kindern inklusive Reiten 80 €. Die Ausritte sind 1 bis 5 Stunden lang möglich, je nach Fähigkeiten, Ausdauer und Wunschziel.

Kutschfahrten mit Shire-Horses

Molitor-Hettner-Center, Events + Freizeit, B51, Hettner-Halle, 53902 Bad Münstereifel. ✆ 02253/3000, Fax 02226/907751. www.hettner-center.de. info@kutschen-kauf.de. **Anfahrt:** A1 Abfahrt 112, an der B51 am nördlichen Ortsausgang.

▶ Ausfahrten mit Planwagen oder zwei-, vier- oder mehrspännigen Kutschen mit Gespannführern in traditioneller Kleidung und wunderschönen Shire-Horses.

Shire-Horses sind die größte Kaltblutrasse der Welt und wirken besonders edel durch ihre »weißen Puschelsöckchen« und den weißen Gesichtsstreifen bei ansonsten völlig schwarzem Fell.

In den Schulferien bietet der Kinderschutzbund, ✆ 02253/8780, in Bad Münstereifel ein tolles Erlebnisprogramm mit viel Natur an.

Reiten an der oberen Erft

Buchholzbacher Mühle, Anton Wienands, 53902 Bad Münstereifel-Rupperath. ✆ 02257/7141, Fax 952194. www.buchholzbacher-muehle.de. reitbetrieb_wienands@t-online.de. **Anfahrt:** 15 km südöstlich von Bad Münstereifel an der L165 nach Schuld.

▶ Reiterhof mit Großpferden, Kleinpferden und Ponys. So ist für Reitstunden und Ausritte für jeden etwas dabei. Reitstunde 11 €, Ausritt je Stunde 12 €.

↗ Weitere Reiterhöfe siehe Ferien-Adressen.

Reitanlage Lindenhof

Mark Schwerdt, Kartsteinhöhe 6, 53947 Nettersheim-Zingsheim. ✆ 02486/202, Fax 911799. Handy 0175/1679777. www.reitanlagelindenhof.de. **Anfahrt:** A1 Ausfahrt 113 Nettersheim, B 477.

▶ Der Lindenhof bietet romantische Kutsch- und Planwagenfahrten, Ferienreitkurse für Kinder, Geländeritte, therapeutisches Reiten und Dressur- und Springunterricht an. Reiterferien kosten je nach Prüfung 150 – 170 € incl. Mittagessen, 3-Std.-Geländeritt 31 €, Kutschfahrten 15 €, Voltigierstunde 4 €, Planwagenfahrt im 10er-Wagen 50 €, im 18er-Wagen 80 €.

Tier- & Erlebnisparks

Wildpark Schmidt

Heimbacher Straße, 52385 Nideggen-Schmidt. ✆ 02474/215, 449, Fax 6117. lscheidtweiler@t-online.de. **Anfahrt:** Am südöstlichen Ortsausgang von Schmidt links in die Wildparkstraße, ausgeschildert. **Zeiten:** täglich 9.30 – 18 Uhr. **Preise:** 3 €; Kinder 1,30 €; Familienkarte für 2 Erw. und 3 Kinder 7,50 €.

▶ Weitläufiges Gehege auf 35 Hektar mit einem 5 km langen Wanderweg. Zu sehen gibt es ganzjährig Rotwild, Damwild, Schwarzwild und Mufflons, dazu auf den Weihern verschiedene Entenarten und Gänse. Auf einer Wiese laufen Ponys, Ziegen, Hängebauchschweine, Esel und Lamas durcheinander.

Hunger & Durst

Im **Café Wildpark** gibt es sonntags selbst gebackenen Käsekuchen, Ziegenfrischkäse und im April/Mai leckeres Löwenzahngelee.

Hochwildpark Rheinland

Mechernich-Kommern. ✆ 02443/6532, Fax 911828. www.hochwildpark-rheinland.de. info@hochwildpark-rheinland.de. **Anfahrt:** Bus 895 von Kommern und Satzvey, 896 von Mechernich. A1 Abfahrt 112, dann über die B477 den Schildern folgen. **Zeiten:** täglich 9 Uhr bis Dämmerung. **Preise:** 3,50 €, Gruppen ab 10 Personen 3 €, ab 50 Personen 2,50 €; Kinder 2,50 €, in Gruppen ab 10 Personen 1,80 €, ab 50 Personen 1,30 €; Ermäßigung für Behinderte, Studenten und Schüler. Hunde werden gern gesehen und haben freien Eintritt.

▶ Tierpark im Wald rund um Kommern-Süd mit Wildschweingehege, Streichelzoo, großem Spielplatz, Imbiss, Kiosk und Grillplatz. Die Tiere dürfen auch gefüttert werden, das Spezialfutter wird im Park verkauft. Samstags und sonntags wird zusätzlich Ponyreiten angeboten. **Tipp:** Ganztagesbesucher mit kleinen Kindern und großem Proviant können einen Bollerwagen mieten.

Hunger & Durst

Im **Wildpark Restaurant,** ✆ 02443/6541, sind Hochstühle vorhanden und es gibt fünf verschiedene Kinderteller auf der Speisekarte.

Wildgehege Hellenthal

Hellenthal. ✆ 02482/2292, Fax 2212. www.wildgehege-hellenthal.de. info@wildgehege-hellenthal.de. **Anfahrt:** Bus 836. B256, am Ostufer der Oleftalsperre südwestlich von Schleiden zwischen Hellenthal und Schöneseiffen. **Zeiten:** April – Okt 9 – 18 Uhr, Nov – März 9 – 17 Uhr. **Preise:** 7 €, Gruppen ab 15 Personen 5,50 €; Kinder 5,50 €, Gruppen ab 15 Personen 4 €; Ermäßigung für Schüler, Studenten, Familien, Schwerbehinderte und Soldaten sowie auf alle Eintrittspreise von November bis Februar. Auf dem Gelände des Wildgeheges gibt es ein gutes Restaurant und einen Spielplatz.

▶ Schon eure Eltern sind als Grundschüler mit Freude nach Hellenthal ins Wildgehege gefah-

Happy Birthday!

Für 80 € können bis zu 10 Kinder 4 Stunden lang im Wildgehege Geburtstag feiern. Im Eintrittspreis enthalten sind das Flugprogramm, die Fahrt im Gehege-Express, Streichelzoo, Kinderspielplatz, Quiz, Erinnerungsaufkleber, Basteln und ein Foto, bei dem das Geburtstagskind einen Adler auf dem Arm hält.

ren, denn anders als im Zoo mit seinen exotischen Tieren leben hier Tiere, die in der Eifel zu Hause sind oder zumindest einmal waren. Und sie dürfen sogar gefüttert werden, natürlich nur mit Spezialfutter.

Besonders schön ist ein Ausflug im Frühjahr: Ab März können die ersten Jungtiere wie Frischlinge, kleine Muffellämmer usw. begutachtet werden. Weiterer Nachwuchs bei Ziegen, Rotwild, Luchs und Waschbären stellt sich ein. Daneben schlüpfen, meist schon im April, die ersten jungen Adler. Aber auch der Sommer mit Nachwuchs beim Damwild und bei den Greifen ist schön.

Die Greifvogelstation im Park bietet täglich um 11 und 14.30 Uhr **Flugvorführungen**, im Sommer zusätzlich um 16 Uhr.

Freizeit-Insel mit Sommerrodelbahn

Mechernich-Kommern. ✆ 02443/981380, Fax 981352. www.freizeit-insel.de. freizeitinsel@t-online.de. **Anfahrt:** An der B266 westlich von Mechernich. **Zeiten:** April – Okt täglich 10 – 22 Uhr, Nov – März Sa, So 10 – 18 Uhr. **Preise:** 1,60 €, 6 Fahrten 8 €, Doppelschlitten 2,20 €, 6 Fahrten 11 €; Kinder bis 12 Jahre 1,40 €, 6 Fahrten 7 €; an Wochentagen auch Gruppenkarten.

Gleich nebenan können zwei **Grillhütten** gemietet werden. Termin- und Preisanfragen bearbeitet das Rodelbahnpersonal.

▶ 680 m lange Rodelbahn auf dem ehemaligen Landesgartenschaugelände. An manchen Tagen werden auch Disco- und Nachtfahrten angeboten. Kinder bis 8 Jahre dürfen nur in Begleitung eines Erwachsenen rodeln.

Wer sich richtig austoben will, findet dazu ein **Trampolin:** 10 Minuten Trampolinspringen kosten 1,80 €, eine Fahrt auf der Riesen-Schiffschaukel 1 €.

Spiel & Sport bei Schnee & Eis

Pinneberg-Loipe

Kurverwaltung Bad Münstereifel, Langenhecke 2, 53902 Bad Münstereifel-Mahlberg. ✆ 02253/505182, Fax 505183. **Anfahrt:** A1 Ausfahrt 114 Blankenheim, B51 links durch Tondorf, in Holzmühlheim rechts in die Erftstraße Richtung Schönau einbiegen, dort rechts auf die Ahrstraße und die erste links nach Mahlberg.

▶ Die 7,5 km lange Pinneberg-Loipe verläuft am Fuße des Michelbergs durch Wälder und Wiesen. Der Start ist an beiden ausgeschilderten Wanderparkplätzen möglich, Parkplätze an der Römerstraße und Am Lindchen.

»Höll Wolf« Hollerath

Hellenthal-Hollerath. ✆ 02448/85200 (Schneetelefon), Handy 0162/6440213 (Skiverleih). **Anfahrt:** RVK 839 Mo – Fr stündlich, Sa stündlich bis 14 Uhr nach Udenbreth, sonst Taxibus, ✆ 01804/151515. 12 km südwestlich von Schleiden an der B265 Luxemburger Straße. **Preise:** Einzelfahrt 1,50 €, 5er-Karte 4 €, 10er-Karte 6 €, 20er-Karte 10 €; Kinder bis 14 Jahre Einzelfahrt 1 €, 5er-Karte 2,50 €, 10er-Karte 3,50 €, 20er-Karte 5 €; Skiverleih bei 11 €, Schlitten 3 €.

▶ Eine 350 m lange Abfahrtspiste mit Schlepplift, ein 150 m langer Rodelhang und ein Imbiss. Am Parkplatz Hohes Kreuz (dort verleiht der Sportlehrer Gerhards aus einem Autoanhänger heraus Ski) ist Start und Ziel einer 10 km langen Loipe entlang der Höckerlinie zum Parkplatz Hollerather Knie. Skiverleih auch im Ort. Vorbildliche Bergrettung durch das DRK Euskirchen.

Hunger & Durst

Die Feuerwehr verkauft vor dem Feuerwehrgerätehaus heiße Getränke und Grillwürstchen.

Wintersportgebiet »Weißer Stein« bei Udenbreth

Hellenthal-Udenbreth. ✆ 02448/326, 85200 (Schneetelefon). **Anfahrt:** RVK 839 Mo – Fr stündlich, Sa bis 14 Uhr nach Hollerath, sonst Taxibus, ✆ 01804/151515. 20 km südwestlich von Schleiden an der B265 Richtung Prüm. **Preise:** Lift 1,50 €, 5er-Karte 4 €, 10er-Karte 6 €, 20er-Karte 10 €; Kinder bis 14 Jahre Einzelfahrt 1 €, 5er-Karte 2,50 €, 10er-Karte 3,50 €, 20er-Karte 5 €.

▶ Eine 550 m lange Abfahrtspiste mit Schlepplift und nebendran ein 350 m langer Rodelhang mit Rodellift. Außerdem eine 10 km lange Loipe entlang der deutsch-belgischen Grenze und eine 7 km lange von Udenbreth nach Wilsamtal um den Vankannshof, beide gut markiert und gespurt. Skiverleih in der Bergstation (13 € pro Tag). Und auch für die Sicherheit ist bestens gesorgt: Das Deutsche Rote Kreuz, Kreisverband Euskirchen, ist hier für die Bergrettung zuständig und steht immer mit mindestens einem Krankenwagen in Bereitschaft.

Hunger & Durst

Im **Rasthaus Weißer Stein** direkt am Parkplatz gibt es gutbürgerliche Küche und hausgemachten Kuchen. ✆ 02448/635, Fax 8023. Bei Schnee täglich geöffnet, sonst Dienstag Ruhetag.

HANDWERK UND GESCHICHTE

Betriebsbesichtigungen & Bergwerke

Glasbläserei Heimbach

Horst Gier, Hengenachstraße 45a, 52396 Heimbach. ✆ 02446/3487, Fax 805197. www.glas-gier.de. Webmaster@glas-gier.de. **Anfahrt:** Rurtalbahn ab Düren. **Zeiten:** Di – So 10 – 17 Uhr. **Preise:** Eintritt frei.

▶ Fast täglich führt Herr Gier seinen Gästen in seiner Glasbläserei vor, wie aus dem heißen Rohglas wunderschöne Tierchen, Briefbeschwerer oder Weihnachtskugeln werden. Wer sich telefonisch voranmeldet, kann sicher sein, dass er eine Vorführung zu sehen bekommt. Außerdem wird Glasblasen für Kinder angeboten – eine tolle Idee für die Geburtstagsfeier!

Besucherbergwerk Mechernicher Bleiberg Grube Günnersdorf

Förderverein Bergbaumuseum Mechernich e.V., Bleibergstraße 6, 53894 Mechernich. ✆ 02443/48697, Fax 8204. http://home.t-online.de/home/bergbaumuseum-mechernich/. bergbaumuseum-mechernich@t-online.de. **Anfahrt:** Vom Bhf Mechernich auf der Linie Köln – Trier 20 Minuten Fußweg. A1 Abfahrt 112 Bad Münstereifel/Mechernich, von da ausgeschildert.
Zeiten: Di – Sa 14 – 16 Uhr, So 11 – 16 Uhr. **Preise:** 4 €. Bei Familienkarten zahlen Vater, Mutter und 1 Kind 8 €, jedes weitere Kind 1,50 €; Kinder bis 6 Jahre frei, 6 – 16 Jahre 2,60 €; in Gruppen ab 12 Personen Erwachsene 3,20 €, Kinder, Schüler/Jugendliche, Studenten, Wehrpflichtige 2 €. Angemeldete Gruppen werden auch Mo geführt.
Packtipp: Für kleinere Kinder gibt es zwar auch einige Fahrradhelme, manchmal reichen sie aber nicht für alle Minis. Vielleicht fühlen sich eure jüngeren Geschwister dann in ihrem eigenen Fahrradhelm wohler als in den großen Bauarbeiterhelmen.

Wetten, dass nicht einmal eure Eltern wissen, was »Tutten« sind? Diese über 120 Mio Jahre alten schwarzen Einschlüsse im Fels gibt es nur hier in der Nordeifel in Mechernich und Maubach. Sie sehen aus wie einzelne Brüste, die aus der Felswand wachsen und sind in der Grube Günnersdorf immer da zu finden, wo wenig Bleierz im Gestein vorkommt. Fanden die Bergleute also viele Tutten, wussten sie, dass sie woanders nach Bleierz suchen mussten.

BLEI AUS MECHERNICH IN AMERIKA

Vor einigen Jahren fanden Taucher in einem Wrack vor der Küste von Virginia Bleibarren. Den Amerikanern war das Wort »Mechernich« völlig unbekannt, selbst in Wörterbüchern war es nicht zu finden. Zum Jahrtausendwechsel besuchte ein Deutsch-Amerikaner die Heimat seiner Vorfahren, Breitenbenden in der Eifel. Als er an einem Straßenschild Richtung Mechernich vorbei kam, erinnerte er sich an die Bleibarren aus dem gesunkenen Schiff. Er nahm gleich Kontakt mit dem Bergbaumuseum auf und nach seiner Rückkehr in die USA schickte er einen Mechernicher Bleibarren zurück in die Eifel.

▶ Am Mechernicher Bleiberg schürften schon die Kelten und Römer nach Bleierz, diese Grube ist also schon über 2000 Jahre alt. Hier wurde nicht nur Blei, sondern auch Silber und Gold in kleinen Mengen gefunden. Im Zweiten Welt-

DER MITTENZUG VON MECHERNICH

Vor 100 Jahren arbeiteten die meisten Menschen im Rheinland in der Landwirtschaft und im Bergbau. Kinder mussten auf Feld und Hof mithelfen. Für eine gehobene Esskultur hatten die Menschen weder Zeit noch Geld. Auf den Tisch gelangten vor allem Erzeugnisse aus dem eigenen Garten, Eier von den Hofhühnern sowie Kuhmilch vom Bauern nebenan oder Ziegenmilch aus eigenem Stall. Fein heraus war, wer ein Schwein im Stall hatte oder ein paar Kaninchen halten konnte.

Es kam darauf an, aus den so vorhandenen Lebensmitteln wohlschmeckende, reichhaltige Speisen zu bereiten, die problemlos hinaus aufs Feld oder später in die Fabrik mitgenommen und auch kalt oder aufgewärmt noch schmeckten. Die Mitnahmebehälter hießen im Rheinland »Mittchen«. Unter der hochdeutschen Bezeichnung »Henkelmann« kann man sie auch heute noch für um die 15 Euro kaufen.

Einer der Besitzer der Bleimine in Mechernich war sehr um seine Arbeiter bemüht. Er erfand deshalb den »Mittenzug«. Das war ein speziell angefertigter Waggon der Grubenbahn mit vielen kleinen Fächern. Dort hinein stellten die Frauen um halb zwölf die Mittchen in die festen Fächer ihrer Männer und Söhne. Und um 12 Uhr mittags konnte jeder der Bergleute sein warmes Essen aus dem Zug holen. ◀

Weil man im Mittchen die einzelnen Speisen nicht gut trennen konnte, waren Gerichte sehr beliebt, die man zusammenmanschen konnte. Noch heute essen viele Leute in der nördlichen Voreifel und in der Nordeifel »Murre ungerei« – »Möhren untereinander«, also Möhren und Kartoffeln gemischt und gestampft. Neben Möhren sind auch »Suure Kappes ungerei« mit Sauerkraut und »Bunne ungerei« mit Brechbohnen sehr beliebt.

krieg war die Grube Luftschutzanlage für die Bewohner von Mechernich, hier lebten bis zu 5000 Menschen und es gab sogar ein Krankenhaus mit Operationssaal. Erst Silvester 1957 wurde die Grube Günnersdorf endgültig stillgelegt. Im Mai 1995 wurde das Besucherbergwerk eröffnet.

Etwa zwei Stunden solltet ihr schon einplanen, wenn ihr ins Bergbaumuseum geht. Zunächst erklärt ein netter Führer etwa eine halbe Stunde lang alles, was ihr über Geologie, Bergwerksgeschichte, frühere Produktionsabläufe und die Grube Günnersdorf wissen solltet. Danach bekommt jeder einen Helm und es geht 1,5 Stunden tief in das Bergwerk hinein. Wer vorher nicht daran gedacht hat, dass es hier unten immer nur 9 Grad kalt ist, wird schnell frieren, also Jacke mitnehmen! Es gibt keine festen Führungszeiten, die Führer starten, sobald genügend Besucher zusammen sind.

Als weitere Angebote sind die **Schatzsuche** für Kinder und die bergbauhistorische Wanderung für euch interessant. Bei der Schatzsuche müsst ihr mit Planskizze und ohne Beleuchtung zehn Zwischenziele anlaufen, bevor ihr die Schatztruhe findet.

Burgsenfmühle

Burg 1, 53902 Bad Münstereifel. © 02253/545453. **Anfahrt:** RB23 Voreifelbahn von Bonn – Euskirchen. A1 Abfahrt 112. **Zeiten:** täglich ab 11 Uhr. **Preise:** Besichtigung und Senfprobe kostenlos.

▶ »Opa Franz freut sich immer auf Kinder«. Der Senfmacher hat selbst einige Enkelkinder und erklärt nett und verständlich, wie er hier oben in der Burg Senf herstellt. Denn das ist gar nicht so einfach, immerhin verwendet er ein dä-

Hunger & Durst

Hoch droben über der Stadt lässt sich im **Burgrestaurant** lecker essen. Der Senfmacher ist auch der Restaurantchef.

nisches Prinzip aus dem Jahr 1540 und einen Kessel, in den 10 Zentner Senf passen. Am Ende darf man süße Kindersorten wie Honig- und Wildfruchtsenf, würzige Sorten mit Kräutern, Mohn, Bärlauch, Thymian, Dill, Tomaten, Rosmarin, Champagner und Bier und – wer sich wagt – den scharfen Delikatess- oder Knoblauchsenf probieren. Zum Neutralisieren gibt es selbst gebackenes Kräuterbrot.
Montags bis freitags kann man den Senf im Kessel reifen sehen. Auf einer Tafel an der Wand steht geschrieben, welcher Senf an den nächsten Tagen gemacht werden soll.

Radioteleskop Effelsberg

Max-Planck-Institut für Radioastronomie, Radioobservatorium Effelsberg, 53902 Bad Münstereifel-Effelsberg. ✆ 02257/301101 (vormittags), Fax 301105. www.mpifr-bonn.mpg.de. public@mpifr-bonn.mpg.de. **Anfahrt:** Auf der Hälfte der Strecke Bad Münstereifel – Altenahr. **Zeiten:** April – Okt Di – Do und Sa 10, 11, 13, 14, 15, 16 Uhr nur nach Voranmeldung für Gruppen ab 15 Personen, Familien und einzelne Besucher können sich angemeldeten Gruppen anschließen. **Preise:** 1 €; Kinder 50 Cent.

▶ Die Nutzung des 100-m-Radioteleskops steht allen qualifizierten Wissenschaftlern auf der Basis eines rein wissenschaftlichen Auswahlverfahrens offen. Die Empfangsanlagen selbst dürfen aus Sicherheitsgründen nicht besichtigt werden. Aber bei den Vorträgen im Besucherpavillon mit Video- und Diavorführungen erhaltet ihr ausführliches Informationsmaterial und könnt alles fragen, was ihr zu Sternen, Planeten und dem Universum wissen wollt und erfahrt dann auch, wie man das alles überhaupt von der Erde aus herausfinden konnte.

Achtung! Bei den Vorträgen wird großer Wert auf Pünktlichkeit gelegt, also rechtzeitig anreisen, denn vom Besucherparkplatz zum Besucherpavillon geht ihr etwa 15 Minuten.

Bei der Radioastronomie werden Strahlungen aus dem All mit riesigen Empfangsschüsseln aufgefangen, die Radioteleskop genannt werden. So kann z.B. ein Sternennebel oder eine Supernova gefunden und untersucht werden.

Unter dem Besucherzentrum bietet die 15-minütige DV-Präsentation »Radioteleskop Effelsberg« eine gute Einstiegsinformation zum Radioteleskop und der zugrunde liegenden Technik. Etwa 150 m bergab ist ein Aussichtspunkt mit Blick auf das Teleskop.

Hunger & Durst
Direkt unterhalb des Parkplatzes vom Radioteleskop steht eine **Imbissbude**.

Besucherbergwerk Grube Wohlfahrt

Heimatverein Rescheid e. V., Giescheid 36, 53940 Hellenthal-Rescheid. ✆ 02448/911140, 1213, Fax 637. www.grubewohlfahrt.de. heimatverein.rescheid@t-online.de. **Anfahrt:** Werktags Taxibus 838, So, Fei im Sommer Luchsus-Linie 817. B51 bis Dahlem, dort Richtung Dahlemer Binz, ab der Zufahrtstraße zum Flugplatz kleine Wegweiser. **Zeiten:** Führungen täglich 11, 14 und 15.30 Uhr, Gruppen müssen Termine vorher vereinbaren, Ausstellung Mo – Sa 10.30 – 11.30, 13.30 – 17.30 Uhr, So 10.30 – 17.30 Uhr geöffnet. **Preise:** 8 €; Kinder 5 – 15 Jahre 3,50 €, bis 5 Jahre frei; Familienkarte 18 €, Gruppen: jede 10. Person, Reiseleitung, Busfahrer haben freien Eintritt.

▶ Insgesamt 2450 m lang ist der »Tiefe Stollen«, worin vom heutigen Besucherbergwerk aus Führungen auf einem etwa 800 m langen Teilstück stattfinden. Die Führungen dauern etwa 1,5 Stunden und sind für alle Altersgruppen geeignet. An manchen Stellen ist mit ein wenig Fantasie und einem Fingerzeig des Führers noch genau zu sehen, dass hier in der Devon-Zeit Meeresstrand war. Und ihr werdet euch wundern: Graffiti gab es schon vor hundert Jahren. Die Bergleute hatten zwar keine Sprühdosen, haben aber in ihren Pausen munter Bildchen in die Stollenwände geritzt.

Packtipp: Unter Tage, d.h. unten im Bergwerk, ist es ganzjährig 8 – 9 °C kalt. Unbedingt warme Kleidung und festes Schuhwerk mitbringen!

Auf Wunsch kann der Besuch auch mit einer Führung auf dem Rescheider Bergbaupfad oder dem Geopfad Hellenthal kombiniert werden.

Auch euren Geburtstag könnt ihr hier feiern. Im ehemaligen Grubenhaus sind ein kleines **Bergbaumuseum** und eine Infostätte des Deutsch-Belgischen Naturparks Hohes Venn-Eifel eingerichtet.

Burgen & Museen

✸ Tipp: Burgenmuseum Nideggen

Burg Nideggen, 52385 Nideggen. ✆ 02427/6340. **Anfahrt:** Rurtalbahn ab Bhf Düren. **Zeiten:** April – Okt Di – So 10 – 17 Uhr, Nov – März Sa, So, Fei 10 – 17 Uhr (je nach Wetterlage). **Preise:** 1,75 €, Gruppen ab 10 Personen 1,25 €; Kinder 6 – 16 Jahre 1 €, Gruppen ab 10 Pers. 75 Cent. In der Burg gibt es ein Restaurant.

▶ Von Rittern und Burgen, besonders der Burg Nideggen, könnt ihr in den fünf Geschossen des Hauptturms viel erfahren. Die Funktion und die kulturgeschichtliche Bedeutung der Burgen wird ebenso erklärt, wie das Leben auf der mittelalterlichen Burg im Allgemeinen. Auf unerschrockene Besucher warten echte Ritterrüstungen, gefährliche Waffen und ein schauriges Burgverlies im Keller.

Während der Führung können die Jungs unter euch erfahren, dass sie in früheren Zeiten bis zum 7. Lebensjahr von den Frauen in der Burg erzogen wurden. (Über das Leben der Mädchen und Frauen erfahrt ihr darüber hinaus leider nichts.) Wer älter war, wurde Edelknabe genannt und ab 14 Edelknappe. Ritter konnte man erst ab etwa 20 Jahren werden. Die Erziehung der Knaben und Knappen zum Ritter bestand im perfekten Umgang mit Schild und Schwert, um die Burg gut verteidigen zu können. Außerdem musste man gut reiten können, sogar mit al-

*Im Mittelalter gab es noch keine **Toiletten**, wie wir sie kennen. Damit trotzdem in der Burg nicht überall stinkende »Tretminen« lagen, haben die findigen Burgenbauer kleine Ausbuchtungen in die Außenmauern gemauert, wo dann überhängende Toilettensitze hineingebaut wurden. Die Fäkalien fielen dann ganz einfach, an der Außenmauer entlang, in den Burggraben runter.*

len Waffen und in schwerer Rüstung. Wer körperlich zu diesem harten Ausbildungsprogramm nicht fähig war, wurde häufig ins Kloster geschickt. Wenn er schon die Heimat nicht mit Taten verteidigen konnte, sollte er wenigstens für sie beten!

Rheinisches Freilichtmuseum – Landesmuseum für Volkskunde Kommern

Landschaftsverband Rheinland, Auf dem Kahlenbusch, 53894 Mechernich-Kommern. ✆ 02443/9980-0 (Besucherinformation), 01805/743465263 (Besucherinformation Kulturinfo Rheinland), Fax 9980-133. www.kommern.de. kommern@lvr.de. **Zeiten:** April – Okt 9 – 18 Uhr, Nov – März 10 – 16 Uhr. **Preise:** 5,50 €, in Gruppen ab 10 Personen 5 €; Kinder ab 6 Jahre und Jugendliche 2 €, in Gruppen ab 10 Personen 1,50 €; Schwerbehinderte, Studenten und Auszubildende 3,50 €, Jahreskarte 23 €. In der Baugruppe Westfalen gibt es ein Restaurant.

▶ Bauernhöfe, Windmühlen, Werkstätten, dörfliche Gemeinschaftsbauten wie Schul- und Backhaus, Tanzsaal und Kapelle – rund 60 Gebäude aus den verschiedenen Regionen des Rheinlandes sind hier wiedererrichtet worden. Sie sind für das Bauen, Wohnen und Wirtschaften der ländlichen Bevölkerung seit Ende des 15. Jahrhunderts beispielhaft.

Für Schulklassen werden Spezialprogramme angeboten: »Schüler wohnen im Museum«, »Wie haben Kinder früher gespielt?«, »Vom Schaf zur Wolle«, »Fachwerkbauten«, »Brotbacken«, »Kochen in der alten Bauernküche«, »Frauenarbeit«, »Imkerei«, »Schule vor 100 Jahren« und »Flachsverarbeitung«. Da ist bestimmt für jeden etwas dabei. Und zur Vorbereitung kommt das Museum schon zu euch: im Museumskoffer!

Tipp: Der Landschaftsverband Rheinland betreut zusammen mit dem RVK (Regionalverkehr Köln) das Projekt »Schulen ins Museum«. Ziel dieser Gemeinschaftsaktion ist es, möglichst vielen Schülerinnen und Schülern im Rheinland eine Tagesfahrt in das Rheinische Freilichtmuseum Kommern zu ermöglichen. Infos dazu unter ✆ 0221/1637-242 oder -243, Fax -249 ✆ 02196/725-111 oder -118, Fax -122; www.rvk.de, RVK-Reisen@rvk.de.

Hunger & Durst

Gastwirtschaft zur Post in einem alten Hof aus Oberbreisig mit Biergarten. Typisch rheinische Gerichte wie Riespapp (Milchreis) oder Ähzezupp (Eifler Erbsensuppe mit Bockwurst).

✷ Tipp: Bauerncafé Zur Zehntscheune beim Freilichtmuseum

Familie Voissel, Im Auel 1 a, 53894 Mechernich-Eicks. ✆ 02443/315983, Fax 911816. Mi – Fr 14 – 18 Uhr, Sa, So 10 – 18 Uhr. **Anfahrt:** Anruf-Linien-Taxi von Zülpich oder Mechernich und TaxiBus; 30 Minuten vor Abfahrt anmelden unter ✆ 01804/151515. Von Kommern kommend direkt rechts hinter dem Wasserschloss Eicks; vom Freilichtmuseum etwa 3 km Richtung Eicks.

▶ Dort, wo ihr jetzt lecker essen könnt, wurde im 16. Jahrhundert die so genannte Zehntsteuer erhoben. Die Bauern mussten hier den zehnten Teil ihres Ertrages an den Lehnsherrn abgeben. Da sie dies in Naturalien machten, brauchte der Steuereintreiber eine große Scheune für Getreide, Kartoffeln und Gemüse. Jetzt ist die Scheune liebevoll restauriert und mit vielen alten Bauerngerätschaften dekoriert. Vor dem Haus können nicht nur Autos, Motorräder und Fahrräder abgestellt werden, für Wanderreiter gibt es sogar einen Pferdebalken. Hier könnt ihr zu jeder Uhrzeit lecker essen. Auf der Speisekarte stehen Eintöpfe, herzhafte Speisen, frische selbst gebackene Kuchen und Torten. Ein Paradies für Teetrinker, denn acht verschiedene Teesorten werden lose im Teesieb serviert, sogar zwei Eifel-Spezialitäten: Eifler Beeren-Zauber und 13-Eifler-Kräuter-Tee. Das Beste ist aber das Frühstück: Weil Kinder oft noch kein ganzes Frühstück schaffen, stehen sogar Nutellabrötchen auf der Karte.

Hunger & Durst

Bauerncafé Zur Zehntscheune, Familie Voissel, Im Auel 1 a, 53894 Mechernich-Eicks. ✆ 02443/315983, Fax 911816. Mi – Fr 14 – 18 Uhr, Sa, So 10 – 18 Uhr. In Glehn vermietet die Familie eine Ferienwohnung, ↗ Ferien-Adressen.

Apotheken-Museum

Werther Straße 13 – 15, 53902 Bad Münstereifel. ✆ 02253/7631, 8027 (Führungen). **Anfahrt:** RB23 Voreifelbahn von Bonn – Euskirchen. **Zeiten:** Di – Fr 14

– 17 Uhr, Sa, So und Fei 11 – 16 Uhr. **Preise:** 1 €; Kinder 0,50 €; Ermäßigungen für Kurgäste, Gruppen ab 10 Personen, Behinderte, Studenten, Wehr- und Zivildienstleistende.

▶ Im historischen Gebäude der alten Schwanen-Apotheke ist eine funktionstüchtige Apotheke aus dem 19. Jahrhundert eingerichtet. Zu sehen gibt es Offizin (Apotheke), Labor, Materialkammer, Kräuterkabinett und einen kleinen Kräutergarten. In der Riechstraße dürft ihr eure Nasen testen.

Bei angemeldeten Führungen (Gruppen 10,20 €, Schulklassen 5,10 €) könnt ihr sehen, wie anno dunnemals Pillen und Zäpfchen gedreht wurden und wie Kinderbrause hergestellt wird.

Ulkig: Über dem Tisch in der Apotheke hängt ein Krokodil. Früher glaubte man, dass das Pulver von getrockneten Krokodilen gegen Gicht, Herzkrankheiten und Kinderlosigkeit helfen würde.

Römische Kalkbrennerei

Bad Münstereifel-Iversheim. ✆ 02253/8027. **Anfahrt:** Nicht weit vom Bhf Iversheim. Unmittelbar an der B51. **Zeiten:** Mai – Okt Sa, So und Fei 11 – 17 Uhr, Sonderführungen nach telefonischer Vereinbarung.

▶ Kurz vor Iversheim befand sich eine römische Kalkbrennerei. Das Rheinische Landesmuseum in Bonn hat seit 1968 die Fabrik komplett ausgegraben. In einer 30 m langen Werkstatt waren insgesamt sechs Kalköfen mit einem Durchmesser von 3 m untergebracht. Jeder Ofen hatte ein Fassungsvermögen von 15 Kubikmetern Kalk. Römische Arbeitskommandos, hauptsächlich aus der 30. Legion, haben die Brennerei in den Hang hineingebaut. Beschickt wurden die Öfen mit rotbraunem Dolomit, der sich etwas oberhalb der Fabrik noch heute findet. Von dort aus schleppten die Legionäre die Felsbrocken hinab zu den Kalköfen, zerkleinerten sie zu faustgroße Brocken und brannten sie mit Weiden- und Pappelholz bei einer Temperatur von rund 1000 °C

Festkalender für die Nordeifel

März/April:	3. und 4. Wochenende vor Ostern: Heimbach auf Burg Hengebach: Traditioneller Ostermarkt, ✆ 02446-431
Ostern:	Burg Satzvey, Sa – Mo Ostermarkt Sa: Osterfeuer in Tondorf und Engelgau (nördl. von Blankenheim)
April:	30.: Burg Satzvey, mittelalterlicher Hexenmarkt und Tanz in den Mai
Mai:	1.: Marmagen (westl. von Nettersheim): Maiumzug
Juni:	Anfang Juni Sa und So: Burg Satzvey, Ritterfestspiele der Renaissance 3. So: Nettersheim-Buir, Waldfest
Juli:	Burg Satzvey, 3 x pro Woche Sommertheater für Kindergärten und Grundschulen 2. Wochenende: Engelgau, Waldfest 2. Sa: Gemünd, Salzbergfest 2. So: Hellenthal, Grube Wohlfahrt, Grubenfest »Goldrausch«
August:	Sa und So: Burg Satzvey, um 15 Uhr Kindertheater
September:	Anfang des Monats: Burg Satzvey, Ritterfestspiele des Mittelalters 1. So: Zingsheim (nordwestl. von Nettersheim), Handwerkermarkt

Weitere Weihnachtsmärkte

1. – 3. Advent:	Sa, So: Heimbach
1. Advent:	Sa, So: Kall So: Zingsheim
3. Advent:	Sa: Mechernich Sa, So: Nideggen Sa, So: Gemünd

zu Stückkalk. Die Kapazität betrug etwa 4000 Zentner Kalk pro Monat.

Weihnachten

Weihnachtsmarkt am Rursee

Simmerath-Rurberg. **Termin:** 1. – 3. Advent So 11 – 18 Uhr, außerdem am 2. Advent Sa 15 – 18 Uhr.

▶ Auf dem Parkplatz direkt am Rursee stehen schöne Hütten ohne Kommerz. In der Dämmerung kommen Nikolaus und sein Knecht Ruprecht mit dem Boot über den See gefahren und beschenken alle anwesenden Kinder. Es werden ausschließlich selbst gemachte und selbst gebackene Sachen verkauft.

Die Region von Monschau bis Düren entlang der Rur und um die Rurtalsperre herum wird oft auch Rureifel genannt.

Advent im Museum

Rheinisches Freilichtmuseum – Landesmuseum für Volkskunde Kommern, Auf dem Kahlenbusch, 53894 Mechernich-Kommern. ✆ 02443/9980-0, 01805/743465263 (Besucherinformation Kulturinfo Rhein-

Karneval in der Nordeifel

Weiberfastnacht (Do):	Heimbach, Möhnenzug
Karnevalssonntag:	Nideggen, Karnevalszug
	Kall, Karnevalszug
	Heimach, Kinderzug
	Einruhr, Erkensruhr, Karnevalszug
Rosenmontag:	Gemünd, Karnevalszug
	Lammersdorf, Rosenmontagszug
	Dreiborn, Karnevalszug
Veilchendienstag:	Kettenis, Karnevalszug
	Heimbach, Großer Fassnachtsdienstagszug

land), Fax 9980-133. www.kommern.de. kommern@lvr.de. **Termin:** 1. Advent Sa, So 10 – 17 Uhr. **Preise:** 5,50 €, Gruppen ab 10 Personen 5 €; Kinder ab 6 Jahre und Jugendliche 2 €, Gruppen ab 10 Personen 1,50 €.

▶ Printen und traditionelles Gebäck, vorweihnachtliche Geschichten, traditionelle Musik, Kunsthandwerk, Candlelight-Führung.

Burgweihnacht in Satzvey

Burg Satzvey, 53894 Mechernich-Satzvey. ✆ 02256/95830, Fax 958377. www.burgsatzvey.de. **Anfahrt:** A1 Ausfahrt Wisskirchen. **Zeiten:** 1. – 4. Advent Sa und So 12 – 19 Uhr. **Preise:** 4 €; Kinder bis 5 Jahre frei, 6 – 16 Jahre 2,50 €.

▶ In der romantischen Burg Satzvey könnt ihr einen Handwerker- und Weihnachtsmarkt mit weihnachtlichen Vorführungen genießen. Das Krippenspiel wird in Latein gesprochen und von einem Proklamator ins Mittelhochdeutsche übersetzt. Die mittelalterlichen Gewänder der Spielleute und Bibelfiguren wurden nach alten Gemälden geschneidert. Kinder können mit Karussell und Kutsche fahren, Pony reiten und sich von einer Handleserin die Zukunft sagen lassen. Hier gibt es erstaunlich viele Handwerksprodukte zu kaufen: Kerzen, Schmuck, Lederwaren, mittelalterliche Kleidung und Schuhe, Klöppelwaren, Imkereiprodukte, Hüte, Holzarbeiten, Krippen, Besen und vieles mehr.

PRÜM & DIE SCHNEIFEL

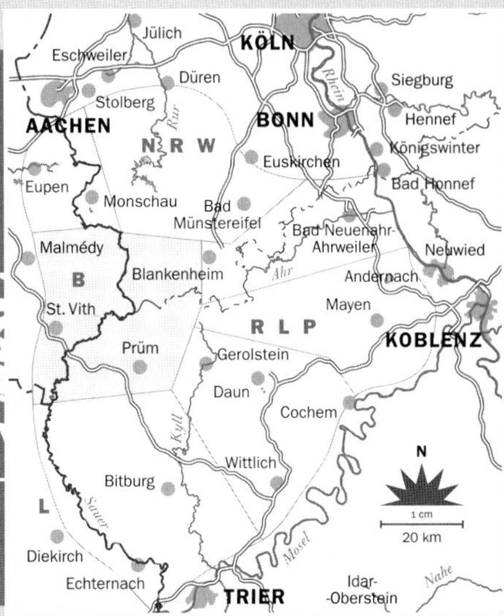

HOHES VENN & MONSCHAU

NORDEIFEL

PRÜM & DIE SCHNEIFEL

HOHE EIFEL

RUND UM DIE AHR

BITBURG & DIE SÜDEIFEL

VULKANEIFEL

INFO & VERKEHR

FERIEN-ADRESSEN

WARMHERZIGE MENSCHEN IN RAUER NATUR

Der Name Schneifel hieß ursprünglich »Schnee-Eifel« und wer im Winter in die Eifel kommt, weiß auch warum. Rund um den »Schwarzen Mann«, den zweithöchsten Berg der Eifel mit 697 m, liegt im Winter der erste und letzte Eifelschnee. Im deutsch-belgischen Grenzland könnt ihr Abfahrt- und Langlaufski fahren, Snowboard-Fahren üben, Rodeln, Schlittschuh laufen, Schneewanderungen machen oder einfach nur herumtollen, Schneemänner bauen oder eine Schneeballschlacht anzetteln.

In **Manderscheid** gibt es sogar jemanden, der uns Ahnungslosen erklärt, wie man auf Dingern, die aussehen wie Tennisschläger, abenteuerliche Wanderungen unternimmt. Mit »Schneeschuhen« sinkt man nämlich nicht so ein, kann also abseits der geräumten oder platt getrampelten Wege ruhig und ungestört die stille Winterwelt genießen.

Die Schneifel und die Belgische Eifel sind sehr dünn besiedelt, auf den vielen Straßen und Sträßchen ist wenig los. Diese Region ist also ideal für Radtouren, wenn man keine Angst vor Steigungsstücken oder Regenschauern hat. Denn was im Winter ein Segen ist, kann im Sommer lästig werden: Die Wolken, die aus dem Nordwesten vom Atlantik her kommen, kühlen beim Anstieg über die fast 700 m hohen Gipfel stark ab und regnen oder schneien ihren Wassergehalt auf die Höhen herunter. Deshalb herrscht hier vor allem an den Nordwesthängen ein kühles, niederschlagsreiches Klima. Aber keine Angst, auch hier gibt es viel mehr trockene als verregnete Tage. Und bei den netten Menschen, die uns häufig schon mit Handtüchern zum Trockenrubbeln empfingen, ist ein Regenschauer schnell vergessen.

Weltweit gelten die Belgier als die Erfinder der Pommes Frites. Das macht sie doppelt sympathisch, nicht?

Abenteuer auf der Wirft: Das Ein- und Aussteigen will geübt sein!

In der Region zwischen **Robertville, Dahlem, Prüm** und **Burg Reuland** gibt es viel zu sehen und zu erleben. An erster Stelle sollten für euch Naturerlebnisse beim Wandern oder Radeln durch die menschenleeren Wälder stehen. Oder wie wär's mit einer Paddeltour auf der Sauer?

WIE ALT IST DAS DORF?

An den Ortsnamen in der Eifel könnt ihr oft erkennen, wie lange dort schon Menschen wohnen. Man vermutet, dass sich vor fast 2000 Jahren viele **Kelten** und **Ubier** nach dem Dienst in der römischen Armee als Veteranen in der Eifel niederließen und die Orte gründeten, die auf »-ich« oder »-ach« enden. Das leitet sich vom lateinischen »-iacum« ab und bedeutet »Siedlung«. **Fränkische Siedlungen** könnt ihr an der Endung »-ingen« erkennen, das bedeutet »zugehörig«.

Auf die Zeit nach der **Völkerwanderung** verweisen Ortsnamen auf »-weiler«, die vom 6. bis 8. Jahrhundert entstanden sind. Hier bedeutet die Nachsilbe »Landgut« oder »Gehöft« und steht meistens in Verbindung mit dem Namen des Gründers.

In der **Karolingerzeit** entstanden die Siedlungsnamen auf »-heim« oder »-em«, die sich auf ein Einzelgehöft bezogen, und auf »-dorf«, wenn es mehrere Gehöfte waren. Häufig bezieht sich das erste Wort im Ortsnamen auf den damaligen Grundherrn.

Ab dem 10. Jahrhundert tauchen bei der Namensgebung der Karolinger Endungen auf, die mit der Forstwirtschaft zu tun haben. Die Endung »-rath« deutet – wie die Endung »-rode« im Harz – auf eine Rodung hin. Das urkeltische Wort »keiton« für Wald wurde in dieser Zeit zu »-scheid« und oft mit Holzarten verwendet, wie z.B. in Eicherscheid.

Erst ab dem **12. Jahrhundert** entstanden Ortsnamen, die andere geografische Bedeutungen haben und z.B. auf »-au«, »-feld«, »-bach«, »-hausen« oder »-born« enden.

? *Rätsel: »Mantara« heißt im Keltischen »Kiefer«. Wie müsste also Manderscheid heißen, wenn es heute erst gegründet würde?*

Das wird mit Sicherheit ein unvergessliches Erlebnis. Im Sommer laden einige Schwimmbäder und Badeseen Wasserratten und Sonnenanbeter ein.
Ritter-Fans freuen sich an den Burgruinen in Schönecken, Burg Reuland und Robertville. Das ganze Jahr über sind das Besucherbergwerk in Bleialf, das Eisenmuseum in Jünkerath, die Euro Tecnica und die Krippana in Losheim ein Erlebnis. Ja, richtig vermutet: Bei der Krippana geht es um Krippen. Hier könnt ihr selbst im Hochsommer Weihnachtskrippen in allen Größen und aus aller Welt ansehen.

TIPPS FÜR WASSER-RATTEN

Frei- & Hallenbäder

SFZ Sport- und Freizeitzentrum

Rodter Straße 9a, B-4780 St. Vith. ✆ 0032-80/227391, Fax 229503. sfz.st.vith@swing.be.
Anfahrt: E42 auf halbem Weg zwischen Malmédy und Prüm. **Zeiten:** Juli und August Mo – Do 13.30 – 18.30 Uhr, Fr 13.30 – 21 Uhr, Sa 13.30 – 16 Uhr, So 9 – 12 Uhr, Sept – Juni Mo 16.30 – 19 Uhr, Mi 15 – 19 Uhr, Do, Fr 16.30 – 22 Uhr, Sa 14 – 16 Uhr, So 9 – 12 Uhr. **Preise:** 2,25 €, 10er-Karte 18,40 €; Kinder bis 14 Jahre 1,40 €, 10er-Karte 11,30 €.

▶ Schwimmbad mit chlorfreiem Wasser, 45-m-Rutsche, türkischem Dampfbad, Beach-Volleyball, Liegewiese und Spielplatz.
Toll: Das Wasser wird durch Kupfer- und Silber-Elektrolyse gereinigt, Chloraugen sind also nicht zu befürchten!

Hunger & Durst
Die **SFZ-Caféteria** ist nur durch eine Glasscheibe vom Schwimmbad getrennt. Dort gibt es Leckeres für den kleinen Hunger.

Freibad Wiesenbach

Wiesenbacher Straße 65, B-4780 St. Vith. ✆ 0032-80/227391, Fax 229503. **Zeiten:** Juli und August täglich 11 – 20 Uhr. **Preise:** 2,20 €, 10er-Karte 19,80 €; Kinder bis 14 Jahre 1,70 €, 10er-Karte 14 €.

▶ Freibad mit Liegewiese, Kinderbecken, Beach-Volleyball und Tischtennis am Waldrand.

Tipp: Das Lehrschwimmbad verfügt über behindertengerechte Einrichtungen wie Lifte und Hubboden.

Hallenbad Hauptschule Dahlem

Dahlem. ✆ 02447/347. **Zeiten:** Mo 19.30 – 21 Uhr, Fr 15.30 – 18 Uhr. **Preise:** 1 €; Kinder 50 Cent.

▶ Das Schulschwimmbecken ist 12,5 m x 8 m groß und ohne Extras, also alles andere als ein Spaßbad, aber gut, wenn ihr bei einem Urlaub in Dahlem einfach nur 'mal eine Stunde schwimmen wollt.

Tipp: Im Hotel am Park lässt es sich für Familien auch gut wohnen. Es gibt familienfreundliche, große Zimmer mit Kinderbetten. Einige wenige haben sogar eine Kochnische, in der das Zubereiten von Baby- und Kleinkindernahrung erlaubt ist.

Freizeit- und Erlebnisbad Vulkamar

Kurallee 13 – 15, 54589 Stadtkyll. ✆ 06597/150, Fax 15250. info@hap-stadtkyll.de. **Anfahrt:** Vom Bhf Jünkerath 4 km. An der B51 auf halbem Weg zwischen A1 Blankenheim und A60 Prüm an der Kreuzung mit der B421. Rad: liegt am Kylltal-Radweg. **Zeiten:** täglich 14 – 21, Ferien 10 – 21 Uhr. **Preise:** Tageskarte 6,20 €, mit Sauna 8,70 €; Kinder ab 4 Jahre 4,40 €, mit Sauna 8,70 €; Ermäßigung mit Kurkarte und für Gruppen, Gäste des Hotels am Park haben freien Eintritt. **Infos:** Karten werden nebenan an der Hotelrezeption im Hotel am Park verkauft.

▶ Kleines Erlebnisbad in einer künstlich hergestellten Felslandschaft. Superrutsche, Whirlpool, Dampfbad sowie ein Restaurant.

Waldfreibad Stadtkyll

Im Wirfttal, 54589 Stadtkyll. ✆ 06597/2557, Fax 16128. **Anfahrt:** An der B51 auf halbem Weg zwischen A1 Blankenheim und A60 Prüm an der Kreuzung mit der B421. In Stadtkyll nach Süden die Wirftstraße hoch und links zum Ferienpark Landal; etwa 150 m dahinter (Damm) liegt das Freibad recht versteckt.

Zeiten: Mai – Sept Mo – Fr 13 – 19 Uhr, Sa, So 11 – 19 Uhr, in den Ferien täglich 11 – 19 Uhr. **Preise:** 3 €; Kinder 6 – 17 Jahre 2 €.

Im Restaurant des Waldfreibads werden auch Kinderteller serviert.

▶ Im waldigen Wirfttal, mit Schwimmer-, Nichtschwimmer- und Plantschbecken, 5-m-Sprungturm, Riesenrutsche (75 m) und Breitbahnrutsche für Kleinkinder. Allein das Nichtschwimmerbecken ist 450 qm groß.

Kurcenter-Hallenbad Prüm

Tiergartenstraße 59, 54595 Prüm. ✆ 06551/2199. **Zeiten:** Mo, Di, Fr 14 – 21, Mi 14 – 20, Do 15.30 – 17.30, Sa 10 – 18, So, Fei 9 – 18, in den Ferien Mo schon ab 11, Di – Fr schon ab 10 Uhr, im Sommer nur bei schlechtem Wetter. **Preise:** 3 €; Kinder 6 – 16 Jahre, Schwerbehinderte, Schüler, Studenten, Wehrpflichtige, Zivis 1,50 €.

▶ Beheiztes Hallenbad mit Saunabereich, 28-m-Rutschbahn, Whirlpool, gut eingerichtetem Kleinkinderbereich und Cafeteria.

Freibad Prüm

Prümtal, 54595 Prüm. ✆ 06551/3400. **Anfahrt:** Bus 4367 ab Busbahnhof. **Zeiten:** Mai – September Di – Fr 13 – 18, Sa, So 10 – 18 Uhr, nur bei schönem Wetter geöffnet. **Preise:** 3 €; Kinder, Jugendliche 6 – 16 Jahre, Schwerbehinderte, Schüler, Studenten, Wehrpflichtige, Zivildienstleistende 1,50 €.

▶ Gemütliches Waldschwimmbad an der Prüm im Norden des Ortes. Schwimmer- und Nichtschwimmerbecken, kleines Plantschbecken, 1- und 3-m-Sprungbrett, superbreite Rutsche.

Reiterkampf: Zwei Paare treten im Nichtschwimmerbecken gegeneinander an. Der größere nimmt den kleineren Partner auf die Schulter und der Kampf kann beginnen. Die Pferde dürfen ihre Hände nicht von den Beinen der Reiter lassen. Die Reiter dürfen sich gegenseitig schieben und ziehen, bis einer von beiden den Halt verliert und im Wasser landet. Achtung: Nur für Schwimmer, denn beim Umfallen gerät man zumindest kurz unter Wasser!

Freibad Schönecken

In der Treft, 54614 Schönecken. ✆ 06553/2411. **Anfahrt:** 7 km südöstlich von Prüm. **Zeiten:** während des Sommers bei schönem Wetter 13 – 19 Uhr. **Preise:** 3 €; Kinder, Jugendliche 6 – 16 Jahre, Schwerbehinderte, Schüler, Studenten, Wehrpflichtige, Zivis 1,50 €.

▶ Schwimmen vor traumhaftem Burgpanorama: Kleines Freibad mit Schwimmer- und Nichtschwimmerbecken, kleinem Plantschbecken, 1- und 3-m-Sprungbrett.

Achtung! Das Hallenbad von Schönecken steht Einzelgästen nicht zur Verfügung. Es wird nur zum Schulsport genutzt.

Baden & Wassersport an Seen & Flüssen

Der See von Bütgenbach

Sport- und Touristikzentrum Worriken D.G.G., Worriken 9, B-4750 Bütgenbach. ✆ 0032-80/446961, 444244, Fax 444247. **Anfahrt:** Von Losheim über die B265 und N632.

▶ Der offizielle Name ist **Warche-Talsperre**, aber alle Menschen hier sprechen nur vom See von Bütgenbach. Auf und im See könnt ihr segeln, windsurfen, schwimmen, Kajak und Tretboot fahren, rudern und angeln. Es gibt auch ein Kinderbecken.

Auf dem Naturlehrpfad Bütgenbach lernt ihr einiges über die vielen verschiedenen Tiere und Pflanzen im Naturschutzgebiet.

Hunger & Durst

Im **Sportzentrum Worriken** verpflegt euch ein Restaurant mit großem Speisesaal.

Talsperre Robertville

B-4950 Robertville. **Anfahrt:** Von Losheim über B265 und N632 bis Waimes, dort rechts ab Richtung Robertville. **Zeiten:** Mai, Juni, September 11 – 17.30 Uhr, Juli und August 9.30 – 19 Uhr.

▶ Diese 80 ha große Talsperre am Hohen Venn zwischen Malmédy und Bütgenbach ist ein gutes Ziel für Schwimmer, Segler, Angler, Tretbootfahrer, Ruderer, Paddler und Elektrobootfahrer. Surfen und Motorboote sind verboten!

Kronenburger See

Verkehrsamt Stadtkyll, 54589 Stadtkyll. ✆ 06597/ 2878, http://home.t-online.de/home/kon-team/start.htm. Kon-Team@t-online.de. **Anfahrt:** An der B421 etwa 4 km nordwestlich von Stadtkyll. **Zeiten:** frei zugänglich. **Preise:** Eintritt frei, nur bei viel Betrieb eine kleine Gebühr von 2 € pro Tag fürs Parken.

▶ Von der Seeterrasse mit Kiosk kann man den Ausblick über den lang gestreckten See genießen. Es können Tret- und Ruderboote gemietet werden. Außerdem werden Surf- und Segelkurse abgehalten. Für die Kleinsten ist im Uferbereich eine Plantschzone eingerichtet. Ferner warten vier Spielplätze auf Kinder.

Der **Rundweg** um den Kronenburger See ist 2,5 km lang und weitgehend eben.

Radeln & Skaten

RAUS IN DIE NATUR

Rund um den Bütgenbacher See

B-4750 Bütgenbach. **Länge:** 15 km leichter Rundweg mit mäßigen Steigungen. **Anfahrt:** Bus 45A und 48A von Stavelot und Malmédy. A4/E40 Ausfahrt 38 Eupen (nicht »38 bis«), N 68/E421 durch das Hohe Venn Richtung Sourbrodt-Elsenborn.

▶ Rings um diesen schönen Wassersportsee fahrt ihr durch schattigen Wald und lecker duftende Wiesen. Die Strecke ist mit grünen Wegweisern ausgeschildert und führt von Bütgenbach am südlichen Seerand entlang zunächst nach Wirtzfeld und von dort in einem großen Bogen über den Berg zurück nach Bütgenbach. Im letzten Drittel könnt ihr die Strecke um etwa 3 km abkürzen, wenn ihr etwa 500 m hinter der N692 nicht rechts der grünen, sondern geradeaus der gelben Kennzeichnung folgt.

Tipp: In der belgischen Eifel gibt es viele gut ausgeschilderte Radstrecken auf Feldwegen und

Achtung! In Belgien ist das Inline-Skaten auf Radwegen offiziell nicht erlaubt, wird aber meist toleriert.

wenig befahrenen Straßen. Einen Überblick erhaltet ihr auf der kostenlosen Karte »Radwandern in Ostbelgien«, die ihr in jeder Touristeninformation in Ostbelgien erfragen könnt. Besonders schön ist das Fahren auf der Pré-Ravel, einer ehemaligen Eisenbahnlinie von St. Vith nach Born, die bis Waimes ausgebaut werden soll und auf den vielen Rundkursen (11 – 26 km) rund um den Lac de Robertville und den See von Bütgenbach.

Lustiges Prümtal – autofrei von Olzheim bis Waxweiler

Tourist-Information Prümer Land, Hahnplatz 1, 54595 Prüm. ✆ 06551/943207, Fax 7640. **Anfahrt:** A60 Ausfahrt 4 Prüm, B51, B410. **Zeiten:** 1. So im Sept 10 – 18 Uhr.

? *Rätsel: In vier Orten entlang dem Weg bauen nette Sanitäter des DRK Unfallhilfsstellen auf, in denen ihr Hilfe bekommt, wenn ihr euch überanstrengt oder verletzt habt. Was heißt DRK denn ausgeschrieben?*

▶ Dieses autofreie Radel-, Skating- und Wanderfest im Prümtal findet entlang der rund 30 km lange Strecke Olzheim – Prüm – Pronsfeld – Lünebach – Waxweiler statt, eine Route durch das schöne Prümtal, in dem außer dem Städtchen Prüm eine Reihe von Dörfern liegen. Familien mit Kinder suchen sich am besten ein nicht zu langes Teilstück aus, auf dem sie wieder zum Ausgangspunkt zurückkehren, da im Tal keine Eisenbahnlinie existiert, die sie wieder an den Start zurückbringen könnte. Uns gefällt an warmen Tagen die Strecke von Willwerath nach Prüm (einfache Strecke knapp 7 km) besonders gut, weil sie zum Teil am schattigen Waldrand entlang führt und die Prüm noch so schmal wie ein Bach ist.

In allen Orten entlang der Prüm ist an diesem Tag der Teufel los: In Olzheim, Hermespand, Prüm, Watzerath und Merlscheid/Kinzenburg gibt's Spielaktionen für Kinder, in Prüm und

Waxweiler werden Radlergottesdienste gehalten und in jedem noch so kleinen Dorf gibt es Essens- und Getränkestände.

Spazieren & Wandern

Wandern am Kronenburger See

Dahlem-Kronenburg. **Länge:** Rundwanderung 6 km. **Anfahrt:** Bus 817 oder 4357 bis Kronenburg. B51 bis Stadtkyll, dann B421.

Vom Parkplatz hinter dem **Eifelhaus** geht es schräg links bergab durch einen schmalen Weg, der bald breiter wird. Ganz im Tal überquert ihr die Kyll und kommt in den Ortsteil **Kronenburgerhütte**. Hier geht ihr an der B421 bis zur Staumauer (Vorsicht bei starkem Verkehr!). Den Staudamm entlang lauft ihr auf der Südseite des Stausees unmittelbar am Ufer. Wenn ihr das **Überlaufwehr** erreicht, wechselt ihr auf die andere Seeseite. Ihr folgt den Wegweisern mit der Nummer 2 über Holzstufen auf die B421. Diese verlasst ihr aber schon nach 50 m und geht rechts in den **Forst Arnberg** hinein. An heißen Tagen freut man sich hier über die Kühle des Waldes. Bleibt immer auf diesem Weg, auch wenn er bald schon nach rechts, also Norden, schwenkt. Er führt hier parallel zur Kyll. Nach etwa 1 km kommt ihr an einen alten Steinbruch. Den lasst ihr rechts liegen und wandert weiter bergauf zu einem breiten Weg. Dort biegt ihr rechts ab. Nun habt ihr den Wald verlassen und wandert zunächst am Waldrand entlang. Wenn der Weg 2 rechts ins Kylltal abschwenkt, geht ihr weiter geradeaus auf dem geteerten Weg bis kurz vor eine Straße. Dort biegt ihr rechts ab und haltet euch an den schwarzen Keil mit der

Topografische Landkarte Deutsch-Belgischer Naturpark, Südteil, 1:50.000.

Am Südufer des Kronenburger Sees gibt es einen Kiosk und einen Spielplatz. Im See ist das Schwimmen erlaubt, an heißen Tagen also Badesachen mitnehmen!

Nummer 5 auf den Wegweisern. In südlicher Richtung kommt ihr ziemlich nah am Berg »Auf dem Höchsten« vorbei. Jetzt geht es nur noch bergab ins Tal. In **Kronenburg** nehmt ihr die zweite Straße rechts, die Johanniterstraße, und folgt danach der Gerlachstraße zurück zum Parkplatz.

Hunger & Durst

Einkehrmöglichkeiten in Gondenbrett und nach etwa der halben Strecke am Schwarzen Mann.

Wandern zum Eifel-Nordpol

Gondenbrett. **Länge:** 17 km Rundwanderung. **Anfahrt:** Kreisstraße 180, 4 km nördlich von Prüm.

▶ Diese leichte Tageswanderung ist 17 km lang und führt zum höchsten Punkt der Schneifel, dem Schwarzen Mann. Dieser 697 m hohe Berg wird auch der Nordpol der Eifel genannt, weil es dort immer so kalt und zugig ist.
Die Wanderung beginnt auf dem Parkplatz am Sportplatz in **Gondenbrett**. Ihr geht hinaus zur Dorfstraße und von dort links bergab über den Mehlenbach. Auch die nächste Möglichkeit geht ihr links und kommt an die **Gaststätte Schneifel.** Kurz darauf stoßt ihr auf eine Querstraße. Dieser folgt ihr für knapp 200 m nach links bis an eine Gabelung. An der Gabelung nehmt ihr den Weg rechts, der mit einem schwarzen Keil und einer weißen Wellenlinie gekennzeichnet ist. Der Weg führt auf einen Wald zu, bleibt aber lange am Waldrand. Erst nach etwa 45 Minuten – der Bodenbelag ist schon lange kein Asphalt mehr, sondern Schotter – taucht ihr in den Wald ein und erreicht eine Viertelstunde später eine Schutzhütte nicht weit vom Kirchenberg. Wenn ihr eine halbe Stunde später auf die Kreisstraße 108 stoßt, geht ihr dort auf die andere Straßenseite und folgt links dem Wegweiser mit dem schwarzen Keil. Diese Straße heißt auch **Schneifel-Höhenweg.** Der

Weg verläuft genau neben der Straße. Nach knapp einem Kilometer kommt ihr zum Käthchenkreuz und habt nur noch 10 Minuten bis zum **Restaurant Schwarzer Mann.** Hier ist die Hälfte der Wanderung geschafft, also eine gute Gelegenheit zum Spielen und Picknicken.
Auf dem Wanderweg neben der Straße setzt ihr euren Weg fort, vorbei an einem weiteren Parkplatz mit einem zylinderförmigen Stein, dem Franzosenstein. Wenn ihr einen Kilometer weiter an eine Schutzhütte kommt, biegt ihr links in den Wanderweg 2 ein. Wieder 1 km weiter kommt ihr zu einer Wegkreuzung und einer Gabelung. An der Gabelung geht ihr schräg rechts der Nummer 8 folgend Richtung Hontheim bergab bis zum Mönchbach. Auf der K110 wandert ihr nun bergauf zur **Sellericher Höhe.** Dort oben geht ihr links und kurz darauf rechts bis zum letzten Bauernhof, hier vor den Ställen rechts und sofort wieder links. Dieser Weg bringt euch nach **Obermehlen,** wo ihr links in die Ortsstraße einbiegt. Nach etwa 500 m geht ihr rechts zum Litzenmehlenbach und von dort weiter über den Thomasberg zurück nach **Gondenbrett**.

Naturerlebnis & Umwelt-Infozentren

Naturerlebnispfad Heppenbach

Forstamt Büllingen, St. Vither Straße 1, B-4760 Büllingen. © 0032-80/647270, Fax 642767. **Länge:** 2,5 km, maximal 2 Stunden, Start in Heppenbach – Halenfeld. **Anfahrt:** Von der Straße Amel – Büllingen nach Hepscheid abbiegen. **Infos:** Broschüre im Hauseingang der Nr. 37.

In der kostenlosen 28-seitigen Broschüre zum Naturpfad findet ihr viele gute Erklärungen, lustige Spiele und knifflige Aufgaben rund um das Thema Wald.

▶ Hier könnt ihr viel über Jahresringe, Baumarten, Holzkohle usw. lernen. Es gibt ein Baumtelefon, Klangbäume und Bodenwasserfilter zum Ausprobieren. Und auf der Sprungbahn erfahrt ihr nicht nur, wie weit Eichhörnchen und Rehe springen können, sondern könnt auch ausprobieren, mit welchem Waldtier ihr es aufnehmen könntet.

Wenn ihr den Weg von der Sonne bis zum Pluto in einer Stunde schafft, wäre das im Weltraum die 5,5-fache ***Lichtgeschwindigkeit****, also 20 Mio mal schneller als ein ICE bei 300 km/h. Da sollen eure Eltern noch einmal sagen, ihr trödelt beim Laufen!*

Planetenweg

Klosterstraße, B-4780 St. Vith. **Länge:** 3 km einfach, hin und zurück 6 km. **Anfahrt:** Eupen Bus 394, Verviers Linie 395, Vielsalm Bus 401. Am großen Kreisel im Ortskern Richtung »Klinik«.

▶ In St. Vith könnt ihr die unvorstellbare Weite unseres Sonnensystems und die Größe der Planeten be«greifen« und erwandern. Unsere Sonne und die Planeten sind maßstabsgetreu dargestellt: 1 m Wegstrecke entsprechen 2 Millionen km im All, bei den Planetenkugeln bildet 1 cm Kugeldurchmesser am Wegesrand 1000 km im All ab. Auf den Erklärungstafeln werden Erdvolumen, -masse und -umlaufzeit mit den Werten der anderen Planeten und der Sonne verglichen. Startpunkt ist die alte Bahnbrücke in der Klosterstraße. Sonne, Merkur, Venus, Erde und Mars sind schnell erreicht, bis zu den schönen Stein-Stahl-Konstruktionen für Jupiter, Saturn, Uranus, Neptun und Pluto müsst ihr längere Wegstrecken zurücklegen.

Rätsel aus dem Moor und mehr

Naturparkzentrum Botrange, Botrange 131, B-4950 Robertville. ✆ 0032-80/440300, Fax 444429. www.ful.ac.be/hotes/cnatbotrange. botrange.centrenature@skynet.be. **Anfahrt:** Autobus TEC 394 Eupen – Büllingen – St.Vith. 9 km nordöstlich von Malmédy.

Zeiten: ganzjährig. **Preise:** 2,50 €, ab 13 Personen 2 €; Kinder 1,20 €, ab 13 Personen 1 €. **Infos:** Guter Prospekt, Anmeldung für Erziehungsprojekte nur schriftlich mindestens 3 Wochen vorher.

▶ Das Naturparkzentrum ist mehr als nur ein naturhistorisches Museum für das Hohe Venn mit geologischen Ausstellungsstücken und Erklärungen zum Einfluss des Menschen auf die Landschaft. In verschiedenen Wechselausstellungen werden z.B. Moorleichen gezeigt.

Jeder kann an Wochenenden und Feiertagen an geführten Wanderungen durch das Hohe Venn mit verschiedenen Themen teilnehmen. Manche sind auch Rollstuhlfahrern und Gehörlosen zugänglich. Nach der Earth-Education-Methode bietet das Zentrum Umwelterziehung für Schulklassen und Gruppen mit Teilnehmern von 4 bis 18 Jahren an, bei denen Spielen und Erleben im Mittelpunkt stehen, z.B. »Im Zwergenland«, »Mein Freund, der Baum« oder das »Fünf-Sinne-Spiel«.

In der gut sortierten Bibliothek sind Natur- und Umweltzeitschriften, naturkundliche Fachliteratur und Infos über Natur- und Nationalparks zu finden.

Hunger & Durst

In der kleinen Cafeteria mit Terrasse lässt es sich gut und preiswert essen.

Eifel-Scout

Natur- und Wildnisschule, Uwe Belz, Postfach 1108, 54589 Stadtkyll. ✆ 0700/33772688, www.eifel-scout.com. derscout@t-online.de. **Anfahrt:** 1 km vom Bhf Dahlem. An der B51 auf halbem Weg zwischen A1 Blankenheim und A60 Prüm an der Kreuzung mit der B421.

▶ Hier erlebt ihr die idyllische Natur der Eifel hautnah: Feuermachen ohne Streichhölzer, Bogenschießen, Hütte bauen, Sinnesparcours, Lagerfeuer, Holzschalen und Löffel herstellen

durch Glutbrennen, Kräuterjagd und Wildpflanzenwissen, Anschleichen, Schnitzen und Spiele. Familien: 76 € pro Person (Kinder bis 5 Jahre frei) für Übernachtung (falls ihr vor Aufregung überhaupt schlafen könnt) im Natur Erlebnis Camp, Vollverpflegung, Programm, Material. Für Schulklassen ab dem 3. Schuljahr, die in den Jugendherbergen Hellenthal und Daun oder im Jugendhof Finkenberg wohnen, werden 5-, 3- und 1-Tagesaktionen angeboten.

Infostätte Mensch und Natur

Naturpark Hohes Venn – Eifel, Ernst Görgen, Tiergartenstraße 70, 54595 Prüm. ✆ 06551/985755, Fax 985519. **Zeiten:** Di – Do 13.30 – 16.30, So und Fei Mai – Sept 15 – 17 Uhr. **Preise:** kostenlos.

Tipp: Die 1. Etage ist mit dem Rollstuhl befahrbar.

▶ Dauerausstellung mit Schwerpunkten auf Landwirtschaft, Waldbau und Geologie des Prümer Landes. Euch wird die Einwirkung des Menschen auf Landschaft und Natur anhand von interessanten Exponaten veranschaulicht. So werden die Sinne für den Umgang mit den natürlichen Lebensgütern geschärft und damit eine nachhaltige Wirkung erzielt. Das Team von ehrenamtlichen und hauptamtlichen Mitarbeitern erläutert bei Führungen in der Informationsstätte und bei Exkursionen im Außenbereich die Besonderheiten des Prümer Landes. Neben den Darstellungen der Flora und Fauna wird auch auf die kulturelle Entwicklung dieses Eifelraumes eingegangen.
Kindergartengruppen, Schulklassen und Erwachsenengruppen werden individuell betreut. Für Schulen wird ein spezielles Angebot bereitgehalten. Als Station des Netzes »Schulnahe Erziehungseinrichtungen Rheinland-Pfalz« ist die Informationsstätte mit Geräten zur Boden- und

Wasseranalyse ausgestattet. In einer »Experimentierklasse« wird das bei der Exkursion im Nahbereich gewonnene Wissen vertieft. Nach vorheriger Absprache kann so am außerschulischen Lernort spielerisch die Natur »mit allen Sinnen« erfahren werden.
Dieses Informationszentrum bietet in mehreren Ausstellungen Hintergrundwissen zu den Themen Wald (Waldtiere, Waldwirtschaft) und Landwirtschaft (Der Bauernhof, Entwicklung in den letzten 100 Jahren, Landschaftsgestaltung und Naturschutz, Imkerei, Feuchtbiotope, Bäche). In jüngster Zeit ist noch eine große Fossiliensammlung (Prümer Land) hinzugekommen. In einer Experimentierecke dürft ihr dort Spurensuche durchs Mikroskop betreiben.

Barfuß durch den Vulkangarten Steffeln

Eifelverein Steffeln, 54597 Steffeln. ✆ 06597/2878, 06593/8508. **Anfahrt:** Von der B51 zwischen A1 Blankenheim und A60 Prüm 6 km südlich von Stadtkyll 8 km nach Südosten. **Zeiten:** Frei zugänglich, geführter geologischer Rundgang April – Okt Mi 14 Uhr. **Preise:** Rundgang 2,50 €; Kinder 1,50 €.

▶ Besonders viel über den Lehr- und Versuchsvulkan lernt ihr bei einem geologischen Rundgang mit einem netten Menschen des Eifelvereins. Aber auch an anderen Wochentagen lohnt sich ein Besuch. Während eures Spaziergangs von etwa 1 Stunde werdet ihr die verschiedenen Gesteinsarten in einem Vulkankrater sehen. Aber damit nicht genug: Es gibt einen Barfußpfad, drei verschiedene Experimentierstationen und ein Maar-Modell. Wer sich vorbereiten will, fordert bei der Tourist-Information Oberes Kylltal das Heft »Vulkangarten Steffeln Quiz« an. Mit etwas Unterstützung durch Eltern oder

Packtipp: Wer nach dem Barfußpfad nicht mit schmutzigen Füßen in die Socken zurückschlüpfen will, sollte einen nassen Waschlappen mitnehmen.

Lehrer wird dann nämlich aus dem einfachen Lehrpfad eine aufregende Rallye.

Wanderfreunde unter euch können den Vulkangarten in einen 2,5 km langen Landschaftsrundgang einbauen. Der Weg beginnt am Dorfgemeinschaftshaus Steffeln und führt über das Felsenhaus, den Steffelner Tuffring, die Kapelle Wahlhausen (tolle Aussicht), einen netten Picknickplatz im Wald, einen Brunnen und das Laach-Maar zum Vulkangarten. Von dort sind es dann nur noch ein paar Minuten zurück ins Dorf.

Pferde & andere Tiere

Reiterhof Tipper

Kalvarienberg 3, 54595 Prüm. ✆ 06551/3548.

Anfahrt: Westlich der B265 und der Stadt.

▶ Reitplatz 60 x 40 m, Reithalle 40 x 20 m, Longe, Reitunterricht für alle Altersklassen, Voltigieren Kinder 8,50 €, Erwachsene 10 €/ Stunde.

Wildpark und Ferienhof

Claudia und Peter Weddingen-Kluth, Wildbusch 1, 54597 Schlausenbach. ✆ 06552/5255, Fax 5255. www.eifel-zu-pferd.de. **Anfahrt:** Gehört zu Auw bei Prüm, westlich der B265, etwa 3 km nördlich vom Schwarzen Mann.

▶ Kutschfahrten 4 – 5 Personen, 2 – 3 Stunden, 75 €. Reitstunden auf dem Reitplatz 7,50 – 10 €. Außerdem Kindergeburtstage mit Ponyreiten, Kuchen essen und grillen auf der Insel (Preis nach Absprache); Eifel zu Pferd Station 33.

Die Schneifel wird manchmal auch Hocheifel genannt – nicht Hohe Eifel, die liegt weiter östlich.

Eifel-Zoo Lünebach

Lünebach-Pronsfeld. ✆ 06556/816, Fax 323. www.eifel-zoo.de. info@eifel-zoo.de. **Anfahrt:** Bahn bis Gerolstein, dann Bus via Prüm nach Lünebach. A60 (E42) Ausfahrt 4 Prüm, über Schloßheck 6 km nach Pronsfeld. **Zeiten:** ganzjährig täglich 9 – 18 Uhr, im Winter bis zum Einbruch der Dunkelheit. **Preise:** 5 €; Kinder 3 – 13 Jahre 4 €; Gruppen zahlen jeweils 1 € weniger.

▶ Dieser 300.000 qm große Tierpark befindet sich im Bierbachtal, nahe gelegene Orte sind Pronsfeld und Lünebach. Das Gelände – Wald und Auen – blieb weitgehend naturbelassen. Attraktionen sind ein großer Waldsee und eine Zoobahn, die eine Strecke von 1,2 km vom Bahnhof ins Tal des Damwilds fährt. In den Gehegen des Eifelzoos sind etwa 400 Tiere zu Hause, darunter Affen, Alpakas, Antilopen, Bengalkatzen, Biber, Emus, Hirsche, Jaguare, Kragenbären, Lamas, Löwen, Luchse, Marabus, Nandus, Panter, Papageien, Pumas, Schafe, Schnee-Eulen, Strauße, Störche, Tiger, Uhus, Ziegen.

Kindertreffs sind der Streichelzoo, die Eifel-Zoo-Bahn (1 bzw. 0,50 €) und der große Kinderspielplatz. Erwachsene freuen sich an den über 30 Minigebäuden in der Eifellandschaft in Kleinformat.

Hunger & Durst

Es gibt auch ein **Rasthaus** mit Terrasse auf dem Terrain des Eifel-Zoos, ✆ 06556/411.

Sport am See von Bütgenbach

Sport- und Touristikzentrum Worriken D.G.G., Worriken 9, B-4750 Bütgenbach. ✆ 0032-80/446961, 444244, Fax 444247. www.worriken.com. info@worriken.com. **Anfahrt:** Östlich von Malmédy zwischen Monschau und Prüm.

▶ In diesem Sportzentrum ist fast jede Sportart möglich: Orientierungslauf, Tennis, Volleyball,

Gymnastik, Klettern, Handball, Basketball, Fußball, Hockey, Frisbee, Judo, Wandern, Tschoukball, Bogenschießen, Rollerski, Wassergymnastik, Baseball, Wandern, Swin, Indiaca, Tischtennis, Badminton, Trampolin, Aerobic. Im Winter Ski-, im Sommer Mountainbikeverleih.

Spiel & Sport bei Schnee & Eis

Skipiste Zosterbach

Verkehrsverein Elsenborn-Nidrum, K. Franzen, Bermicht 21, B-4750 Nidrum. ✆ 0032-80/446254 (Ski/Rodeln), 446232 (Schneehöhe). **Anfahrt:** Bus TEC 394 Eupen – Büllingen – St. Vith. 20 km südlich von Monschau an der N647 westlich von Elsenborn ausgeschildert. **Zeiten:** So, So ab 9 Uhr, Mi ab 13 Uhr, Rodelhang täglich ab 9 Uhr. **Preise:** 24er-Karte 5 €; Kinder bis 12 Jahre 24er-Karte 4 €; Gruppenermäßigung; Skiverleih 2,50 € für die 1. Stunde und 1,25 € für jede weitere.

▶ 300 m langer Skihang mit Lift auf 630 m Höhe. Daneben ein schöner Rodelhang. Unterhalb der Skihütte kann man auf einem Weiher Schlittschuh laufen. Hinter dem Parkplatz verläuft außerdem eine Loipe, die am Gasthaus Waldfrieden startet.

Hunger & Durst

Stärken könnt ihr euch im **Gasthaus Waldfrieden.**

Langlauf um Büllingen

Tourist-Info (für Manderfeld, Rocherath, Wirtzfeld und Büllingen), Hauptstraße 23, B-4760 Büllingen. ✆ 0032-80/398255, 647487 (Skiverleih), Fax 398265. www.buellingen.com. info@buellingen.com. **Anfahrt:** An der N632 auf halbem Weg zwischen Monschau und Prüm. **Zeiten:** bei genügend Schnee täglich 9 – 17 Uhr. **Preise:** Skiverkleih pro Person und Tag 6,20 €, für Gruppen ab 10 Personen 4,96 €.

Hunger & Durst

Eine **Cafeteria** mit Schnellimbiss befindet sich an Ort und Stelle.

▶ Langlaufpisten von 3, 6 und 10 km schlängeln sich überwiegend durch Waldgebiete und bieten herrliche Aussichten. Start und Ziel ist das Schützenhaus Rotheck und die Zufahrt ist ab dem Supermarkt Delhaize beschildert.

*Es muss nicht immer ein Schneemann sein! Baut doch mal eine **Schneefamilie**, also Schneemann, Schneefrau, Schneekinder und einen Schneehund.*

Schneeschuhwanderungen

Wintersportzentrum Manderfeld, Hotel Eifler Hof, An der Liebach, B-4760 Manderfeld. ✆ 0032-80/548835 (Anmeldung), 548717 (Schneetelefon), Fax 549123. **Anfahrt:** 20 km nördlich von Prüm. **Zeiten:** Sa, So 9 Uhr Verteilung der Schneeschuhe, 9.45 Uhr Abmarsch, bei Bedarf zweiter Abmarsch um 13 Uhr. **Preise:** 10 €. **Infos:** In der Woche nur auf Vorbestellung möglich.

▶ Von der Kirche in Manderfeld starten bei ausreichender Schneehöhe geführte Schneeschuhwanderungen. Etwa zwei Stunden lang entdeckt man fernab von Straßen, Wegen und Loipen wunderschöne Aussichten auf das Ourtal, stapft durch Schneewehen und überquert zugefrorene Bäche.

Langlauf im Süden des Hohen Venns

Naturparkzentrum Botrange, Haus des Naturparks Hohes Venn-Eifel, Route de Botrange 131, B-4950 Robertville. ✆ 0032-80/440300, Fax 444429. www.ful.ac.be/Hotes/Cnatbotrange. botrange.centre-nature@skynet.be. **Anfahrt:** Bus TEC 394 Eupen – Büllingen – St.Vith. 9 km nordöstlich von Malmédy. **Zeiten:** Nov – Mitte Januar 9 – 16 Uhr, ab 16. Januar 9 – 17 Uhr, Skiverleih täglich 10 – 18 Uhr. **Preise:** Tagesvignette 2 €, Saisonkarte 12 €, Skiverleih 10 € pro Tag, 6,20 € nach 13 Uhr; Gruppen ab 16 Personen zahlen beim Skiverleih nur 7,50 € bzw. 5 €.

Hier ist der beste Platz in der Eifel, um Sanften Tourismus auch im Winter kennen zu lernen und auszuüben.

▶ Rund um das Naturschutzzentrum starten etliche schöne und sichere Loipen durch das Hochmoor. Für den Naturschutz, eine detaillierte Karte sämtlicher Langlaufpisten mit allen Zugängen, gut gespurte Loipen sowie einen ausgetüftelten Sicherheits- und medizinischen Notfallplan zahlen die meisten Langläufer dort gerne Eintritt.

Hunger & Durst
Im Naturparkzentrum gibt es eine Cafeteria mit kleinen Gerichten und Getränken.

Wintersportgebiet Schwarzer Mann

Prüm. ✆ 06551/4422 (Schneehöhen & Skikurse), 3252 (Skiverleih). **Anfahrt:** A60 Ausfahrt 3, über Bleialf. **Preise:** Liftfahrt 1 €, 8er-Karte 5 €, 18er-Karte 10 €; Kinder 0,50 €, 8er-Karte 2,50 €, 18er-Karte 5 €; Rodellift 11 € (10 € Pfand für spezielles Zugseil).

▶ In 697 m Höhe liegt 14 km nordwestlich von Prüm am höchsten Punkt der Schneifel deren bedeutendstes Wintersportgebiet. In dem weitläufigen Gelände gibt es 2 Abfahrten, 700 und 800 m lang, mit 2 Schleppliften, eine 450 m lange Naturrodelbahn mit Schlepplift und eine 6,5 km lange, gespurte Langlaufloipe mit Orientierungsschildern.

Verleih von Alpin- und Langlaufskiern am Blockhaus Schwarzer Mann, ✆ 06551/3252: Alpin-Ski mit Schuhen 15 € (Carving), 13 € (Erwachsene), 10 € (Kinder), ohne Schuhe 12 € (Carving), 10 € (Erwachsene), 8 € (Kinder). Snowboard 20 €, Langlaufski mit Schuhen 10 € (Erwachsene), 8 € (Kinder), Schlitten mit Zugseil 8 €.

Hunger & Durst
Gästeblockhaus mit Bewirtung, ✆ 06551/3252.

Wintersportgebiet Wolfsschlucht

Ski-Club Prüm, 54595 Prüm. ✆ 06551/4545, 943207, www.sk-pruem.de. **Anfahrt:** 3 km nordöstlich von Prüm. **Preise:** Lift 0,50 €, 10er-Karte 4 €, 20er-Karte 7 €, Tageskarte 10 €; Kinder 0,30 €, 10er-Karte 2 €, 20er-Karte 3,50 €, Tageskarte 6 €.

▶ Schönes Wintersportgebiet in der Schneifel, in 570 m Höhe über der Wolfsschlucht. 2 Abfahr-

Hunger & Durst
An der Wolfsschlucht gibt es eine bewirtschaftete Skihütte, ✆ 06552/4545.

ten, 1 Schlepplift, Rodelbahn. Die 9 km lange, gespurte Langlaufloipe ist gut beschildert. Kurse in Alpin- und Langlaufski, ✆ 06551/3961.

HANDWERK UND GESCHICHTE

Bahnen & Bergwerk

Euro Tecnica Modellanlage Losheim

Altes Zollamt, Prümer Straße 55, 53940 Losheim. ✆ 06557/920640, Fax 920645. www.euro-tecnica.de. euro.tecnica@t-online.de. **Anfahrt:** Altes Zollamt an der B421 auf der dt.-belg. Grenze in der Nähe des Kronenburger Sees. **Zeiten:** ganzjährig Di – Fr 12 – 18 Uhr, Sa, So, Fei 10 – 18 Uhr. **Preise:** Eintritt frei. **Infos:** ✆ von Belgien 080/549006.

▶ Im Alten Zollhaus an der deutsch-belgischen Grenze bei Losheim wurde 1996 die 110 qm große Anlage einer Modelleisenbahn »freigegeben«. 60 Züge (IC, ICE, Regionalbahnen, Güterzüge etc.) bewegen sich über 200 digital gesteuerte Weichen auf mehr als 1600 m Gleisen. Allein an den drei Bahnhöfen und der über 800 m Oberleitung müssen die Erbauer ewig lange gebastelt haben. Die Landschaft ist der Eifel und den Ardennen nachempfunden. Es gibt zusätzlich immer wieder wechselnde Sonderausstellungen.

Im gut sortierten Geschäft werden Bausätze, Modelleisenbahnen und -autos verkauft.

Hunger & Durst

In Losheim bewirten euch die **Cafeteria Ols Smuggler** und das **Restaurant Balter** mit großer Auswahl, Kindertellern und dem beliebten Losheimer Sonntagsbrunch.

Besucherbergwerk und Kulturdenkmal Mühlenberger Stollen

Bergmannsverein St. Barbara 1861, Außer Straße 32, 54608 Bleialf. ✆ 06555/1016, 8504, www.besucherbergwerk.bleialf.org. **Anfahrt:** Im Alfbachtal, nicht weit von der Bleialfer Mühle. **Zeiten:** 1.5. – 31.10. Sa, So 14 – 17 Uhr, Schulklassen und Gruppen auch nach Vereinbarung. **Preise:** 2,50 €; Kinder 6 – 14 Jahre 1,25 €. **Infos:** Prospekt erhältlich.

Hunger & Durst

Restaurant **Altes Backhaus,** Auwer Straße 12, mit Biergarten und Spielplatz.

Rätsel: In allen Besucherbergwerken muss man aus Sicherheitsgründen einen Bauarbeiterhelm tragen. Ihr wisst bestimmt, wie der kleine, nette Bauarbeiter mit dem gelben Helm heißt, der 1999 fürs britische Fernsehen erfunden wurde?

▶ Hier wurde 1000 Jahre lang Blei abgebaut. Als Blütezeit des Abbaus gelten das 16. und 17. Jahrhundert. Der Bleialfer Bergbau wurde 1943 eingestellt, der Stollen 1954 geschlossen. 1987 besann man sich schließlich auf dieses Denkmal unter der Gemeinde und der Stollen wurde als Schaubergwerk begehbar gemacht.
Besucher können zu einer einstündigen Führung in den Stollen einfahren. Hierbei werden Erläuterungen zur Geologie und zur Vortriebstechnik, zum Erzabbau, Fördermethoden, Wasserhaltung und Bewetterung angeboten. Im Vereinslokal des Bergbauvereins kann man sich im Anschluss an die Führung anhand zur Verfügung gestellter Literatur noch weiter über den Bergbau informieren. Helm und Grubenkleidung werden gestellt.

Burgen & Museen

Burgruine Reuland

B-4790 Burg Reuland. ✆ 0032-80/420046, 329712.
Zeiten: Mai – Sept 11 – 18 Uhr, Okt – April So, Fei 11 – 17 Uhr.

▶ Die Burg Reuland steht auf einem Bergsporn oberhalb des Ortes Reuland in der äußersten Südostecke Belgiens. Sie entstand im 10. Jahrhundert auf den Fundamenten eines römischen Kastells, auf denen bereits die Franken einen befestigten Königshof errichtet hatten. Die strategische Bedeutung der Burg lag darin, dass man von hier aus das Ourtal und das Tal der Ulf kontrollieren konnte. Das Geschlecht der Herren und Grafen von Reuland starb 1309 aus. Danach folgte eine wechselvolle Geschichte von Zerstörung und Wiederaufbau. 1920 ging sie in den

Besitz des belgischen Staates über. Gut erhalten ist der ehemalige Bergfried, der bestiegen werden darf. Nach drei Seiten hin war die Burg durch Mauern gegen Angreifer geschützt. An der unbewehrten Nordseite hielt ein Wassergraben die Angreifer auf Distanz.
Burg Reuland beherbergt heute ein **Museum** mit Fundstücken der archäologischen Ausgrabungen vor Ort, Darstellung der Besitzer und Bewohner der Burg, Abbildungen alter Dokumente und Siegel.

Burg Reinhardstein

Ovifat, B-4950 Robertville. ✆ 0032-80/446868, Fax 446999. **Anfahrt:** 8 km nordöstlich von Malmédy. **Zeiten:** Ostern, Himmelfahrt, Pfingsten und So/Fei von Mitte Juni – Mitte Sept 14.15 – 17.15, Juli, August zusätzlich Di, Do, Sa 15.30 Uhr, Gruppen ganzjährig auf Anfrage. **Preise:** 5 €; Kinder 6 – 14 Jahre 2 €; Ermäßigung für Studenten; 3,25 €.

Burg Reinhardstein ist die höchstgelegene Burg in Belgien.

▶ Burg Reinhardstein wurde im 14. Jahrhundert von den Herren von Waimes erbaut. Sie war drei Jahrhunderte in der Hand der Grafen Metternich. Nach der französischen Revolution wurde sie zerstört und als Steinbruch für die Robertviller Häuslebauer benutzt. Im vergangenen Jahrhundert sollte die Burgruine abgerissen werden. Doch dann stieß der Universitätsprofessor Overloop auf die Ruine und war davon so begeistert, dass er den Wiederaufbau durchsetzte. Seit über dreißig Jahren wird die Burg nun anhand alter Dokumente neu errichtet. Im Rittersaal sieht es so aus, als könnten jeden Moment die Ritter von vor 500 Jahren hereinspaziert kommen.

@ Eine befreundete Normannen-Darstellergruppe hat eine ganz fortschrittliche Homepage, auf der ihr die Termine für die nächsten Lager erfahrt: www.valindalen.de.

Burg Schönecken

Schönecken. **Anfahrt:** Vom Ortskern zu Fuß frei zugänglich. 7 km südöstlich von Prüm. **Infos:** zum mittelalterlichen Lager der Formation Memorabilis bei Doris und Rudi Pauels, Am Reileff 16, 54533 Gransdorf, ✆ 06567/8036, Handy 0170/7733629, erpauels@aol.com.

▶ In dieser Burgruine wohnen an vielen Wochenenden Leute wie im Mittelalter. Sie haben ihre Kleider und Zelte selbst genäht, üben Schwertkampf, trinken Viez (Apfelwein) und erklären alles sehr anschaulich.

Man verbindet den Besuch der Krippana am besten mit dem der benachbarten ↗ Euro Tecnica, einer riesigen, vollständig digital gesteuerten Modelleisenbahnanlage.

Krippana in Losheim

Prümer Straße 55, 53940 Losheim. ✆ 06557/866, Fax 607. **Anfahrt:** Altes Zollamt auf der B421 an der dt.-belg. Grenze, in der Nähe des Kronenburger Sees in NRW. **Zeiten:** ganzjährig täglich 10 – 18 Uhr. **Preise:** 4,50 €; Kinder 6 – 14 Jahre 2,25 €. **Infos:** Bei Gruppen wird Voranmeldung gewünscht.

▶ Die Krippana ist die größte Krippenausstellung der Welt. Insgesamt 140 Kirchen- und Privatkrippen sind hier ausgestellt. Es hat etwas Märchenhaftes an sich, die vielen bunten großen und kleinen Krippen, aus ganz unterschiedlichem Material gefertigt, aus höchst verschiedenen Ländern des christlichen Kulturkreises, Krippen aus Pfarr- und Klosterkirchen, Basiliken, Domen, Kathedralen zu erleben. Bei Kindern und Erwachsenen erregt diese große internationale Krippenausstellung gleichermaßen viel Staunen.

Alljährlich werden Krippenbauwettbewerbe veranstaltet und die schönsten Exemplare in die Krippana übernommen. Zur Weihnachtszeit findet ein Christkindlmarkt mit einer lebendigen Außenkrippe statt.

Eisenmuseum Jünkerath

Römerwall 12, 54585 Jünkerath. ✆ 06597/1482, 3370 (Führungen), kv-daun@vulkaneifel.de. **Anfahrt:** 500 m vom Bhf Jünkerath, hier gilt sogar noch VRS-Tarif. **Zeiten:** März – Oktober Di – So, Fei 13 – 16.30 Uhr. **Preise:** 2 €, Gruppen 1,50 €; Kinder 6 – 17 Jahre 1 €, Gruppen 70 Cent; Familienkarte 4 €; Führungen pro Person 1 €, aber mindestens 15 €. **Infos:** Rollstuhlgerechte Ausstellung.

Tipp: Gießaktionen finden regelmäßig in den Ferien oder auf Vereinbarung statt.

▶ Wollt ihr an schweren Eisengewichten eure Kräfte messen? Oder mit einer mechanischen Bohrmaschine mit drei Gängen Löcher bohren? Oder an einer Spindelpresse aus einer großen Konservendose einen kleinen Metallknubbel pressen? Das alles könnt ihr im Eisenmuseum erleben.

Dieses Museum zeigt über ein Jahrtausend (7. – 19. Jahrhundert.) der Eisenverhüttung und Eisenweiterverarbeitung, ein Wirtschaftszweig, der einmal sehr große Bedeutung für die Region hatte. Die Jünkerather Hütte wurde allerdings erst 1687 gegründet. Ein wichtiger Zweig der Eisenverarbeitung war die Herstellung von Öfen und Kaminplatten, so genannten Takenplatten. Und ihr lernt, dass der Begriff »einen Zahn zulegen« nichts mit Zahnarzt zu tun hat. Damals wurde nämlich der Kochtopf noch an einem Kesselhaken aufgehängt. Wenn das Essen schneller fertig sein sollte, wurde der Topf um einen Haken nach unten bewegt, es wurde »ein Zahn zugelegt«.

Tipp: An der Kasse gibt es das Heft »Auf den Spuren des Eisens« mit Frank Eisenstein, der zu einem Aktionskartenspiel für die ganze Familie einlädt.

Museum Prüm

Verbandsgemeinde Prüm, Tiergartenstraße, 54595 Prüm. ✆ 06551/943222, 3173, Fax 7640. www.pruem.de. **Zeiten:** Mitte Sept – Mai Mi, So 14 – 17, Juni – Mitte Sept Di, Do, So 14 – 17 Uhr. **Preise:** 1 €; Kinder und Jugendliche ab 10 Jahre 0,50 €, Kinder unter 10 Jahre und Schulklassen frei.

▶ Ein wunderbares Heimatmuseum, in dem es sehr viel aus Alltag, Handwerk und Landwirtschaft zu sehen gibt, was nun 50 – 150 Jahre zurückliegt, euren Großeltern aber zum Teil noch gut in Erinnerung ist. Etwa der Wohnraum im Stil der 1950er Jahre mit Clubsessel und Elvisfoto. Interessant auch die kompletten Werkstätten von Kürschnern, Gerbern, Fotografen, Putzmachern etc., die Apotheke, der Kramladen, die Klosterschreibstube, das Lokal. Auch ein Blick in die Abteilung Puppen, Bären und Spielzeug macht Spaß.

Hunger & Durst

Ebenfalls in der Tiergartenstraße gibt es die Gaststätte **Kölner Hof,** die Pizzeria **La Sirena** und die Imbisse **Ali Baba** und **Pascha Kebab.**

BRÄUCHE & MÄRKTE

Die Eierlage von Schönecken

Termin: Ostermontag 14 Uhr.

▶ Die älteste in der Eifel bekannte Eierlage ist wohl die Eierlage in Schönecken. Der Sage nach soll dieser **Osterbrauch** dort bereits im Jahre 1500 entstanden sein. Diese schöne und spannende Ostertradition wird heute in Schönecken von der Junggesellensodalität in fast unveränderter Form gepflegt.

Am **Palmsonntag** wird die Eierlage mit einem besonderen Versteigerungsmodus an ein Freundespaar gegeben, das Raffer und Läufer stellt. Am **Ostersamstag** gehen die beiden durch das ganze Dorf, stellen sich als *Raffer* und *Läufer* vor und sammeln die 104 Eier. Der Rest der Junggesellen bereitet derweil die Von-Hersel-

Straße, in der die Eierlage veranstaltet wird, auf den großen Tag vor: Mit einem meist feuchtfröhlichen Ausflug geht es in den Schönecker Gemeindewald, wo Bäume geschlagen werden, die in der Von-Hersel-Straße die Eierlaufstrecke säumen.

@ http://eierlage.schoenecken.de

Der Festtag, **Ostermontag**, beginnt morgens mit dem Besuch des Hochamtes. Angeführt vom Musikverein und begleitet vom Sankt-Josef-Handwerkerverein zieht die Sodalität mit Raffer und Läufer vom Vereinslokal in die Kirche. Um die Mittagszeit beginnen in der Von-Hersel-Straße die letzten Vorbereitungen für die Eierlage. Unter Aufsicht von Hauptmann und Brudermeister werden 104 rohe Eier im Abstand einer Elle, das sind 62,5 cm, im Sägemehl ausgelegt. Vor dem eigentlichen Wettkampf zieht die Sodalität noch einmal mit Musikbegleitung durch den alten Ortskern. Der Wettkampf beginnt mit Handschlag und Bruderkuss, den Zeichen für Fairness und Gemeinschaft. Der Raffer muss die 104 Eier einzeln aufraffen, sein längster Weg beträgt rund 65 m. Insgesamt legt er 6,9 km zurück. Dazu kommen 104 mal Bücken, Aufraffen, Drehen, Weiterlaufen und Ablegen der Eier im Sammelkorb. Der Läufer macht sich auf den Weg in den Nachbarort Seiwerath und zurück. Er hat rund 7,6 km zurückzulegen und muss dabei einen Höhenunterschied von 122 m bewältigen. In Seiwerath wird ihm seine Anwesenheit mit einer kurzen Notiz bestätigt. Dann läuft er zurück in Richtung Schönecken. Die Junggesellen halten in dieser Zeit dem Raffer eine Gasse frei, damit er die Eier aufraffen kann. Ein Sprecher unterrichtet die Zuschauer über die Zahl der verbleibenden aufzuraffenden Eier und über die Position des Läu-

Die Schönecker nehmen auch für sich in Anspruch, alle Kindergärtnerinnen, Lehrer und Eltern von dem bösen Wort »A.loch« befreit zu haben. Denn in ihrem Dialekt heißt die Eierlage »Eierloch«.

fers. Wenn der Läufer den »Kemel« passiert hat, die erste Stelle des Rückwegs, auf der er von Schönecken aus wieder zu sehen ist, verkündet ein Böllerschuss das Herannahen des Wettkämpfers. Je mehr das Rennen dem Ende zugeht, desto mehr steigt die Spannung. Aufgeregt feuern die Zuschauer entweder in der Von-Hersel-Straße den Raffer oder entlang des Wegs nach Seiwerath den Läufer an. Wer von den beiden zuerst seine Aufgabe erledigt hat, ist Sieger der Eierlage. Für den Läufer heißt das, er muss aus Seiwerath früher am Sammelkorb ankommen, als sein Gegner die 104 Eier aufgerafft hat. Der Raffer dagegen hat gewonnen, wenn er alle Eier aufgesammelt hat, ehe der Läufer zurück ist. Das letzte Ei muss er dabei nicht bis zum Korb bringen, sondern kann es einfach in die Luft werfen. Das Ende der Eierlage signalisieren dann wieder Böllerschüsse.

Für die meisten Junggesellen zählt aber nicht so sehr der Sieg, wie die Tatsache, überhaupt einmal an der Eierlage aktiv teilgenommen zu ha-

KLAPPERJUNGEN IN BLEIALF

Seid ihr zur Osterzeit in der Nähe von Bleialf? Dann werden euch die »Klapperjongen« auffallen. Die Schuljungen gehen ab Gründonnerstagabend nach der Messe klappern. Das heißt: Wenn die Glocken der Kirche bis Ostersonntag verstummen, werden sie von den Klapperjungen ersetzt. Mit dem Ruf »Et Morjensglock loat« ziehen sie am Karfreitagmorgen mit ihren Klappern um 6.30 Uhr durch die Straßen von Bleialf. So auch zum Mittag- und Abendgeläut, wie auch zu jeder Messe und Andacht. Jedesmal mit einem passenden Ruf. Am Karsamstag sammeln sie als Lohn ür ihre Arbeit Eier bei den Dorfbewohnern ein, die dann am Abend zu Eierpfannkuchen gemacht und verspeist werden. Darum heißt auch der Ruf am Karfreitagabend »Et loat zur Naht, han et Huner jut jelaat?« (Es läutet zur Nacht, haben die Hühner viele Eier gelegt?). ◀

ben. Während sich die beiden Akteure nach dem anstrengenden Wettkampf zunächst kurz ausruhen und frisch machen, unterhält der Musikverein die Zuschauer. Dann folgt die Siegerehrung, bei der die Junggesellen den Sieger der Eierlage hochleben lassen. Eine Dame seiner Wahl darf ihm den Siegerstrauß überreichen. Seit einigen Jahren erhält er außerdem eine gestiftete goldene Uhr. Der zweite Sieger bekommt als Anerkennung für seine Leistung ein goldenes Feuerzeug. Die Zeiten für den Wettlauf liegen zwischen 30 und 40 Minuten. Bei der jeweiligen Siegerehrung ehrt die Junggesellensodalität gleichzeitig die Jubilare des Vereins. Das sind jeweils Raffer und Läufer, die vor 25 oder 50 Jahren die Eierlage ausgerichtet haben.
Von der Von-Hersel-Straße führt nach dem Wettkampf ein erneuter Umzug mit Musik ins Festzelt, wo die Eierlage weiter gefeiert wird. Bei der Tanzveranstaltung am Abend gebührt Raffer und Läufer alljährlich ein Ehrentanz. Nach der meist ausgiebigen Feier der Eierlage am Ostermontag findet der Osterbrauch im Kreise der Junggesellen am **Osterdienstag** ein Ende: Im Vereinslokal werden die von Raffer und Läufer gesammelten Eier – meist deutlich mehr als 104 – verspeist.

Weihnachtsdorf St. Vith

B-4780 St. Vith. **Anfahrt:** Autobus TEC 394 Eupen-Büllingen-St.Vith. **Zeiten:** 3. Advent Sa 15 – 22 Uhr, So 13 – 18 Uhr.

▶ Großer Weihnachtsmarkt am Rathaus und in der Hauptstraße mit drei Krippen.

Weitere Weihnachtsmärkte

1. Advent–Sa: Prüm, Turmblasen zum Advent

3. Advent–So: Schönecken, Weihnachtsmarkt

Karneval in der Schneifel

Weiberfastnacht (Do):	Jünkerath, die Möhnen erstürmen das Rathaus
Karnevalssamstag:	Jünkerath, Karnevalszug
Karnevalssonntag:	Lissendorf, Karnevalsumzug
	Dahlem, Karnevalszug
	St. Vith, Karnevalsumzug
	Deidenberg, Karnevalsumzug
Rosenmontag:	Prüm, Rosenmontagszug
	Stadtkyll, Rosenmontagszug
	Bleialf, Karnevalsumzug
	Schönberg (St. Vith), Rosenmontagszug
	Bütgenbach, Rosenmontagszug
	Büllingen, Rosenmontagszug
	Burg Reuland, Rosenmontagszug
	Aldringen (Burg Reuland), Rosenmontagszug
Veilchendienstag:	»Hallscheid« (Hallschlag und Scheid), Karnevalsumzug
	Schüller, Karnevalsumzug
	Manderfeld, Veilchendienstagsumzug
	Büllingen, Prinzenumzug

In ganz Ostbelgien wird »Alaaf« gerufen, nur zwei Gemeinden bilden beim närrischen Schlachtruf eine Ausnahme: Deidenberg ruft »Helau« und St. Vith »Fahr'm dar«.

HOHE EIFEL

HOHES VENN & MONSCHAU

NORDEIFEL

PRÜM & DIE SCHNEIFEL

HOHE EIFEL

RUND UM DIE AHR

BITBURG & DIE SÜDEIFEL

VULKANEIFEL

INFO & VERKEHR

FERIEN-ADRESSEN

Bonner
Kraftzucker-Fabrik
BONN a/Rh

MEHR ALS NUR DER NÜRBURGRING

Bei der Hohen Eifel ist der Name Programm! Hier ist die Eifel am höchsten. Die Hohe Acht ist 747 m hoch und damit höher als jeder andere Punkt in der Eifel. Im Winter sind rund um die Hohe Acht viele Loipen gespurt. In Jammelshofen ist ein Skilift und Wanderwege für Winterwanderungen gibt es reichlich.

Eines der bekanntesten Ziele für Touristen in dieser Region ist der Nürburgring. Westlich von **Nürburg**, genau in der geografischen Mitte der Eifel, liegen viele kleine Orte, die selbst eingefleischten Eifelreisenden unbekannt sind. Wer Ruhe und Erholung sucht, gerne wandert und die Bewohner der Eifel wirklich kennen lernen will, ist hier genau richtig. In Adenau, Kelberg, Birgel, Berndorf, Hillesheim und Rothenbach haben wir besonders viele nette und hilfsbereite Menschen getroffen.

In **Hohenfels-Essingen** wurden früher Mühlsteine aus den Basaltbergen gemeißelt. Dabei entstanden Gänge und Höhlen, die man sich ansehen kann. Die passende Wassermühle kann in Birgel besichtigt werden. Und wer von euch hat schon einmal einen wachsenden Wasserfall gesehen? Dann nichts wie hin nach Dreimühlen bei Hillesheim!

Weiter im Osten wird das Land wieder flacher. Hier liegt die südliche Voreifel. Sie wird mittlerweile von den Bewohnern auch oft *Vordereifel* genannt, um nun ja nicht mit der nördlichen Voreifel verwechselt zu werden. Der **Laacher See** mit der Abtei Maria Laach ist ein gutes Ziel für Wanderer, die nicht ganz so »geländegängig« sind. Mayen ist die größte Stadt in der Region, hier kann man zwei Schlösser und ein Landschaftsmuseum besichtigen oder ausgiebig im Spaßbad toben. In Mendig steht ein tolles Vul-

? ***Rätsel:** Könnt ihr auf der Landkarte entdecken, wo mein Nachname herkommt?*

Lecker, lecker: Die handgefertigten Bonbons gibt es nur zur Weihnachtszeit kanmuseum mit Lavakeller. Hier lernt ihr alles, was ihr über Vulkanismus wissen wollt. Ein echtes Highlight ist das **Brohltal** mit der Brohltalbahn, von allen nur Vulkan-Express genannt.

TIPPS FÜR WASSER-RATTEN

Frei- & Hallenbäder

»badenova« Freizeitbad Hocheifel-Nürburgring

Im Lenzenkessel, 53518 Adenau. ✆ 02691/587. **Anfahrt:** Bus 4359. Von der B57 am Markt Richtung Wimbach. **Zeiten:** Freibad Juni – August Mo 12 – 21, Di – So 10 – 21 Uhr; Halle Sept – Mai Di – Fr 15 – 21, Sa, So, Fei 10 – 17 Uhr. **Preise:** 3,50 €, 10er-Karte 30 €, 30er-Karte 80, Familienkarte bis 4 Pers 8, ab 5 Pers 10 €; Kinder 6 – 17 Jahre 2, 10er-Karte 16, 30er-Karte 40 €.

▶ Schönes Bäder-Doppel für die Sportler und Spielmöpse unter euch: Im **Hallenbad** gibt es ein Schwimmerbecken mit integriertem Nichtschwimmerbereich, Sprunganlage mit 1-m-Sprungbrett und 3-m-Plattform, Eltern-Kind-Bereich mit Kinderbecken, Bar, Cafeteria. Lustig geht es auf der wehrartigen, superbreiten Rutsche zu. Im **Freibad** kann man sich in einem Freizeitbecken mit 18-m-Breitrutsche, Wasserpilz, Massagedüsen, Sonnenterrasse, ausgedehnter Spiel- und Liegefläche, Beach-Volleyballfeld, Tischtennis, Fußballfeld und Kletterhäusern vergnügen. Auf dem Parkplatz findet ihr zudem Skater-Rampen.

Happy Birthday! Geburtstagskinder haben im badenova freien Eintritt!

Hunger & Durst Nach dem Schwimmen könnt ihr euch in der Cafeteria **Aquarium** stärken. Durch die große Panoramascheibe kann man die anderen in der Schwimmhalle beobachten.

Freibad Kelberg

Am Schwimmbad, 53539 Kelberg. ✆ 02692/335. **Anfahrt:** B410 Mayen – Gerolstein. **Zeiten:** Ab Mitte Mai täglich ab 10 Uhr. **Preise:** 2,50 €, 10er-Karte

22 €, Abendkarte 18 – 20 Uhr 1,50 €; Kinder 4 – 18 Jahre 1,50 €, 10er-Karte 12 €, bis 3 Jahre frei; Ermäßigung für Schwerbehinderte und Schulklassen.

▶ Kleines Freibad mit Sportbecken für Schwimmer und Nichtschwimmer, 3-m-Sprungturm, Plantschbecken mit Kleinkinderrutsche und Riesenschach.

Achtung! Die Öffnungszeiten sind verwirrend: für Kinder bis 18 Uhr, für Erwachsene bis 20 Uhr. Die Großen wollen also noch zwei Stunden ungestört schwimmen. Gemein!

Lavamaar Freizeitbad Nickenich

Auf dem Teich, 56645 Nickenich. ✆ 02632/81226, Fax 985000. **Anfahrt:** Bus 6031 Andernach – Nickenich – Wassenach. A61 Anschlus 35 Kruft, dort rechts, Bahnhofs- und Nickenicher Straße, danach ausgeschildert. **Zeiten:** Mo – Fr 9 – 21 Uhr, Sa, So, Fei 9 – 18 Uhr. **Preise:** bis 2 Stunden 3,60 €, je angefangene weitere halbe Stunde 0,50, unbegrenzt 6 €; Kinder bis 2 Stunden 2 €, je angefangene weitere halbe Stunde 0,50, unbegrenzt 3,60 €.

▶ Kombination aus Hallen- und Freibad, 15-m-Rutsche in der Halle, große Liegewiese mit reichlich Baumschatten darußen.

Pellenzhof, Familie Mosen-Becker, Hauptstraße 12, 56645 Nickenich. ✆ 02632/81460, Fax 83537. www.shrikant.de/arts/mosen/index.html. Mo – Fr 18 – 19, Fr, Sa 9.30 – 12 Uhr. Im Bioland-Hofladen werden Gemüse, Getreide, Brot, Kartoffeln, Obst, Milch und Milchprodukte, Saft, Wein, Eier, Wurst und Fleisch verkauft.

Badezentrum Mayen

Bachstraße 44, 56727 Mayen. ✆ 02651/903185. **Anfahrt:** Mayen ist Bahnstation an der Strecke Andernach – Kaisersesch. **Zeiten:** Mo – Fr 7 – 20 Uhr, Sa, So, Fei 9 – 20 Uhr. **Preise:** 3,10 €; Kinder ab 6 Jahre, Schüler, Studenten, Arbeitslose, Soldaten 2,10; Gruppenermäßigung ab 10 Kinder und Jugendliche 1,60 €, 10er- und 50er-Karten.

▶ Hallen- und Freibad kombiniert. Im Außenbereich lässt eine 140 m lange hangverlegte Rutschbahn (wie eine Sommerrodelbahn) die Kinderherzen höher schlagen. Ansonsten gibt es noch einen 5-m-Sprungturm, Plantschbecken und eine Cafeteria.

Freibad in Kempenich

Hommersbergstraße, 56745 Kempenich-Weibern. ✆ 02655/3223, kempenich@rz-online.de. **Anfahrt:** A61 Ausfahrt 33 Wehr, 9 km auf der B412 nach Westen. **Zeiten:** Mitte Mai – Ende August Mo – Fr 11 – 20 Uhr, Sa und So 10 – 19 Uhr. **Preise:** 3 €, 10er-Karte 25 €, Saisonkarte 45 €; Kinder und Jugendliche zahlen die Hälfte.

▶ Am Hang angelegt, Schwimmer- und Nichtschwimmerbecken, Liegewiese, Beach-Volleyballfeld, Kiosk. Bei größeren Kindern sehr beliebt: der Sprungturm mit Tauchbecken. Das Plantschbecken ist für die Kleinen ein Paradies, hier können farbenfrohe Tiere aus Kunststoff dazu bewegt werden, Wasser zu spucken, es gibt außerdem eine Rutsche und eine Brücke.

Malibu Erlebnisbad Gunderath

Ferienpark Gran Dorado Heilbachsee, Am Kurhaus 1, 56767 Gunderath. ✆ 02657/8090. **Anfahrt:** A48 Ausfahrt 2 Ulmen, 8 km nach Norden. **Zeiten:** täglich 10 – 21.30 Uhr. **Preise:** Mo – Fr 6, Sa, So, Fei 5 €, ab 17 Uhr Mo – Fr 4 €; Kinder 4 – 12 Jahre Mo – Fr 4, Sa, So, Fei 3,75 €, ab 17 Uhr Mo – Fr 2,75 €; Familienkarte für 2 Erwachsene und 2 Kinder 17,50, Sa, So und Fei 23 €.

▶ Das subtropische Erlebnisbad mit Außenschwimmbecken ist auch im Winter nutzbar. Es gibt ein Kleinkinderbecken, zwei gut 10 m lange Rutschen, Whirlpools, Wildwasserkanal, Sonnenterrasse, Sonnengrotte, Sauna, Solarium, Ruheraum und ein türkisches Dampfbad.

Hunger & Durst

In der **Malibu-Bar** werden Snacks und Getränke angeboten.

Badeseen & Wassersport

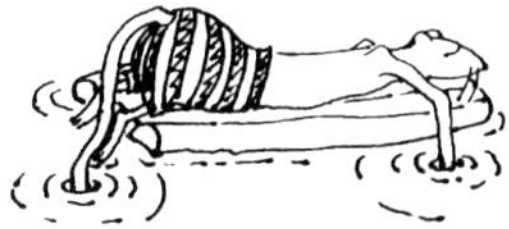

Laacher See

Maria Laach. **Anfahrt:** 3 km von der A61 Koblenz – Bonn, Abfahrt 34 Mendig Richtung Bad Breisig.

▶ Der Laacher See ist mit seinen 3,4 ha Oberfläche der größte Kratersee der Eifel und das größte Stillgewässer der deutschen Mittelgebirge. Er ist bis zu 51 m tief und landschaftlich außerordentlich schön gelegen. Im Bereich des Nordufers, beim Campingplatz »Laacher See«

WIE ENTSTAND DER LAACHER SEE?

Über Jahrtausende hinweg hatte sich unter der Osteifel in einer riesigen unterirdischen Kammer Magma gesammelt. Vor ziemlich genau 13.000 Jahren war der Druck im Erdinneren so groß, dass das über 1300 Grad heiße Magma nach oben drang. Das Grundwasser wurde davon plötzlich so stark erhitzt, dass es zu Wasserdampf wurde. Vielleicht habt ihr es schon im Physikunterricht gelernt: Wasserdampf braucht nämlich viel mehr Raum als Wasser. Das führte dazu, dass der Dampf sich in Überschallgeschwindigkeit ausdehnte und Gestein und Asche bis zu 40 km aus der Erde hinausschleuderte. Aus dieser Eruptionswolke regneten dann die schweren Bimssteine sofort auf die Erde und töteten alles Leben in weitem Umkreis. Innerhalb weniger Tage war die ganze Landschaft von dicken Bimsschichten und feiner Asche bedeckt.

Doch damit nicht genug. Nachdem der Wasserdampf die Erdoberfläche aufgerissen hatte, war nun auch für das Magma der Weg frei. 600 Grad heiße Glutlawinen und Lavaströme flossen über das Land. Wo die feine Asche mit Wasser in Berührung kam, verfestigte sie sich. Der daraus entstandene Stein heißt *Tuff*. Dort, wo der Wasserdampf aus der Erde ausgetreten war, entstand eine Senke, die sich bald schon mit Grund- und Oberflächenwasser füllte und heute »Laacher See« genannt wird. ◀

»Magma« werden die heißen, flüssigen Gesteine genannt, solange sie noch in der Erde sind. Sie heißen »Lava«, sobald sie den Kraterrand des Vulkans verlassen haben.

kann gebadet werden. Hier existiert auch ein für Nichtschwimmer geeigneter Sektor. Am Südwestufer befindet sich eine Anlegestelle, wo ihr mit geliehenen Tret- und Ruderbooten in See stechen könnt. Um den See führen zwei populäre Wanderwege – einer am Ufer und einer auf halber Höhe. Auch Mountainbiker sind hier vertreten; das *Seehotel Maria Laach* verleiht Räder.

Zu einem **Ausflug** an den Laacher See gehören der Besuch des *Klosters Maria Laach* nahe dem Südwestufer und des benachbarten Naturkundemuseums.

Tipp: Preiswerte Übernachtungsmöglichkeiten bieten der *Campingplatz »Laacher See«* am Nordufer und das *Laacher Seehaus* der Naturfreunde etwa 1 km südlich des Sees, ➚ Ferien-Adressen.

Andreas Bitz u.a., natour Wanderführer Laacher See, Mainz 1996, 96 Seiten, Gnor-Eigenverlag, 2,50 €, umweltfreundlich, verständlich geschrieben, ansprechend illustriert, im Buchladen des Klosters Maria Laach erhältlich.

Ausgesprochen hilfreich ist auch die Laacher See-Karte 1:15.000 des Landesvermessungsamtes Rheinland-Pfalz.

Waldsee Rieden

Rieden. **Anfahrt:** Bus 4 und 8110 (selten). A61 Ausfahrt 33 Wehr, nach 4 km auf der B412 nach Süden; am westlichen Ortsende. **Zeiten:** Eintritt frei.

▶ Mit Schwimmer- und Nichtschwimmerbereich, Freibad, Liegewiese, Kiosk, Kinderspielplatz, Barfußpfad und Erste-Hilfe-Station. Möglichkeiten für Ballspiele, Tretboot fahren, Surfen und Angeln.

Hunger & Durst

In der **Eifler Seehütte,** ✆ 02655/3696 oder 0170/5219350, direkt am Waldsee stehen neben den üblichen Schnitzeln, Steaks und Suppen auch vegetarische Gerichte und sogar vier verschiedene Kinderteller auf der Speisekarte. Die Seehütte ist Di ab 15 und Mi – So ab 11.30 Uhr geöffnet und vermietet auch Boote.

Radeln & Skaten

Vulkanroute

Nürburg. **Länge:** 57 km, hügelig, oft bergab, für sportliche 12-Jährige. **Anfahrt:** Das Ziel Alf ist Bahnstation auf der Moselstrecke. B257 und B258 (Eifel-Ardennen-Straße) zur Nürburg.

▶ 57,3 km sind auf den ersten Blick recht viel für eine Radtour mit Kindern. Diese Radtour führt aber von der Nürburg nach Alf eher bergab als bergauf. Zwischen Start und Ziel liegen über 500 Höhenmeter – abwärts! Und selbstverständlich lässt sich die Vulkantour auch in mehrere Einzeletappen mit Rast z.B. in Kelberg, Ulmen, Lutzerath oder Bad Bertrich aufteilen oder auch mit dem *Kylltalradweg*, dem *Ahrtal-Radweg* und der *Maare-Mosel-Route* zu einer Mehrtagestour kombinieren. Sie ist durchgängig einheitlich beschildert. Das Symbol der Vulkanroute ist ein gelber Radfahrer mit gelber Sonne auf grünem Grund.

@ Eine animierte Routenkarte findet ihr unter www.oberes-elztal.de.

Sehenswert für euch sind entlang der Route die Nürburg, der Nürburgring, die Geschichtsstraße Kelberg, das Naturschutzgebiet Hochkelberg/Mosbrucher Weiher, Ulmen mit Burgruine, Jungferweiher und Maar, die Wallfahrtskirche in Lutzerath, der Kurort Bad Bertich mit Glaubersalztherme und der Zielort Alf mit Moselpanorama und Weingärten.

Von der **Nürburg** fahrt ihr Richtung Süden durch die Burgstraße, die Hatzenbachstraße und die Hauptstraße und überquert vorsichtig die B258: So nah am Nürburgring gibt es da oft spinnerte Raser. In der Verlängerung der Hauptstraße fahrt ihr zwischen einigen Häusern in den Wald hinein. Die Wegweiser bringen euch schon bald auf die ehemalige Südschleife des Nürburg-

rings, die in **Müllenbach** endet. Von Müllenbach führt die Route über Rothenbach und Zermüllen nach **Kelberg** hinein. Hier sind die ersten 12 km schon geschafft.
In **Köttelbach** – was für ein Name! – werdet ihr sehr erleichtert sein, wenn der Weg vor dem Anstieg zum Hochkelberg nach rechts schwenkt und auf dem Talweg nach Mosbruch führt. Hinter Sassen umfahrt ihr den Ferienpark Heilbachsee, bevor ihr **Gunderath** erreicht. Kurz vor Uersfeld biegt ihr rechts Richtung Kötterichen ab. Von dort geht es durch den kühlen Wald zum Jungferweiher in **Ulmen** (A48 Ausfahrt 2), wo sich der Weg durch die Ortsmitte am Ulmener Maar vorbei Richtung Auderath schlängelt. Von **Schmitt** über Gillenbeuren bis nach **Lutzerath** gibt es keinen Radweg, die Straßen sind aber wenig befahren. Nun geht es zur *Kennfußer Höhe* bergauf und hinter Kennfuß auf Feldwegen nach **Bad Bertrich.** Das letzte Stück bis **Alf** verläuft wieder über eine Straße durch das Ueßbachtal.

Wenn's gar zu heiß wird: Zwischenstopp im Freibad Kelberg, im Malibu Erlebnisbad Gunderath oder im Ulmener Maar.

Spazieren & Wandern

Wandern im Vulkanpark Brohltal und am Laacher See

Tourist-Information Brohltal, Kapellenstraße 12, 56651 Niederzissen. ✆ 02636/19433, Fax 80146. www.brohltal.de. tourist@brohltal.de. **Länge:** Tour Geo-V 9 km ab Königsfeld, leicht; diverse weitere Routen. **Anfahrt:** A61 Ausfahrt 32, durch Niederzissen 7 km nach Nordwesten. **Zeiten:** Mo – Fr 8 – 17.30 Uhr, Sa 10 – 14 Uhr, So 8 – 13 Uhr.

▶ Die Tourist-Information Brohltal hat fünf schöne Geo-Pfade durch das Brohltal und um

den Laacher See, markiert und in einem Faltblatt mit Karte beschrieben.
Ich will euch kurz die Tour **Geo-V = Vinxtbachtal** beschreiben: sie ist 9 km lang und hat zwei Erweiterungsrouten (Geo-D und Geo-S). Sie ist für Familien gut geeignet und beginnt am Bürgerhaus in *Königsfeld*. Die Strecke ist gut ausgeschildert. Zusätzlich gibt es einige Erläuterungstafeln, auf denen ihr mehr über das Vinxtbachtal, die Erdgeschichte und den Vulkanismus erfahren könnt. Der Weg führt von Königsfeld hinauf zum *Waldgut Schirmau.* Von dort zum Aussichtsturm auf dem »Weisselstein« verläuft der Rückweg hinunter nach Schalkenbach und oberhalb des Vinxtbachtales zurück zum Ausgangspunkt. Zwischen *Schalkenbach* und Königsfeld sind auf der Vinxtbachtal-Route verschiedene künstlerisch gestaltete Objekte des Töpferehepaares *Anja* und *Roland Lirk von Becker* zu sehen, die zeigen wollen, wie nahe sich Kunst und Natur sein können.
Die Tour **Geo-U** = Unteres Brohltal ist 14 km lang, und die Tour **Geo-O** = Oberes Brohltal 17 km. Die Tour **Geo-L** = Laacher See ist zwar 14 km lang, aber recht einfach zu gehen und ermöglicht einen netten Zwischenstopp am Kloster Maria Laach.
Auf der 22 km langen, besonders schönen Tour **Geo-M** = Mittleres Brohltal seht ihr bei Niederzissen den ehemaligen Vulkan Bausenberg, der als der besterhaltene »Hufeisenkrater« Europas bekannt ist. Burg Olbrück liegt ebenfalls am Weg.

Hunger & Durst

Einkehren könnt ihr in der Gaststätte **Seeblick** auf dem Campingplatz und im Café mit Terrasse im **Seehotel Maria Laach.**

Eifelverein Wanderkarte 37 Rund um den Laacher See 1:25.000.

Wanderungen um den Laacher See

Maria Laach. **Anfahrt:** 3 km von der A61 Koblenz – Bonn, Abfahrt 34 Mendig Richtung Bad Breisig.

Eine gute Orientierung bietet die Laacher See-Karte (1:15.000) des Landesvermessungsamtes Rheinland-Pfalz.

Viele Informationen über die Flora und Fauna des Sees enthält der Wanderführer Laacher See von der GNOR (Gesellschaft für Naturschutz und Ornithologie Rheinland-Pfalz e.V.). Beide bekommt ihr in der Buchhandlung des Klosters Maria Laach.

▶ Zwei Wanderwege führen um diesen schönen See. **Der leichtere** (keine Steigung) und kürzere – rund 8 km – führt am Ufer entlang. Diese Route ist für Familien mit Kindern 6 – 12 Jahre prima geeignet. Ihr beginnt am besten am Parkplatz gegenüber von Kloster Maria Laach und geht am Westufer gen Norden. Nach 3 km kommt ihr an die Nordspitze des Sees mit dem Campingplatz. Anschließend kehrt ihr über das Ostufer im weiten Bogen zum Südufer und Ausgangspunkt zurück.
Der **zweite Rundweg** verläuft als Höhenweg auf den umgebenden Hügeln. Von ihm hat man nicht nur einen herrlichen Blick auf den See, sondern auch einen ganz weiten Blick in die Region. Der Weg ist 14 km lang und enthält auch verschiedene Steigungen. Familien mit sportlichen Kindern im Alter 12 – 16 Jahren können das schaffen.

Geschichtswanderung rund um den Hochkelberg

gufu, Gewerbe- und Fremdenverkehrsverein Uersfeld und Umgebung e.V., Hauptstraße 7, 56767 Uersfeld. ✆ 02657/940113, Fax 940115. www.oberes-elztal.de. gufu@oberes-elztal.de. **Länge:** 8 km, leicht. **Anfahrt:** Kelberg liegt an der Keruzung der B259 (A48 Ausfahrt 2 Ulmen) mit der B410 Mayen – Gerolstein.

▶ Neben den zahlreichen beschilderten Rundwanderwegen dieser Gegend gibt es die Geschichtsstraße »Rund um den Hochkelberg« zu erwandern. Sie beginnt in Kelberg und geht bis nach Uersfeld. An den vielen Stationen werden interessante Begebenheiten aus der Eifler Geschichte erzählt und alte Begriffe erklärt, wie beispielsweise auch die Geschichte vom ↗ Grünen Weiher.

Die »Geschichtsstraße« ist eine uralte Heer- und Handelsstraße. Schon Caesar zog hier mit seinen Legionen vom Rhein über Boulogne nach Britannien. Bereits im Mittelalter nannte man sie deshalb »ahl Stroß« (Alte Straße). Damals bildete sie die Grenze zwischen den Kurfürstentümern Köln und Trier.

Zur Geschichtsstraße gibt es bei der Verbandsgemeinde Kelberg und beim gufu, Uersfeld, einen Wanderführer mit vielen Informationen über die einzelnen Stationen.

Der Grüne Weiher und der Hurenbüsch

Retterath. **Anfahrt:** Ab A48 Ausfahrt 3 Laubach 7 km nach Nordwesten.

▶ Weit oben in der Hocheifel liegt ein kleiner Weiher, der offiziell *Retterather Fischweiher* heißt, aber in alten Urkunden zum Teil als Grüner Weiher bezeichnet wird.

Dieser alte Name hat aber nichts mit der Farbe des Wassers oder dem umliegenden Waldesgrün zu tun. Ihr müsst wissen, dass es in alter Zeit eine »grüne Gerichtsbarkeit« gab. Wurde ein Missetäter oder eine Missetäterin auf grüner (frischer) Tat ertappt, hatten manche Gemeinden das Recht, ihn oder sie sofort hinzurichten. Vorwiegend Männer wurden sofort am nächsten Baum aufgeknüpft (z.B. Räuber, Münzfälscher, Viehdiebe, Landesverräter oder Brandstifter), Frauen wurden eher im nächstbesten Gewässer ertränkt (z.B. Kindsmörderinnen oder Ehebrecherinnen). Die Orte wurden durch diese Umfunktionierung zur Gerichtsstätte zum »grünen Baum« oder zum »grünen Weiher«.

Damals nannte man Frauen, die gegen die damals sehr strengen Sittengesetze verstießen auch »Huren«. Und da im Wäldchen (Büsch) nebenan die Leichen der Straftäter und -täterinnen verscharrt wurden, findet ihr auch heute noch auf manch einer Wanderkarte das Wort »Hurenbüsch«, wie zwischen Kolverath und Retterath.

Auch der Hügel am Grünen Weiher heißt nicht ohne Grund *Galgen*: Hier wurden nachweislich im 15. bis 17. Jahrhundert vom Hochgericht Retterath verhängte Lebensstrafen – heute würde man sagen: Todesstrafen – wie das Hängen, Rädern, Enthaupten und Verbrennen vollstreckt, je nach Delikt und Stand des Täters und des Opfers.

Naturerlebnispfade & Umwelt-Infozentren

Treffpunkt Wald

Forsttamt Adenau, 53518 Adenau. ✆ 02691/619, Fax 1305. www.wald-rlp.de. forstamt.adenau@wald-rlp.de. **Anfahrt:** An der B257 nördlich der Nürburg. **Zeiten:** Mo – Do 8 – 16 Uhr, Fr 8 – 14 Uhr. **Preise:** Waldführungen nach Vereinbarung, sonst kostenfrei.

▶ Das Forstamt Adenau bietet unter der Überschrift »Waldpädagogik« ein umfangreiches Programm an spannenden Streifzügen durch die Wälder der Region, so können Kinder mit den Förstern ein ganzes Wochenende mit Minimalausrüstung »Überleben in den Wäldern der Eifel« üben oder sich in Begleitung der Förster zum »Junior-Förster« (mit Urkunde) qualifizieren. Recht vielfältig sind auch die Themen der Führungen für Schulklassen und Jugendgruppen, die in Zusammenarbeit mit der Naturschutzherberge Altenahr durchgeführt werden. Ferner werden Waldjugendspiele, ein Frischlingscamp und ein festlicher Waldtag veranstaltet.

Also: Am besten das Veranstaltungsprogramm bestellen und los!

Geo-Pfad Hillesheim & Geo for Kids

Tourist-Information Hillesheim, Graf-Mirbach-Straße 2, 54576 Hillesheim. ✆ 06593/809200, Fax 809201. www.hillesheim.de. touristik@hillesheim.de. **Anfahrt:** An der B421, etwa 12 km nördlich von Gerolstein. **Preise:** 3,50 €; Kinder 3,50 €.

▶ Durch die vulkanreiche Umgebung von Hillesheim führt ein 125 km langer geologischer Lehr- und Wanderpfad (grünes G auf weißem Feld) mit 30 Querschnitten durch das Gestein. Dort sind jeweils Informationstafeln angebracht. Der Start kann von Hillesheim/Informationszentrum Bolsdorfer Tälchen, der Burg Kerpen oder vom Gemeindehaus Zilsdorf erfolgen. Dort wird jeweils eine allgemein verständliche Einführung in die Geologie der Region geboten. Kaum jemand geht freilich die ganze Rundstrecke, sondern jeweils einen kleinen Abschnitt, und als Ausgangspunkte dienen auch vielfach andere Orte. Zum Geo-Pfad bietet die Tourist-Information Hillesheim eine Wanderkarte und Prospekte.

Für Kinder ist das natürlich alles viel zu lang, deshalb führt das Fremdenverkehrsamt unter dem Moto »Geo for Kids – Spielerisch in der Gemeinschaft vertraut werden mit den Geheimnissen von Mutter Erde« für Kinder 7 – 14 Jahre eine eigenständige erlebnisreiche Wanderung durch (Dauer 4 Stunden). Gesteine, Fossilien und Mineralien werden ertastet und betrachtet, natürliche Mineralwässer probiert und verglichen. Zu diesen Exkursionen gehört auch immer das Schleifen und Präparieren von Fossilien.

Wachsender Wasserfall Dreimühlen bei Nohn

Tourist-Information Hillesheim, Graf-Mirbach-Straße 2, 54576 Hillesheim-Nohn. ✆ 06593/809200, Fax 809201. **Anfahrt:** 15 km nördlich von Gerolstein zwischen Üxheim und Niederehe.

▶ Dieser seltsame kleine Wasserfall im Ahbachtal ist keine Laune der Natur, sondern Resultat des Eisenbahnbaus im Jahre 1913. Seit jener Zeit bildet sich in den Moospolstern durch Ablagerung und Verdunstung fortwährend Kalksintergestein. Dadurch wächst der Wasserfall Dreimühlen Jahr für Jahr um 8 bis 10 cm.

Infozentrum Rauschermühle und Info-Lehrpfad Michelberg-Vulkan

Rauschermühle 6, 56637 Plaidt. ✆ 01801/885526, www.vulkanpark.com. **Anfahrt:** A61 Abfahrt 36 Plaidt Richtung Andernach. **Zeiten:** Di – Fr 9 – 12, 12.30 – 17 Uhr, Sa, So, Fei 11 – 17 Uhr, andere Zeiten durch telefonische Vereinbarung möglich. **Preise:** 2,20 €, Familien 6 €, Gruppen ab 15 Personen 1,80 €; Kinder 6 – 16 Jahre 1,50 €, Kindergruppen ab 15 Personen 1 €; Studenten 1,50 €.

@ Die Rauschermühle ist Teil des großen Vulkanparks westlich von Koblenz. Hierzu findet ihr viele weitere Ausflugsziele, Infos und Spiele unter www.vulkanschule.de.

▶ Das Infozentrum Rauschermühle ist dem Vulkanismus der Osteifel gewidmet. Zur Einstimmung wird der eindrucksvolle 25-Minuten-Film »Vulkane der Osteifel – eine heiße Geschichte« gezeigt. An den Computer-Infosäulen könnt ihr gezielt jene Informationen zum Vulkanismus abrufen, die euch vor allem interessieren.

Eine Extra-Ausstellung gibt es zur Geschichte des Abbaus der vulkanischen Gesteine, den bereits die Römer betrieben. Aus dem Raum um den Laacher See bezogen sie Mühlsteine in großen Mengen, die Basaltsteine der Osteifel gingen

in weite Teile des Römischen Reiches. Das Modell eines Lastschiffes zeigt, mit welchen Verkehrsmitteln die Steine transportiert wurden. Hinter dem Infozentrum fließt die *Nette* geräuschvoll zwischen Basaltblöcken hindurch. Hier wurde ein **Info-Lehrpfad** angelegt, in dem die Entstehung des Bachtales durch den Ausbruch des Michelberg-Vulkans und die Nutzung der Basaltlavavorkommen durch die Römer erläutert werden.
Auf vier **Vulkanrouten** habt ihr die Möglichkeit, einen sehr umfassenden Einblick in die Vulkanwelt der Osteifel zu bekommen. Einen groben Überblick über die Region und die Vulkanrouten bietet das Faltblatt »Der Vulkanpark à la carte«.

Über den Ablauf und die Folgen des Ausbruchs des Laacher Vulkans vor 13.000 Jahren informiert das Infozentrum Rauscher Mühle in der Broschüre »Zeitzeuge eines vulkanischen Infernos«.

Wingertsbergwand bei Niedermendig

Anfahrt: A61 Ausfahrt 34, etwa auf halbem Wege zwischen Niedermendig und dem Laacher See.

▶ Die Wingertsbergwand, eine lange, bis zu 50 m hohe Wand, ist berühmt unter Vulkanologen. Hier lassen sich anhand der offen liegenden Gesteinsschichten (Auflassung) die verschiedenen Phasen des Vulkanausbruchs vor 13.000 Jahren bestens studieren: unten schwere Basaltblöcke aus der Anfangsphase, darüber Tuff, Glutlawinenablagerungen, Bims, Asche und Fallablagerungen aus der Hauptausbruchsphase, oben Bims- und Tufflagen der Spätphase. Bei so viel Lehrbuchcharakter verwundert nicht, dass diese Wand von vielen Schulklassen inspiziert wird.

Pferde- & Erlebniswelten

Planwagenfahrten an der Burg Olbrück

Reitstall Dauerböck, Angela und Rudolf Dauerböck, Holzwiesen 14, 56651 Niederdürenbach. ✆ 02636/6600, www.reitstall-dauerboeck.de. info@reitstall-dauerboeck.de. **Anfahrt:** A61, Abfahrt 32 Niederzissen, Richtung Westen.

▶ Freizeitreiten für Jedermann, Ponyreiten für Kinder, Planwagenfahrten und Pferdepension. Planwagenfahrt kostet für die erste Stunde 77 €, jede weitere 67 €, Tagestour 235 €. Ein Ausritt kostet 10,50 € und eine Reitstunde 13 €.

Tipp: Pro Ausritt gibt es einen Bonusstempel, für jeden neu geworbenen Reiter 3 Stempel. Bei 10 gesammelten Stempeln gibt's eine Reitstunde gratis.

Erlebnispark Nürburg

Nürburgring, Bereich Start und Ziel, 53520 Nürburg. ✆ 02691/302606, 302698 (Kartbahn), Fax 302651. www.nuerburgring.de. erlebniswelt@nuerburgring.de. **Anfahrt:** An der B258. Von Koblenz A61 Ausfahrt 33 Wehr, von Köln A1 bis Ende, von Trier A48 Ausfahrt 2 Ulmen. **Zeiten:** ganzjährig Erlebniswelt 10 – 18, Kartbahn 11 – 21 Uhr. **Preise:** 10 €, in Gruppen ab 20 Personen 9 €; Kinder 6 – 14 Jahre 7,50 €, am 1. Fr im Monat freier Eintritt für ein Kind bis 14 Jahre in Begleitung eines vollzahlenden Erwachsenen; Rollstuhlfahrer und Kinder bis 5 Jahre frei.

▶ Es gibt 4 Erlebniswelten

Erlebniswelt 1: Mythos Nürburgring, verschiedene Rennwagen aus unterschiedlichen Zeiten, Live-Übertragung im Panorama-Kino.

Erlebniswelt 2: Faszination Automobil, F 1 G-Power-Rotor, Renn-Simulatoren, Crash-Test-Tunnel, Motion Ride, Playstation-Gameworld, Spieleland, Café Boxenstopp.

Erlebniswelt 3: Faszination Mobilität, BMW Z3 Fahrsimulator, Gurtschlitten, Hüpfburg.

Erlebniswelt 4: Indoor-Kartbahn.

Angesichts dieser geradezu kultischen Verehrung des Automobils wäre es doch nicht schlecht, einmal intensiv über Umweltschutz nachzudenken sowie auf Lärm, Abgase und Spritverbrauch zu verzichten und eine Radtour zu diesem Erlebnispark zu machen. Auch das Museum sollte sich da etwas selbstkritischer zeigen.

Spiel & Sport bei Schnee & Eis

Skischule Hohe Acht, Jammelshofen

Karl-Josef Thelen, Adenauer Straße 9, 53520 Jammelshofen. ✆ 02691/2519. **Preise:** Verleih von Skiern, Schuhen und Stöcken ganzer Tag 10 – 12 €, halber Tag 8 €.

▶ Am Wochenende erteilen DSV-geprüfte Lehrwarte nach vorheriger Absprache Langlaufunterricht. Das kostet bis 4 Teilnehmer 15 € pro Person, bei 4 und mehr Teilnehmern 13 € pro Person.

Skigebiet Hohe Acht

Ortsgemeinde Kaltenborn, 53520 Kaltenborn. ✆ 02691/7741 (Schneetelefon), www.kaltenborn-eifel.de. **Zeiten:** Mo – Fr 13 – 17 Uhr, Sa und So 9 – 17 Uhr. **Preise:** 10er-Karte 5€, 20er-Karte 9 €; Kinder bis 16 Jahre 10er-Karte 3 €, 20er-Karte 5 €.

▶ Zwei Abfahrtspisten von 400 und 800 m Länge sowie eine 200 m lange Rodelbahn am höchsten Punkt der Eifel. Drei Langlaufloipen von 3, 5 und 7 km sind im Gebiet Lützelacht gespurt.

Mankepark (Arft)

Wintersportverein Mayen e.V., Hauptstraße, 56729 Arft. ✆ 02655/3539 (Schneetelefon), http://home.t-online.de/home/WSV-Mayen/index.htm. WSV-Mayen@t-online.de. **Anfahrt:** A61 Ausfahrt 33 Wehr, 17 km auf der B412 Richtung Nürburg. **Zeiten:** Mo – Fr 14 – 16, Sa, So 10.30 – 16.30, Mo, Mi, Fr 18.30 – 21.30 (Flutlicht).

▶ 15 km nordwestlich von Mayen liegt die Wintersportanlage Arft mit zwei 400 m und 450 m langen Pisten, Kinderhang, Rodelhang, 2 Skilifte, 2 Pistenpräpariergeräten und Skihütte.

Hahnenkampf: Wenn der Schnee hoch genug ist, um einen Sturz zu bremsen, ist er genau richtig für einen Hahnenkampf: Stellt euch zu zweit auf einem Bein gegenüber, die Arme vor der Brust gekreuzt. Nun versucht ihr mit Hüpfen und Stubsen, den anderen aus dem Gleichgewicht zu bringen. Wer den zweiten Fuß aufsetzt oder umfällt, hat verloren.

Achtung! Die Wintersportler parken oft auch auf der Landstraße, also bitte bei der Anreise vorsichtig um die Kurven fahren.

HANDWERK UND GESCHICHTE

Bahnen & Betriebe

Mit dem Vulkan-Express durchs Brohltal

Kapellenstraße 12, 56651 Niederzissen. **Infos:** Mo – Fr 8 – 12 Uhr, ✆ 02636/80303, Fax 80146, sonst Fahrplanansage ✆ 80500. www.vulkan-express.de. buero@vulkan-express.de. **Anfahrt:** Der Start- und Zielbahnhof liegt genau gegenüber vom DB-Bahnhof Brohl am Rhein. A61 Ausfahrt 32, 11 km nach Brohl, knapper Parkraum. **Zeiten:** März – Okt bis zu 3 Abfahrten täglich, Dampfbetrieb im Mai und Okt sowie bei Sonderfahrten. **Preise:** Brohl – Engeln einfache Fahrt 10 €, mit Rückfahrt 12 €, bis Burgbrohl 4,50 bzw. 5,50 €, bis Oberzissen 7,50 €/10 €, Dampfzuschlag 2 bzw. 4 €; Kinder bis 11 Jahre halber Fahrpreis; Schulpauschalprogramme über Eisenbahn und Geologie des Brohltals möglich. Hunde, Gepäck und Fahrräder werden kostenlos befördert.

▶ Als **Brohltalbahn** wurde die Schmalspurstrecke von Brohl nach Engeln im Jahr 1901 mit der Schmalspurweite von 100 cm in Betrieb genommen. Nachdem 1961 die Personenbeförderung eingestellt worden war, fuhr 1977 der erste Vulkan-Express auf der 17,5 km langen Strecke, die 398 Höhenmeter überwindet. Höhepunkte der Fahrt sind die Überquerung der Brohl auf einem 12 m hohen und 120 m langen Viadukt bei Bad Tönisstein und die Fahrt durch einen 100 m langen Tunnel. Die Dampflok wird nur an bestimmten Terminen eingesetzt, also vorher erkundigen! Die Diesellok braucht für die Gesamtstrecke 90 Minuten, unter Dampf 14 Minuten länger. Schon an einem normalen Betriebstag ist die Fahrt in den alten, vorwiegend mit Holzbänken ausgestatteten Waggons – mit einer dicken alten Fahrkarte in der Hand – ein Erlebnis. Besonders schön ist aber eine der Sonder-

Hunger & Durst
Während der Fahrt werden Snacks und Getränke am Platz serviert.

Happy Birthday!
Geburtstagskinder fahren gratis mit der Brohltalbahn!

Kahlenbergerhof, Familie Esser, Wilhelm-Bell-Straße 6, 56659 Burgbrohl. ✆ 02636/3126, Fax 3126. www.kahlenbergerhof.de. Seit drei Generationen wird auf dem Hof Viehzucht und Landwirtschaft betrieben. Die Erzeugnisse: Äpfel, Apfelsaft, Kirschen, Erdbeeren, Kirschwein, Apfelbrand, Apfelviez, Kartoffeln, Gemüse, Eier.

fahrten wie Ostereier-, Glühwürmchen- oder Mondscheinfahrt.
Fahrkartenverkäufer, Lokführer, Schaffner, Bedienung und Werkstattarbeiter tun diese Arbeiten ehrenamtlich in ihrer Freizeit.
Tipp: Samstags dürft ihr zusätzlich ab 10 Uhr für 2,50 € einen Blick in die 100 Jahre alte Werkstatt der Brohlbahn werfen.

Winterfahrten mit dem Vulkan-Express

Vulkan-Express, Kapellenstraße 12, 56651 Niederzissen. ✆ 02636/80303, Fax 80146. www.vulkan-express.de. buero@vulkan-express.de. **Anfahrt:** Der Start- und Zielbahnhof liegt genau gegenüber vom DB-Bahnhof Brohl am Rhein. A61 Ausfahrt 32, 11 km nach Brohl, knapper Parkraum. **Zeiten:** am 26.12. um 11.30 Uhr, Silvester und an ausgewählten So im Januar und Februar 10.15 Uhr. **Preise:** Weihnachts- und Winterfahrt 12 €, Sylvester 14 €; Kinder bis 11 Jahre 6 €. **Infos:** ↗ Vulkan-Express.

▶ Die Fahrt auf der über 100 Jahre alten Schmalspurstrecke im Brohltal führt von Brohl nach Engeln und zurück. An der Endstation werden in der Mittagspause eine geführte Wanderung durch das vielleicht sogar verschneite Brohltal oder zum Rodder Maar angeboten.

Hunger & Durst
Während der Fahrt werden Siedewürstchen, Kakao, Tee und Glühwein zu annehmbaren Preisen am Platz serviert.

Töpferei Serocka

Zum Hochkelberg 34, 53539 Kelberg-Köttelbach. ✆ 02692/8865, Fax 931101. www.toepferei-serocka.de. toepferei-serocka@t-online.de. **Anfahrt:** Von der Ampelkreuzung in Kelberg auf die B410 Richtung Mayen, nach 100 m rechts nach Köttelbach. **Zeiten:** Mo – Fr 9 – 12.30, 13.30 – 18, Sa 9 – 13 Uhr.

▶ In einem ehemaligen Bauernhof dürft ihr bei der Arbeit an der Töpferscheibe zuschauen. Denn es sind ganz schön viele verschiedene Ar-

beitsschritte und Handgriffe nötig, bis aus einem unscheinbaren Klumpen Ton ein fertiges Gefäß geworden ist.
Tipp: An zwei Ereignissen ist hier besonders viel los: **Kunsthandwerkermarkt** am 1. Wochenende im August Fr 15 – 22 Uhr, Sa, So 10 – 18 Uhr, **Adventsausstellung** am 1. Adventwochenende Sa, So 10 – 18 Uhr.

Historische Wassermühle Birgel

EURO-Mühlen-Center, Bahnhofsstraße 16, 54587 Birgel. ✆ 06597/9282-114, Fax 9282-149. www.moulin.de. info@moulin.de. **Anfahrt:** Vom Bhf Jünkerath werden Übernachtungsgäste kostenlos abgeholt. An der B421 zwischen Stadtkyll und Hillesheim. **Zeiten:** Ostern – Oktober täglich 12 – 17 Uhr, Führung täglich 15 Uhr. **Preise:** 6 €; Kinder 3 €. **Infos:** Brotbacken nach Terminvereinbarung 3 €, Gruppenpreise nur auf Anfrage.

Hunger & Durst

Moulin: Restaurant mit französischer Küche.
Sägewerk: Erlebnisgastronomie mit den Thementagen Wurstmontag, Nudeldienstag, Pizzamittwoch, Kartoffeldonnerstag, Fischfreitag und Suppensamstag.

▶ Vier Mühlen in einem und noch einige Extragebäude: Getreidemühle, Senfmühle, Sägemühle, Ölmühle, Backhaus, Festsaal und Restaurant. In der 4-stöckigen **Getreidemühle** könnt ihr alle Arbeitsgänge des traditionellen Kornmahlens beobachten. Weitere spannende Besichtigungen erwarten euch in der alten **Senfmühle** und im **Backhaus.** Hier darf man nach telefonischer Voranmeldung selbst Brotteig kneten und Brot backen. Ferner gibt es ein von einem Mühlrad getriebenes **Sägewerk** zu bestaunen, in dem demonstriert wird, wie zu Urgroßvaters Zeit Holz bearbeitet wurde. In einer **Destille** werden Eifler Schlehenbrand und andere Schnäpse gebrannt. Zum Schluss könnt ihr im *Café* der Birgelmühle oder im Edel-Restaurant *Moulin* einkehren, wo ihr auch das hauseigene frische Mühlsteinbrot und die über 10 Sorten Senf aus der alten

Senfmühle bekommt. In vier Fachwerkhäusern des Mühlenkomplexes kann man übernachten.

Basaltfelsenkeller unter dem Vulkan-Brauhaus

Vulkan-Brauhaus GmbH, Petra Pickel, Laacher-See-Straße 2, 56743 Mendig. ✆ 02652/520330, Fax 520391. www.vulkan-brauhaus.de. info@vulkan-brauhaus.de. **Anfahrt:** A61 Ausfahrt 34. **Zeiten:** Sa, So 16 Uhr. **Preise:** 2,60 €; Kinder unter 16 Jahre 1,30 €. **Infos:** Führungstermine für Gruppen ab 15 Personen nach Vereinbarung.

▶ Über 153 Stufen geht es zum (angeblich) tiefsten Lager- und Gärkeller der Welt in 30 m Tiefe. Knapp eine Stunde lang erfährt man viel Interessantes über Bier und Vulkane. Der »Felsenkeller« zeigt den Aufbau eines Lavastromes und stellt ein kultur- und technikgeschichtliches Denkmal dar.
Das einzige noch betriebsfähige Kühllager befindet sich hier unterhalb der Vulkan-Brauerei.

Beim Ausbruch des Laacher-See-Vulkans vor ca. 13.000 Jahren ist ein großflächiger ***Basaltlavastrom*** *ausgeflossen. Der in mächtigen Säulen erstarrte Basalt wurde seit dem Mittelalter Untertage abgebaut. Bis in das 19. Jahrhundert diente der Lavastrom überwiegend der Mühlsteingewinnung. Seit dieser Zeit wurden die Basaltgewölbe von den bis zu 28 in Mendig ansässigen Brauereien als Kühl- und Lagerhallen genutzt.*

Burgen & Museen

Die Nürburg

Burgverwaltung, 53520 Nürburg. ✆ 02691/2704, Fax 931459. www.burgen-rlp.de/burgen/11_nuerbu/main_b11.htm. **Anfahrt:** Ab B258 ausgeschildert. **Zeiten:** April – Sept 9 – 17.30, Okt – Nov und Januar – März 9 – 16.30 Uhr, im Dezember und am ersten Werktag der Woche geschlossen. **Preise:** 2 €, Gruppen von mindestens 20 Personen 1,50 € pro Kopf; Kinder und Jugendliche 0,75, Gruppen von mindestens 20 Personen 0,50 € pro Kopf.

▶ Die Burg auf dem 678 m hohen Nürberg war einst die mächtigste Burg in der ganzen Osteifel.

Hunger & Durst

Am Parkplatz, von dem der Weg zur Nürburg hinaufführt, gibt es zwei stark besuchte Restaurants, die auch von Ausflugsbussen angefahren werden.

Sie wurde 1690 von den Truppen des französischen »Sonnenkönigs«, Ludwig XIV., zerstört. Heute ist sie zum Teil wiederhergestellt: so die Festungsmauer mit einem halben Dutzend Türmen, das wuchtige Doppeltor und der hohe Bergfried mit seinen 2,75 m dicken Wänden. Es lohnt sich Letzteren zu besteigen, weil sich von da oben ein weiter Rundblick bietet.

Burg Eltz bei Münstermaifeld

Gräflich Eltz'sche Kastellanei, Burg Eltz, 56294 Münstermaifeld. ✆ 02672/950500, Fax 9505050. www.burg-eltz.de. kastellanei@burg-eltz.de. **Anfahrt:** Von den Bhf Moselkern, Müden und Karden führen Wanderwege zur Burg Eltz hinauf. Mit 5 km am kürzesten und leichtestens ist die Route von Moselkern – 1,5 Stunden hin, 1 Stunde zurück. B416 von Koblenz 33 km Richtung Trier. **Zeiten:** April – Nov täglich 9.30 – 17.30 Uhr, Führungen alle 10 – 15 Minuten, Dauer 40 Minuten. **Preise:** 6 €, in Gruppen ab 20 Personen 5 €, Schatzkammer 2,50 € extra; Schüler, Studenten, Behinderte 4,50 €, Schulklassen 4 €, Schatzkammer 1,50 € extra; Familienkarte für 2 Erwachsene und deren Kinder 18 €.

Hunger & Durst

In der Vorburg sind zwei Selbstbedienungsrestaurants mit einfachen Gerichten und Snacks.

▶ Diese mittelalterliche Burg auf steilem Schieferfels über dem engen und dicht bewaldeten Elzbachtal besteht aus einer verwirrenden und faszinierenden Vielfalt von malerischen Türmen und Türmchen, Steildächern, Erkern und Zinnen. So sieht nur ein Märchenschloss aus.

Die Burg Eltz ist auf jeden Fall vor 1157 entstanden. Im Gegensatz zu vielen anderen Festungen und Schlössern der Region wurde sie 1686 – 89 nicht von den französischen Truppen zerstört. Schäden entstanden allerdings durch einen Brand im Jahre 1920, die jedoch schnell behoben wurden.

Bei der Führung durch die Burg könnt ihr die adlige Wohnwelt aus mehreren Jahrhunderten, eine Schatzkammer und vieles andere kennen lernen. Die Kastellanei bietet auch spezielle Führungen für Kindergruppen an.

Burg Olbrück

Niederzissen-Hain. www.olbrueck.de. dthelen@gmx.de. **Anfahrt:** A61 die L111 in Richtung Nürburgring, in Oberzissen 2. Straße links, am Ende der sehr kurzen Straße mit Kopfsteinpflaster rechts nach Hain.

Packtipp: Die Aussicht vom Burgfried lohnt sich: Bei gutem Wetter kann man den Kölner Dom sehen. Wer eins hat, sollte sein Fernglas einpacken.

▶ Schon die alten Römer nutzten nach Ansicht der Burgherren von Olbrück den 440 m hohen erloschenen Vulkan als Wachturm. Die heutige Burg Olbrück wurde vermutlich im 11. Jahrhundert von einem der Grafen von Wied erbaut. In den Stiftungsurkunden des Klosters Maria Laach von 1093 und 1112 taucht als Zeuge ein *Burkhard von Olbrück* (Burgardus von Oreburch) auf. Jener Burkhard ist vermutlich der Erbauer der Burg. Danach wurde die Burg etliche Male zerstört und wieder aufgebaut. Im Jahr 2000 wurde sie schließlich renoviert und ist nun komplett begehbar.

Jeden 1. Sonntag der Monate Mai – Oktober findet um 13 Uhr eine **Burgführung** statt. Außerdem stehen immer wieder Mittelaltermärkte, Grillabende und Sommerfeste auf dem Programm.

Schloss Bürresheim

Schlossverwaltung, 56727 Mayen-Bürresheim. ✆ 02651/76440, Fax 902410. **Anfahrt:** Vom Bhf Mayen 4 km zu Fuß oder per Rad. **Zeiten:** 1. April – 30. Sept außer 1. Werktag der Woche täglich 9 – 18 Uhr, Okt, Nov und Januar – März (außer 1. Werktag der Woche) täglich 9 – 17 Uhr, Führungen nehmen auf Kinder

Rücksicht. **Preise:** 2,60 €; Kinder 1 €; Gruppen ab 20 Personen 2,10 €.

▶ Das sprichwörtliche Märchenschloss, uralt, nie erobert, nie zerstört, einsam, in schöner Landschaft, rundum Bach, Wiesen, bewaldete Hügel. Malerisch die Außenarchitektur, die sich vom 12. bis 17. Jahrhundert ergab, zauberhaft der Burghof mit buntem Fachwerk. Eine Besichtigung ist nur mit Führung möglich.
Es ist möglich auf einer markierten Strecke die 4 km von Mayen Richtung Nordwesten zum Schloss Bürresheim zu wandern. Dafür braucht ihr ca. 1 Stunde.

Hunger & Durst

Restaurant Hammermühle, ✆ 02651/ 76464, 200 m vom Schloss entfernt, Mo, Di Ruhetag.

Burg Pyrmont

Roes. ✆ 02672/2345, Fax 8811. www.burg-pyrmont.de. info@burg-pyrmont.de. **Anfahrt:** Buslinie Treis-Karden – Roes 2 x täglich. 6 östlich der A48 Ausfahrt 5 Kaifenheim. **Zeiten:** 1.5. – 1.11. Mi – So 11 – 16.30 Uhr, für angemeldete Gruppen ganzjährig. **Preise:** 4 €; Kinder und Jugendliche 2 €; Gruppen ab 20 Personen 3 € pro Kopf, Familien (zwei Eltern und ihre Kinder) 10 €.

▶ Hoch über dem Elzbach ist die mehr als 800 Jahre alte, gut erhaltene Burg gelegen, ca. 1 km südöstlich von Roes. Es werden Führungen angeboten, die durch eine Ton-Dia-Show eingeleitet werden. Vom 25 m hohen Bergfried besteht ein weiter Blick, der bis zum Hunsrück hinüberreicht. Alljährlich zu Pfingsten wird auf der Burg gefeiert, dann laden Ritter, Gaukler und Musikanten zu einer bunten Show ein.
Es lohnt sich von der Burg ins Elztal hinabzusteigen und den in der Nähe der Pyrmonter Mühle gelegenen kleinen wilden Wasserfall zu entdecken.

Hunger & Durst

Die **Gasterey**, das Restaurant auf der Burg, ist vom 1.4. bis 1.11. 10 – 21 Uhr geöffnet. Dort kann man zu bestimmten Terminen (immer im Internet zu finden) auch mittelalterlich speisen und feiern, z.B. Ostern, Walpurgisnacht, Maimenü, Hoftage, Ritterlager, Hubertusmesse und Halloween.

Bauernhaus-Museum

Stadt Adenau, Schulstraße, 53518 Adenau.
✆ 02691/501, 2136, www.stadt-adenau.de/Kultur/bauernhaus.htm. **Zeiten:** April – Oktober Sa, So und Fei 10 – 12 Uhr. **Preise:** Eintritt frei. **Infos:** Führungen nach telefonischer Vereinbarung.

▶ Alle Räume des Hauses sind liebevoll mit Gegenständen aus alten Zeiten eingerichtet. In der **Küche** steht allerlei Gerät, mit dem unsere Urgroßmütter hantierten. Der Küchenraum diente aber auch als Aufenthaltsraum, denn die gute Stube nebenan wurde nur an Sonn- und Festtagen oder für Familienfeiern benutzt. Neben der Wohnküche gibt es im Untergeschoss noch die Milchküche mit der Pumpe, die das einzige fließende Wasser im Hause lieferte. Hier wurde gebuttert, Käse hergestellt und Wurst gekocht, aber auch gewaschen und gespült.

Das vorbildlich restaurierte Fachwerkgebäude mit angebautem Stall befindet sich in der Schulstraße. Weil hier aber früher die Schweine auf dem Weg zum Vehmaat (Viehmarkt) durchgetrieben wurden, nennt man diese Straße im Volksmund »Säujass«.

Eine Stiege führt ins **Obergeschoss**. Zahlreiche Fotos am Treppenaufgang erzählen von den Menschen aus dem Viertel. Ein besonderes Original war der »Bläkefritz«, ein Kesselflicker, über den reichlich Anekdoten erzählt werden.
Durch das Kinderzimmer gelangt ihr ins Elternschlafzimmer. Alles ist authentisch eingerichtet: Weder der Nachttopf unter dem Bett noch die Pantoffeln daneben fehlen. Auch die Aussteuer im Kleiderschrank ist komplett. Nebenan befindet sich das Webzimmer mit einem funktionsfähigen Webstuhl. Zahlreiche Gegenstände und Schaustücke erzählen von der Zeit, als die Tuchherstellung in Adenau ein wichtiger Wirtschaftsfaktor war.
Im **Dachgeschoss** erfahrt ihr vieles über die Ernte der Eifelbauern. Zahlreiche Geräte und verschiedene Fruchtsorten geben Aufschluss über die frühere Landwirtschaft der Eifel.

Heimat- und Zunftmuseum

Stadt Adenau, Am Kirchplatz, 53518 Adenau. ✆ 02691/501, 2136, www.stadt-adenau.de/Kultur/bauernhaus.htm. **Zeiten:** April – Oktober Sa, So und Fei 10 – 12 Uhr. **Preise:** Eintritt frei. **Infos:** Führungen nach Vereinbarung unter ✆ 02691/2613 oder einer der Nummern oben.

▶ Im Haus des letzten Nagelschmiedes von Adenau kann man viel über alte Berufe erfahren, die es heute nicht mehr gibt. Selbst eure Eltern werden einen Nagelschmied, einen Stellmacher, einen Schuhmacher, einen Sattler, einen Seilmacher, einen Gerber oder einen Schmied eher aus Erzählungen Museum kennen.
Zum Museum gehört auch eine Ausstellung über den Johanniter- und Malteserorden.

@ Viele weitere Informationen zu den Vulkanen in der Osteifel findet ihr auf www.vulkanpark.com

In der Broschüre »Römerbergwerk Meurin« ist speziell für Kinder erklärt, wie die Römer den Tuffstein abbauten. Erhältlich im Römerbergwerk und über die Homepage.

Römerbergwerk Meurin

Kretz. ✆ 0180/885526 (Ortstarif), info@vulkanpark.de **Anfahrt:** A 61 Ausfahrt Kruft, auf der B 256 Richtung Kretz den Schildern »Route blau« folgen, bis das Römerbergwerk ausgeschildert ist. **Zeiten:** April – Okt Di – Fr 9 – 17 Uhr, Sa, So, Fei 11 – 18 Uhr, Nov – März nur für Gruppen nach Voranmeldung. **Preise:** Eintritt frei.

▶ Hier haben schon die alten Römer Tuffstein abgebaut. Vor 2000 Jahren haben römische Arbeiter Gänge und Höhlen in die Berge gehauen und den weißen Tuffstein als Baumaterial genutzt. Eine moderne Hallenkonstruktion schützt heute das Tuffbergwerk mit seinen Abbaukammern, Schächten und Treppen. Große Leuchtbilder und Computerbildschirme erklären euch, wie die Römer damals unterirdisch arbeiteten und dabei z.B. die *Keiltaschenspaltung* erfanden. Das ist eine ganz spezielle Methode, mit der man türgroße Gesteinsbrocken herausbrechen konnte. Dazu wurden in den Fels an drei Seiten 40 cm tiefen Schlote und auf der vierten Seite mit dem Beil Löcher in den Stein geschlagen. Wenn man nun in diese Löcher, die Keiltaschen, gleichmäßig dicke Eisenkeile einschlug, brach der Stein nicht nur an dieser Seite, sondern auch an der Rückseite heraus.

Naturkundemuseum Maria Laach

Familie Ullenbruch, 56653 Maria Laach-Bell.
✆ 02652/4785, Fax 4857. www.naturkundemuseum-maria-laach.de. Sabine.Fraenzel@faunaflora.de.
Anfahrt: 3 km von der A61 Koblenz – Bonn, Abfahrt 34 Mendig Richtung Bad Breisig. **Zeiten:** März – Okt täglich 9.30 – 18 Uhr, Nov – Januar täglich 9.30 – 17 Uhr. **Preise:** 3,50 €, Gruppen ab 10 Personen 3 €, ab 20 Personen 2,50 €; Kinder 5 – 16 Jahre 2,50 €, Gruppen ab 10 Personen 2 €, ab 20 Personen 1,50 €; Familienkarte für 2 Erwachsene mit 1 Kind 8,50 €, jedes weitere Kind 1,50 €. **Infos:** In diesem Museum könnt ihr Kindergeburtstag feiern oder abenteuerliche Schlangenführungen vorbuchen.

▶ Auf über 1000 qm Ausstellungsfläche kann man sich mit Zoologie und Geologie befassen. Ein Schwerpunkt des Museums ist die Sammlung zur regionalen Tierwelt mit über 400 präparierten Tieren. In einer umfangreichen Ausstellung sind Steine und Mineralien zu bewundern, in der natürlich auch alle Vulkangesteine des Laacher-See-Raumes gut vertreten sind. In jüngster Zeit ist eine kleine Abteilung mit lebenden Schlangen und Echsen angefügt worden.
Für Schulklassen gibt es Ratespiele. Ferner steht ein kleiner Schulungsraum mit Projektionsmöglichkeiten bereit.

Es lohnt ein Besuch im nahe gelegenen **Kloster Maria Laach:** Einmal um die eindrucksvolle romanische Basilika zu besichtigen, zum Anderen aber auch, weil sich das preiswerte Restaurant zur Rast anbietet. Interessant sind auch der klösterliche Kräutergarten und die gut sortierte Buchhandlung.

Hunger & Durst

In der **Cafeteria** des Naturkundemuseums gibt es heiße und kalte Getränke, Süßigkeiten und Snacks.

Eifeler Landschaftsmuseum Mayen

Genovevaburg, 56727 Mayen. ✆ 02651/88558, 02651/88561, Fax 88299. **Anfahrt:** Bhf Mayen-West. A48 Abafhrt 6 Mayen, B262 ins Zentrum. **Zeiten:** Di – Fr 10 – 12.30, 14 – 17, Sa, So, Fei 11 – 17 Uhr, Winterpause Dez – Februar. **Preise:** 3 €; Kinder 1 €; Familienkarte 7,50 €.

▶ Das Museum ist in Teilen der Genovevaburg untergebracht, die man bei dieser Gelegenheit auch ein wenig kennen lernt. Es besitzt umfangreiche archäologisch-historische und volkskundliche Sammlungen (Eifeler Arbeitswelt und Kultur vergangener Jahrhunderte). Ferner gibt es eine geologische und bergbaugeschichtliche Abteilung, in der der hier so bedeutsame Basaltlava-Abbau und der Dachschieferbergbau breiten Raum einnehmen.
Kinder interessiert wohl die Lebensweise der Kelten, aber kaum Eifeler Landschaftsmalerei. Die Eifeler Wohnkultur des 18. oder 19. Jahrhunderts mit den damals üblichen Wohnstuben, mit großer Wohnküche und winzigen Schlafzimmern ist zumindest »erklärungsbedürftig«.

Deutsches Vulkanmuseum und Museumslay Mendig

Vulkanpark, Brauerstraße 5, 56743 Mendig-Niedermendig. ✆ 02652/4242, Fax 3482. Handy 0175/5821187. www.vulkane.de. vg@mendig.de. **Anfahrt:** Bahn Andernach – Mendig, dann 20 Minuten zu Fuß. A1 Ausfahrt 34. **Zeiten:** Führungstermine auf der Homepage und nach telefonischer Vereinbarung. **Preise:** 4 €; Kinder bis 16 Jahre 2,50 €.

▶ Das Deutsche Vulkanmuseum ist sozusagen standesgemäß in einem massiven Basaltgebäude zu Hause. Es bietet eine umfangreiche Ausstellung von Mineralien. Ein Kurzvortrag vermittelt einen groben Überblick über den Vulkanismus im Laacher-See-Gebiet. Im Anschluss an den Museumsbesuch geht es unter Führung auf 150 Stufen in einen stillgelegten Stollen unter das Museum, in dem die bekannten Mendiger Mühlsteinlava abgebaut wurde. Schließlich sollte noch ein Gang zur nahe gelegenen Museumslay (Ostende der Brauerstraße) folgen, ein Freigelände, auf dem eine Grubenbahn, ein Drehkran, Werkzeuge zur Steinspaltung, Mühlsteine, eine Steinmetzhütte und eine Steinsäge ausgestellt sind.

Tipp: Nehmt euch ausreichend Zeit: Fürs Vulkanmuseum 60 Minuten, für den Lavakeller 60 Minuten und fürs Museumslay 30 Minuten.

*Ein **Mühlstein aus Mendig** ist weit gereist und berühmt: 1851 wurde er erstmals auf der Weltausstellung in London gezeigt, danach war er 1855, 1862 und 2000 bei weiteren Weltausstellungen zu sehen. Er ist weltweit das einzige Ausstellungsstück, das schon vier Mal auf einer Weltausstellung zu bestaunen war.*

Tuffsteinzentrum Weibern

Kempenich-Weibern. ✆ 02636/19433. **Anfahrt:** A61 Ausfahrt 33 Wehr, 10 km auf der B412 nach Westen. **Zeiten:** Gelände frei zugänglich, Museum Mai – Oktober Sa 11.30 – 14.30. **Preise:** 1 €; Kinder bis 7 Jahre frei, 8 – 16 Jahre 50 Cent.

▶ Im so genannten Steinmetzbahnhof ist ein kleines Steinmetzmuseum untergebracht, in dem alle wichtigen Gesteine der Eifel zu sehen sind und einiges über die Arbeit im Steinbruch in alten Zeiten zu erfahren ist. Nicht weit entfernt steht ein schön restaurierter, alter Steinbruchkran. Dieser Kran wurde früher zur Gewinnung des Tuffsteins eingesetzt. Im Steinsägehaus ist eine kleine funktionsfähige Steinsäge zu sehen. Auf der Museumsinsel sind große Tuffsteine, eine Steinsäge und ein Derickskran zu sehen.

BÜHNE, LEINWAND & AKTIONEN

Marionettentheater Münstermaifeld

Obertorstraße 42, 56294 Münstermaifeld. ✆ 02605/4725, Fax 4123. **Anfahrt:** Bus 8000 von den Mosel-Bhf Kobern-Gondorf und Löf, Bus 6037 von Polch und Hatzenport/Mosel. B416 bis Hatzenport, dort die Bachstraße Richtung Münstermaifeld. **Zeiten:** Aufführungen So, Do 15 Uhr, Gruppen auch nach Vereinbarung; Verkaufsraum täglich 9 – 18.30 Uhr.
Preise: 6 €; Kinder 5 €.

▶ Das kleine Marionettentheater befindet sich in einem Bauernhof. Die Organisatoren schnitzen und bemalen ihre Puppen selbst. Und sie nähen ihnen auch die Kostümchen. Man kann Puppen erwerben und sogar den Puppenbau und das Puppenspiel erlernen.
Jährlich kommt eine neue Produktion hinzu, das Programm ist mittlerweile auf fast 20 Stücke angewachsen.

Manfred Künster hat die Schauspielschule von Ingmar Lindh in Pontremoli (Italien) besucht. Er macht seit über 20 Jahren Theater. Sein Figurentheater arbeitet mit professionellen Regisseuren, Bühnenbildnern, Musikern und Figurenbauern.

Figurentheater Mayen

Manfred Künster, Am Marktplatz, 56727 Mayen.
✆ 02654/960499 (privat), Fax 960499. Handy 0170/6529390. www.figurenspielerei.de . figurenspielerei@kuenster.de. **Anfahrt:** Mayen ist Bahnstation an der Strecke Andernach – Kaisersesch. **Preise:** 4 €; Kinder 3 €; Ermäßigung für Gruppen ab 10 Personen.

▶ Hauptzielgruppe des seit September 2000 bestehenden Figurentheaters sind Kinder und Jugendliche, Erwachsene werden jedoch »geduldet«. Auf dem Spielplan standen zuletzt: Das tapfere Schneiderlein (ab 4 Jahre), Du groß, ich klein (ab 3 Jahre), Du Narr – Fabeln (ab 10 Jahre), Die Bremer Stadtmusikanten (ab 4 Jahre).

Burgfestspiele Mayen

Städtisches Verkehrsamt, Altes Rathaus, 56727 Mayen. ✆ 02651/903004, Fax 903009. www.mayen.de.

touristinfo@Mayen.de. **Preise:** Erwachsene und Kinder Märchen 5 €, Jugendtheater 7,50 €.

▶ Von Ende Juni bis Mitte August werden auf der Freilichtbühne im mittelalterlichen Ambiente der **Genovevaburg** die Mayener Burgfestspiele veranstaltet – das alljährliche Topperereignis in der Kulturlandschaft der Osteifel. In der Regel wird für Kinder zumindest ein Märchen aufgeführt. Ferner ist mit einem Theaterstück für ältere Kinder und Jugendliche zu rechnen.

Tipp: Während der Festspielzeit bietet der Kinderschutzbund Mayen, ✆ 02651/6002, einen Babysitterservice an.

Märkte & Feste

Kunsthandwerkermarkt in Kelberg-Köttelbach

Tourist-Information, 53539 Kelberg. ✆ 02692/87218, Fax 89239. www.vgv-kelberg.de. touristinfo.kelberg@t-online.de. **Termin:** 1. Augustwochenende.

▶ Am 1. Augustwochenende findet in Kelberg-Köttelbach seit fast 20 Jahren ein zünftiger Kunsthandwerkermarkt statt. Ort der Handlung ist das Anwesen der Töpferei *Serocka*, die sich dann in Werkstatt und Markt verwandelt. Feilgeboten werden: schöne Textilien, Gewebtes und Patchwork-Decken, Seidenmalerei und Batiken, Ledertaschen, Marionetten, Holzspielzeug, Kerzen, Papier, Töpferwaren und Keramiken, mundgeblasene Gläser, Tiffany-Lampen und Bleiverglasungen, Gold- und Silberschmiedekunst, Emailleschmuck, Malereien, Skulpturen und Gedrechseltes sowie Instrumente. Zuschauen kann man beim Buchbinder, Wollspinnen und Filzen sowie den Jongleuren, Gauklern und Feuerspuckern. Für den Ohrenschmaus sorgen Märchenerzähler und Musiker. In Workshops kann man vieles selbst ausprobieren.

Festkalender Hohe Eifel

Mai:	2. Wochenende: Kaisersesch, Pankratiuskirmes
	3. Wochenende: Landkern, Servatiuskirmes
Juni:	1. Wochenende: Düngenheim, Kirmes
	4. Wochenende: Hillesheim, Jahrmarkt und Kirmes
September:	2. Wochenende: Mayen, Stein- und Burgfest, Handwerker- und Bauernmarkt

Weitere Weihnachtsmärkte

1. Advent:	Sa, So: Reifferscheid
2. Advent:	Sa: Kelberg

Karneval

Weiberfastnacht (Do):	Bell, Karnevalsumzug
Karnevalssamstag:	Adenau, Rathauserstürmung
	Reifferscheid, Nelkensamstagsumzug
	Hambuch, Karnevalsumzug
	Mayen, Kinderzug
	Oberzissen, Karnevalsumzug
Karnevalssonntag:	Adenau, Karnevalszug
	Kelberg, Karnevalsumzug
	Burgbrohl, Karnevalsumzug
Rosenmontag:	Retterath, Rosenmontagszug
	Bell, traditionelle »Verhaftung« durch die Stadtsoldaten
	Barweiler, Rosenmontagszug
	Müllenbach, Rosenmontagszug
	Antweiler, Rosenmontagszug
	Nohn, Rosenmontagszug
	Weibern, Rosenmontagszug
	Mayen, Rosenmontagszug

Ostermarkt in Niederzissen

Otmar Dedenbach, 56651 Niederzissen. ✆ 02636/7774. **Termine:** Ostereier-Ausstellung am Palmsonntag 10 – 18 Uhr, Ostermarkt am Ostersonntag.

▶ Eine Woche vor Ostern zeigen Künstler von nah und fern Ostereier aus den unterschiedlichsten Materialien und hübsche Hühnereier mit traditionellen und modernen Verziertechniken. Auf dem Ostermarkt geht es für die Kleinen auf einem Karussell so richtig rund. Außerdem gibt es kulinarische Osterspezialitäten zu genießen und österliche Geschenkartikel zu kaufen.

Lukasmarkt Mayen

Städtisches Verkehrsamt, Altes Rathaus, 56727 Mayen. ✆ 02651/903004, Fax 900009. www.mayen.de. touristinfo@mayen.de. **Anfahrt:** Mayen ist Bahnstation an der Strecke Andernach – Kaisersesch. **Termin:** Mitte Oktober.

▶ In der Woche um den Lukastag (18.10.) wird in der Mayener Innenstadt ein großes Fest gefeiert, das jährlich 300.000 Besucher und Besucherinnen anzieht. Anfangs (seit 1405) war das hauptsächlich ein Vieh- und Krammarkt, heute wird die Szene total von dem **Vergnügungspark** auf dem Marktplatz am Fuß der Genovevaburg bestimmt, seinen Karussells, dem Riesenrad, den zahlreichen Fressbuden und den vielen, vielen anderen Aktivitäten.

Ganz originell ist der **Pferdemarkt** am Dienstag, wo alles zu sehen ist, was zur Pferdewelt gehört: klassische Spring- und Dressurpferde, Westernpferde, Gespanne, Postkutschen etc. Dazu gibt es Pferdesport und einen Pferdemarkt. Auch interessant ist der **Schafmarkt** mit Vorführungen am Mittwoch – der einzige Schafmarkt in Rheinland-Pfalz.

Weihnachtsmarkt Adenau

Termin: 2. Advent, Sa und So ab 10 Uhr.

▶ Auf dem Kirchplatz stehen schöne Buden mit originellen Angeboten lokaler Handwerker. Auf der Bühne spielen einheimische Musikanten traditionelle und moderne Musik.

Nikolausfahrt mit dem Vulkan-Express

Vulkan-Express, Kapellenstraße 12, 56651 Niederzissen. ✆ 02636/80303, Fax 80146. www.vulkan-express.de. buero@vulkan-express.de. **Zeiten:** 1. – 4. Advent Sa, So 10, 13, 15.45 Uhr. **Preise:** 10 €; Kinder bis 11 Jahre incl. Nikolaustüte 8,50 €. **Infos:** ↗ Vulkan-Express.

▶ Die Fahrt auf der über 100 Jahre alten Schmalspurstrecke im Brohltal führt von Brohl nach Oberzissen und zurück. Am zweiten Halt steigt der Nikolaus zu und beschenkt die Kinder im Zug. Da werden oft so spontan Gedichte vorgetragen und Lieder gesungen, dass Papa gar nicht rechtzeitig die Kamera ausgepackt hat. In Oberzissen gibt es reichlich Gelegenheit, die Dampflok zu bestaunen und mit der Lokführerin oder dem Lokführer zu fachsimpeln.

Weihnachtsmarkt Mayen

Zeiten: Drei Wochen bis zum Tag vor Heilig Abend täglich 11 – 19 Uhr.

▶ Auf dem Marktplatz und in der Fußgängerzone, an den Wochenenden musikalisches Beiprogramm. Kinder können mit einer vom Weihnachtsmann höchstpersönlich gesteuerten Kutsche durch die Innenstadt fahren.

RUND UM DIE AHR

Wetterstation
"Martinshöhe"
Stein..............nass..............Regen
Stein..............weiß.............Schnee
Stein..........bewegt sich.........Sturm
Stein...........unsichtbar.........Nebel
Stein.............trocken...........Sonne
Stein.....runter gefallen.....Erdbeben

Auch wenn es viele Erwachsene nicht gerne hören: Die Ahr hat mehr zu bieten als Rotwein! Zugegeben, es ist schon interessant, dass so weit im Norden Wein angebaut wird und noch dazu ein guter Roter. Doch kein Grund, Tag um Tag still vor seinem Wasserglas sitzen und den Großen beim Weinprobieren zusehen zu müssen.

Irgendwie scheinen die *Rheinland-Pfälzer* mehr aus ihrem Teil der Ahr gemacht zu haben. Jeder kennt Altenahr, Bad Neuenahr und Ahrweiler und denkt sofort an Rotwein und Kegelclubausflüge. Doch dass die Ahr im *nordrhein-westfälischen* **Blankenheim** entspringt und bis Altenahr schon einen Großteil ihres Flusslaufes hinter sich gelassen hat, ist kaum bekannt. Entsprechend angenehm ruhig ist es hier fern des Touristenrummels. Gerade im – den Weinliebhabern unbekannteren – Oberlauf der Ahr geht es lustig zu: Die Ahrquelle in Blankenheim muss erst einmal in einem Hinterhof gefunden werden. In Blankenheim kann man besonders zünftig rheinischen Karneval feiern, schwimmen, wandern, und in einer Jugendherberge wohnen, die einmal eine Ritterburg war. Nur wenige Kilometer weiter, in **Schuld,** werden auf einer Freilichtbühne tolle Kindertheaterstücke aufgeführt. In **Altenahr** könnt ihr Sommerrodelbahn und Sesselbahn ausprobieren und in einer Naturschutz-Jugendherberge schlafen.

Auch in dem Doppelort **Bad Neuenahr-Ahrweiler** lässt es sich als Kind gut leben. Es gibt einige Schwimmbäder und interessante Museen, eine uralte Römervilla und gut ausgebaute Wanderwege, die zwar alle irgendwann auf den berühmten Rotweinwanderweg führen, aber trotzdem Naturerleben garantieren. Und in den drei Städten **Remagen, Sinzig** und **Bad Breisig,**

ZWEI BUNDESLÄNDER, EINE REGION

Zwischen den Bewohnern von Ahrweiler und Bad Neuenahr besteht eine uralte Hass-Liebe. Zum Beispiel sagen die Ahrweiler, dass die Urlauber hier freiwillig hinkommen, weil es hier Wein gibt. In Bad Neuenahr gebe es nur Mineralwasser, da müsse man die Menschen zur Kur hinzwingen. Dem halten die Neuenahrer entgegen, Ahrweiler lasse sich nur im Suff ertragen.

Ganz schön schlau, die Ahrtaler: Ihre Wetterstation gibt immer zuverlässig Auskunft!

dort wo die Ahr in den Rhein mündet, gibt es interessante Museen und einen Märchenpark.

TIPPS FÜR WASSERRATTEN

Frei- & Hallenbäder

Twin Bad Neuenahr-Ahrweiler

Am Gartenschwimmbad, 53474 Bad Neuenahr-Ahrweiler. ✆ 02641/24133, www.ahrtal.de/twinbadneuenahr.htm. **Anfahrt:** Bus 850 und 851. Am Kaiser-Wilhelm-Park im Osten der Stadt. **Zeiten:** Mo (nur Freibad), Di, Do, Fr 9 – 21 Uhr, Mi 10 – 22 Uhr, Sa, So, Fei 9 – 19 Uhr. **Preise:** 4,50 €, Abendtarif und Senioren ab 60 Jahre 3,50 €; Kinder 2,50 €, Familienkarte 2+2 11 €; Mehrfelderkarten sind preiswerter, mit Sauna wird es teurer.

▶ Kombiniertes Hallen- und Freibad, etwas für alle Wetterlagen, drinnen wie draußen Schwimmer-, Nichtschwimmer- und Plantschbecken. Ein besonderes Erlebnis für Kinder ist die 73 m lange Rutsche. Viele Möglichkeiten für Aktivitäten bieten der Kinderspielplatz und die ausgedehnte Liegewiese. Ansonsten: Wasserpilz, Massagedüsen, Strömungskanal. Temperaturen zwischen 25 und 35 Grad.

Hunger & Durst

Im Twin gibt es eine Cafeteria und ein Restaurant.

Römer-Thermen

Kurbetriebe der Stadt Bad Breisig, Albert-Mertés-Straße 11, 53498 Bad Breisig. ✆ 02633/480710, www.bad-breisig.de. **Zeiten:** Mo 9 – 15 Uhr, Di – Fr 9 – 22 Uhr, Sa, So, Fei 9 – 20 Uhr. **Preise:** 7 €; Kinder bis 6 Jahre frei, 7 – 17 Jahre 3,30 €; Ermäßigungen für Kurgäste, Einheimische, Zehnerkarten und 2 Stunden vor Schließung.

▶ Das Thermalwasser des *Geiersprudels* lässt sich in einem Hallenbad (31 Grad) mit Gegenströmungskanal, Bodensprudler und Kneipp-

Tretbecken, einer braunen Grotte (38 Grad), zwei Außenbecken (32 und 28 Grad) und einem Kinderbecken (34 Grad) genießen. Außerdem: Sauna, Café, Fitnessbereich.
Das Thermalwasser kann den Kreislauf belasten, deshalb nie länger als 30 Minuten (kleine Kinder kürzer) im Wasser bleiben. Dies ist kein Spaßbad, es muss Rücksicht auf Kurgäste genommen werden!

*Der **Geiersprudel** wurde 1914 in einer Tiefe von 605 m erbohrt. Seither sprudelt das braune, eisenhaltige Thermalwasser mit etwa 70.000 Litern pro Stunde und 31 °C aus der Erde. Um klares, ungefährliches Wasser zum Trinken und Baden herzustellen, muss dem Wasser in einem aufwändigen Verfahren Eisen und Arsen entzogen werden.*

Freizeitbad Remagen

Goethestraße, 53524 Remagen. ✆ 02642/21601. **Anfahrt:** Remagen-Süd, Gewerbegebiet. **Zeiten:** Mitte Mai – Ende August Mo 11 – 20, Di – Fr 7 – 20, Sa, So 9 – 19. **Preise:** 4 €, 10er-Karte 30 €, Wochenkarte 20 €, Saisonkarte 110 €; Kinder 4 – 15 Jahre 2 €, 10er-Karte 15 €, Wochenkarte 10 €, Saisonkarte 61 €; Die Familienwertkarte kostet 72 € und bringt bei jedem Einzeleintritt 33 % Ermäßigung.

▶ Gut ausgestattete Freibad-Anlage: Springerpool mit 5-m-Turm, Spaßbecken, 87-m-Rutschbahn, Plantschbecken, geheizte Umkleidekabinen, warme Duschen, Baby-Wickelraum. Auf dem weitläufigen Gelände spenden Bäume reichlich Schatten, es gibt einen Kinderspielplatz, Tischtennisplatten und Beachvolleyballanlage, Grillecke und Kiosk. Das Bad ist bei Kindern und Familien sehr beliebt.

Schiffstouren auf dem Rhein

Die Weiße Flotte der KD

Köln-Düsseldorfer Deutsche Rheinschiffahrt AG, Frankenwerft 35, 50667 Köln. ✆ 0221/2088-318 und -319 (Verkaufsservice), Fax 2088-345 und -229. www.k-d.com. info@k-d.com. **Radweg:** Fahrräder können kostenlos mitgenommen werden. **Zeiten:** April – Okt, Hauptsaison Ende April – Anfang Okt. **Preise:** je nach Entfernung und Boot; Kinder unter 4 Jahre frei, Kinder 4 – 13 Jahre zahlen auf allen Linien- und Rundfahrten nur 2,50 €. Geburtstagskinder – gleich welchen Alters – fahren zum Nulltarif; mit der KD-RheinCard zu 25 € ein ganzes Jahr 50 % Ermäßigung; Gruppenermäßigung für Erwachsene: 10 Pers. 10 %, 20 Pers. 15 %, 30 Pers. 20 %, 40 Personen 25 %. An den KD-Anlegestellen können Bahnfahrkarten in Schiffsfahrtkarten zu 50 % umgewandelt werden. Di können zwei Radler auf einem Ticket fahren, Mo und Fr fahren Senioren über 60 Jahre zum halben Preis, Schüler und Studenten erhalten grundsätzlich 50 % Ermäßigung. Bei Bahnanreise gegen Vorlage des Tickets 20 %.

Auf allen Flussabschnitten zwischen Basel und Rotterdam tobt zwar der Frachtverkehr, die Personenschifffahrt ist aber nur auf dem Mittelrhein bedeutend. Hauptakteur ist die Köln-Düsseldorfer Schifffahrtslinie, die vom Frühjahr bis zum Herbst regelmäßig zwischen Mainz und Köln verkehrt – wenn nicht gerade Hochwasser das Programm stört.

▶ Die KD ist die größte Personenschifffahrtslinie auf dem Mittelrhein. Als einzige fährt sie die gesamte Strecke von Mainz bis Köln und sie läuft drei Orte an, die im Einzugsbereich dieses Buches liegen:

Andernach, ✆ und Fax 02632/43845,
Bad Breisig, ✆ und Fax 02633/96383,
Remagen, ✆ und Fax 02642/23380,

Zum umfangreichen Programm der Köln-Düsseldorfer gehören außer den Linienfahrten und zahlreichen Rundtouren und Sonderfahrten auch speziell für Familien und Kinder gedachte Touren, so das Piratenfest (Zauberer, Clown und Animation an Bord) und die Märchenfahrt »Zwerg Nase«. Mi ist Familientag, dann können pro Erwachsenem bis zu drei Kinder umsonst fahren. Am besten beschafft ihr euch das ausführliche Programm.

Schiffstouren ab Remagen

Bonner Personenschifffahrt, Am alten Zoll, Brassert Ufer, 53111 Bonn. ✆ 0228/636363, Fax 695212. www.bps-online.com. **Preise:** ↗ Homepage; Kinder bis 13 Jahre zahlen in Begleitung eines Erwachsenen nur 3 €; während der Schulferien in NRW gibt es Di und So ermäßigte Familien-Ferienkarten.

▶ Je vier Linienfahrten ab Remagen rheinabwärts bis Bonn über Unkel, Rolandseck, Bad Honnef, Königswinter und Bad Godesberg, rheinabwärts bis Linz. Rundfahrten täglich zwischen Bonn und Koblenz, mit Halt u.a. in Remagen, Bad Breisig und Andernach. Von dort kann man so einen schönen Halbtagesausflug nach Koblenz und zurück machen.

Personenschifffahrt Siebengebirge e.G., Rheinallee 59, 53173 Bonn-Bad Godesberg. ✆ 0228/363737, Fax 364994. www.siebengebirgslinie.info. siebengebirgslinie@t-online.de. **Preise:** je nach Strecke, z.B. Remagen – Koblenz 10,50 €, retour 13 €, Remagen – Bonn 10,40 €, retour 12,40 €.; Kinder bis 4 Jahre frei, bis 13 Jahre pauschal 3 €, Familienfahrscheine bieten 30 % Ermäßigung; Mit gültiger VRS-Minigruppenkarte gibt es bei Linienfahrten 20 % Ermäßigung, mit einer BonnWelcomeCard 30 %.

▶ Je vier Linienfahrten ab Remagen rheinaufwärts bis Bonn über Unkel, Rolandseck, Bad Honnef, Königswinter und Bad Godesberg, rheinabwärts bis Linz.

Personenschifffahrt Franz Schmitz, Hauptstraße 52, 53639 Königswinter. ✆ 02223/22578, Fax 21200. Handy 0171/7793377 (Schiff). www.schiff-schmitz.de. info@schiff-schmitz.de.

▶ Je vier Linienfahrten ab Remagen rheinaufwärts bis Bonn über Unkel, Rolandseck, Bad

Anfahrt: Da in jedem Rheinort beiderseits des Stromes auch der Zug hält, lassen sich Bahn- und Dampferfahrten prima kombinieren.

Tipp: Alle Ausflugslinien bieten Sonderfahrten zum Sommernachtsfest in Bad Breisig und zum Fest der 1000 Lichter in Andernach an.

Hunger & Durst

Auf allen Schiffen gibt es ein kleines Bordrestaurant oder zumindest einen Schiffskiosk.

Honnef, Königswinter und Bad Godesberg, rheinabwärts bis Linz. Zusätzlich eine Fahrt (im Juni und Juli zwei Fahrten) ab Bad Breisig und Andernach.

Radeln an der Ahr

Radtour an der Ahr entlang von Remagen nach Bad Neuenahr-Ahrweiler

Remagen. **Länge:** 17 km, flach, am Wochenende stark befahren. **Anfahrt:** Bahn bis Remagen, Rückfahrt ab Bhf Ahrweiler. An der linksrheinischen B9 Koblenz – Bonn. **Rad:** Anfahrt über den Rheinradweg möglich. **Markierung:** Der Radweg ist gekennzeichnet mit einem grünen Radfahrer auf grünem Fahrrad unter einem lila Zelt/Weinberg/Dreieck. Drunter steht AHR, rechts und links davon sind blaue Wellen.

bikeline, Radatlas Vulkaneifel, Radtourenbuch und Karte 1:75.000, 8,90 €, Plan und Kurzbeschreibung der Route sowie Adressen von Unterkünften und Radläden.

▶ Zu den beliebtesten Wochenend-Radelstrecken der Rhein-Eifel-Region gehört der **Ahrtal-Radweg** – bis zu eurem Zielort Ahrweiler eine familienfreundliche Route.
Ihr fahrt zunächst von **Remagen** auf dem Rheinradweg gen Süden. Auf dem anderen Ufer liegt das Fachwerk-Städtchen **Linz.** Nach etwa 4 km wird die Ahr auf einem Brückchen überquert. Dahinter biegt ihr nach rechts in den Ahrtal-Radweg ein. Die Bachaue ist abschnittsweise ausgesprochen urwüchsig. Ihr bleibt die gesamte Strecke bis Ahrweiler immer in der Nähe des Flüsschens, die Orte werden nur gestreift, die Radroute ist durchgehend markiert. Rund 14 km hinter Remagen wird der Kurort **Bad Neuenahr** erreicht. Man fährt an den Kurbauten vorbei, die auf der anderen Uferseite liegen. Es sind dann noch gut 3 km bis zum Stadtteil **Ahrweiler**, einem herausgeputzten Altstädtchen, das

zu allen Jahreszeiten stark besucht ist. Ihr könnt von hier mit der Bahn nach Remagen zurückkehren.

Tipp: Man kann auf dieser Radelroute noch bis Adenau und zum Nürburgring weiterfahren. Hinter Bad Neuenahr-Ahrweiler wird das Tal wilder und enger und die Weinberge sind zum Greifen nahe. Abschnittsweise verläuft die Tour auf stark befahrener Straße, es gibt auch Steigungen, deshalb klassifizieren wir die Strecke Ahrweiler – Adenau als nicht familienfreundlich.

Wandern über Berg und Tal

Ahr-Ufer-Weg

Bad Neuenahr-Ahrweiler. **Länge:** 14 km, leicht, mit nur wenigen Steigungen, kürzere Etappen möglich. **Anfahrt:** Die Ahrtalbahn Remagen – Ahrweiler-Markt verläuft weitgehend parallel und fährt stündlich. A61 Ausfahrt 30. **Markierung:** Der Weg ist durchgängig mit einem großen A und einer Welle auf weißem Grund markiert und nicht zu verfehlen.

Eifelverein-Wanderkarte 9 Ahrtal 1:25.000.

▶ Im Ahrtal lässt es sich herrlich wandern. Es muss ja nicht immer der Rotweinwanderweg sein. An den Wochenenden ist er oft völlig überlaufen mit Wandervereinen und Kegelclubs. Wie schön ist es dann, das Ahrtal von unten kennen zu lernen, in jedem Ort einkehren zu können und die hohen Weinberge zu bestaunen. Der Weg beginnt in Ahrweiler am Niedertor und endet in Altenahr, zurück geht's mit der Ahrtalbahn.

In **Ahrweiler** geht es durch die Adenbachhutstraße und Ahrhutstraße vorbei am Ahrtor durch die historische Altstadt. Hinter dem Parkplatz an der Karl-Ehrenwall-Allee ist ein schöner Kinderspielplatz. Von dort geht es immer nach Westen an der Ahr entlang durch die Weindörfer **Walporzheim** und **Dernau**. Dann macht die Ahr einen Schwenker nach Süden, vorbei an **Steinbergsmühle** und **Rech**. In Rech steuert ihr die Kirche an und wandert durch Bärenbachstraße und den Dellenweg oberhalb des Friedhofs zur *Burgruine Saffenburg*. Das ist die älteste Burg an der Ahr. Von dort führt der Weg hinab zur Bahnlinie. Eine Weile geht ihr parallel zu Schienen und Fluss. Wenn dann aber die Bahnlinie in einem Tunnel verschwindet, bleibt ihr auf dem Wanderweg an der Ahr. In **Reimerzhoven** bleibt ihr auf der Südseite der Ahr und kommt schon bald in das urwüchsige *Langfigtal* – ein Naturschutzgebiet. Hinter einer Flussbiegung könnt ihr euch in einem betonierten Wehr ein wenig abkühlen, wenn ihr Badesachen dabei habt. Dahinter lauft ihr immer noch an der Ahr entlang, auf der anderen Seite liegt die Naturschutz-Jugendherberge. Der Weg endet am Bahnhof in **Altenahr**.

Am Bhf Ahrweiler Markt beginnt auch der 5 km lange **Weinbaulehrpfad** nach Walporzheim und zurück mit Erklärungen zu Rebenarten, Weinbau und Arbeiten rund ums Jahr.

Tiergartentunnel-Weg

Blankenheim. www.tiergartentunnel.de. **Länge:** Rundweg von 10 oder 18 km. **Anfahrt:** Vom Bhf Blankenheim-Wald Bus nach Blankenheim. A1 Ausfahrt 114 Blankenheim.

▶ Dieser 18 km lange Rundweg lässt sich über Blankenheimerdorf um etwa 8 km abkürzen. Wenn ihr die volle Strecke geht, startet ihr an der **Ahrquelle** in Blankenheim und geht am Tiergartentunnel vorbei zum Waldfriedhof. Über die Kuppe des Burgbergs führt der Weg an den Brunnenschächten, am Mundloch, am Vorlaufkanal des Tiergartentunnels und an der gefassten Ahr vorbei. Auf der alten Römerstraße steigt ihr durch den Tannenbusch auf und erreicht die **Schutzhütte Stahlbuschseifen,** ein schöner Ort für eine Rast. Kurz vor dem *Naturschutzgebiet Haubachtal* könnt ihr nach **Blankenheimerdorf** abkürzen. Dort haben wochentags eine Bäckerei und ein Lebensmittelladen geöffnet. Ansonsten geht es weiter bis zum Bahnhof **Blankenheim-Wald,** streckenweise an der Bahnlinie entlang, und hinter dem Forsthaus Altenberg auf der Trasse der früheren Ahrtalbahn. Kurz hinter dem Hügelgrab »Russenkreuz« können die Unermüdlichen noch einen Umweg durch das Wallbachtal gehen, bevor sie zurück nach **Blankenheim** hinein gehen.

Eifelverein-Karte 12 »Blankenheim/Oberes Ahrtal«, 1:25.000, Wandern im Deutsch-Belgischen Naturpark.

Natur erleben & Umwelt schützen

Naturfreundejugend Deutschlands

Geschäftsstelle des Bundesvorstandes, Haus Humboldtstein, 53424 Remagen. © 02228/94150, Fax 941522. www.naturfreundejugend.de. nfjd@naturfreundejugend.de.

▶ Bei der Naturfreundejugend ist das Naturerleben Teil einer umweltfreundlichen Freizeit-Praxis, die nicht bei der bloßen Beobachtung stehen bleibt, sondern gegen Naturzerstörung politisch Stellung bezieht. Die Naturfreundejugend ist also mehr als ein reiner Umweltverband. Ferner haben im Vereinsleben auch Kulturaktivitäten einen hohen Stellenwert. Sie selbst formulieren ihre Position so:

»Bei der Naturfreundejugend dreht sich vieles um Natur und Umwelt. Kinder und Jugendliche engagieren sich für die Umwelt, legen selbst Hand an, übernehmen Bachpatenschaften oder kämpfen gegen Umweltverschmutzung und

Großprojekte. Wir sind überzeugt davon, dass Kinder und Jugendliche nur eine lebenswerte Zukunft haben, wenn wir lernen, nachhaltig zu leben und zu wirtschaften – und damit in den reichen Industrieländern beginnen. Ob wir gegen Atomkraftwerke (seit den 70er Jahren), gegen die Zerstörung des tropischen Regenwaldes (seit den 80er Jahren) oder gegen zu billige – und damit ungerechte und umweltschädliche – Flugpreise (seit den 90er Jahren) kämpfen, die Zielrichtung des Engagements ist nicht nur das Verhalten des Einzelnen, sondern auch die herrschende Politik.

Doch das ist nicht alles, was die Naturfreunde ausmacht. Wenn Naturerfahrung in künstlerische Prozesse einfließt, wenn Gruppen, die ein gemeinsames Ziel verfolgen, Gemeinschaft und Solidarität erleben, wenn es um die Art geht, wie wir Urlaub machen wollen, dann wird Kultur im Verband groß geschrieben. Und Kultur ist für uns nicht abgehoben und elitär, sondern z.B. auch Alltagskultur, Lebenskultur, Reisekultur – gerne auch in der Natur.«

Die Remagener Bundesgeschäftsstelle ist Ideengeber, Initiator und Koordinator vieler Aktivitäten und Kampagnen, wie z.B. der Kampagne für ökologische Kinderrechte, die in der UN-Kinderrechtskonvention vernachlässigt worden sind. Damit sind umweltbedingte Allergien, Atemwegserkrankungen etc. gemeint und der Kampf für eine kinderfreundliche Ausstattung der Wohn-, Verkehrs- und Lebensräume. Es lohnt sich, mal auf die Webseite der Naturfreundejugend zu schauen – oder vielleicht sogar Mitglied zu werden!

Reiten & Kutschfahrten

Georgienhof

Johannes Doll & Michaela Riepl, Batterieweg 152, 53424 Remagen. ✆ 02642/7055, Fax 44335. Handy 0171/7209919. www.georgienhof.de. **Anfahrt:** B9 Bonn – Koblenz bis Remagen Süd, Richtung Fachhochschule, dort nach nach 600 m rechts und nach 50 m links in den Wirtschaftweg.

▶ Reitschule, Reithalle, Reitplatz, Reitunterricht für Kinder (Anfänger, Fortgeschrittene), Reitunterricht auf Ponys und Kleinpferden, auch Behindertenreiten, Voltigieren für Schulklassen. Reitprüfungen werden vom »Kleinen Hufeisen« bis DRA III abgenommen, Mädchen zwischen 6 und 12 Jahren können hier in den Ferien einen tollen Reiturlaub machen, er kostet bei Vollverpflegung 260 €.

? *Rätsel: Wie heißen denn Mama-Pferd, Papa-Pferd und Kind-Pferd, wenn man nicht ganz soooo niedlich formuliert?*

Feste auf dem Wagen

Günter Schmidgen, Auf dem hohen Rech 2, 53498 Bad Breisig. ✆ 02633/97770. Nördlich von Bad Breisig am Rheinufer.

▶ Kutschfahrten für Hochzeiten und Festumzüge, Planwagenfahrten für maximal 16 Personen, 5 € pro Person und Stunde. Die Pferde dürfen auch gestreichelt werden.

Tier- & Erlebnisparks

Wildpark Rolandseck

Am Kasselbach 4, 53424 Remagen-Rolandseck. ✆ 02228/433, Fax 9129023. www.wildpark-rolandseck.de. **Anfahrt:** Bus, Bahn, Fähre oder Schiff bis Rolandseck, dann 15 Minuten zu Fuß. **Zeiten:** März – Nov Di – So und Fei 9 – 18 Uhr, Einlass bis 17 Uhr.

Am 3. und 4. Adventwochenende 11 – 16 Uhr kann man Weihnachtsbäume selbst schlagen. Einfach nur die Lieblingssäge, Handschuhe und Stiefel mitbringen. Ab Mitte November darf man »Schmuckgrün« für den Adventskranz kostenlos mitnehmen.

Preise: 3 €; Kinder 3 – 13 Jahre 2 €, Schüler/Studenten 2,50 €; Gruppen ab 20 Personen 10 % Ermäßigung. Hunde haben keinen Zutritt.

▶ Einheimische Tiere in Gehegen – Rotwild, Damwild, Hochlandrinder, Wildschweine, Mufflons. Ziegen und Esel können gestreichelt werden. Für den kleinen Hunger und Durst ist ein Kiosk vorhanden.

Tipp: Im Herbst kann man seinen Eintrittspreis drücken, indem man schimmelfreie (!) Eicheln und Kastanien mitbringt. Bis zu 20 kg pro Person werden Di – Fr angenommen und es gibt für Kastanien 10 Cent pro Kilo und für Eicheln 20 Cent pro Kilo.

Ab Anfang Dezember gibt es Wildschweine, Damwild und Rotwild, die zur Regulierung des Wildbestandes getötet werden, im ganzen Stück zu kaufen. Aber wer hat schon jemanden in der Familie, der so ein Tier dann auch zerlegen kann?

Seilpark Mittelrhein

Basislager, Wilhelmstraße 47, 53474 Bad Neuenahr-Ahrweiler. © 02641/2227, Fax 202211. www.seilpark.de. info@basislager.com. **Anfahrt:** Ahrtalbahn bis Ahrweiler Markt, nur 100 m entfernt. **Zeiten:** nur nach Anmeldung und für Gruppen ab 7 Personen. Kleingruppen April – Okt unregelmäßig Sa 14 – 20 Uhr, Termine unter www.catweasel.de/content/news3.html. **Preise:** 16 – 30 €; Kinder 10 – 20 €. **Infos:** Catweasel Köln 0221/7200859.

▶ Vor dem Zweiten Weltkrieg war eine neue, große Bahnlinie durch das Ahrtal geplant, die aber nie fertig gebaut wurde. Seitdem ragen bei Ahrweiler zwei riesige Brückenpfeiler in den Himmel, die zu einem Kletterparadies umgebaut wurden.

Auf verschiedenen Routen können blutige Anfänger und erfahrene Profis klettern lernen, Ängste überwinden und die eigenen Grenzen ausloten. Auf der Homepage erfahrt ihr die Termine für offenes Klettern an dem 30 m hohen Pfeiler. Das kostet pro Kind je nach Dauer und Gruppengröße 10 – 16 €. Wenn ihr noch nie geklettert seid, rate ich euch aber zu einem Schnuppertag, bei dem ihr 20 € bezahlt, Erwachsene 35 €, und vier Stunden lang im Hochseilgarten klettern könnt. Die Größeren können einen weiteren Nervenkitzel buchen, indem sie eine Hängebrücke zwischen den beiden Pfeilern überqueren und sich aus 30 m Höhe selbstständig abseilen.

Achtung! Das Queren der Hängebrücke ist erst für Jugendliche ab 14 Jahren geeignet. Klettern dürft ihr in jedem Alter, allerdings unter 12 Jahren nur in Begleitung von Erwachsenen. Natürlich werdet ihr gesichert, damit ihr bei einem Fehltritt unverletzt bleibt.

Märchenwald Bad Breisig

Am Kesselberg 19, 53498 Bad Breisig. ✆ 02633/8534. **Anfahrt:** 20 Minuten Fußweg vom Bhf. Auto am besten im Norden von Alt-Breisig bei den Discountern parken, gut ausgeschildert. **Zeiten:** April – Okt täglich 10 – 18 Uhr, für Gruppen nach Vereinbarung auch außerhalb der Saison. **Preise:** 3 €; Kinder 2,50 €; Gruppen ab 15 Personen 2 €.

▶ Hinter der Bahnlinie, versteckt in einem steilen Berghang, liegt der Märchenwald. Über viele Serpentinen führt der trotz der Hanglange gut zu begehende Weg zu kleinen bemalten Häuschen, in denen 13 Märchen durch sprechende und bewegliche Figuren dargestellt werden. Freut euch schon auf »Max und Moritz«, »Das tapfere Schneiderlein«, »Schneewittchen und die sieben Zwerge«, »Aschenputtel«, »Rotkäppchen und der böse Wolf«, »Der gestiefelte Kater« und »Das Rumpelstilzchen«. Bezahlt wird beim Rausgehen. Auf der Höhe kann man sich auf einer großen Terrasse mit 80 Sitzplätzen bei

Hunger & Durst

Wanderhütte **Kesselberger Haus,** oberhalb des Märchenparks, geöffnet Ostern bis Oktober täglich 10 – 18 Uhr, außerhalb der Saison Öffnungszeiten unter ✆ 02633/8534 erfragen bzw. für Gruppen vereinbaren.

Kaffee und Kuchen entspannen, Märchenbücher zum Nachlesen am Kiosk kaufen oder noch ein wenig auf dem kleinen Spielplatz toben. Von hier besteht ein schöner Ausblick auf den Rhein, Schloss Arenfels und das Siebengebirge. Zurück zu Auto oder Bahn habt Ihr die Wahl zwischen einem steilen Weg (gefährlich für Kleinkinder) und einem etwas längeren Weg, der durch den kühlen Wald und vorbei an einem kleinen überwucherten Privatfriedhof führt.

Sommerrodelbahn Altenahr

Am Rossberg, 53505 Altenahr-Kalenborn. © 02643/2321, Handy 0172/9419789. www.sommerrodelbahn-altenahr.de. J.Schumacher@sommerrodelbahn-altenahr.de. **Anfahrt:** 4 km Wanderweg vom Bhf Altenahr. Autobahnkreuz Meckenheim Richtung Altenahr, dort 4 km Richtung Bonn auf der B257 bei Kalenborn. Rad: Vom Rhein bei Remagen per Radweg das Ahrtal aufwärts bis Ahrweiler, dann 4 km auf der B257 Richtung Bonn. **Zeiten:** April – Ende Okt täglich 10 – 18 (Sommerferien 19, Fr, Sa 21) Uhr, im Winter Sa und So 10.30 – 17 Uhr. **Preise:** Einzelfahrt 1,80 €, Doppelschlitten 2,70 €; preiswerte Punktekarten, werktags generell billiger.

▶ Es macht schon Spaß, mitten im Sommer mit dem Schlitten in der Edelstahlröhre in sieben Kurven ins Tal hinunter zu rauschen. Die Strecke ist 500 m lang. Auch gibt es einen Spielplatz mit Bungee-Trampolin, Trampolin, Basketball, Tret-Kartbahn, Geländequads und Mini-Motorrädern.

Tipp: Auf dem Gelände kann man picknicken und grillen. Außerdem gibt es eine Gaststätte mit Außenterrasse, © 02643/3436.

Hunger & Durst

Survival-Vokabeln aus dem Eifler Platt:

Ähzezupp = Erbsensuppe

Kies = Käse

Klatschkies = Quark

Viez = Most, Apfelwein

Schloot = Salat

Ääpelschloot = Kartoffelsalat

Himmel & Ääd = *Himmel & Erde,* Apfelmus und frisch gestampftes Kartoffelpüree (oft mit Wurst)

Manchmal findet ihr auf Speisekarten einen »**Räuberteller**« für Null Euro – soll heißen, Kindern dürfen auf den Tellern der Eltern räubern.

REZEPT: EIFLER ÄPFEL

Holt euch die Eifel in die Küche: 8 säuerliche Äpfel schälen und das Kerngehäuse entfernen, in Scheiben schneiden, zuckern und zugedeckt mindestens zwei Stunden stehen lassen. In der Zwischenzeit aus 3 Esslöffeln Mehl, 1 Esslöffel Öl, 1 Esslöffel Apfelsaft und Salz einen dünnflüssigen Teig rühren. Die Apfelscheiben hineintunken und in heißem Fett goldgelb backen. Für Süßmäuler danach noch in Zucker wenden (im Winter in Zimtzucker), in jedem Fall aber heiß servieren. ◀

Tipp: Erwachsene mögen die Eifler Äpfel besonders gern, wenn die Apfelscheiben nach dem Zuckern noch mit Rum beträufelt werden und der Apfelsaft durch Weißwein ersetzt wird.

Bahnen & Betriebe

Seilbahn Altenahr

Seilbahnstraße, 53505 Altenahr. ✆ 02643/8383.
Anfahrt: In Bahnhofsnähe. B267 bis zum Zentrum bei der Ahrbrücke. **Zeiten:** Mo – Fr ab 10 Uhr, Sa, So, Fei ab 9.30 Uhr, außerhalb der Sommerferien Do Ruhetag. **Preise:** Bergfahrt 2,50 €, Berg- und Talfahrt 4 €; Kinder 4 – 14 Jahre Bergfahrt 1,50 €, Berg- und Talfahrt 2 €.

▶ Auf einer Strecke von 350 m muss diese Seilbahn 180 Höhenmeter überwinden und kann bis zu 700 Personen pro Stunde befördern. Und das mit einem kleinen 60 kW/80 PS-Motor! Fragt mal, wie viel PS euer Familienauto hat. Auf dem Weg nach oben gibt es im Gras unter euch zirpende Grillen zu hören und Schmetterlinge, Eidechsen und verlorene Baseballkappen zu sehen. Von oben habt ihr eine herrliche Aussicht auf Altenahr und das Ahrtal, wenn ihr wollt auch durch ein großes Fernrohr.

HANDWERK UND GESCHICHTE

Hunger & Durst

Restaurant mit Aussichtsterrasse an der **Bergstation.** Es gibt Eis, Kuchen, kleine Speisen und Getränke.

An der Bergstation starten einige **Wanderwege**, z.B. ist ab hier der Weg zum Naturfreundehaus Berg (2,5 Stunden) ausgeschildert. Oder ihr könnt in den Rotweinwanderweg einsteigen oder auf einem Rundweg zurück zur Talstation wandern.

Brohler Sprudelfabrik

Brohler Mineral- und Heilbrunnen GmbH, Koblenzer Straße 71 – 73, 56656 Brohl-Lützing. ✆ 02633/293-51, Fax 293-43. www.brohler.de. info@brohler.de.
Zeiten: Mo – Do bis 13.30 Uhr auf Voranmeldung für Gruppen bis zu 30 Personen. **Preise:** Besichtigung kostenlos.

▶ Dies ist die richtige Adresse, wenn ihr wissen wollt, was mit eurer Mineralwasserflasche von Brohler oder Steinsieker passiert, wenn sie als Leergut in Brohl angekommen ist. Bei der Betriebsbesichtigung könnt ihr sehen, wie die Flaschen gewaschen, gefüllt, verschlossen, etikettiert und in Kästen sortiert werden. Zählt mit oder fragt nach: Wie oft wird eine Flasche dabei durchleuchtet?

Burgen & Museen

Burgruine Are

Tourist-Information Altenahr, Haus des Gastes, Bahnhof, 53505 Altenahr. ✆ 02643/8448, Fax 3516.
www.altenahr-ahr.de. info@altenahr-ahr.de.

▶ Die Burg Are hat einen viereckigen Grundriss. An der Südseite befindet sich der alte Tor-

Besonders im **Winter** *wurden viele Menschen in der Burg krank und starben, denn es gab ja noch keine Zentralheizungen. Nur im großen Saal und in der Küche gab es einen offenen Kamin, es war dunkel, weil die Fenster von Holzladen und nicht von Glasfenstern geschützt wurden. Die Pechfackeln machten nur wenig Licht, aber viel stinkenden Qualm. Der Wind zog ganz grässlich durch das Mauerwerk, an vielen Stellen regnete es herein. Oft wurden die Vorräte knapp. Willst du wirklich in einer Burg Prinzessin gewesen sein?*

turm, neben ihm der Palas. In der nördlichen Ecke stand wahrscheinlich der ältere Bergfried, südlich davon Ruinen der rechteckigen ehemaligen Burgkapelle aus dem 12. und 13. Jahrhundert. Die Burg liegt 113 m über der Ahr und man hat von hier aus eine herrliche Aussicht ins Tal. Der Fußweg zur Burg beginnt in der Straße Roßberg.

Palas nennt man den Wohn- und Festsaalbereich einer Burg. Neben den Wehranlagen immer der wichtigste Teil einer Burg. Das Wort kommt aus dem Mittelhochdeutschen und heißt nichts anderes als Palast.

Tipp: Römervilla Ahrweiler

Am Silberberg 1, 53474 Bad Neuenahr-Ahrweiler. ✆ 02641/5311, www.museum-roemervilla.de. stadt@bad-neuenahr-ahrweiler.de. **Anfahrt:** Vom Ahrtalbahn-Bhf Ahrweiler-Markt 10 Minuten Fußweg. Ab A573, Autobahnanschluss Bad Neuenahr-Ahrweiler gut ausgeschildert. **Zeiten:** April – Okt Di – Fr 10 – 18 Uhr, Sa, So 10 – 17 Uhr, Führung Mi 15.30 Uhr und So 11 Uhr (1,50 € extra). **Preise:** 3,60 €; Kinder 1,80 €; Ermäßigungen für Kurgäste, Rentner, Schüler, Studenten, Behinderte. **Infos:** Führungen nach Anmeldung für Gruppen (30 €) und Schulklassen (20 €) plus Eintritt 1,80 € pro Person.

Happy Birthday!
In der Römervilla kann auch Kindergeburtstag gefeiert werden.

▶ Im März 1980 wurden bei Bauarbeiten für den Ausbau der B267 am Fuße des Silberberges Räume eines Herrenhauses des 2. bis 3. Jahrhunderts angeschnitten. Bei den anschließenden 10-jährigen Ausgrabungen wurde dort das römische Wohnhaus mit seinem großen Badetrakt freigelegt und sogar festgestellt, dass es einen Vorgängerbau im frühen 1. Jahrhundert an gleicher Stelle hatte.

Der Erhaltungszustand des zum Teil bis zur Fensterhöhe anstehenden Mauerwerks mit farbigen Ausschmückungen in der Sockelzone der Räume ist für die Gebiete nördlich der Alpen einmalig und kann nur mit ähnlichen Bauten des mediterranen Raumes verglichen werden. Selbst

Tipp: Eine nette Führerin bietet spezielle Führungen für Kinder ab Kindergartenalter an und hat eine geheimnisvolle »Römerkiste«.

Fußabdrücke von Hausbewohnern und Haustieren konnten gesichert werden!
Seit Mai 1993 ist dieser außergewöhnliche Fund in dem die römischen Bausubstanzen schützenden Museumsbau zu besichtigen. Seitdem bietet sich dem Besucher die Möglichkeit, auf einem fest installierten, weitgehend behindertengerechten Rundgang durch römische Räume zu gehen und so die gehobene römische Lebensweise und Wohnkultur nachzuerleben. Die Ausstellung der bei den Ausgrabungen gemachten Kleinfunde und restaurierten Partien der Wandbemalung, ein großformatiges Modell, eine permanente Diaschau, Führungen sowie Sonderausstellungen, Vorträge und zahlreiche Sonderveranstaltungen runden das Bild vom hohen Lebensstandard in der Provinz fern der römischen Kernlande ab.

Städtisches Museum Ahrweiler

Altenbaustraße 5, 53474 Bad Neuenahr-Ahrweiler. ✆ 02641/31516. **Zeiten:** März – Dez Mi – So 10 – 17 Uhr, Gruppen auch nach Absprache. **Preise:** 1,50 €; Kinder 0,80 €; Familienkarte 2,50 €.

▶ Das städtische Museum befindet sich im Zentrum des mittelalterlichen Ahrweiler in unmittelbarer Nachbarschaft des Ahrweiler Marktes. Es liegt im einzig erhaltenen mittelalterlichen Wohnturm der Stadt, dem **Weißen Turm,** von weitem erkennbar an seiner barock geschwungenen Turmhaube.
Die Sammlung präsentiert sich in hellen, weiten Räumen. Sie konzentriert sich auf die Themen »mittelalterliches Ahrweiler« zusammen mit einem sehenswerten Bestand an Skulpturen vom 12. bis 20. Jahrhundert, Gemälden und Grafiken sowie »Kulturgeschichte des Trinkens« mit dem

Schwerpunkt »Mineral- und Heilwasser«. Durch ein breit gefächertes Spektrum an Sonderausstellungen, Musikveranstaltungen und museumspädagogischen Aktivitäten ist das Museum im Turm ein Geheimtipp für alle, die auf der Suche nach etwas Besonderem sind.
Auch und gerade Familien mit kleinen und großen Kindern sind im Museum herzlich willkommen. Der *Drache Laurentius* begleitet Groß und Klein durch die Ausstellungsräume und hilft bei der Zeitreise in längst vergangene Zeiten mit seinem Wissen.

*Wisst Ihr, was eine **Hutenheilige** ist? Der Drache Laurentius kann's erklären: In Ahrweiler gab es vier Hutenheilige, drei von ihnen wohnen heute im Museum. Sie sehen aus wie echte Menschen, aber keine Bange – es sind nur Puppen aus Stroh und Wachs! Jeder Hutenbezirk hatte früher eine spezielle Schutzheilige. In den Huten wurde dafür gesorgt, dass die Brunnen sauber blieben und abends genug Wachposten auf der Stadtmauer aufgepasst haben.*

Puppenmuseum Bad Breisig

Altes Rathaus, Koblenzer Straße 31, 53498 Bad Breisig. ✆ 02633/9425. **Anfahrt:** Bad Breisig liegt auf halbem Weg an der Bahnlinie Koblenz – Bonn, das Museum ist etwa 5 Minuten entfernt. **Zeiten:** Ostern bis Okt Di – So 10 – 12, 15 – 17 Uhr. **Preise:** 1,50 €; Kinder bis 6 Jahre 1 €.

▶ Ein mannshoher Bär namens Mr. T. Bear in der Uniform von Mitarbeitern des berühmten Londoner Kaufhauses Harrods begrüßt die Besucher im Museum. Dort gibt es über 100 Jahre alte Puppen, Puppenstuben und andere Spielsachen. Leider dürfen Erwachsene und Kinder nichts anfassen.

Feuerwehrmuseum

Roßberg 59, 53505 Altenahr. ✆ 02643/2122, 1246, Fax 901398. **Zeiten:** Nach telefonischer Vereinbarung. **Preise:** Eintritt frei.

▶ In dem kleinen Museum sind historische Feuerwehrgeräte zu sehen. Zu den Exponaten der Familie Schick, die das Museum eingerichtet hat, gehören etwa 100 Uniformen und Helme, eine Feuerwehrspritze und Feuerwehrmodelle.

Gildehaus

Ahrstraße 55 – 57, 53945 Blankenheim. ✆ 02449/ 95150, Fax 951520. www.eifelmuseum-blankenheim.de. eifelmuseum-blankenheim@t-online.de. **Anfahrt:** Wie zum Eifelmuseum. **Zeiten:** Januar – Februar Sa 14 – 17 Uhr So 10 – 12.30 u. 14 – 17 Uhr, März – April und Nov – Dez Mo – Do, Sa 14 – 17 Uhr, So 10 – 12.30 u. 14 – 17 Uhr, Mai – Okt So – Do 10 – 12.30 und 14 – 17 Uhr, Sa 14 – 17 Uhr. **Preise:** 2 €, Gruppen ab 10 Personen 1,50 €; Kinder ab 6 Jahre und Jugendliche 1 €, Gruppen ab 10 Personen 0,50 €; Eintrittskarten gelten gleichzeitig für das Eifelmuseum Blankenheim.

▶ Auf drei Etagen wird der Besucher in das Leben der Bürger um die Jahrhundertwende geführt. Die Herstellung des Leinens ist von der Reinigung des Flachses über das Spinnen bis zum Weben des Leinengarns dargestellt. Hier erfahrt ihr, wie die Eifler das hergestellte Tuch bedruckten und wie die bäuerliche Mode aussah. Das Handwerk der Weber, Färber, Schneider, Schuhmacher und Schmiede zeigt das Untergeschoss. Eine Etage höher umgibt uns der bescheidene Wohlstand, den Handel und Handwerk bewirkten. Auf dem weiteren Weg erfahren wir in der Dorfwirtschaft einiges über Brauchtum und Feste der Bevölkerung, statten dem Kramladen einen kurzen Besuch ab und bestaunen beim Posthalter den Morsetelegraf, über den schon damals Botschaften in alle Welt versandt wurden. Unterm Dach schließlich zeigt uns eine Gemäldesammlung die romantische Sicht der Eifel durch den Maler *Fritz von Wille.*

Hofladen Vellerhof, 53945 Blankenheim-Vellerhof. ✆ 02697/9100-45. Di 9.30 – 11.30 Uhr, Fr 15.30 – 18.30 Uhr, Sa 8.30 – 12.30 Uhr. Bezaubernder Hofladen mit großem Verkaufsraum für Obst, Eier, Marmelade, hübsche Geschenkartikel und vieles mehr.

Eifelmuseum Blankenheim

Ahrstraße 55 – 57, 53945 Blankenheim. ✆ 02449/95150, Fax 951520. www.eifelmuseum-blankenheim.de. eifelmuseum-blankenheim@t-online.de.
Anfahrt: Von den Bahnhöfen Blankenheim (Wald) mit Taxibus 832 vom Bhf Bad Münstereifeil mit Taxibus 824 bis Blankenheim Ort. **Zeiten:** Januar – Februar Sa 14 – 17 Uhr, So 10 – 12.30 und 14 – 17 Uhr, März – April und Nov – Dez Mo – Do, Sa 14 – 17 Uhr, So 10 – 12.30 und 14 – 17 Uhr, Mai – Okt So – Do 10 – 12.30 und 14 – 17 Uhr, Sa 14 – 17 Uhr. **Preise:** 2 €, in Gruppen ab 10 Personen 1,50 €; Kinder ab 6 Jahre und Jugendliche 1 €, ab 10er-Gruppe 0,50 €; Familienkarte 5 €. **Infos:** Die Eintrittskarte gilt gleichzeitig für das Gildehaus Blankenheim.

Achtung! Die Fahrt mit dem Taxibus kostet nicht extra, es gilt der normale VRS-Tarif. Einzelpersonen müssen sich mindestens eine halbe Stunde, Familien und Gruppen einen Tag vor der Fahrt unter ✆ 01804/151515 anmelden.

▶ Dort, wo heute Blankenheim liegt, befand sich in der Zeit des Devons ein ausgedehntes Korallenmeer. Die in der Umgebung gesammelten Fossilien im Untergeschoss erzählen von prächtigen Korallenriffen und einer reichhaltigen Meeresfauna.

Dass die Besiedlung durch den Menschen erst vor wenigen Minuten in der Zeitrechnung der Geschichte unserer Erde erfolgte, wird angesichts der »Zeitspirale« im Treppenhaus des Eifelmuseums deutlich gemacht. Wie möglicherweise die ersten Menschen in der Eifel lebten, zeigt ein Modell der Kartsteinhöhle bei Eiserfey. Im Obergeschoss erlebt der Besucher das Leben auf dem Lande vor hundert Jahren. Damals war der Bauer als Selbstversorger noch weitgehend unabhängig und nicht von staatlichen Subventionen abhängig. Auf originelle Weise bekommen vor allem die Kinder gezeigt, wie im bäuerlichen Alltag die rationelle Nutzung der Natur zu einem schonenden Umgang mit Energie und Nahrungsmitteln führte. Besonders den aller-

kleinsten Gästen werden die zahlreichen Schauvitrinen mit allerlei Getier rund um Feld und Hof viel Spaß machen.
Auch die Sonderausstellungen haben meist Themen, die für Kinder sehr interessant sind, wie zum Beispiel »Schmatz nicht« mit Tischszenen, Kindertafeln, Katzentischen und Essgebräuchen in früheren Zeiten oder »Kunst aus Entenhausen«, bei der Donald, Dagobert & Co. sich mit Kunst, besonders mit Malerei beschäftigen.

Hunger & Durst
Nach dem Museumsbesuch in Blankenheim bietet sich das Bistro **Köpi am Museum** an.

Tiergartentunnel

Tourist-Info Blankenheim, Rathausplatz 16, 53945 Blankenheim. ✆ 02249/87-222, 87-224, Fax 87-303. www.tiergartentunnel.de. info@tiergartentunnel.de.
Anfahrt: Bus vom Bhf Blankenheim-Wald bis Blankenheim. **Zeiten:** Führungen ganzjährig auf Anfrage.

▶ In der Eifel haben nicht nur die Römer fleißig Wasserleitungen gebaut: Ende des 15. Jahrhunderts wurde im Auftrag von Dietrich III, Graf von Manderscheid-Blankenheim ein 160 m langer Tunnel mit fünf Lichtschächten, einem 38 m großen Wasserhäuschen und einer 550 m langen Druckrohrleitung aus Holzröhren gebaut. Damit ließen die adligen Herren Frischwasser von einer fast 800 m entfernten Quelle in den Burgberg pumpen.

Friedensmuseum »Die Brücke von Remagen«

Rheinpromenade, 53424 Remagen. ✆ 02642/21863, 20159 (Voranmeldung für Führungen), Fax 20127. www.bruecke-remagen.de. infos@bruecke-remagen.de.
Anfahrt: B9 Bonn – Koblenz, nahe der Rheinfähre Erpel. **Zeiten:** März – Nov 10 – 17 Uhr, Mai – Oktober bis 18 Uhr. **Preise:** 3,50 €, Gruppen ab 10 Personen 2 €; Kinder und Jugendliche 1 €.

▶ In den Resten der Brücke von Remagen, genauer gesagt in den Brückentürmen auf der Remagener Seite, befindet sich ein Friedensmuseum. Hier kann man erfahren, warum die *Ludendorff-Brücke* im Ersten Weltkrieg gebaut und im Zweiten Weltkrieg erobert und zerstört wurde, wie die Lebensumstände für deutsche Kriegsgefangene nahe der Brücke in der so genannten »goldenen Meile« waren und wie es dazu kam, dass die Brücke nicht wieder aufgebaut, sondern zu einer Gedenkstätte gemacht wurde.
Neben Wechselausstellungen wie über den internationalen Friedenseinsatz des Roten Kreuzes, gibt es eine Daueraustellung, in der auch die Geschichte des Friedesnobelpreises dargestellt wird und eine Liste der mehr als 200 Kriege seit 1945 aushängt, die leider immer länger wird.

Hunger & Durst

Nahe beim Friedensmuseum gibt es in der Goethestraße, parallel zur Rheinpromenade, einen Pizzabäcker (ca. 500 m), ein Stück weiter ein Restaurant mit Terrasse.

Historischer Stadtrundgang

Tourist-Information, Koblenzer Straße 59, 53498 Bad Breisig. © 02633/45630, Fax 456350. www.bad-breisig.de. tourist-info@bad-breisig.de. **Zeiten:** Nov – Ostern Mo – Fr 9 – 17.30, Ostern – Okt auch Sa 10.30 – 13 Uhr. Freitags um 10 Uhr wird ein geführter Stadtrundgang angeboten.

▶ Neben fachkundiger Information bekommt man ein Faltblatt »Historischer Stadtrundgang durch die Quellenstadt Bad Breisig am Rhein«, das eine gute Wegbeschreibung mit Geschichtsübersicht und Innenstadtplan von Niederbreisig enthält und interessante Gebäude von Bad Breisig erklärt: Altes Zollhaus, Dingetsäule, St. Marienkirche, Schultheißenhaus, Kurhaus und Kurpark, Altes Rathaus mit Puppenmuseum, Mausoleum, Templerhof, ev. Kirche, Geiersprudelhaus.

Hier haben sich schon die Urmenschen wohl gefühlt. Oberhalb von Bad Breisig »auf dem Hahn« wurde eine Höhensiedlung mit Ringwallanlage aus der Eisenzeit (6. – 2. Jahrhundert v.Chr.) entdeckt!

THEATER & AKTIONEN

Freilichtbühne Schuld

Verkehrsverein Schuld, Hauptstraße 16, 53520 Schuld. ✆ 02695/855, 318 (Kartenbestellung Mo – Fr 17 – 19 Uhr). **Anfahrt:** Vom Meckenheimer Kreuz B257 Adenau – Altenahr bis Dümpelfeld, dort 4 km nach Westen, ausgeschildert. **Preise:** 8 €; Kinder 4 €.

▶ Von Mitte Juni – Anfang August wird auf der Freilichtbühne Schuld Theater gespielt, davon ist viel für Kinder und Jugendliche geeignet: In den letzten Jahren wurden z.B. Robin Hood, Pippi Langstrumpf, Momo, Tom Sawyers Abenteuer, verschiedene Märchen der Gebrüder Grimm und das Dschungelbuch gespielt. Die 600 Plätze werden von einem Zeltdach überspannt, ein leichter Regen ist daher nicht das Aus für eine Aufführung.

Märkte & Feste

Zwibbelsmaat

Tourist-Information Bad Breisig, Koblenzer Straße 59, 53498 Bad Breisig. ✆ 02633/45630, Fax 456350. www.bad-breisig.de. tourist-info@bad-breisig.de.
Termin: 3. Wochenende im September.

▶ Großer Zwiebelmarkt in der Bad Breisiger Innenstadt mit Jahrmarkt-Atmosphäre.

Weihnachtsmarkt Ahrweiler

Termine: 1. – 4. Advent, Fr 14 – 19, Sa 10 – 19, So 11 – 19 Uhr.

▶ Zauberhafter Weihnachtsmarkt in der historischen Altstadt von Ahrweiler, einer der schönsten in der gesamten Eifel. Mit zwei Karussells, zwei Bühnen und viel Kunsthandwerk. Und alle Getränkebuden haben auch bei warmen Getränken an Kinder gedacht: Kinderpunsch,

Weitere Weihnachtsmärkte

- **1. – 4. Advent:** täglich: Bad Münstereifel
- **1. Advent:** So: Niederzissen
- **2. Advent:** So: Tondorf
- **2. Advent:** So: Burgbrohl
- **2. Advent:** Sa, So: Remagen Nikolausmarkt

Früchtetee mit Honig, Kinderglühwein, Kakao und heißer Orangensaft.

Weihnachtsmarkt Bad Neuenahr

Termine: 1.-4. Advent Fr 14 – 19, Sa 10 – 19, So 11 – 19 Uhr.

▶ Im Zentrum von Bad Neuenahr an der Linde.

Weihnachtsmarkt Sinzig

Termin: 3. Advent Sa, So 11 – 20 Uhr.

▶ In der Innenstadt und vor der Pfarrkirche, auch Bühne mit kulturellem Beiprogramm.

Festkalender rund um die Ahr

Ostern:	So: Rech, Osterwandertag mit Ostereiersuche
Mai:	1. Sa: Andernach, Maimarkt in der Altstadt
	1. Sa: Bonn – Linz, Rhein in Flammen
	1. Wochenende: Remagen, Altstadt- und Promenadenfest
Juni:	3. Woche: Remagen, Jakobsmarkt
Juli:	2. Wochenende: Andernach, tradtionelles Bäckerjungenfest
	4. Wochenende: Bad Neuenahr-Ahrweiler, Burgunderfest
	4. Wochenende: Bad Breisig, Sommernachtsfest über den Rhein hinweg
August:	1. Wochenende: Andernach, Fest der 1000 Lichter
	3. Wochenende: Andernach, Altstadtkirmes
	Letztes Wochenende: Walporzheim, Weinfest
September:	1. Wochenende (Do – So): Ahrweiler, Winzerfest
	2. Wochenende: Ahrweiler, Weinmarkt & Altstadtfest
	3. Wochenende: Remagen, Weinfest
	4. Wochenende: Altenahr, Weinfest
	4. Wochenende: Andernach, Michelsmarkt mit verkaufsoffenem Sonntag

Weihnachtsmarkt Bad Breisig

Termin: 2. Advent Sa, So ab 11 Uhr.

▶ Lebhafter Markt rund um die St. Marienkirche. Eine Kindereisenbahn fährt durch die Innenstadt, auch Ponyreiten und Karussellfahrten werden angeboten.

Luciamarkt Rech

Anfahrt: Bhf der Ahrtalbahn 200 m vom Weihnachtsmarkt entfernt. **Termin:** 1. komplettes Wochenende im Dezember, Sa ab 12, So ab 10 Uhr.

▶ Gut besuchter weihnachtlicher Markt mit mittelalterlichen Ereignissen und Akteuren am Samstag.

Weihnachtsmarkt Andernach

Zeiten: 2. Hälfte der 2. Adventswoche und 3. Adventswoche (insgesamt 11 Tage), täglich 11 – 19 Uhr.

▶ Auf dem Marktplatz täglich um 18 Uhr, Sa und So 15 und 18 Uhr Aufführung der Weihnachtsgeschichte nach dem Matthäus-Evangelium.

Nikolausmarkt Burgbrohl

Termin: 2. Advent So ab 11 Uhr.

▶ Kleiner Markt mit Karussell und Kasperle-Theater. Der Weihnachtsmann lässt sich von hübschen Engeln begleiten.

Wenn man mit dem Vulkanexpress anreist wird aus diesem Weihnachtsmarkt ein wunderschöner Tagesausflug.

Die 5. Jahreszeit

Karnevalsmuseum Blankenheim

Georgstor, 53945 Blankenheim. **Zeiten:** nach Vereinbarung, Führungen nach Rücksprache über das Verkehrsbüro Blankenheim.

▶ Seit 1986 informiert eine ständige Ausstellung im Georgstor über die Tradition und die Karnevalsbräuche von Blankenheim. So weit ist es ja bis zur Karnevalshochburg Köln nicht und es gibt Karnevalsbräuche, die bis 1613 zurück verfolgt werden können. Dort erfahrt ihr mehr

Tagsüber Karneval feiern könnt ihr überall in der Eifel. Etwas ganz besonderes ist aber der traditionelle Blankenheimer Geisterzug am Karnevalssamstag um 19.11 Uhr.

GEISTERZUG IN BLANKENHEIM

Dort versammeln sich Hunderte von verkleideten Menschen und geistern durch die Blankenheimer Altstadt. Dabei wird gesungen und laut »Juh-Jah« gerufen. Nach alter Tradition sind die Geister in weiße Tücher gehüllt, deren Zipfel an der Stirn zu zwei Ohren geknotet sind. Ausgerüstet mit lodernden Pechfackeln springen die Geister durch die Straßen und Gassen. Die mittelalterlichen Stadttore, die während der Veranstaltung in bengalische Beleuchtung getaucht sind, verleihen dem Szenarium zusätzlich gespenstische Züge.

Geister aus Nah und Fern sind zum Geistertreiben herzlich eingeladen. Während des Geisterzuges bietet sich nicht nur die Möglichkeit des Zuschauens, sondern wer selbst als Geist durch die mittelalterlichen Gassen springen möchte, darf das auch, wenn er die Geister-Kleiderordnung beachtet. Benötigt wird lediglich ein weißes Bettlaken und eine Pechfackel, diese werden nachmittags an einigen Stellen im Ort verkauft. ◀

Früher wurde Karneval gefeiert, um die bösen Geister des Winters zu vertreiben. Das wird bei einem Geisterzug besonders deutlich, denn wie kann man böse Geister besser vertreiben als durch gute Geister?

über »Schellebäumche« und »Jecke Böhnche« und natürlich über den Geisterzug.
Übrigens: Der Schlachtruf der Blankenheimer Karnevalisten ist dreimal »Blangem Juh-Jah«.

Karneval rund um die Ahr

Weiberfastnacht (Do):	Schuld, Möhnenumzug
	Altenahr, Möhnenumzug
Karnevalssamstag:	Blankenheim, Geisterzug mit Geisterball
	Rupperath, Karnevalsumzug
	Heimersheim, Karnevalsumzug
Karnevalssonntag:	Remagen, Karnevalsumzug
	Ahrbrück, Karnevalsumzug
	Mutscheid, Karnevalszug
	Bad Neuenahr, Karnevalszug
	Walporzheim, Karnevalszug
	Bad Breisig, Karnevalszug
	Burgbrohl, Karnevalsumzug
Rosenmontag:	Ahrweiler, Rosenmontagszug
	Altenahr-Altenburg, Rosenmontagszug
	Schuld, Rosenmontagszug
	Blankenheim, Rosenmontagszug mit anschließendem Maskenball
	Iversheim, Rosenmontagszug
	Arloff, Rosenmontagszug
	Niederlützingen, Rosenmontagsumzug
	Holzheim, Rosenmontagszug
	Houverath, Rosenmontagszug
Veilchendienstag:	Sinzig, Veilchendienstagsumzug
	Bachem, Karnevalsumzug
	Blankenheim, Kappenzug und anschließend Ahle Möhne-on Heere-Ball
	Arloff, Kinderkarnevalszug

BITBURG & DIE SÜDEIFEL

Zwischen Mosel im Süden und Schneifel und Vulkaneifel im Norden liegt die Südeifel. Auch die Politiker und Beamten haben die Naturschönheiten dieser Region erkannt, und so kommt es, dass hier gleich zwei Naturparks liegen: Der Deutsch-Luxemburgische Naturpark und der Naturpark Südeifel.

Früher, in Zeiten der Märchenerzähler und Geisterjäger, konnten sich die Menschen viele Naturphänomene nicht so Recht erklären. Wenn also etwas sehr gruselig wirkte oder ein besonders großer Felsblock irgendwo lag, wo er nach menschlichem Ermessen gar nicht liegen konnte, brachte man schnell den Teufel ins Spiel. Wundert euch also nicht, wenn ihr dem Teufel an vielen Stellen in der Südeifel begegnet, denn die Naturgewalten, die zum Beispiel die Teufelsschlucht oder die Deiwelsinsel bei Berdorf geschaffen haben, sind wirklich beeindruckend.

In der Naturerkundungsstation Teufelsschlucht, im Umwelt-Erlebnis-Zentrum Gaytal Park oder bei einer Wanderung auf dem Deutsch-Luxemburgischen Felsenweg ist einiges über Geologie und Ökologie zu lernen.

Aber auch alle anderen Freizeitaktivitäten kommen nicht zu kurz. Hier gibt es viele Schwimmbäder, Badeseen, Museen, Burgen, Märkte und Feste, die einen Besuch wert sind.

HIER IRGENDWO MUSS DER TEUFEL WOHNEN!

Lustig: Hier haben Deutschland, Luxemburg und Begien gemeinsame Grenzen. Und wie heißt diese Region? Luxemburgische Schweiz!

@ Der Verein Direktvermarkter Eifel-Mosel-Saar e.V. gibt einen Veranstaltungskalender »Bauernmärkte & Hoffeste« heraus, den man auch unter www.hofgenuss.com nachlesen kann.

Lädt zum Klettern und Ritterspielen ein: Schloss Beaufort im belgischen Teil der Südeifel

TIPPS FÜR WASSER-RATTEN

Happy Birthday!
Geburtstagskinder haben freien Eintritt. Bitte Ausweis mitnehmen.

Frei- & Hallenbäder

Kylltalbad Kordel

Kordel. ✆ 06505/1308. **Anfahrt:** Kordel liegt an der Bahnlinie Köln – Gerolstein – Trier. B422, 14 km nördlich von Trier an der L43 Kordel – Daufenbach. **Zeiten:** Mai – Sept Mo 12 – 20, Di, Do, Fr 7 – 20, Mi, Sa, So, Fei 8 – 20 Uhr. **Preise:** 2,80 €, 10er-Karte 22, Saisonkarte 60 €; Schulklassen und Kinder unter 6 Jahre frei. Kinder ab 6 Jahre 1,60, 10er-Karte 11, Saisonkarte 30 €; Ermäßigung für Behinderte und mit Familien- oder Ferienkarte.

▶ Von Wald umgebenes solarbeheiztes Freibad mit vier Becken, großer Liegewiese, Schatten spendenden Bäumen, eigenem Pavillon für Eltern mit Kindern, Beach-Volleyballfeld, Tischtennis, Freiluft-Schach.

Cascade Bitburg

Talweg 4, 54634 Bitburg. ✆ 06561/96830, Fax 968312. www.cascade-bitburg.de. **Anfahrt:** Im Zentrum nahe beim Busbahnhof. **Zeiten:** Freibad Mo – Fr 10 – 19 Uhr, Sa, So, Fei 9 – 19 Uhr, Erlebnisbad Mo 13 – 22 Uhr, Di – Fr 10 – 22 Uhr, Sa, So, Fei 9 – 22 Uhr. **Preise:** 1 Stunde 2,60 €, 2 Stunden 4 €, 3 Std. 5,20 €, 4 Std. 6 €, Tageskarte 7 €; Kinder unter 1 m frei, bis 18 Jahre 1 Stunde 1,80 €, 2 Stunden 2,60 €, 3 Std. 3,10 €, 4 Std. 3,30 €, Tageskarte 4,60 €; Rabatt mit Wertkarten und für Gruppen über 10 bzw. über 50 Personen.

▶ Das **Hallenbad** verfügt über Erlebnisbecken mit 55-m-Black-Hole-Slide, Wasserspeier, Wellenbecken, Strömungskanal, Steilrutsche, Hangelnetzen, Wasserfall, 25-m-Sportbecken mit 1- und 3-m-Sprungturm, Plantschbecken mit Kinderspaßbereich und Lehrschwimmbecken. Wer's ruhiger mag findet ein Regenerations-

becken mit Massagedüsen, Hot-Whirlpool, Solarien und einen Bademoden-Shop.
Im **Freibad** zusätzlich 50-m-Sportbecken, 1-, 3- und 5-m-Sprungturm, Nichtschwimmerbecken mit zwei Rutschen, 4-m-Breitrutsche, Plantschbecken, Liegewiese und Beach-Volleyballfeld. Außerdem ist eine große Saunawelt angeschlossen.

Erlebnis-Freibad Aqua-Fun

Enztal-Erlebnisbad, In der Enz 23, 54673 Neuerburg. ✆ 06564/2955, Hoesdorff.Rudolf@vg-neuerburg.de. **Anfahrt:** Bus 4370 ab Neuerburg. B50 Bitburg – Vianden, im Enztal 8 km nach Norden. **Zeiten:** Mai – Sept Mo 12 – 20 Uhr, Di – So 10 – 20 Uhr. **Preise:** 3 €, Wochenkarte 20, Saisonkarte 75, Familienkarte 95 €; Kinder 6 – 17 Jahre 1,50 €, Wochenkarte 10, Saisonkarte 47,50 €.

▶ Schwimmerbecken mit 1- und 3-m-Sprungbrett, Erlebnisbecken mit Wasserpilz, 65 m langer Riesenrutschbahn, Strömungskanal, Plantschbecken, Kinderbecken mit kleiner Rutsche, Quelltopf, Sprudeltopf und Spielbach, Liegewiese, Restaurant. An Sommerwochenenden ist dieses schöne Freibad sehr stark besucht.

Erlebnis- und Freizeitbad Beaufort

87, Grand Rue, L-6310 Beaufort. ✆ 00352/836099-300, 836081. **Zeiten:** Ende Mai – Ende August täglich 10 – 19 Uhr. **Preise:** 3 €; Kinder 3 – 14 Jahre 1,50 €.

▶ Mehrbereichbecken aus Edelstahl mit 50 m langer Erlebnisrutschbahn, Strömungskanal, Wasserpilz, Wasserkanone, 3 Bodenblubber, Kleinkinderbecken mit Babyrutsche und Liegewiese. Für Familien und Behinderte stehen spezielle Sanitärräume zur Verfügung. Hinter dem Schwimmbad gibt es eine Minigolfanlage.

Hunger & Durst

Das **Restaurant Aquarell** ist mit Blick ins Erlebnisbad angelegt. Es gibt außerdem einen Kiosk im Freibadbereich und ein Selbstbedienungsrestaurant auf der Gallerie des Hallenbades.

Der Gartenhof, Ralf König, Marktstraße 6, 54673 Neuerburg. ✆ 06564/2740, 930980. Di – Sa 9 – 12, Fr auch 15 – 18 Uhr. Der Laden hat Gemüse, Eier, Kartoffeln, Getreide, Geflügel, Lamm und Kaninchen im Angebot. Der Demeterhof selbst liegt in der Beilsbachstraße 29.

Das Bad liegt unmittelbar neben der Touristen-Information. Dort werden **Mountainbikes** vermietet.

Achtung! Nach luxemburgischem Recht dürfen Kinder bis 6 Jahre nur in Begleitung Erwachsener ins Schwimmbecken.

Hallenbad Echternach

L-6401 Echternach. ✆ 00352/729234228. **Anfahrt:** Der Busbahnhof ist gleich nebenan. **Zeiten:** Di, Mi 17 – 20 Uhr, Do 16 – 20 Uhr, Fr 16 – 21 Uhr, Sa 14 – 18 Uhr, So 9 – 12 Uhr. In den Ferien Di – So 9 – 12 Uhr, Mo – Fr 14 – 21 Uhr, Sa 14 – 18 Uhr. **Preise:** 1,50 €; Kinder unter 15 Jahre 0,75 €.

▶ Schwimmbecken für Schwimmer von 4 – 1,35 m Tiefe und für Nichtsschwimmer von 1,35 – 0,60 m mit 1-m-Sprungbrett. Die Badezeit beträgt 80 Minuten, es besteht Badekappenpflicht.

Freibad Vianden

Piscine chauffée, Rue du Sanatorium, L-9425 Vianden. ✆ 00352/834532. **Zeiten:** Ende Mai – Anfang Sept. **Preise:** 2,80 €, Gruppen über 15 Personen 1,60 €, 6er-Karte 14 €; Kinder 1,40 €, Gruppen über 15 Personen 1 €, 6er-Karte 7 €.

▶ Ein geheiztes Freibad mit olympischen Maßen, Kinderbecken, großer Liegewiese und einer Rutschbahn von 6,5 m Höhe und 65 m Länge.

Freibad Echternacherbrück

Camping + Freibad Echternacherbrück, Mindener Straße 18, 54668 Echternacherbrück. ✆ 06525/340, Fax 93155. www.echternacherbrueck.de. info@echternacherbrueck.de. **Anfahrt:** Bahn bis Echternach (Lux) oder Bus bis Echternacherbrück. Rad: Sauer-Radweg auf der luxemburgischen Seite. **Zeiten:** 1.4. – 15.10. **Preise:** 2,60 €, 10er-Karte 20,50 €; Kinder bis 15 Jahre 2,10 €, 10er-Karte 12,80 €; Ermäßigungen für Familien und Gruppen.

▶ Schwimmer-, Nichtschwimmer- und ein Plantschbecken mit Liegewiese, Kiosk und Imbiss. Im Freibad ist immer etwas los, denn hier findet das Animations-Programm des Campingplatzes mit Discoschwimmen, Wasserball, Aerobic, Beach-Volleyball, Beach-Soccer, Wassergymnastik und Aquajogging statt.

Wassersport auf Flüssen & Seen

Die Flüsse in der Eifel sind recht klein und daher für die gewerbliche Schifffahrt nicht nutzbar. Damit ist zwar auch das Rudern unmöglich, aber mit Kanu und Kajak finden Familien auf *Rur*, *Sauer* und *Ahr* ganz hervorragende Bedingungen zum Flusswandern. Die Eifel-Grenzflüsse *Rhein* und *Mosel* sind für die Wassersportler unter euch nicht empfehlenswert. Die Wasserqualität ist nicht die beste, der starke Schiffsverkehr macht das Ganze sehr gefährlich und im Rhein gibt es zudem noch Strömungen und Strudel, in denen jeden Sommer etliche Menschen – auch gute Schwimmer – ertrinken. Die vielen Seen, Maare und Talsperren hingegen ermöglichen euch naturnahen Wasserspaß ohne Gesundheitsgefahren.

Bitte nicht Motorboot fahren. Hierdurch werden brütende Vögel gestört und können Wasserbewohner verletzt oder gar getötet werden.

Stausee Bitburg

Tourist-Information Bitburger Land, 54634 Bitburg. ✆ 06561/94340, Fax 943420. **Anfahrt:** Bis Bhf Bitburg-Erdorf, Bus bis Bitburg ZOB, von dort 5 x täglich Bus nach Biersdorf. A60 Ausfahrt 6 nach Bitburg, von dort 9 km Richtung Biersdorf.

▶ Neun km nordwestlich von Bitburg ist die Prüm zu einem großen See (35 ha) aufgestaut. Auf dem landschaftlich schön gelegenen Gewässer wird fleißig gepaddelt, gerudert und gesurft (auch Surfschule), es darf aber nicht gebadet werden. Auch das Motorbootfahren ist verboten, weil es sich um ein Trinkwasserreservoir handelt. Einmal im Jahr, am ersten Wochenende

Um den See führt eine etwa 5 km lange **Promenade**, zu der von mehreren Wanderparkplätzen aus der Zugang möglich ist. Auch für Kinderwagen ist diese stabile Route geeignet.

im August, findet ein großes **Stauseefest** statt, bei dem auch ein prächtiges Feuerwerk veranstaltet wird.

Echternacher See

L-6401 Echternach. **Anfahrt:** Nach Südwesten 2 km der Ausschilderung »Lac/See« folgen.

▶ Auf dem Echternacher See ist das Segeln, Surfen, Tretbootfahren und Paddeln erlaubt. Schwimmen ist verboten, das Wasser ist auch nicht gerade sehr sauber.

Rund um den See verteilt gibt es drei WC, zwei Spielplätze, eine Minigolfanlage und vier Schutzzonen für Tiere und Pflanzen, die von Menschen nicht betreten werden dürfen. Im östlichen Seeteil gibt es eine **Kinderinsel,** die ihr über eine Holzbrücke erreichen könnt. Dort habt ihr Gelegenheit zum Tischtennisspielen und zu allerlei Naturerkundungen auf Balancierbalken, Kletterbäumen, Baumtelefon, Holzorgel und der Schaukelbrücke über einen Tümpel, der Heimat unzähliger Libellen ist. Wir haben allein 4 verschiedene Libellenarten gesehen.

Achtung! Sehr schön kann man um den Echternacher See herum auf dem Radweg bladen. In Luxemburg ist das Inline-Skaten auf Radwegen zwar offiziell nicht erlaubt, wird aber toleriert.

Paddeltour auf der Sauer

▶ Das deutsch-luxemburgische Flüsschen Sauer bietet ausgesprochen gute Bedingungen für Kanufahrten. Für Kinder ist dies ein empfehlenswerter Einstieg in diesen wunderbaren Wassersport. In der Regel wird die 12 km lange Strecke Dillingen – Echternach gefahren – es geht flussabwärts, die Tour dauert knapp drei Stunden. Gruppen wird auch die 27 km lange Route Diekirch – Wallendorf – Dillingen – Echternach angeboten.

Es macht schon Spaß, an üppig bewachsenen Ufern und verschiedenen Campingplätzen vorbeizugleiten und den Fischen und Libellen zuzuschauen. Die Angler am Ufer und Enten auf dem Wasser »müssen weiträumig umfahren werden«. Am Ziel besteht die Möglichkeit, mit dem Bus oder mit Leihrädern per Sauer-Radweg zum Startort Dillingen zurückzukehren.

Outdoor Freizeitgestaltung und Teamtraining, 10, rue de la Sûre, L-6350 Dillingen (Luxemburg). ✆ 00352/869139, Fax 869143. www.outdoorfreizeit.lu. info@outdoorfreizeit.lu. **Anfahrt:** Straße 10 Vianden – Echternach. **Preise:** Kajak ab 17,50 €, Kanadier ab 30 €, Mountainbike ab 15 € und Raftverleih ab 160 €, alle Preise im Internet; außer Juli und August Gruppenermäßigung ab 10 Booten.

Dieser Veranstalter ist sehr umweltbewusst und legt großen Wert darauf, dass Fluss und Ufer sauber gehalten werden.

Süd Eifellux Recreatie, Kanu und Mountainbikeverleih, 68, rue de Consdorf, L-6551 Berdorf. ✆ 00352/799882, Handy 00352/91799882. www.sudeifel-luxrecreatie.com. rvoogt@pt.lu. **Anfahrt:** Die Kanus liegen in Wallendorf neben Camping Sauer/Our an der Straße 10 Vianden – Echternach. **Preise:** Kajaks ab 16 €, Canadier für 2 Erwachsene und 1 Kind 30 €, Schwimmwesten 2,50 €. Bei Hochwasser können vier Personen ein Rafting-Boot für 115 € mieten. Die Mountainbikes kosten pro Tag 15 €, pro Woche 90 €.

Wanderungen für Tüchtige

Deutsch-luxemburgischer Felsenweg

Irrel. **Länge:** Rote Route 15 km, mittelschwer. **Anfahrt:** Bus 442 und 443. B257 bis Irrel, dort durchs Prümtal Richtung Prümzurlay.

▶ Der insgesamt 62 km lange Felsenweg ist in vier Tagesetappen von 10 bis 20 km unterteilt, die jeweils als Rundwanderung gestaltet sind.

@ www.naturpark-suedeifel.de

Man kommt also stets zum Ausgangspunkt zurück, ist daher nicht auf die zu manchen Zeiten recht selten fahrenden Busse angewiesen. Ein Ilexzweig weist bei allen Teiletappen den Weg. Zu sehen gibt es blühende Wiesen, Farne und Wälder in der bizarren Felsenlandschaft. Sandstein und Muschelkalk sind hier die vorherrschenden Gesteine. Und was heißt das? – Hier war vor 200 Millionen Jahren Meeresboden!

Die grüne und die blaue Route sind 10 bzw. 17 km lang und auch ganz schön.

Die schönste ist die **Rote Route.** Sie beginnt am Wanderparkplatz Irreler Wasserfälle und führt dort hin, zur Naturerkundungsstation Teufelsschlucht, zum römischen Weihetempel in Ernzen, zum Felsenweiher, ins Gutenbachtal, zur Einsiedelei Liboriuskapelle und durchs Naturschutzgebiet Kelterdell bis hin zur bizarren Felslandschaft in der Teufelsschlucht.

Eifelverein Wanderkarte 28 Irrel, Echternach 1:25.000.

Felsenwanderung

Weilerbach. www.naturpark-suedeifel.de. **Länge:** Gelbe Route ab Wanderparkplatz Weilerbach 20 km, meist eben mit kurzen Steigungen. **Anfahrt:** Mo – Fr Bus 441 und 443. Am Ostufer der Sauer 4 km nordwestlich von Echternacherbrück.

▶ Die Gelbe Route ist die längste Tagesetappe des insgesamt 62 km langen Deutsch-Luxemburgischen Felsenweges. Der Weg ist mit einem Ilexzweig als Symbol gekennzeichnet, beginnt am Barock-Schloss Weilerbach und führt über die »Schweineställe« zum Naturdenkmal Falkenlay. Über die Wanderbrücke Fölkenbach gelangt ihr nach Echternach. Die Wolfsschlucht, der Perekoop, die Labyrinthe und die Houllay sind nur einige von vielen faszinierenden Felsformationen am Wegesrand. Über die Alfred-Toepfer-Brücke kommt ihr zum Ausgangspunkt zurück.

*Die **Wanderbrücken** des Deutsch-Luxemburgischen Naturparks werden von den Grenzlandbewohnern als Brückenschlag in Sachen Kultur und Natur angesehen, durch den sich die Menschen offen und unkompliziert näher kommen können. Denn Wanderer und Spaziergänger beider Nationen nutzen die Brücken gerne und oft.*

Naturerlebnispfade & Umwelt-Infozentren

Ökologo Klausen e.V.

Verein zur Förderung eines ganzheitlichen Umweltbewusstseins durch handlungs- und erlebnisorientierte Projekte, Geschäftsstelle, Weinbergstraße 1, 54518 Osann-Monzel-Osann. ✆ 06578/98776, Fax 209. www.oekologo.de. oekologo@t-online.de. **Anfahrt:** Bahn bis Wittlich Hbf (Wengerohr), dann Bus über Wittlich ZOB (umsteigen). A1 Ausfahrt 127 Salmtal. **Rad:** Maare-Mosel-Radweg. **Preise:** Erlebniswanderungen 3 – 8 €; Kinder 2 – 5 €.

▶ Ökologo ist ein sehr engagierter Verein, der es nicht dabei belässt für Umweltprobleme zu sensibilisieren, sondern auch bemüht ist, die ökologischen Erkenntnisse umzusetzen. Es wird ein ganzheitlicher Ansatz verfolgt, große Bedeutung wird dem Lernen vor Ort in direktem Kontakt mit Natur und Umwelt zugemessen. Hauptadressate sind Kinder und Pädagogen.

Kindergartenkinder und Kinder der Grundschuljahrgänge 1 bis 3 werden in spannenden Streifzügen angeleitet »den Wald mit allen Sinnen zu erleben.« Mit Kindern mittleren Alters (und darüber) werden spezielle ökologische Untersuchungsprojekte unternommen, in die außerschulische Lernorte eingebunden sind (Kläranlage, Mülldeponie, Wald, Bauernhof, Weinberg, Umweltbehörden, Umweltverbände). Besonders schön für Familien mit Kindern (Mindest-Teilnehmerzahl 10) ist die geführte Erlebniswanderung »Bei den Holzfällern« im Forstrevier Klausener Wald mit Holzfäller-Brotzeit.

Ferner engagiert man sich in der Fortbildung von Lehrern und Kindergartenpersonal zu öko-

»Es geht bei Erziehung und Bildung nicht darum, das Gedächtnis wie ein Fass zu füllen, sondern darum, Lichter anzuzünden, die allein weiterbrennen können.« (Maxime von Ökologo)

logischen Themen (inkl. deren Umsetzung im Schulalltag) und unterstützt Kindergärten und Schulen bei der Gestaltung und Durchführung von Projekttagen und -wochen.
Außerdem gibt es ein dickes Paket von ökologischen Aktivitäten, das eine breite Öffentlichkeit anzusprechen versucht, wie:
Seminare zur ökologischen Landwirtschaft und zum Öko-Weinbau (zusammen mit Praktikern), die Anleitung zum Schneiden und Veredeln von Obstbäumen, das Training von ökologisch orientierten Grundstücksbesitzern im Mähen mit der Sense, Exkursionen zu interessanten Ökogärten, Anlagen, die regenerative Energien produzieren oder die Besichtigung von Bauwerken, die nach ökologischen Prinzipien konstruiert sind.

Zu den Irreler Wasserfällen

Verkehrsverein Irrel, Hauptstraße 4, 54666 Irrel. ✆ 06525/500, Fax 500. **Länge:** 2 Rundwege à 4 km, leicht. **Anfahrt:** B257 Bitburg – Luxemburg 4 km vor Echternacherbrück. Von Irrel im Prümtal aufwärts Richtung Prümzurlay, Start am Wanderparkplatz Irreler Wasserfälle.

▶ Im Holsthumer Prümtal zwischen Irrel und Holsthum gibt es den **Erlebnispfad Wasser und Natur.** Er ist etwa 8 km lang und kann in zwei Teilabschnitte zu je 4 km aufgeteilt werden. Der lange und die zwei kurzen Pfade sind als Rundgang angelegt. Auf dem gesamten Pfad begleitet euch *Leo,* der Lachs und gibt nützliche Informationen. Ihr lernt, wie Hopfen angebaut wird, welche Tiere an Hälbach und Prüm zu Hause sind, wie Bakterien das Abwasser reinigen, wie wichtig Waldameisen und warum Luchse und Wölfe in der Eifel ausgestorben sind.

Auf diesem Erlebnispfad könnt ihr mehr, als nur Infotafeln lesen. An manchen Stationen könnt ihr Wasser pumpen und rumprobieren – oder darin plantschen – und euer Wissen an Quiz-Drehscheiben testen. Nach diesem Pfad wisst ihr dann auch, dass ein hydraulischer Widder kein männliches Schaf ist.

Von der Infotafel zum Erlebnispfad überquert ihr die Straße und kommt zu den **Irreler Wasserfällen** – eher lahme Stromschnellen. Von dort geht es an der Prüm entlang Richtung Prümzulay. Hinter dem Hälbach führt der Weg links bergauf bis in die Nähe vom Ferschweiler Plateau. Wem das zu anstrengend ist, der geht einfach am Hälbach geradeaus weiter, in Prümzulay treffen sich die Wege wieder. In der Ortsmitte habt ihr dann auch die Wahl, ob ihr über die Brücke über die Prüm zurück zum Parkplatz oder geradeaus weiter bis Holsthum geht. Dann folgt ihr der Kotnolstraße, kommt an zwei Kläranlagen vorbei und überquert am südlichen Ortsrand von Holsthum die Prüm. Der Weg führt euch nun zum Wanderparkplatz Holsthum, von wo aus ihr auch starten könntet, wenn ihr den Weg anders herum oder nur die Nordhälfte gehen wollt. Hier geht ihr zunächst durch ein Feld und überquert den Dahlembach, danach geht es am Waldrand bis Prümzulay und durch den Wald zurück zum Parkplatz.

Hunger & Durst
Auf der Wanderung könnt ihr einkehren im **Gasthaus Oberbillig,** Wolsfelder Straße 11, Holsthum.

Besucherzentrum Teufelsschlucht bei Irrel

Naturerkundungsstation Teufelsschlucht, Ferschweiler Straße, 54668 Ernzen. ✆ 06525/93393-0, Fax 93393-9. www.teufelsschlucht.de. info@teufelsschlucht.de. **Anfahrt:** Westlich der B257 Bitburg – Luxemburg 4 km vor Echternacherbrück. **Zeiten:** April – Mitte Nov täglich 10 – 18 Uhr, Rest des Jahres unterschiedlich, vorher fragen. **Preise:** Meist etwa 5 € für Workshops und Wanderungen. **Infos:** Umfangreiche Infomappe zur Vorbereitung und Auswahl der Angebote auf Anfrage erhältlich.

▶ Das noch ganz neue Besucherzentrum Teufelsschlucht ist eine Einrichtung, an der junge

Happy Birthday!
»Mit Spiel und Spaß geht's durch den Zauberwald. Wir laden Bäume, Gräser und Tiere zu einem Fest ein. Wer ist der älteste Bewohner des Waldes? Wann haben eigentlich die Bäume Geburtstag? Gemeinsam lauschen wir dem Geburtstagslied der Natur.« Ganzjährig möglich, Dauer 2 – 3 Std., Kosten pro Kind 3 €.

und jung gebliebene Naturdetektive ihre helle Freude haben können. Den Kern bildet das Informationszentrum, das Wissen zu Natur und Umwelt vermittelt. Zu sehen sind eine Fossiliensammlung, eine Erdzeituhr, ein Landschaftsrelief, eine archäologische Ausstellung, Modelle und Präparate zur Pflanzen- und Tierwelt. Direkt neben dem Infozentrum befindet sich ein Weiher, der zur Beobachtung des Biotops Stillgewässer mit Fröschen, Libellen u.a. animieren soll. Hier wohnt *Tümpi*, der Frosch, der euch auf Schildern viel über seinen Heimattümpel erklärt.

Außerdem gibt es ein **Lehrbienenstand** mit sechs Bienenvölkern und einem Beobachtungsfenster, mit dessen Hilfe euch der Imker die Organisation des Bienenlebens und die Entwicklung von der Wabe zum Honig erklärt.

Das Besucherzentrum bietet außer Seminaren und Vorträgen auch ein **Riesenprogramm** von spannenden Naturerlebnisaktionen, da kann eigentlich jeder fündig werden. Am besten, ihr lasst euch den Veranstaltungskalender zuschicken, in dem auch Infos zum Umwelt-Erlebnis-Zentrum GaytalPark enthalten sind. Zu »Kinder erleben die Natur« gehören z.B. folgende Streifzüge (jeweils 2 – 3 Std.):

- Spaziergang durch die vier Jahreszeiten
- Wir basteln ein Pflanzenbuch
- Nachspüren, wie der Bach sich fühlt
- »Äktschen« im Frühlingswald: Die Natur erwacht
- Zauberkraft der Kräutergeister
- Teufelsschlucht – rätselhaftes Felsenland
- Sommerliches Wald- und Wiesenwunder
- Laubwald in »Flammen«
- Herbstwald im Laternenschein

Hunger & Durst

Im Besucherzentrum bietet eine **Cafeteria** warme Getränke und Snacks an. Spezielle Angebote für Gruppen.

Tipp: Das Programm »Teuflische Empfehlung« für Gruppen ab 10 Personen lässt keinen Wunsch offen: Für 10 € gibt es in 2,5 Stunden einen diabolischen Begrüßungsdrink, eine Kurzinfo zur Naturerkundungsstation, einen Film zum Naturpark, eine geführte Wanderung durch die Teufelsschlucht und zur Stärkung einen Eifler Wanderteller.

- Das Atelier im Wald
- Winterschlaf im Zauberwald
- Biene Maja – das Leben einer Honigbiene
- Mein Freund der Baum
- Naturdetektive auf Spurensuche
- Ein Tag im Zwergenland
- Stimmen und Düfte des Waldes

Der Besuch im Informationszentrum sollte auf jeden Fall mit einer **Kurzwanderung** in die nahe gelegene **Teufelsschlucht** verbunden werden – ein wilder, extrem enger Durchgang zwischen 40 m hohen bizarren Sandsteinfelsen. Ihr könnt dann wieder zum Besucherzentrum zurückkehren und zur Rast im Restaurant entspannen.

Erdzeitenpark

Naturerkundungsstation Teufelsschlucht, Ferschweiler Straße, 54668 Ernzen. ✆ 06525/93393-0, Fax 93393-9. www.teufelsschlucht.de. info@teufelsschlucht.de. **Anfahrt:** Westlich der B257 Bitburg – Luxemburg 4 km vor Echternacherbrück. **Zeiten:** April – Mitte Nov täglich 10 – 18 Uhr, Rest des Jahres unterschiedlich.

▶ Wer bei der Besprechung der Erdzeiten im Erdkundeunterricht meinte, das sei nur trockenes Lernen von Zeiten und Gesteinsarten, kann diese Theoriekenntisse hier mit Leben füllen. Im Erdzeitenpark sind die einzelnen Erdzeiten vom der Erd-Urzeit bis zur Erdneuzeit verständlich dargestellt. Immer gibt es die passenden Gesteine auch zum Anfassen, aber auch viele andere gute Infos rund um die Vergangenheit unseres Planeten.

In einer 9 m hohen Plexiglasröhre wird ein idealisiertes Bohrprofil durch die Erdkruste dargestellt. Ihr könnt euch die einzelnen Abschnitte von außen auf einer Wendeltreppe ansehen.

Tipp: Wenn ihr den Schildern am Parkplatz glaubt, sollen Fußgänger den Waldweg zum Erdzeitenpark nehmen. Dann verpasst ihr aber etliche Infotafeln und Musterfelsbrocken, die nur vom Schotterweg aus zu lesen bzw. sehen sind.

Umwelt-Erlebnis-Zentrum Gaytal-Park

Bitburger Straße 1, 54675 Körperich-Obersgegen. ✆ 06566/96930, Fax 933875. www.gaytalpark.de. info@gaytalpark.de. **Anfahrt:** An der B50 Bitburg – Luxemburg 4 km vor der Grenze bei Vianden. Für Rollstuhlfahrer Zufahrtmöglichkeit mit PKW bis unmittelbar ans Besucherzentrum. **Zeiten:** Mitte März – Anfang Nov So – Fr 10 – 18 Uhr, Sa 12 – 18 Uhr. Rest des Jahres unterschiedlich. Gruppen jederzeit nach Vereinbarung. **Preise:** 2,50 €, Senioren und Gruppen ab 10 Personen 2,30 €, ab 20 Personen 2 €, ab 30 Personen 1,80 €; Schüler, Studenten, Behinderte 1,80 €, Gruppe ab 16 Personen 1,60 €; Familien mit 2 Erwachsenen 6,50, mit einem Erwachsenen 4 €. 1 Stunde Führung 31 €, jede weitere halbe Stunde 13 €, außerdem Schulprogramme, Kindergartenprogramme. **Infos:** auf der Webseite, oder lasst euch den aktuellen Veranstaltungskalender einschließlich Faltblatt für Schulklassen kommen.

? *Rätsel: Vor dem Umwelt-Erlebnis-Zentrum Gaytalpark sind Sitzplatten aus verschiedenen Materialien auf eine Treppe montiert. Was meint ihr wohl, welcher Sitz ist an einem sonnigen Sommertag am wärmsten am Po: polierter Edelstahl, Gummi oder Holz?*

▶ Das Herz des Gaytal-Parks bildet der **Glaspavillon des Informationszentrums,** ein ökologisch ausgeklügeltes Bauwerk, das versucht, optimal Sonne einzufangen (Glaswände und großflächige Kollektoren auf der Sonnenseite) und effektiv mit Regenwasser umzugehen. Auf dem Dach ist auch noch ein Windrad montiert. Im Foyer begrüßt euch *Bodo die Raupe* – ein Symbol dafür, dass das *Gaybachtal,* in dem das Haus steht, für seinen Reichtum an Schmetterlingsarten bekannt ist, 600 verschiedene sollen es sein. Ihr tretet dann in eine Ausstellung ein, die sich den Wechselwirkungen zwischen Mensch und Natur widmet, ein Gemisch von Modellen, Schautafeln und interaktiven Bildschirmen.

Gegen geringe Gebühr kann ein Abenteuer-Erlebnis-Rucksack mit vielen Spiel-, Bastel- und Experimentieranleitungen ausgeliehen werden.

Nach der Ausstellung geht's hinaus auf einen **Naturlehrpfad** in den Gaytal-Park, denn Computer können nun mal keine Gerüche, Geräusche oder die Beweglichkeit und Lebendigkeit der Tiere und Pflanzen ersetzen. Auf dem Lehrpfad könnt ihr in etwa 1,5 Stunden ein Tierhotel und ein Baumtelefon kennen lernen, viel über Quelle, Tümpel und Wasser erfahren, an der Libellenpfütze durch eine Erlebnisrutsche rutschen oder am Wasserrad herrlich auf einem Matschtisch rummanschen. Und ist es nicht etwas ganz Besonderes, Feriengrüße vom Waldpostkasten loszuschicken?

Es gibt ein umfang- und abwechslungsreiches **Veranstaltungsprogramm:** Naturerlebnispfad, Umwelt-Rallye (mit Ernennungsurkunde zum Umwelt-Detektiv oder zur Umwelt-Spürnase), Vorträge, Seminare, Wanderungen, Exkursionen, Konzerte, Märkte u.v.a.m. Auch für Familien, Kinder und Schulklassen wird viel angeboten. Das 3-Stunden-Erlebnisprogramm kostet bei Gruppen unter 20 Personen pauschal 82 €, ansonsten 4,10 € pro Person.

Im **Grünen Shop** könnt ihr Mini-Wasserlabors, Nistkästen, Bodo-T-Shirts, Mal- und Sachbücher und viele andere Dinge rund um Natur und Umwelt kaufen.

Hunger & Durst

Im Gaytal-Park gibt es ein **Bistro** mit reichlich gefüllter Eistruhe.

Rueltzbechlay & Deiwelsinsel

L-6551 Berdorf. **Länge:** 1 km, flach und leicht.

Anfahrt: Parkplatz Martboesch bei Berdorf, 6 km westlich von Echternach. Dort gibt es eine Imbissbude.

▶ Der kleine Lehrpfad »Op der Lay« (»Auf dem Fels«) führt zum Aussichtspunkt Rueltzbechlay. Er ist vollkommen eben, also leicht mit Kinderwagen und Rollstuhl befahrbar. Von diesem Felsvorsprung führt der Weg hinab durch eine enge Schlucht namens Rueltzbechschloeff zur »Deiwelsinsel«, einem 40 m hohen vorgelagerten Fels, der in der letzten Eiszeit vor etwa 10.000 Jahren vom Rueltzbechfelsen abgetrennt wurde, als die oberen Sandsteinschichten auf der wasserundurchlässigen und damit rutschigen Tonschicht abwärts glitten.

Haff Schmalen-Brouwer, 2, Consdorfer Strooss, L-6551 Berdorf. © 00352/ 790378, Fax 779354. Mo, Mi, Fr, Sa 8.30 – 12, 13 – 17 Uhr. So ein Käse! Junger, mittelalter und alter Käse mit und ohne Kräuter sowie Jogurt natur oder mit Früchten werden frisch vom Hof verkauft. Auf Anfrage kann man auch bei der Herstellung von Käse zusehen.

Die Menschen in früheren Zeiten konnten sich die Entstehung der hohen Felsinsel nicht mit natürlichen Ursachen erklären. Sie machten für dieses Phänomen den Teufel verantwortlich und nannten den Fels »Deiwelsinsel« – Teufelsinsel.

An den Felswänden in der Schlucht und an der Teufelsinsel könnt ihr die unterschiedlichen Arten der Verwitterung bei Sandstein gut erkennen. Bei Windverwitterung haben mit Sandkörnern beladene Winde den Felsen regelrecht abgeschliffen – er ist angenehm glatt. Bei Wabenverwitterung löst das durch den wasserdurchlässigen Sandstein gesickerte Wasser den Kalk aus dem härteren Kiesel heraus und es entstehen kleine Löcher, die wie Honigwaben aussehen.

✷ Tipp: Naturentdeckungspfad Wanterbaach-Sieweschloeff

L-6551 Berdorf. **Anfahrt:** In Berdorf Richtung Martboesch fahren, dort ist zwischen Campingplatz und Sportanlagen ein großer Parkplatz.

Der Naturschutzdienst der Forstverwaltung Luxemburgs hat eine Begleitbroschüre »Naturentdeckungspfad Wanterbaach-Sieweschloeff« herausgegeben, die in den grenznahen Tourist-Informationen kostenlos zu haben ist.

▶ Der Pfad ist zwar nur 3 km lang, plant aber 2 – 3 Stunden ein, damit ihr die interessanten Naturphänomene anschauen und begreifen könnt. Ihr müsst trittsicher und schwindelfrei für diese Tour sein, sonst ist sie zu gefährlich für euch. Einfach nur der Ausschilderung »Wanterbaach-Sieweschloeff« folgen.

Bis zum **Aussichtspunkt Rueltzbechschloeff** ist der Weg ganz eben und auch mit Kinderwagen und Rollstühlen befahrbar. Danach geht es steil eine Treppe hinab in riesig hohe Felsengänge, in denen man sich als Mensch winzig klein und unbedeutend fühlt. Die Bäume wachsen hier mit besonders langen Stämmen viel höher als auf freien Flächen, um mit ihrer Krone der Sonne näher zu sein.

Hunger & Durst

Am Startpunkt gibt es einen Imbiss mit großem **Biergarten** und Minigolfplatz.

Hier könnt ihr an den Felswänden verschiedene Verwitterungsformen von Sandstein sehen. Zum Teil ist er in Linien, zum Teil flächig oder mit kugelförmigen Löchern ausgewaschen. Deshalb

ist der Weg überall bei den Felsen sandig. Am Adlerhorst könnt ihr sehen, wie akrobatisch sich manche Pflanzen im steilen Fels festklammern. Echte Lebenskünstler!
Gleich dahinter in der **Raiberhiel**, der Räuberhöhle, geht es auf steilen Eisenleitern tief in den Fels hinein und durch einen engen Gang auf den Weg unterhalb der Felsen. Als nächstes kommt ihr zum *Heroldt,* hier lebten schon in der Altsteinzeit die ersten Menschen des Müllerthals.
Im uralten Waldmassiv **Mechelshead** und **Schnellert** könnt ihr an manchen Tagen die Unterschiede im Waldklima zwischen Kiefernwald und Buchenwald spüren. Wo ist es wärmer?
Am **Toit du Monde** werdet ihr viele Sportkletterer sehen. Hier ist der richtige Ort, um sich zu fragen, wie Sportklettern und Naturschutz miteinander vereinbar sind. Sollte das Klettern völlig verboten werden? Oder werden Tiere und Pflanzen gar nicht gestört? Reicht es aus, nur bestimmte Routen zu erlauben? Was denkt ihr ganz persönlich?
Die Felsspalten im engen Tal **Sieweschloeff** sind Schutzraum für seltene Tiere und Pflanzen. Sie sind Menschen gewöhnt und halten sich nur in Felsnischen auf, die ihr vom Weg aus nicht sehen könnt. Bald dahinter kommt ihr zu einem Aussichtspunkt. Doch der schöne Ausblick lässt sich gar nicht so richtig genießen, wenn man sieht, welche Schäden durch zu viele Besucherfüße und alberne Zeichen entstehen, die in den weichen Sandstein geritzt wurden.
Kurz vor dem Ziel kommt ihr an die **Wanterbaachschlucht**, eine urige kesselförmige Schlucht. Und wer dann noch Kraft hat, kann sich am Parkplatz herrlich auf dem großen **Spielplatz** austoben.

Das **Klettern** ist unter Naturschützern umstritten, weil in den Fels geschlagene Haken und Ösen nicht entfernt werden, den Fels durchlöchern und so angreifbar für Erosion machen (speziell Sandstein ist recht empfindlich). Zarte Pflanzen in den Ritzen werden oft zertreten oder rausgerissen. Vögel, die in den Felsnischen brüten wollen, werden von den Kletterern gestört und oft ganz vertrieben.

Ausflüge für Kindergruppen

Verkehrsverein Irrel, Hauptstraße 4, 54666 Irrel. ✆ 06525/500, Fax 500. www.tourist-information-irrel.de. info@tourist-information-irrel.de. **Zeiten:** Mo – Fr 10 – 12 Uhr, April – Okt auch 14 – 16 Uhr.

▶ Der Verkehrsverein bietet abenteuerliche Ausflüge für Kindergruppen an:

Irreler Wasserfälle: Tosende Stromschnellen in dem sonst so friedlichen Flüsschen Prüm

Wasser und Natur: An 24 Stationen eines Erlebnispfades entlang der Prüm werden grundsätzliche Informationen über das Wasser und die Besonderheiten der Region vermittelt, wie Hopfenanbau, Streuobstwiesen, biologische Kläranlage.

Teufelsschlucht: Kurze Wanderung zu den interessanten Felsformationen.

Naturerkundungsstation: Unter Anleitung erfahrener Projektleiter entdecken Kinder Geheimnisse der Natur.

Kutsch- und Planwagenfahrten

Gestüt Jakobushof, Steffi Hütter, 54649 Lambertsberg. ✆ 06554/900188, Fax 1554. www.eifelzupferd.de/stationen/22.htm. **Anfahrt:** Von der A60, Abfahrt 5 Richtung Waxweiler.

▶ Kutschfahrten für alle Anlässe, Planwagenfahrten für bis zu 50 Personen.

Gärten & Erlebnisparks

Orchidarium der Gärtnerei Schronen

Familie Schronen, In der Elkes 3 – 5, 54689 Daleiden. ✆ 06550/1438, Fax 4332. www.orchidarium.de oder www.orchideen-schronen.de. info@orchidarium.de.

Anfahrt: An der B410 Prüm – Luxemburg, 7 km von der Grenze. **Zeiten:** Mo – Fr 10 – 17, Sa 10 – 15, So, Fei 13 – 17 Uhr. **Preise:** 2 €, in Gruppen ab 10 Personen 1,50 €; Jugendliche ab 14 Jahre 1,50 €, Kinder frei; Hunde dürfen nur an der Leine durch die Schauanlagen geführt werden.

▶ Die Gärtnerei Schronen in Daleiden hat mit viel Leidenschaft einen farbenprächtigen Garten aufgebaut, in dem rund 1000 Orchideenarten zu bewundern sind.
Ein anderes Hobby der Gärtnerfamilie ist der Alpengarten. Auch hier kann es sehr farbenprächtig aussehen. Ihr müsst nur im Spätfrühling kommen, wenn viele Alpenblumen ihre Blütezeit haben.

Hunger & Durst

Im **Tropencafé** lässt es sich zwischen den vielen Orchideen herrlich schmausen.

Eifelpark Gondorf

Eifelpark GmbH & Co. KG, Weisstraße 12, 54647 Gondorf. © 06565/956633, Fax 956644. www.eifelpark.de. info@eifelpark.de. **Anfahrt:** Von der Bahnstation Philippsheim an der Strecke Köln – Gerolstein – Trier 3 km Fußweg durch den Wald. A1 Ausfahrt 125 Wittlich, dann 30 km auf der B50 Richtung Bitburg, 8 km östlich von Bitburg. **Zeiten:** Wildpark ganzjährig außer bei Glatteis 9.30 – 17 oder 18, im Winter 10 – 16 Uhr. Die anderen Bereiche nur im Sommerhalbjahr 9.30 – 17 Uhr, im Juli und August und an einigen weiteren Tagen bis 18 Uhr, Fahrattraktionen erst ab 10 Uhr. **Preise:** 12 €, Winter 4,50 €; Kinder 4 – 14 Jahre 10 €, Winter 4 €, freier Eintritt für Geburtstagskinder; Ermäßigung für Gruppen ab 20 Personen, Behinderte, Senioren, Sparpreis in der Vor- und Nachsaison; Fr außer an Feiertagen Familientag: Freikarte für 1 Kind in Begleitung eines vollzahlenden Erwachsenen. **Infos:** ausführlicher Prospekt erhältlich.

▶ Im größten Freizeit- und Erlebnispark der Eifel ist unglaublich viel los. Es ist unmöglich an

einem Tag alle gebotenen Aktivitäten auch nur annähernd wahrzunehmen. Für einen ersten Überblick ist es ganz sinnvoll, zunächst einmal eine Rundfahrt mit dem Bähnchen Eifel-Express zu unternehmen.
Für Kinder ist natürlich der Bereich **Kinderwelt** ein »Muss«. Dazu gehören diverse Spielplätze, das Puppentheater, der Lachspiegel, der Schlosspark mit Riesenhüpfburgen und das lustige Spielhaus mit Labyrinth und Riesenballpool. Auch im Sektor *Spaß & Action* gibt es vieles, was Kinder reizt, wie etwa die Familien-Achterbahn, die Transmobil- und die Sommerrodelbahn, die Super- und die Wellenrutschbahn, die Bumperboats oder der Irrgarten. Schließlich wartet auf euch auch noch der Bereich *Wild & Erlebnis* mit der abenteuerlichen Bärenschlucht und den faszinierenden Flugshows mit Greifvögeln.
Man sollte auch den **Parkbereich Natur** erkunden, der viele Informationen zu Natur, Landwirtschaft und Umwelt bietet. Dazu gehören das Haus der Natur und das Bienenhaus, die Landesforstschau Rheinland-Pfalz, der Kohlenmeiler mit Köhlerhütte, der Platz der Urzeit und der Platz der Eifelscholle.

Hunger & Durst

Imbiss Tal- und Bergstation mit Sonnenterrassen, Waffelhaus, mehreren Grillplätzen, Hotel-Restaurant Waldhaus Eifel.

Schlittschuh laufen im Winter, Sport & Spaß im Sommer

Eissporthalle Bitburg

Südring 10, 54634 Bitburg. © 06561/8447, www.eissporthalle-bitburg.de. eissporthalle-bitburg@t-online.de. **Zeiten:** Anfang Okt – Mitte April Mo 10 – 12.30, Di 10 – 12.30, 14 – 18, Mi, Do 10 – 12.30, 14 – 18, Fr 10 – 12.30, 14 – 22, Sa 14 – 22, So 10 – 20

Uhr, bei Sportveranstaltungen ist die Eisfläche für das Publikum geschlossen. **Preise:** Einzelkarte 4 €, 10er-Karte 29 €, 50er-Karte 128€; Kinder und Jugendliche bis 18 Jahre Einzelkarte 3 €, 10er-Karte 21 €, 50er-Karte 92€. Für Minderjährige Di – Fr 14 – 18 Uhr Sonderpreis 1,60 €; Günstige Tarife für Familien, Gruppen ab 10 Personen, Schulen und Jugendfahrten. **Infos:** Gruppe und Vereine können auch Termine außerhalb der Öffnungszeiten vereinbaren.

▶ Jährlich kommen über 50.000 Besucher in die 1800 qm große Halle. Es gibt Eislaufkurse für Kinder, in denen den Kleinsten die ersten Schritte auf dem spiegelglatten Eis beigebracht werden. Diejenigen, die schon eine Weile dabei sind und Spaß an der Materie haben, können sogar Eiskunstlauf betreiben: lernen, wie Pirouetten gedreht werden, und berühmte Sprünge üben: den Axel, den Rittberger einfach oder gar zweifach.

Hier kann man eine ganz besondere **Geburtstagsfeier** mit kostenlosem Partyraum und einem Geburtstagsmenü im Bistro feiern. Außerdem gibt es noch das Vergnügen mit Schläger und Puck über die weite Eisfläche zu flitzen: das betreibt die Bambini-Eishockey-Mannschaft.

Ab Mai verwandelt sich der Eispalast in einen **Fun Park** (Eintritt 1,60 € pro Person) mit Rollhockeyfeld, Basketball- und Streetballanlagen, Torwand, Tischtennisplatten und Trampolin.

Tipp: Im Verleih sind Schlittschuhe der Größen 25 bis 50 (!), hierfür zahlt man zwischen 1,60 € (Schulen/Jugendgruppen) und 2,60 € (Erwachsene).

Kunsteisbahn Beaufort

Grand Rue, L-6310 Beaufort. ✆ 00352/836099-302. **Anfahrt:** Bus 500-505 von Ettelbruck, Diekirch, Medernach, Larochette und Reisdorf, Bus 414-500 von Echternach. **Zeiten:** Mitte Nov – Anfang März: Di, Do, Fr 13 – 21.30 Uhr, Mi 13 – 20 Uhr, Sa 10.30 – 22 Uhr, So 10.30 – 21.30 Uhr, Feiertage in den Winterferien

Hunger & Durst

Bei der Eisbahn gibt es ein Restaurant mit kleinen Gerichten, bei Aktionen auch Leckereien wie heiße Waffeln oder Champignons aus der großen Pfanne.

13 – 18 Uhr. **Preise:** 3 €; Kinder 2 €; Schlittschuhverleih 2,50 €.

▶ Eisbahn unter freiem Himmel mit Disco on Ice jeden Samstag ab 18 Uhr, weitere Feiern und Konzerte im Dezember, Januar und März.
Tipp: Im Sommer wird die Kunsteisbahn zu einer Rollerblade-Piste umfunktioniert.

HANDWERK UND GESCHICHTE

Bahnen & Betriebe

Mam Zuch duerch Eechternoach

Voyages Bollig, Alferweiher, L-6412 Echternach. ✆ 00352/7286381, Fax 729983. bollig.voyages@vo.lu. **Zeiten:** Abfahrten vom Marktplatz 11, 13, 14.15, 15.30, 16.45 und 18 Uhr. **Preise:** 6,50 €; Kinder 4 – 12 Jahre 4,50 €; Ermäßigung für Gruppen. **Infos:** Familien mit bis zu sechs Personen zahlen 17,50 €.

▶ Am Marktplatz – Place du Marché – startet eine Touristenbahn eine Rundtour von etwa einer Stunde durch die Straßen von Echternach und zum Echternacher See.

Seilbahn Vianden

Rue du Sanatorium, L-9420 Vianden. ✆ 00352/834323, Fax 849191. Handy 00352/21233840. petryhot@pt.lu. **Anfahrt:** Am Ende der B50, 28 km westlich von Bitburg. **Zeiten:** Ostern – Mitte Oktober täglich außer Fr 10 – 17 Uhr. **Preise:** 4,25 €, Gruppen 3 €; Kinder 2,25 €, Schülergruppen 2 €. **Infos:** Bei schlechtem Wetter geschlossen.

▶ Die einzige Seilbahn des Landes Luxemburg führt hinauf zum Schloss Vianden – in Zweiersesseln von 230 m hinauf auf eine Höhe von 440 m. Und dabei hat man eine schöne Aussicht über das Our-Tal.

Brauerei und Schnapsbrennerei

Brauerei Zils, Waldstraße 1, 54340 Naurath. ✆ 06508/91710, Fax 1616. www.brauhaus-zils.de. info@brauhaus-zils.de. **Zeiten:** Di – So 10.30 – 24 Uhr, Führungen nur für angemeldete Gruppen.

▶ In der Brauerei und Schnapsbrennerei kann man erleben, wie Zils Bräu gebraut und Schnaps gebrannt wird. Ein netter Führer erklärt, wie helles und dunkles Bier oder auch Weizenbier gebraut wird. Die Brauerei ist schon seit 1902 in Familienbesitz.

Tipp: Im Anschluss an die Führung kann man im **Biergarten** lecker essen. Bier und Schnaps probieren dürfen aber nur die Erwachsenen. Neben einfachen und rustikalen Gerichten wie Strammer Max und Braumeisterplatte werden gute Wildgerichte angeboten. Familien-Spezial-Angebot: Di – Do essen pro Familie 2 Kinder unter 10 Jahren kostenlos.

Saftprobe in der Obstweinkellerei »Am Wässerchen«

Rudolf Wagner, 54619 Eschfeld. ✆ 06559/857, Fax 1306. www.waesserchen.de. info@waesserchen.de. Verbandsgemeinde Arzfeld. **Anfahrt:** Ab B410 Prüm – Lux in Irrhausen 4 km nach Norden. **Zeiten:** Mo, Di, Mi 9 – 12 Uhr, Mi 15 – 18 Uhr, 1. Sa im Monat 10 – 12 Uhr oder nach Vereinbarung.

▶ »Es muss ja nicht immer eine WEINprobe sein«, sagen auch viele Erwachsene, die hier bewusst die Saftprobe wählen, obwohl es auch guten Wein aus den verschiedensten Früchten zu kosten gibt. Im Angebot sind klarer und naturtrüber Apfelsaft, Apfel-Kirschsaft, Apfel-Johannisbeersaft, Apfel-Holundersaft, Multivitaminsaft, Orangen-Direktsaft, roter und weißer Traubensaft und – ganz neu – reiner Holunder-

Hunger & Durst

Brauerei Zils, ✆ 06508/91710, Fax 1616. www.brauhaus-zils.de. Di – So 10.30 – 24 Uhr. Gemütlicher Biergarten.

Hier wird aus einem Hahn ein Kuckuck: *Am Kirmesmontag im November wandern die Junggesellen aus Naurath in den Nachbarort Dierscheid und stehlen dort einen Hahn. An der Gemarkungsgrenze wird er zum Naurather Kuckuck umgetauft und im Dorf als neuer Einwohner gefeiert. Am Ende landet er im Kochtopf des zuletzt getrauten Ehepaares. Woher dieser kuriose Brauch stammt, weiß heutzutage keiner mehr.*

saft. Auch eine Kellerbesichtigung ist nach Voranmeldung möglich.

Windkraftanlagen im Bitburger Land

Alfred Hauer, Hof Hauer, 54636 Niederweiler. ✆ 06569/7284, Fax 7284. Handy 0163/3345669. **Anfahrt:** A60 Anschluss 5 Waxweiler. **Zeiten:** knapp 2 Stunden. **Preise:** Führung 8 €, Gruppen unter 5 Personen pauschal 40 €.

▶ Bei Führungen in drei Windkraftanlagen bei Plütscheid können zwei 500 kW-Anlagen und eine 1800 kW-Anlage besichtigt werden. Dabei wird nicht nur die reine Technik dieser Anlagen, sondern auch alles andere rund um die Windenergie erklärt. Wer mutig und fit ist, darf im Turm 80 m die Treppe hoch steigen und kann bei gutem Wetter bis zu 100 km weit in die Eifel schauen (Fernglas nicht vergessen!). Maximale Gruppengröße 10 Personen.

Historische Töpferei Speicher

Op der Kaatz 1, 54662 Speicher. ✆ 06562/932060, s.falk@silyn-tek.de. **Anfahrt:** Bus 6245 vom Bhf Speicher. B50 Bitburg – Wittlich bis Gondorf, dort südwärts über Philippsheim. In Speicher Bahnhof-, Maar-, Trierer und Katzstraße. **Zeiten:** Mo – Sa 10 – 20 Uhr, So 14 – 16 Uhr, Besichtigung nach telefonischer Vereinbarung.

▶ In Speicher besteht eine lange Töpfer-Tradition. Diese wäre freilich beendet, wenn nicht der Ingenieur für Verfahrenstechnik und Keramikdesigner Stephan Falk die letzte Töpfermanufaktur des Ortes vor dem Untergang bewahrt hätte. Hier wird salzglasiertes Steinzeug in einem Holzbrandofen gebrannt, der in Größe und Konstruktion einem Ofentyp aus dem 12. Jahrhundert entsprechen soll.

Pumpspeicherwerk

SEO Seciété Electrique de l'Our, Centrale de Vianden, Boîte Postale 2, L-9401 Vianden. ✆ 00352/849031-1, Fax 849031-200. www.seo.lu. rezeptionvia@seo.lu. **Anfahrt:** Nordwestlich von Vianden Richtung Stolzemburg an der Our. **Zeiten:** Ostern – Ende Sept täglich 10 – 20 Uhr, Okt – Ostern 10 – 16 Uhr. **Preise:** Eintritt frei.

▶ Die günstigen Bedingungen im Ourtal veranlassten die SEO im Herbst 1959 unter Beteiligung vieler europäischer Länder zum Bau des Pumpspeicherkraftwerks Vianden mit neun Maschinengruppen. Jede Maschinengruppe besteht aus einer Turbine, einem Motor-Generator und einer Pumpe. 1970 wurde das Kraftwerk durch den Bau des Schachtkraftwerks – 10. Maschine – erweitert. In Zeiten niedrigen Strombedarfs wird die Überschussenergie im Verbundnetz dazu benutzt, Wasser aus dem Unterbecken in das Oberbecken zu pumpen. In Zeiten von ansteigendem Strombedarf kann das im Oberbecken gespeicherte Wasser über die 10 Maschinen mit

Während Kohle-, Windkraft- und Atomkraftwerke den Grundbedarf an elektrischer Energie zur Verfügung stellen, werden ***Pumpspeicher-Kraftwerke*** *(PSW) benötigt, um zu bestimmten Tageszeiten den Energie-Spitzenbedarf abzudecken. Hier kann schnell viel Strom erzeugt werden, z.B. bei regionalen Großveranstaltungen oder an besonders kalten/heißen Tagen für Heizungen/Ventilatoren/Kühlgeräte oder wenn bei einem Fußballländerspiel alle Zuschauer gleichzeitig die Halbzeitpause nutzen, um 1001 Elektrogeräte in Betrieb zu nehmen.*

Wenn man es aber genau besieht, wird dort sogar mehr Strom verbraucht als hergestellt, denn das Wasser muss ja immer wieder in die Oberseen zurückgepumpt werden.

einer gesamten Turbinenleistung von 1.100.000 kW abgefahren werden.
Jederzeit zugänglich ist der Besucherstollen mit der Schaltzentrale. Geführte Besichtigungen der eigentlichen Werksanlage werden auf Anfrage durchgeführt.

Schlösser & Museen

Schloss Beaufort

L-6310 Beaufort. ✆ 00352/836002. **Anfahrt:** Bus 500-505 von Ettelbruck, Diekirch, Medernach, Larochette und Reisdorf, Bus 414-500 von Echternach. Auf halbem Weg zwischen Diekirch und Echternach. **Zeiten:** April – Ende Okt täglich 9 – 18 Uhr. **Preise:** 2,50 €, Gruppen ab 10 Personen 2 €; Kinder 5 – 12 Jahre 50 Cent, Schüler und Studenten 1,50 €, in der Gruppe 1,25 €. **Infos:** Für 50 Cent gibt's ein Infoheft, im Sommer Führungen.

Der »**Cassis de Beaufort**« ist ein Likör aus schwarzen Johannisbeeren. Die Spezialität der Schlossherren von Beaufort wird auf dem Schlossgelände hergestellt.

▶ Das Schloss Beaufort ist das Schmuckstück der Gemeinde Beaufort. Erstmals wurde es im 12. Jahrhundert urkundlich erwähnt. Ihr parkt an einem See mit Schwänen, der schon aussieht, wie aus einem Märchen. Vor dem Schloss grasen Schafe. Zu besichtigen sind nicht nur alte Gemäuer, sondern auch ein Brunnen und ein schauriges Gefängnis mit Folterkammer. Innerhalb der Festungsmauern gibt es eine Multimediaschau, einen Andenkenladen und Erfrischungen zu kaufen und am Parkplatz beginnt ein Naturpfad.

Schloss Vianden

L-9440 Vianden. ✆ 00352/834108, 849291, Fax 849284. www.castle-vianden.lu. info@castle-vinaden.lu oder amchvian@pt.lu. **Anfahrt:** Von der A60 bei Bitburg über die B50 knapp 30 km nach Westen. **Zeiten:** April – Sept 10 – 18 Uhr, März und Okt 10 – 17 Uhr, Nov – Februar 10 – 16 Uhr. **Preise:** 4,50 €; Kinder 6 – 12 Jahre 1,50 €; Schüler, Studenten und Senioren 3,50 €. **Infos:** Führungen kosten 1,50 € extra und werden nur auf Faxanfrage durchgeführt.

▶ Das feudale Schloss liegt hoch über der Stadt, die von einer Ringmauer mit Wachtürmen umgeben ist. Der Graf von Vianden gab sich nicht einfach mit einer einfachen Verteidigungsanlage zufrieden. Nein, er baute sich einen richtigen Palast in die Felsen. Allein der Rittersaal und der genau darunter liegende Weinkeller sind jeweils 30,3 x 9,6 m groß.

In der Küche könnt ihr ungefähr erahnen, wie das Leben damals war. Alles sieht so aus, als würden gleich die Bediensteten kommen und eine Mahlzeit für die hohe Herrschaft zubereiten. Im Hauklotz steckt noch das Knochenbeil und am Kamin hängen Kräuter zum Trocknen.

Museum von »Freher«

Dieter Schons, Burgstraße 10, 54636 Bickendorf. ✆ 06569/236, Handy 0175-8077409. **Anfahrt:** A60, Abfahrt 6 Bitburg. **Zeiten:** Nach Vereinbarung. **Preise:** Eintritt frei, bei Führung mit Waffeln und Viez (etwa 1,5 Stunden) 9,50 €; Kinder bis etwa 16 Jahre Führung 5 €.

▶ Ein Heimatmuseum, das in die »gute alte Zeit« zurückführt. Hier bekommt ihr gezeigt, wie Obst gedörrt wurde und Brot mit Holzfeuer gebacken wurde. Zu sehen sind auch allerlei Ausstellungen zum traditionellen Handwerk, wie zur Arbeit von Schreinern und Schustern. Auf Wunsch gibt es Waffeln vom holzbefeuerten Herd und Eifler Viez.

Römische Villa Otrang

Familie Hedrich, 54636 Fließem. ✆ 06569/807, Fax 963246. www.villa-otrang.de. hedrich@villa-otrang.de. **Anfahrt:** 3 km vom Bhf Bitburg-Erdorf 1 km vor Fließem. Von A60 Ausfahrt 6, etwa 5 km vor Bitburg. **Zeiten:** Täglich außer 1. Werktag der Woche, Karwoche – 30.9. 9 – 13, 14 – 18 Uhr, 1.10. – 30.11., 1.2. – Sonntag vor Ostern 9 – 13, 14 – 17 Uhr. **Preise:** 2 €, Gruppen ab 20 Personen 1,50 €; Kinder und Jugendliche 0,75, Gruppen ab 20 Personen 0,50 €.

▶ Diese römische Villa war ein Landgut mit Herrenhaus. Sie wuchs vom 1. bis zum 4. Jahrhundert auf 66 Räume mit drei Badeanlagen mit Fußbodenheizungen (Hypokausten) an. Im Jahr 400 wurde die geräumige antike Villa von germanischen Kriegern zerstört. Es sollte bis zum 19. Jahrhundert dauern, bis die Ruine wiederentdeckt und ausgegraben und das Bauwerk schließlich rekonstruiert wurde. Unter kundiger Führung kann man sich in gewissem Maße ein Bild vom Leben auf römischen Gutshöfen machen.

Heimatmuseum Speicher

Jacobstraße 1, 54662 Speicher. ✆ 06562/2023. **Anfahrt:** Bus 6245 ab Bhf Speicher. B50 Bitburg – Wittlich bis Gondorf, dort 8 km südwärts. **Zeiten:** So 14 – 16, Mi 10 – 12.30 Uhr, Gruppen mit über 10 Personen auch nach Vereinbarung und mit Führung.

▶ Geschichte und Gegenwart des ländlichen Raums um Speicher ist das Hauptthema. Römische Keramik und Produkte gegenwärtiger Töpferei passen genauso in diesen weiten Rahmen wie die Inflationsgeld-Ausstellung, der Tante-Emma-Laden oder Rosenkränze, Kommunionbilder und vieles andere.

Westwallmuseum Panzerwerk Katzenkopf

Katzenkopf, 54666 Irrel. ✆ 06525/492, Fax 492. www.westwallmuseum-irrel.de. info@westwallmuseum-irrel.de. **Anfahrt:** B257 Bitburg – Luxemburg 4 km vor Echternacherbrück. In Irrel über Niederweiser und Heidstraße auf einer Brücke über die B257, hinter der Kapelle links. **Zeiten:** April – Sept So, Fei 14 – 17 Uhr, Gruppen auf Anfrage auch zu anderen Zeiten. **Preise:** 2 €, Gruppen ab 20 Personen 1,75 €; Kinder bis 16 Jahre 1 €, Gruppen ab 20 Personen 0,90 €.

▶ »Einst Werkzeug des Krieges, jetzt Mahnmal zum Frieden«. Dieser Satz von der Homepage des Westwallmuseums Irrel geht euch bestimmt auch nicht aus dem Kopf, während ihr durch die Ausstellung in den drei fast runden Stollen geht. Es ist schon bedrückend, zu erfahren, mit welch gewaltigem Aufwand die Nazis ab 1936 (!) zwischen dem Niederrhein und Basel einen 630 km langen Wall aus Bunkern, Panzersperren, Gräben und Stacheldrahtverhau bauten. An vielen Stellen in der Eifel – auf Wiesen, mitten im Wald oder sogar in Wohngebieten – sind die dreieckigen Betonkeile des Westwalls, die feindliche Panzer abhalten sollten, heute noch zu sehen.

Im hiesigen **Panzerwerk** gab es 45 Räume, die als Unterkunftsräume für die über 80 Mann starke Besatzung, Küche, Fernmeldezentrale, Sanitärbereiche, Wachräume und Munitionsräume genutzt wurden. Die Mannschaft konnte lange unabhängig von der Außenwelt leben, es gab innerhalb der 2 m dicken Mauern zwei Stromaggregate für Lüfter, Heizung, Beleuchtung und einen Brunnen zur eigenen Wasserversorgung. Wie viele junge Menschen haben sich damals mit den Maschinengewehren, Maschinengranatwerfern und Festungsflammenwer-

Genauere Infos zum Westwall mit Landkarten, Fotos und Bauplänen sind zu finden in »Beiträge zur Geschichte des Bitburger Landes«, Band 14, »Dokumentation: Westwall in der Eifel«, für 7,50 € zu beziehen über die Touristeninformation Irrel.

Hunger & Durst

In Irrel gibt es die Lokale:

Wagner's Grillstube, Hauptstraße 63, rustikales Speiserestaurant.

Pizzeria & Eiscafé Isola Bella, Hauptstraße 32

Café am Erlenweg, Karthausstraße 6.

fern wohl gegenseitig getötet, obwohl sie in anderen Zeiten gute Freunde hätten sein können?

Hofmuseum in Heilbach

Willi Fischels, Windhausen 34, 54673 Heilbach. ✆ 06564/2967. **Anfahrt:** Bus 4369. Südlich der B410 Prüm – Lux bei Lichtenborn. **Zeiten:** Mai – Sept Mi, So 14 – 17 Uhr. **Preise:** Eintritt frei.

▶ Das Hofmuseum widmet sich den Geräten und Maschinen der Landwirtschaft früherer Zeiten. Vom Wetzstein bis zur Dreschmaschine sind über 400 Exponate zu bewundern. Sehenswert sind vor allem die vielen alten Traktoren – die »Bulldogs«, wie sie hier noch immer heißen. Interessant auch die kleine Sonderausstellung zur Flachsverarbeitung (mit funktionstüchtigem Webstuhl) und die kleine Schmiede.

@ Wer mehr über das genauso bedeutende Flachsprodukt Leinöl wissen will, schaue mal auf die Internetseite www.leinoel-pro.de.

Ofen- und Eisenmuseum

Brigitte und Theo Lukas, Am Römerberg 10, 54675 Hüttingen-Lahr. ✆ 06566/8542, Fax 931214. www.ofen-und-eisenmuseum.de. info@ofen-und-eisenmuseum.de. **Anfahrt:** Ab Körperich Bus 448. Südlich der B50 bei Vianden an der Lux-Grenze. **Zeiten:** Fr – So und Fei 14 – 18 Uhr. **Preise:** 2,50 €; Kinder 1 €; Gruppenführungen nach Vereinbarung, Dauer 1,5 Stunden.

▶ In einem renovierten Bauernhaus findet ihr über 100 gusseiserne Öfen und tausende von anderen Dingen, die in früheren Zeiten mit Heizen und Kochen zu tun hatten. Da gibt es uralte Bügeleisen, in die man glühende Kohlen füllte und Waffeleisen, die man direkt übers Feuer halten kann. Etwas ganz besonderes ist ein Hostieneisen, mit dem für die katholische Kirche die Hostien gebacken wurden.

Hunger & Durst

Gasthaus Moos, Im Mooseck 4, Hüttingen: Getränke, Eistheke und Snacks.

Museum der Vorgeschichte

Hihof, 4a, rue du Pont, L-6471 Echternach. © 00352/ 720296. **Zeiten:** April – 15. Nov Di – So 10 – 12, 14 – 17 Uhr, im Juli und August keine Mittagspause. **Preise:** 1,24 €, Gruppen 0,50 €; Kinder bis 14 Jahre 0,50 €, Gruppen 0,25 €.

▶ Nette kleine Ausstellung zur technischen Evolution des Menschen. Das Museumsgebäude aus dem 15. Jahrhundert ist zwar schon fast 600 Jahre alt, aber immer noch viel jünger als die Ausstellungsstücke. Dort sind nämlich Werkzeuge und Waffen von mehr als einer Million Jahren zu finden.

Hunger & Durst

Im **Café beim Musée** genau gegenüber gibt es Steak von Rind und Pferd, Schnitzel von Schwein und Pute, Nudelgerichte, Salate, kaltes Buffet, kleine Gerichte und Kuchen.

Rostige Rittergeschichten auf Burg Dudeldorf

Burg Dudeldorf, Teneka Beckers Burg Dudeldorf, 54647 Dudeldorf. © 06565/933446, Fax 933447. www.burg-dudeldorf.de. mail@burg-dudeldorf.de. **Anfahrt:** Bahnlinie Köln – Trier, Bhf Phillipsheim 3 km. A60 Abfahrt 7 Badem oder 8 Spangdahlem, an der B50 10 km östlich von Bitburg. **Rad:** Von Phillipsheim (Bhf und Kyllradweg) steil den Berg rauf und dann 4 km.

▶ Auf der Burg Dudeldorf ist immer etwas los: Da wird ein Kindermusical wie »Ritter Rost« aufgeführt, es gibt Frischluftkino oder einen Aktionsmonat rund um Pippi Langstrumpf, Kalle Blomquist und Michel aus Lönneberga. Die kulturellen Veranstaltungen finden in kinderfreundlicher Atmosphäre und zu familienfreundlichen Preisen statt. Über das aktuelle Programm und die je nach Veranstaltung verschiedenen Preise informiert ihr euch am besten im Internet.

THEATER & AKTIONEN

Als bei der 650-Jahrfeier eine Dudelsackgruppe aufspielte, kam den Dudeldörflern die Idee: Sie gründeten einen »Dudelsackpfeiferverein«. Von den Ville Highlanders aus Erftstadt ließen sie sich 1996 in die Geheimnisse des Dudelsackpfeifens einweisen. Kein halbes Jahr später wusste man über Tuten und Blasen Bescheid und heute ist der Terminkalender der Dudeldorf Lion Pipes & Drums gut gefüllt.

Weihnachtsmarkt Föhren

Schloss Föhren, Alexandra Reichsgräfin von Kesselstatt, Schloss Föhren, 54343 Föhren. © 06502/6759, Fax 994062. www.schloss-foehren.de. kesselstatt@t-online.de. **Anfahrt:** Bhf zwischen Trier und Wittlich. A1 Abfahrt 128. **Zeiten:** 3. Advent Sa, So ab 11 Uhr.

▶ Im Innenhof des Schlosses kann man beim Waffelbacken über offenem Feuer zusehen. Außerdem Bühnenprogramm und seltene kulinarische Genüsse wie Wildwürste frisch vom Grill und Glühviez – heißer Most (Apfelwein).

Krammärkte in Klausen

Klausen-Pohlbach. **Anfahrt:** A1 Anschluss 127 Salmtal, in Klausen links.

▶ In dem Klausener Ortsteil Pohlbach sind seit langer Zeit viele Menschen zu Hause, die ihren Lebensunterhalt als Händler auf Krammärkten verdienen. Das erklärt ein wenig, weshalb auch in Klausen selbst jährlich zwei große Krammärkte abgehalten werden: der **Eberhardsmarkt** am 3. Wochenende im Juni und der **Nikolausmarkt** am 1. Advent.

Der Eberhardsmarkt beginnt am Samstag abend um 20 Uhr als Nachtmarkt mit Gauklern, Feuerspuckern und mittelalterlichem Markttreiben. Um Mitternacht lässt ein Feuerwerk den Nachthimmel erstrahlen.

Wer nach Klausen kommt, besucht in der Regel auch die mächtige spätgotische Hallenkirche, die seit dem Mittelalter Ziel zahlreicher Wallfahrer ist. Früher kamen die Frauen und Männer zu Fuß, heute kommt man mit dem Bus oder Pkw.

Schloss Föhren, Forstverwaltung Meulenwald, Alexandra Reichsgräfin von Kesselstatt, © 06502/994060, Fax 994062. Mi, Fr 14.30 – 16.30 Uhr. Spezialitäten aus dem Meulenwald: Apfelsaft und Viez aus unbehandeltem Obst, hausgemachte Marmeladen, Fleisch, Schinken und Wurst von Schwarz-, Rot- und Rehwild.

Weitere Weihnachtsmärkte

1. Advent:
So: Waxweiler
So: Dudeldorf

2. Advent:
Sa: Neuerburg
Sa, So: Daleiden
So: Körperich

2. – 4. Advent:
Fr – So: Bitburg

3. Advent:
So: Auf der Kunsteisbahn, Beaufort
Sa, So: Echternach

Feste rund ums Jahr

Johannisfest in Neuerburg

Tourist-Information, Herrenstraße 2, 54673 Neuerburg. ✆ 06564/2673.

▶ Um den Johannestag am 24. Juni wird in Neuerburg ein großes Fest gefeiert, das drei Ta-

Festkalender Südeifel

Ostern:	So: Bollendorf, Eierlage
	So: Echternacherbrück, Eierlage
	So: Irrel, Eierlage
Pfingstdienstag:	Echternach, Springprozession zu Ehren des hl. Winibrord
Mai/Juni:	Echternach, Internationales Musik-Festival
Juni:	3. Wochenende: Neuerburg, Keltenfest
Juli:	3. Wochenende: Naurath, Sommerkirmes
August:	1. Wochenende: Biersdorf, Stauseefest
	1. Wochenende: Bollendorf, Fischerfest
	1. – 2. Wochenende: Schloss Vianden, Mittelalterfest
September:	3. Wochenende: Bollendorf, Apfelfest
Oktober:	2. So: Vianden, Nessmoart (Nussmarkt)

*Die berühmteste **Eierlage** findet jährlich in Schönecken statt. Aber auch in vielen anderen Dörfern in der Südeifel treten Ostern ein Raffer und ein Läufer gegeneinander an. Der Raffer muss über 100 Eier einsammeln, während der Läufer eine Laufstrecke von 6 – 8 km hinter sich bringen muss. Wer hat es leichter? Der einsam, aber gleichmäßig dahinjoggende Läufer oder der Raffer, der von allen Dorfbewohnern angefeuert wird, sich aber für jedes Ei bücken muss und ständigen Richtungswechsel hat. Viele Kinder in der Südeifel probieren das mit einem Freund einfach auf einer kürzeren Strecke – und mit Steinen statt Eiern!*

ge dauert. Für Kinder werden allerlei Spiele und ein Fahrradkorso organisiert.

Karneval in der Südeifel

Weiberfastnacht (Do):	Speicher, Sturm auf das Rathaus
Karnevalssamstag:	Lirstal, Karnevalsumzug
	Kruchten, Karneval bei Nacht
Karnevalssonntag:	Biersdorf, Fastnachtsumzug
	Orenhofen, Karnevalsumzug
	Uersfeld, Karnevalsumzug
	Körperich, Karnevalsumzug
	Bitburg, Karnevalsumzug
	Hetzerath, Karnevalsumzug
	Kyllburg, Karnevalsumzug
	Aldringen (Burg Reuland), Karnevalsumzug
Rosenmontag:	Daleiden, Rosenmontagszug
	Arzfeld, Rosenmontagszug
	Lünebach, Rosenmontagszug
	Lützkampen, Rosenmontagszug
	Waxweiler, Rosenmontagszug
	Fließem, Karnevalsumzug
	Neuerburg, Rosenmontagszug
	Hütterscheid, Fastnachtsumzug
	Oberweiß, Rosenmontagszug
	Föhren, Rosenmontagszug mit anschließender Rosenmontagsfete in Naurath
Veilchendienstag:	Idenheim, Karnevalsumzug
	Irrel, Karnevalsumzug
	Welschbillig, Karnevalsverein
	Grüfflingen (Reuland), Veilchendienstagsumzug

Tipp: Für mehr Sicherheit im Straßenverkehr: Im Festzelt in Irrel ist Sprudelwasser für Autofahrer gratis.

VULKANEIFEL

MAARE UND VULKANE

Für manchen ist die Vulkaneifel die »richtige Eifel«. Für kaum eine Freizeitaktivität, die man sich für den Eifelurlaub vorgenommen hat, müsste man die Vulkaneifel verlassen. Hier befinden sich die Maare und Vulkankrater, an die man sofort bei dem Begriff »Eifel« denkt. Die Städtchen Daun, Manderscheid und Gerolstein mit ihren schönen Jugendherbergen sind weithin beliebt. Mineralwasser aus Daun und Gerolstein ist in ganz Deutschland bekannt. Und wo gibt es sonst ein Mausefallenmuseum?

Natürlich gab es auch nördlich der Vulkaneifel Vulkanismus, zum Beispiel im Brohltal und unter dem Laacher See. Aber nirgendwo so dicht an dicht wie hier. Viele der Vulkankrater haben sich mit Wasser gefüllt, werden nun *Maare* genannt und sind beliebte Treffpunkte für Wanderer und Wassersportler. Die vielen unterschiedlichen Gesteine vulkanischen Ursprungs können im Geo-Center in **Gerolstein** bestaunt werden, im Maarmuseum in **Manderscheid** und auch im Eifel-Vulkanmuseum in **Daun** wird die vulkanische Geschichte der Region recht anschaulich erklärt. Bei **Strohn** ist nach einem Vulkanausbruch vor tausenden von Jahren eine riesige Lavakugel herunter gekommen. Doch nicht dass ihr denkt, unter dem Wallenborn bei Daun brodelt noch ein Vulkan: Das sind kalte Gase, ein Vulkanausbruch ist nach Auskunft aller Fachleute in den nächsten 20.000 Jahren nicht ernsthaft zu befürchten. Viel Zeit also noch, durch die schöne Vulkaneifel zu touren.

Der **Maare-Mosel-Radweg** führt quer durch die Vulkaneifel, von den großen Bahnhöfen Gerolstein, Kaisersesch und Wittlich am Rande der Region bestehen einige Busverbindungen zu den einzelnen Orten. Zudem gibt eine gute Autobahnanbindung.

@ Unter www.vulkaneifel.de gibt es sehr gute Informationen über die Vulkaneifel.

Kreisrund:
Maare sind mit Wasser gefüllte Vulkankrater und oft idyllische Naturparadiese

TIPPS FÜR WASSER-RATTEN

Donnerstags ist Kinderspielnachmittag!

Frei- & Hallenbäder

Viteliusbad Wittlich

Städtisches Hallen- und Freibad, An der Himmeroder Straße, 54516 Wittlich. ✆ 06571/6088, Fax 8266. www.wittlich.de. **Anfahrt:** Hbf Wittlich, Bus 300, 301 oder 305 bis Busbahnhof Wittlich, Bus 303 bis Haltestelle Schwimmbad. A1 Abfahrt 125 Wittlich, B50 durchs Zentrum, danach der Ausschilderung Sportzentrum folgen. **Zeiten:** Freibad Mitte Mai – Mitte September Mo 10 – 20, Di – Fr 7.30 – 20, Sa, So, Fei 8 – 20 Uhr; Halle Mo 7 – 15, Di 7 – 20, Mi 7 – 18.30, 20 – 22, Do 7 – 18.30, Fr, 7 – 21.30, Sa 8 – 18.30, So, Fei 8 – 16 Uhr, Di, Mi Warmbadetag. Bei ungünstiger Witterung wird das Freibad vorzeitig geschlossen. **Preise:** Hallen- und Freibad 2,90 €, 10er-Karte 26,50, 50er-Karte 88 €; Kinder und Jugendliche bis 18 Jahre 1,70 €, 10er-Karte 13,80 €, 50er-Karte 44,50 €.

▶ Hallen- und Freibad. Ganz toll für Kinder sind die verschiedenen Einrichtungen im beheizten Freibad wie das Abenteuerbecken mit Wasserfall, Wildwasserströmungskanal, Flächenrutsche, Brodelberg, Delfinhöhle und Wasserkanone oder das Plantschbecken mit 18 m langer Schiffchenrinne, Brodelsteinen und Wasserschnecke oder die Riesenrutsche (64 m lang) sowie der Kinderspielplatz mit Drehscheibe, Schaukel, Baustelle und Spielstadt. Angenehm natürlich auch die 20.000 qm großen Liege- und Spielwiesen mit Beachvolleyballfeld und Tischtennisplatten.

Kur- und Hallenbad Daun

In Daun ist am 2. und 4. Mittwoch im Monat **Markt**.

Leopoldstraße 11, 54550 Daun. ✆ 06592/2444, 95130. **Anfahrt:** Sa, So, Fei Eifelquerbahn von Gerolstein und Kaisersesch, Mo – Fr Bus 500 von Gerolstein. **Zeiten:** Große Schwimmhalle Mo 15 – 21, Di

7 – 8.30, Mi 7 – 8.30, 16 – 21, Do 7 – 8.30, 16.30 – 20, Fr 7 – 8.30, 15 – 18, Sa 15 – 18, So 9 – 12 Uhr. **Preise:** 2 €, 10er-Karte 15 €; Kinder 1,50 €, 10er-Karte 9 €.

▶ In der Ortsmitte große Schwimmhalle 10 x 25 m, 28 Grad, Warmwasserbad 32 Grad, Sonnenstudio, Sauna, Eltern-Kind-Wassergewöhnungskurse, Schwimmkurse für Kinder ab 6 Jahre, Spielnachmittag Di 15 – 17 Uhr.

Hallen- und Freibad Gerolstein

Raderstraße 22 – 24, 54568 Gerolstein. ✆ 06591/4538. **Anfahrt:** Bahnhof auf der Linie Trier – Köln und der Eifelquerbahn Ulmen – Daun – Gerolstein. A1 oder A48 über Dreieck Vulkaneifel bis A1 Ausfahrt 119 Daun, dann über B257/421/410 etwa 25 km westwärts. **Zeiten:** Mai – Sept Mo – Fr 12 – 20 Uhr, Sa, So 11 – 19 Uhr (Anfangszeit wechselt, evtl. erfragen). **Preise:** 2,50 €, 10er-Karte 21 €, 20er-Karte 41 €, 40er-Karte 77 €; Kinder und Jugendliche bis 18 Jahre 1,80 €, 10er-Karte 15 €, 20er-Karte 29 €, 40er-Karte 51 €; Ermäßigung für Schüler, Studenten, Schwerbehinderte ab 50 %, Sozialhilfeempfänger, Wehrpflichtige, Zivildienstleistende, Kurgäste.

▶ Freibad mit 3 Bahnen für Sportschwimmer, Volleyballfeld, 3-m-Sprungturm, Nichtschwimmerbereich mit Rutsche und großer sauberer Liegewiese. Rund ums Becken sind Wassertretbecken.

Wenn ihr vom vielen Toben außer Puste seid, versucht doch einmal, auf dem Rücken im Wasser zu liegen und euch nicht zu bewegen. Wer schafft es am längsten, ohne unterzugehen?

Thermal-Hallen- und Freibad Bad Bertrich

Römerstraße, 56864 Bad Bertrich. ✆ 02674/9320, Fax 932220. **Anfahrt:** B421 Zell/Mosel – Daun, in Hontheim 3 km zur Einfahrt West von Bad Bertrich. **Zeiten:** Mo – Fr 7 – 22, Sa, So und Fei 8.30 – 19.30 Uhr. **Preise:** 6,60 €, mit Kurkarte 5,10 €, 10er-Karte 58,80 €; Kinder 3 – 16 Jahre 4,10 €; Familienkarte

Achtung! Kindern unter 3 Jahren wird die Nutzung der Glaubersalztherme aus gesundheitlichen Gründen nicht gestattet.

1 Kind und 1 Erwachsener 10 €, 1 Kind und 2 Erwachsene 15,30, jedes weitere Kind 2 €.

▶ Gespeist von Deutschlands einziger Glaubersalztherme; hier geht es mehr ums Heilen als ums Baden. Innen- und Außenbecken (32 °C, maximale Tiefe 1,40 m), Bodensprudler, Hot-Whirl-Pools, Liegewiese, Cafeteria.

Wassersport an und auf Seen

Meerfelder Maar

Manderscheid. **Anfahrt:** A1 Abfahrt 122 Manderscheid, das auf halbem Weg zwischen Daun und Wittlich liegt.

▶ In einem weiten Maarkessel liegt inmitten von saftigen Wiesen dieser recht große See (24,8 ha). Das Meerfelder Maar ist vor 30.000 Jahren entstanden und mit rund 1,5 km Durchmesser und 18 m Tiefe das größte in der Eifel. Ihr könnt baden und auf einem etwa 3 km langen Weg den ganzen See umwandern. Ausgangs- und Endpunkt ist das in Seenähe gelegene Dorf Meerfeld, wo auch Möglichkeit zum Einkehren besteht.

Ursprünglich war das Meerfelder Maar komplett mit Wasser gefüllt, wie die anderen Maare. Heute ist nur noch ein Teil mit Wasser bedeckt, und das Dorf Meerfeld wurde in den Maarkessel gebaut.

Naturbad Gemündener Maar

Kur- und Verkehrsamt Daun, Leopoldstraße 5, 54550 Daun. ✆ 06592/95130, Fax 951320. **Anfahrt:** A1 Ausfahrt 121 Mehren, etwa 1,5 km südlich von Daun. **Zeiten:** Mitte Mai – Ende August. **Preise:** Schwimmen 2,50 €, Ruder- und Tretboote halbe Stunde 3, ganze Stunde 5 €; Schwimmen Kinder 1,50 €; auch preiswerte Familienkarte.

▶ Der nahezu kreisrunde und trichterförmige, 39 m tiefe See ist von Wald umgeben. Es wurde ein Naturschwimmbad angelegt, es existiert al-

Hunger & Durst

Der Schwimmbad-**Imbiss** ist auch bei Wanderern sehr beliebt.

WIE ENTSTEHEN MAARE UND KRATERSEEN?

Wenn rot glühende Magma aus dem Erdinnern nach oben steigt und dabei auf tief liegende wasserführende Schichten trifft, kommt es durch den starken Druck und die Hitze zu einer gewaltigen Explosion. Gesteinsbrocken und Erde fliegen dann, von der ungeheuren Wucht zu feiner Asche zermahlen, weit nach oben. Da der Trichter, der durch die Explosion zurückbleibt, tiefer als die ihn umgebende Erdoberfläche liegt, füllt er sich mit Grund- oder Regenwasser, ein **Maarsee** ist entstanden.

Bei einem **Kratersee** ist das etwas anders: Hier entsteht zuerst ein Ringwallkrater. Heißes Magma steigt nach oben, wird dabei aber nicht durch wasserführende Schichten gestört, so dass es erst an der Erdoberfläche zur Explosion kommt. Am Ausbruchsort schütten Asche und erkaltete Lava sich zu einem »Förderkegel« samt Ringwallkrater auf. Der liegt zwar höher als die umliegende Erdoberfläche, doch oft bricht sein Boden ein oder senkt sich so weit ab, dass sich auch hier Grund- und Regenwasser sammeln können. ◀

lerdings kein Plantschbecken, deshalb müssen Kinder bereits schwimmen können. Ferner gibt es die Möglichkeit, Ruder- und Tretboote zu leihen. Um das Gemündener Maar führen **Rundwanderwege,** die auch ausgeschildert sind.

Schalkenmehrener Doppelmaar

Tourist-Information Schalkenmehren, 54552 Schalkenmehren. ✆ 06592/981160, Fax 981162. **Anfahrt:** Zwischen A1 Abfahrt 121 und Daun von der B421 abzweigen. **Zeiten:** 1.5. – 15.10. täglich 10 – 19.30 Uhr. **Preise:** Schwimmen 2,50 €, Ruderboot pro Stunde 3 €, Tretboot 3,50 €; Schwimmen Kinder 1 €.

▶ In einem weiten Talkessel gelegenes Doppelmaar, dessen östliche Hälfte verlandet ist und landwirtschaftlich genutzt wird. Die westliche Hälfte besteht aus einem 21,9 ha großen, bis zu

*In früheren Zeiten wurden die Maare auch »**Augen der Erde**« genannt. Man stellte sich wohl vor, dass unser Heimatplanet ein riesiges Lebewesen ist, auf dem wir leben, wie ein Floh auf einem Hund.*

21 m tiefen See. Dieser wird durch Düngemittel erheblich belastet, kann sich aber immer während des Winterhalbjahres wieder etwas erholen. Das Land Rheinland-Pfalz kauft Flächen um den See, die umfeldfreundlicher bewirtschaftet werden sollen.

Am Südrand des Schalkenmehrener Maares breitet sich der Ort **Schalkenmehren** aus, in dem es genügend Lokale, Läden und Unterkünfte gibt. Am Naturstrand kann gebadet werden, auf dem See wird gerudert, Tretboot gefahren, gesurft und gesegelt. Er kann auch umwandert und umradelt werden.

Naturbad Pulvermaar

Fremdenverkehrsbüro Gillenfeld, 54558 Gillenfeld. ✆ 06573/720, 333 (Pächter Freibad), Fax 996426. touristinfo@gillenfeld.de. **Anfahrt:** A1 Ausfahrt 121 auf der B421 circa 6 km Richtung Traben-Trarbach, dann rechts nach Gillenfeld (von Daun 14 km). **Zeiten:** 1.5. – 30.9. 10 – 18 Uhr, im Sommer meist 9 – 20 Uhr. **Preise:** Schwimmen 3 €, Ruderboot pro halbe Stunde 4 €, Tretboot 4 €, Sonnenboot 5 €; Schwimmen Kinder 4 – 17 Jahre 1,50 €.

Das Pulvermaar wird manchmal auch Gillenfelder Maar genannt.

▶ Der von Wald umgebene Trichter ist fast kreisrund. Er hat zwar nur 700 m Durchmesser und ist 33,5 ha groß, mit einer größten Tiefe von 70 m ist das Pulvermaar jedoch das tiefste Maar in der Eifel.

Auf diesem wunderbaren See wird Boot gefahren, es gibt ein kleines Strandbad mit Nichtschwimmerbereich, Babybecken, Badeinsel mit 1- und 3-m-Sprungturm, mehrere Liegewiesen, ein Restaurant und einen Campingplatz. Auf einem etwa 3 km langen Wanderweg kann der See umrundet werden.

Baden im jüngsten Vulkan bei Ulmen und im Jungferweiher

Ulmen. **Anfahrt:** Von der A48 Abfahrt 2 Ulmen Richtung Ortsmitte, dort ausgeschildert.

▶ Der jüngste Vulkan Deutschlands war zuletzt vor 9500 Jahren aktiv. In seinem Trichter bildete sich ein Maarsee von 325 m Länge, 225 m Breite und 36 m Tiefe (Wasserfläche: 5,5 ha). Nordwestlich des Dorfes Ulmen liegt dieses **Ulmener Maar** inmitten von offener Flur. Im Ulmener Maar darf gebadet werden.
Durch die Autobahn getrennt schließt sich im Norden der erheblich größere **Jungferweiher** an, der allerdings zusehends verlandet und gegenwärtig nur noch 2 m tief ist. Dieses Gewässer hat einen breiten Gürtel aus Schilf und Binsen. Es gilt als regelrechtes Vogelparadies, weshalb es unter Naturschutz steht. Im Herbst legen hier zahlreiche Zugvögel auf dem Weg in den Süden eine Rast ein. Im Norden ist der Jungferweiher von Wald umgeben.

Um das kleine Ulmener Maar führt ein ca. 1,5 km langer **Rundwanderweg**. Auch der Jungferweiher kann umwandert werden, Start und Ziel ist der ehemalige Bahnhof Ulmen, im Westen verläuft die Route etwas vom See entfernt.

VG Ulmen, Wander- und Radwanderwege im Ferienland der Thermen und Maare, 1:25.000, zugleich auch Wanderkarte 21 des Eifelvereins.

RAUS IN DIE NATUR

Radeln & Skaten

Maare-Mosel-Radweg von Daun nach Lieser

Daun. **Länge:** 55 km Daun – Moseltal; einfache Teilstrecke Hasborn – Bernkastel-Kues 28 km. **Anfahrt:** Auf der Strecke Bernkastel-Kues – Daun verkehrt im Sommer ein Radelbus, der maximal 12 Fahrräder mitnehmen kann, Gruppen sollten also reservieren. A1 Ausfahrt 121 Mehren oder 119 Daun. **Infos:** Prospekt mit Fahrplan erhältlich unter © 06592/981821.

▶ Im Sommer 2000 wurde der Maare-Mosel-Radweg eröffnet, der auf der Trasse der vor einigen Jahren stillgelegten Bahnlinie Daun – Bern-

kastel-Kues angelegt worden ist. Diese landschaftlich schöne Strecke, die insgesamt 55 km lang ist, führt von der Vulkaneifel an die Mittelmosel. Sie weist zwischen **Daun** und **Hasborn** (400 m Höhe) nur wenige kleinere Steigungen auf. Dann folgt eine rund 10 km lange Strecke mit recht viel Gefälle nach Wittlich auf 200 m Höhe hinunter. Anschließend folgt dann wieder ein flaches Stück, bevor es auf kontinuierlich leicht fallender Strecke von Platten 8 km das Liesertal abwärts geht. In Lieser wird die Mosel erreicht, auf den letzten 5 km (jetzt identisch mit dem Mosel-Radweg) geht es an der Mosel entlang nach **Bernkastel-Kues**. Die Strecke ist gut markiert, sie läuft zumeist am Rande der Orte vorbei, in Wittlich muss man allerdings durch die Stadt (Markierung MMR folgen!).

Abstecher lohnen sich nach 6 km (Schalkenmehren, Schalkenmehrener Maar), 11 km (Gillenfeld, Pulvermaar, Strohn), 18 km/Bahnhof Pantenburg (Abstecher zu Manderscheider Burgen, 3 km, und zur Stadt Manderscheid mit Maaremuseum, erst 3 km bergab, dann 1 km bergauf, entsprechend schwerer Rückweg), 21 km/Laufeld (Naturlehrpfad) und nach 36 km Wittlich (schöne Altstadt).

Familien mit sportlichen Fast-Jugendlichen können die ganze Strecke an einem Tag fahren, wenn sie die leichte Richtung Daun – Wittlich nehmen. Es ist auch möglich, sich auf die Strecke Daun – Bahnhof Wittlich (4 km südöstlich von Wittlich, Ortsteil Wengerohr) zu beschränken. Von dort bestehen gute Verbindungen nach Koblenz und Trier. Familien mit kleineren Kindern sollten sich kurze Teilstrecken herauspicken.

bikeline, Radatlas Vulkaneifel, Radtourenbuch und Karte 1:75.000, Esterbauer Verlag, 8,90 €. Außer Plänen auch Kurzbeschreibung der Route sowie Adressen von Unterkünften und Fahrradläden.

Der Weg ist gekennzeichnet mit einem Radfahrer auf gelbem Fahrrad vor grünem Hintergrund und dem Text Maare-Mosel-Radweg.

Kylltal aktiv – autofrei von Gerolstein bis Malberg

TW Gerolsteiner Land GmbH, Kyllweg 1, 54568 Gerolstein. ✆ 06591/13184, Fax 13183. www.gerolsteiner-land.de. touristinfo@gerolsteiner-land.de. **Anfahrt:** Sonderzüge zu Kylltal aktiv auf der Strecke Trier – Köln. A1 oder A48 über Dreieck Vulkaneifel bis A1 Ausfahrt 119 Daun, dann über B257/421/410 etwa 25 km westwärts. Rad: Gerolstein liegt am Kylltal-Radweg. **Termin:** 3. So im Juli 10 – 18 Uhr.

▶ An diesem Tag könnt ihr die 25 km lange Kylltalstraße Gerolstein – Malberg abgasfrei radeln, skaten oder wandern – eine schöne Tour durch ein idyllisches Gebirgstal mit allerlei festlich gestimmten Dörfern. Da durch diesen Abschnitt des Kylltals auch die Eisenbahnlinie Köln – Trier führt, kommen auch viele Radler aus recht fernen Orten zum Radelfest. Für Familien mit Kindern hat die parallele Bahnlinie den Vorteil, dass sie bei Ermüdungserscheinungen relativ leicht in die bequeme Eisenbahn überwechseln können. Nach der Anstrengung: Große Abschlussparty mit Live-Musik und Show-Einlagen ab 17 Uhr auf dem Kirmesplatz in Gerolstein.

Wer bei diesem Fest Spaß an der Radelregion gefunden hat, kann auch die gesamte **Kylltalroute** von Hallschlag bis Trier fahren. Die 110 km sind bis auf einen heftigen Anstieg hinter Kyllburg für sportliche Kinder ab etwa 10 Jahren zu schaffen. Auch Teiletappen sind leicht einzurichten, gibt es entlang der Strecke doch 18 Bahnhöfe!

Wandern & Spazieren

Ums Schalkenmehrener und Weinfelder Maar

Schalkenmehren. **Länge:** 7 km, recht leicht. **Anfahrt:** B421 von Daun 6 km Richtung Traben-Trarbach, in Mehren nach rechts Richtung Schalkenmehren.

▶ Diese Wanderung führt 7 km um zwei schön gelegene Maarseen herum. Ihr beginnt am Nordrand des großen Dorfes **Schalkenmehren**

Wenn ihr die Einheimischen fragt, warum das Weinfelder Maar mit Zweitnamen »Totenmaar« heißt, werden sie euch ganz verschiedene Geschichten erzählen. Ich weiß allein vier verschiedene Gründe für den Namen:

WARUM DAS WEINFELDER MAAR AUCH TOTENMAAR HEISST

1.) Am Nordufer des Maars steht eine kleine Kirche mit Friedhof. Im Sommer sollen die Toten nachts, wenn sie keiner beobachtet, die wenigen Meter zum Maar gehen und ein nächtliches Bad nehmen.

2.) Vor vielen Jahren gab es um das Maar herum noch keine Bäume, denn die großen Schafherden fraßen alle Sprösslinge sofort ab. Das Grasland an den kahlen Hängen des Maars wirkte so öde, dass man sagte, hier fühlen sich keine Lebenden, höchstens Tote wohl.

3.) Der Sage nach soll es einen Ort namens Weinfeld gegeben haben, der beim letzten Vulkanausbruch mit in die Tiefe gerissen wurde. Nur die Kirche und der Friedhof seien stehen geblieben, aber kein einziger Mensch habe überlebt.

4.) Vor vielen Jahren soll an der Stelle ein großes Schloss gestanden haben. Dort wohnte ein Graf mit seiner Gemahlin und seinem einzigen Kind. Er war sehr gutherzig, seine Frau jedoch war böse und ungerecht. Eines Tages als er auf der Jagd war, versank das Schloss im Erdboden und zurück blieb ein See, das Totenmaar. Alle im Schloss starben, nur sein Kind überlebte und kam wie durch ein Wunder in der Wiege über den See angetrieben.

5.) Habt ihr noch eine andere Geschichte gehört?

bei der Kirche und geht in den Rundweg um das **Schalkenmehrener Maar** hinein. Dieser führt zunächst im Bogen um den Ostteil des Doppelmaares, der verlandet ist. Nach etwa 1,5 km erreicht der Rundweg das Nordufer des Westteils des Doppelmaares, das einen großen See bildet. Von hier habt ihr einen Postkartenblick auf Schalkenmehren. Anschließend geht es am westlichen Seeufer entlang ins Dorf zurück

(3 km), wo direkt am Maar die Möglichkeit zum Einkehren besteht. Dann steigt ihr zum **Weinfelder Maar** auf, 1 km starker Anstieg, markierter Wanderweg. Die anschließende Rundwanderung um den am Ostufer von Wald umgebenen Maarsee – 2 km lang – ist ohne Orientierungsprobleme zu bewältigen. 2 Rastplätze und eine Hütte bieten Gelegenheit zu Erholungspausen. Zum Schluss geht es wieder auf der gleichen Route zum Start und Ziel **Schalkenmehren** hinunter.

Auf dem Lieserpfad von der Üdersdorfer Mühle nach Weiersbach

Üdersdorf. **Länge:** 4 km hin und zurück, leicht. **Anfahrt:** 6 km südlich von Daun auf der Maarstraße Richtung Weiersbach/Gemündener Maar/Üdersdorf. Zur Üdersdorfer Mühle im Liesertal östlich von Üdersdorf.

▶ Ihr geht zunächst auf Weg und Straße südlich der Üdersdorfer Mühle über die Lieser. Kurz hinter der Brücke dann nach links in den markierten Wanderweg S5 abzweigen. Anschließend geht es immer dicht am Bach entlang Richtung Norden bachaufwärts zum Eifeldörflein **Weiersbach.** Auf halbem Weg kommt ihr an einer Hütte vorbei. Es geht auf der gleichen Route wieder zurück. Familien mit sportlichen 12- bis 14-Jährigen können weiter die Lieser aufwärts bis zum etwa 5 km nördlich gelegenen **Gemündener Maar** wandern. Dieser Abschnitt des Lieserpfades ist allerdings etwas anstrengender.

Wanderung um das Pulvermaar

Gillenfeld. **Länge:** 3 km Rundweg, sehr leicht. **Anfahrt:** A1 Ausfahrt 121 Mehren; 6 km auf der B421 nach Süden (14 km von Daun).

Daun. Rund um die Kraterseen, 1:25.000, Wanderkarte 20 des Eifelvereins e.V., 6,95 €.

Hunger & Durst

In dem großen Hof der **Üdersdorfer Mühle** können Kinder wunderbar spielen. In der gemütlichen Gaststätte könnt ihr euch Käsebrot, Spiegeleier, Bauernsülze oder auch geräucherte Forelle (aus dem Mühlbach) schmecken lassen. Apfelsaft und Apfelwein sind hausgemacht. Rinder- und Schweinebraten, Schnitzel und Rouladen müssen vorbestellt werden. Man kann hier auch übernachten, ÜF 20, HP 25 € pro Person. Infos unter © 06596/217.

Demeter-Hof, Bruno und Gerda Thomé, Kapellenstraße 20, 54550 Daun-Weiersbach. ✆ 06596/583, Fax 1416. Do 17 – 20, Fr 18 – 20, Sa 11 – 13 Uhr. Der Demeter-Hof ist aktiv in Landwirtschaft und Gartenbau sowie alternativen Technologien. Der Hofladen bietet ein Naturkostsortiment an.

▶ Das Pulvermaar ist von dichtem Wald umgeben. Um den See führt ein breiter Wanderweg. Diese schattige Wanderroute ohne anstrengende Steigung ist auch von Familien mit kleinen Kindern gemütlich zu bewältigen. Anschließend könnt ihr im Freibad am See entspannen. Hier erwartet euch auch eine Cafeteria.

Holzmaar

Gillenfeld. **Länge:** Weg H1 gut 1 km, auch längere Varianten. **Anfahrt:** A1 Ausfahrt 122 Manderscheid, 3 km Richtung Gillenfeld.

▶ Rund um das Naturschutzgebiet Holzmaar führen einige schöne Wanderwege. Als Appetithäppchen schlage ich den kinderwagentauglichen Rundwanderweg H1 vor, der am Parkplatz auf der Kreisstraße 17 gegenüber vom Holzmaar beginnt. Er ist nur 1,2 km lang und völlig ohne Stufen angelegt. Wenn man aus Richtung Parkplatz kommend das Maar erreicht, findet man eine Info-Tafel zur Entstehung von Maaren, eine Schutzhütte und eine übers Wasser gebaute kleine Plattform, von der man das ganze Maar überblicken kann. Der Rundweg führt unmittelbar am Ufer entlang und es gibt so viele Bänke, dass ihr verschnaufen könnt, wann immer ihr wollt.

Naturerlebnispfade & Umwelt-Infozentren

Geo-Route rund um Manderscheid

Tourist-Information Manderscheid, 54531 Manderscheid. ✆ 06572/932665, Fax 933521. www.maar-museum.de. manderscheid@eifel.info. **Anfahrt:** A1 Abfahrt 122 Manderscheid, Start am Parkplatz beim

Landhotel Maarblick/Café am Maar. **Zeiten:** Termine für geführte Touren auf der Homepage des Maarmuseums, als einzelne Familie braucht man sich nicht anzumelden. **Preise:** kostenlos.

▶ Die Vulkaneifel mit all ihren geologischen, landschaftlichen und kulturellen Besonderheiten und Schönheiten erschließt die insgesamt 140 km lange Geo-Route »Vulkaneifel um Manderscheid«. Auf Informationstafeln an 30 Querschnitten durch die Gesteinsschichten werden Einblicke in 400 Millionen Jahre regionale Erdgeschichte gegeben. Die Route ist gegliedert in die drei Abschnitte Vulkanroute, Buntsand-

Die Tourist-Information Manderscheid bietet geführte Touren entlang der **Geo-Route** für Schulklassen und Gruppen an. Die Exkursionen finden meist Do ab 14 Uhr statt und dauern 3 – 4 Stunden. Außer geologischen werden Bio- und Wald-Exkursionen angeboten.

EUROPEAN GEOPARKS

Als European Geopark werden innerhalb eines EU-Projektes und in Zusammenarbeit mit der UNESCO geologisch besonders interessante Gebiete ausgewiesen. Mit dieser Auszeichnung ist eine finanzielle und touristische Förderung verknüpft, weshalb innerhalb der Parkgrenzen eine gewisse Anzahl von Ausflugszielen liegen sollte, an denen man wissenschaftlich korrekte Informationen über die in dieser Region besondere Geologie und ihre archäologische, ökologische, historische und kulturelle Bedeutung erhält.

Der **Vulkaneifel European Geopark** erfüllt diese Voraussetzungen und ist wirklich interessant und lehrreich. Die Geschäftsstelle bietet regelmäßig geführte Wanderungen mit gut geschulten Geo-Guides an, die euch im Vorbeigehen viel über Gesteine, Vulkanismus, die erdgeschichtlichen Zeiten, Ökologie und vieles mehr erzählen. Die Führungen sind je nach Führer »ganz nett« bis »spannend und informativ«. Es gibt außerdem vier große Museen im Geopark: das *Eifel-Vulkan-Museum* Daun, das *Naturkundemuseum* in Gerolstein, das *Eisenmuseum* in Jünkerath und das *Maarmuseum* in Manderscheid. In allen vier Museen dürft ihr die Ausstellungsstücke auch anfassen und ausprobieren, die Erklärungen sind gut verständlich.

Geschäftsstelle Vulkaneifel European Geopark, Kyllweg 1, 54568 Gerolstein. ✆ 06591/13180, Fax 13183. www.vulkaneifel-european-geopark.de. webmaster@vulkaneifel-european-geopark.de.

steinroute und Devonroute, die für ganz unterschiedliche geologische Themenkomplexe stehen.
Attraktionen der Route: Meerfelder Maar, Eckfelder Maar (Fundort des 45 Millionen Jahre alten Eckfelder Urpferdchens), Mosenberg-Vulkangruppe mit Windsbornkrater.

Observatorium Hoher List bei Schalkenmehren

Sternwarte der Universität Bonn, 54550 Daun. ✆ 06592/2150, Fax 985140. www.astro.uni-bonn.de/~webstw/ohl. ohl@astro.uni-bonn.de. **Anfahrt:** A1 Ausfahrt 121 Mehren, von Daun auf der L64 Richtung Schalkenmehrener Maar und Brockscheid, Einfahrt gegenüber der Klinik Altburg. **Zeiten:** März – Mitte Oktober Mi 14 Uhr und nach Vereinbarung. **Preise:** 1 €; Kinder 0,50 €.

▶ Die Sternwarte Hoher List wurde 1953/54 vom astronomischen Institut der Universität Bonn auf der gleichnamigen Eifeler Vulkangruppe installiert, um der rheinischen Dunstglocke zu entrinnen, die schon damals den ungetrübten Blick in die Tiefen des Weltalls nicht zuließ. In 6 Kuppeln mit leistungsfähigen Teleskopen kann der Himmel beobachtet werden. Es ist sinnvoll, sich vorher ein wenig mit astronomischen Grundphänomen (Planeten, Sterne, Milchstraße, Weltall etc.) zu beschäftigen, damit ihr nicht völlig ratlos in den riesigen Sternenhimmel schaut.
Tipp: Jeweils am dritten Mittwoch des Monats wird abends ein Sondervortrag gehalten (Eintritt 3 bzw. 2 €, Themen unter www.astro.uni-bonn.de/~webstw/ohl).

GeoLife, Das Magazin zum Vulkaneifel European Geopark, 1 €, gibt sachliche Informationen über das European Geopark Netzwerk und den Vulkaneifel Geopark speziell. Das Heft »Tim und Jo im Geo-Park« erzählt in zwei Geschichten die Erlebnisse einer Katze und einer Maus in der Vulkaneifel. Beides zu beziehen über den Internetshop des Geoparks oder bei der Eifel Tourismus GmbH, Kalvarienbergstraße 1, 54595 Prüm.

? *Rätsel: Das bekannteste Sternbild ist der Große Bär oder Große Wagen. Wenn ihr in einer klaren Eifelnacht davon die Hinterachse fünfmal verlängert, findet ihr einen hellen Stern. Wie heißt denn dieser Stern, der am Nachthimmel immer genau im Norden steht?*

Lavabombe in Strohn

Strohn. **Anfahrt:** A1 Ausfahrt 122 Manderscheid über Gillenfeld.

▶ Kaum zu glauben, dass Lavakugeln so riesig sein können. Die Lavabombe in Strohn ist 5 bis 6 m hoch, 4 m breit und wiegt sage und schreibe 120 t. Sie wurde 1969 bei Sprengungen im Steinbruch Wartgesberg entdeckt. Den pfiffigen Leuten aus Strohn ist es dann sogar gelungen, dieses tonnenschwere Naturungeheuer mit einer Planierraupe über gefrorenen Schnee zum Ortsrand zu ziehen.

Ihre Entstehung war lange umstritten, reichten doch die vulkanischen Kräfte in der Eifel nicht aus, eine derart große Kugel durch die Luft zu schleudern. Eine Kernbohrung in die Kugel brachte die Lösung: Während der Ausbrüche des nördlichen *Wartgesberg-Vulkans* löste sich ein Stück Kraterwand und rollte in den Schlot zurück. Auf seinem Weg sammelte es glühende Lavafetzen ein, die auf seiner Oberfläche festklebten. Beim nächsten Ausbruch wurde es wieder nach oben transportiert, um dann erneut herab zu rollen. Dieser Vorgang ereignete sich mehrere Male, bis die heutige Größe erreicht war. Irgendwann wurde die Kugel von den übrigen Lavamassen in den Kraterwall eingebaut, erst durch den Abbau des Walls durch den Menschen kam sie wieder zum Vorschein.

Momentan wird ein Vulkan-Erlebnispfad vom Wartgesberg zum Strohner Maarchen vorbereitet.

Wenn 1 Tonne (t) 1000 Kilogramm (kg) entspricht, wie schwer ist dann die Lavabombe in Kilo ausgedrückt? Vergleicht mal: Wie viel wiegt ihr?

Vulkanhaus Strohn

Hauptstraße 38, 54558 Strohn. ✆ 06573/953721 (Museum), 953720, Fax 953722. www.vulkanhaus-strohn.de. info@vulkanhaus-strohn.de. **Anfahrt:** A1 Ausfahrt 122 Manderscheid über Gillenfeld. **Zeiten:** April – Okt Di – So 10 – 17 Uhr, Nov – März Di – So 13 – 17 Uhr. **Preise:** 2 €; Kinder 1 €; Ermäßigungen für

Behinderte, Studenten, Schüler, Gruppen und Familien. **Infos:** Gruppen können Führungen für 15 € plus Eintrittspreis auch außerhalb der Öffnungszeiten vereinbaren.

▶ Ein wirklich faszinierendes Haus, für das ihr euch auch begeistern werdet: Schon auf dem Vorplatz könnt ihr Steine zum Klingen bringen, an Spielstationen lernen, wie welche Steine abgebaut werden und ihr könnt eure Kräfte messen. Im Erdgeschoss und Obergeschoss gibt es viele Stationen zum Lernen, Rätseln und Ausprobieren zu allen Themen, die mit Geologie und Vulkanismus zu tun haben. Alle Sinne werden angesprochen.

An der Erlebniswand werdet ihr 6400 km bis zum Mittelpunkt der Erde geführt und erfahrt, was bei unserer Erde und einem gewöhnlichen Pfirsich gleich ist. Ihr lernt den Unterschied zwischen Magma und Lava kennen, spürt das Beben, wenn eine Lavaspalte ausbricht, riecht Vulkangase und dürft eine Flamme mit Kohlendioxid löschen.

Geopark & Geo-Routen Gerolstein

TW Gerolsteiner Land GmbH, Kyllweg 1, 54568 Gerolstein. ✆ 06591/13180, Fax 13183. www.gerolsteiner-land.de. touristinfo@gerolsteiner-land.de. **Anfahrt:** Bahnhof auf der Linie Trier – Köln und der Eifelquerbahn Ulmen – Daun – Gerolstein. A1 oder A48 über Dreieck Vulkaneifel bis A1 Ausfahrt 119 Daun, dann über B257/421/410 etwa 25 km westwärts. **Rad:** Kylltal-Radweg. **Zeiten:** April – Okt jeden Di kostenlose Exkursionen für Familien und Einzelwanderer auf verschiedenen Routen, Angebote für Gruppen auf Anfrage.

▶ Gerolstein macht wie Hillesheim und Manderscheid die Umgebung durch ausgedehnte geologische Lehrpfade für Naturfreunde und

»Blinde Passagiere« heißen Gesteinsbrocken, die bei einem Vulkanausbruch vom Magma aus der Tiefe mit an die Erdoberfläche gerissen wurden.

Hunger & Durst

Im **Vulkan-Café** gibt es von 10 bis 22 Uhr allerlei schmackhafte Snacks, selbst gebackenen Kuchen und Getränke. Stilecht wäre eine Lavabombe mit einem Vulkanfeuerdrink.

Wanderer transparent. Im Gebiet des Geoparks Gerolstein gibt es 4 Geo-Routen, die entsprechend der geologischen und kulturgeografischen Vielfalt der Region jeweils einen eigenen Schwerpunkt haben.

Route 1, 12 km lang: soll einen Einblick unter die Erdoberfläche vermitteln;

Route 2, 40 km lang: richtet den Blick auf Ablagerungsgesteine und Vulkanismus;

Route 3, 50 km lang: hier geht es um die Nutzung der Landschaft unter geowissenschaftlichen Aspekten;

Route 4, 64 km lang: thematisiert die Geo-Faktoren der Landschaftsentstehung und -formung ganz speziell des Kylltals und seiner Umgebung.

Insgesamt 82 Text- und Bildtafeln sind entlang der Routen aufgestellt. Ferner gibt es ausführliche Begleithefte und schließlich die Möglichkeit zu sachkundiger Führung.

Für Kinder zwischen 6 und 12 Jahren sind diese Routen natürlich viel zu lang, für sie sind die speziell für Kinder und Schulklassen konzipierten Veranstaltungen und Aktivitäten des Geoparks von Interesse.

Willi Basalt und die Wasser-Detektive

TW Gerolsteiner Land GmbH, Kyllweg 1, 54568 Gerolstein. ✆ 06591/13180, Fax 13183. www.gerolsteiner-land.de. touristinfo@gerolsteiner-land.de. **Preise:** Für Schulklassen, max. 25 Schüler bis 12 Jahre, 110 €, Termine auf Anfrage.

▶ Fast drei Stunden dauert es gewöhnlich, bis ihr die Aufgaben gelöst habt, die euch *Willi Basalt,* das Geopark-Maskottchen, gestellt hat. Zuerst wird am Quellpavillon ein kräftiger Schluck Mineralwasser direkt aus der Quelle genommen. Danach bildet ihr kleine Forschergruppen, die sich eifrig Notizen machen, wenn sie all die Stationen abklappern, die etwas mit Wasser zu tun haben. Und was für eine Erleichterung, wenn das Lösungswort endlich gefunden ist!

Die Mühlsteinhöhlen bei Hohenfels

Hohenfels-Essingen. **Anfahrt:** 8 km nordöstlich von Gerolstein an der B410.

▶ In den Höhlen mit den tollen Namen »Schwedenfeste«, »Borussiahöhle« und »St.-Martin-Höhle« im Mühlenberg, nördlich von Hohenfels, wurden wie in einigen anderen Basaltbergen um Gerolstein früher zur Gewinnung von Mühlsteinen Gänge in den Berg getrieben. Die Mühlsteine wurden über Kopf aus dem Gestein gehauen und zum Schluss ohne Sprengstoff aus der Decke gelöst. Dazu wurden in die letzten Verbindungen Holzkeile in kleine Löcher eingeführt, die durch Wässerung aufquollen und schließlich die Steinstege sprengten. Als diese Arbeit aufgegeben wurde, blieben Höhlen zurück, die sich unter bestimmten Voraussetzungen in Eishöhlen verwandelten. Dies geschieht, wenn lediglich eine Öffnung existiert und der Boden bergeinwärts fällt. Unter diesen Bedingungen kann die im Winter einströmende kalte Luft im Sommer nicht von der leichteren Warmluft verdrängt werden.

Solche Mühlsteinhöhlen/Eishöhlen befinden sich u.a. im Birresborner *Vulkan Kalem* (10 km südwestlich von Gerolstein, im Wald, immer offen) und im *Rother Kopf* (4 km nordwestlich, bei dem Ort Roth im Wald).

Die Höhlen sollten von November bis April nicht besucht werden, weil sie Fledermäusen als Winterquartier dienen.

Der wallende Born bei Wallenborn

Wallenborn. **Anfahrt:** Mo – Fr Bus 523 von Manderscheid – Deudesheim – Gerolstein – Meisburg und Bus 505 von Bitburg/Daun. B257, 10 km südwestlich von Daun Richtung Bitburg.

▶ In Wallenborn gibt es eine **Quelle** (Born), deren Wasser etwa alle 35 Minuten für 5 Minuten tobt, als sei es »wild am kochen«, ist es aber nicht, die Temperatur bleibt nämlich unverändert. Das Aufwallen – von bis zu einem halben Meter – rührt vielmehr von periodisch aufsteigendem Kohlendioxid her. Dieses kleine wundersame Naturschauspiel zieht Jung und Alt an. Die Einheimischen nennen es »die Brubbel«.
Quellen wie der Wallenborn werden »intermittierende Quellen« genannt, gelegentlich auch »Stoßquellen«. Man versteht darunter den wiederkehrenden Wechsel zwischen Ruhephasen ohne Wasseraustritt und Phasen, in denen es zum Aufstieg und Abfluss von gashaltigem Wasser kommt. Letztere sind auf Gas-Wasser-Eruptionen zurückzuführen, die meist in regelmäßigen Abständen wiederkehren.
Der Wallenborn ist allerdings keine natürlich intermittierende Quelle, da die Menschen 1933 mit einer Bohrung etwas nachgeholfen haben: Man wollte das Kohlendioxid-Vorkommen wirtschaftlich nutzen, was allerdings nicht gelang. Von der Stelle der heutigen Brunnenfassung wurden aber schon vor tausend Jahren Gasaustritte berichtet.
Direkt an der Brubbel vorbei fließt ein idyllischer Bach, in dem in der Wartezeit Kinder gerne plantschen.

In Wallenborn gibt es noch einen zweiten ***Sauerbrunnen****, den »Dres«. Das kohlesäurehaltige Wasser dieser Quelle ist eine wichtige Zutat im traditionellen »Heelischkoochen«, weil es diesen Buchweizenkuchen besonders locker aufgehen lässt.*

Hunger & Durst

Genau gegenüber der Quelle gibt es das **Landhaus am Brubbel.**

Reiten mit und ohne Höhlenbesuch

Ausritte vom Barninerhof

Heike und Heinz Stolz, 54552 Schalkenmehren. ✆ 06592/2554, Fax 3076. www.Reiterhof-Stolz.de. Heinz-Stolz@web.de. **Anfahrt:** A1 Abfahrt 121 Mehren, B 421 Richtung Mehren, dort links, an der Kreuzung hinter Schalkenmehren geradeaus.

▶ Reiterhof mit Übernachtungsmöglichkeit für Wanderreiter. Diese zahlen fürs Pferd 13 € (Box) oder 8 € (Weide) und für sich selbst 6 € (Zeltplatz) oder 16 € (Wanderreiterzimmer mit Frühstück).

Geführte Ritte kosten 1 Stunde 11 €, jede weitere Stunde 9,50 €, für Leihpferde werden 8 € pro Stunde oder 64 € pro Tag berechnet. Reiterferien für Kinder und Jugendliche werden für 37 € pro Tag oder 240 € pro Woche angeboten. Außerdem sind auf der Homepage attraktive Pauschalangebote zu finden.

Weitere Reiterhöfe siehe Ferien-Adressen.

Mühlsteine und Höhlen – Im Reich der Dunkelheit

TW Gerolsteiner Land GmbH, Kyllweg 1, 54568 Gerolstein. ✆ 06591/13180, Fax 13183. www.gerolsteiner-land.de. touristinfo@gerolsteiner-land.de. **Treffpunkt:** Pony-Hotel Streicher, Gerolsteiner Straße 44, 54570 Hohenfels-Essingen. **Zeiten:** Mi 14.30 Uhr. **Preise:** 6 €; Kinder 12,50 €.

Packtipp: Festes Schuhwerk und Taschenlampe nicht vergessen!

▶ Tief in die Basalthöhlen hinein geht es auf dieser Tour. Kinder dürfen auf Ponys reiten, Erwachsene müssen zu Fuß gehen. Dabei kann man viel über die Entstehung von Basalt erfahren und wie die Menschen in früheren Zeiten aus diesem löchrigen Gestein Mühlsteine hergestellt haben. Das Ganze dauert mit Ponyputzen, Ritt, Wanderung und Grillspaß 2 – 3 Stunden.

Reitstunden

Schutzhof, Angelika Branahl, Hauptstraße 11, 54570 Schutz. ✆ 06559/415, Handy 0171/4947875. **Anfahrt:** A1 Anschluss 122 Manderscheid, dort am Kreisel Richtung Daun, kurz hinter Blechhausen links.

▶ Pferdereitstunden kosten 7,50 €, Ponyreitstunden 5 €.

Tier- & Erlebnisparks

Wild- und Erlebnispark Daun

Diana Reichle & Stefan Bost GbR, Sarresdorfer Straße 59, 54550 Daun. ✆ 06592/3154, 933200, Fax 3154. www.wildpark-daun.de. info@wildpark-daun.de. **Anfahrt:** A1 oder A48 über Dreieck Vulkaneifel bis A1 Ausfahrt 119 Daun, dort über B257 bis Pützborn. **Zeiten:** 15. März – 15. Nov ab 10 – 16 Uhr, im Sommer bis 18 Uhr. **Preise:** 6,50 €, in Gruppen ab 20 Pers 5,50 €; Kinder 4 – 15 Jahre 4,50 €, in Gruppen ab 15 Kinder 3,50 €; Familien ab 2 Kinder 6 bzw. 4 €. **Infos:** Früher hieß der Park »Hirsch- und Saupark«.

▶ In 200 Hektar Wald mit Bächen, Lichtungen und Dickicht könnt ihr viele heimische und exotische Tiere sehen. Dank der großen Ausdehnung hat das Wild eine relativ große Bewegungsfreiheit. Eine 8 km lange Straße führt zu sechs Tribünen, von denen zottelige Yaks, kapitale Hirsche, scheue Rehe und gefräßige Wildschweine beobachtet und gefüttert werden können. Auch Mufflons, Nandus, Emus und Lamas sind zu sehen. Während der Fahrt kommt ihr euch vor, wie bei einer Safari in freier Wildbahn: Die Tiere kommen bis dicht ans Auto heran, manchmal legen sie sich auch einfach faul vors Auto und man muss versuchen, vorsichtig um sie herum zu fahren.

Hunger & Durst

Das Selbstbedienungslokal **Waldhaus Hirschberg** liegt direkt neben Natureum und Shop.

Die **Affenschlucht** ist auch gut mit dem Kinderwagen oder Rollstuhl befahrbar.

Ein 800 m langer Weg führt durch die **Affenschlucht.** Hier lebt eine große Kolonie niedlicher Berber-Äffchen, denen ihr beim Klettern, Kuscheln, Fressen und Spielen zusehen könnt. Außerdem gibt es täglich außer freitags um 11 und 15 Uhr eine Freiflug-Vorführung mit verschiedenen Greifvögeln in der **Falknerei.**
Am Ende der Safari könnt ihr euch entscheiden: Testet spielerisch euer Naturkunde-Wissen im **Natureum,** wandert auf dem kleinen **Naturerlebnispfad** zu einem großen Ameisenhügel, tobt euch so richtig aus auf dem **Abenteuerspielplatz** mit einem riesigen Piratenschiff oder stärkt euch im Café-Restaurant Waldhaus Hirschberg. Es gibt außerdem noch einen kleinen, gut sortierten Park-Shop.

Adler- und Wolfspark

Parkverwaltung Kluthausen, Kasselburg, 54568 Pelm. ✆ 06591/4213, Restaurant Adlerhorst 4912, Restaurant Forsthaus Kasselburg 985176, Fax 980819. www.adler-wolfspark.de. info@adler-wolfspark.de.
Anfahrt: 5 km nordöstlich von Gerolstein an der B410.
Zeiten: März – Okt täglich 10 – 18 Uhr, im Winter an Wochenenden und in den Ferien 11 – 16 Uhr mit Wolfsfütterung um 15 Uhr. **Preise:** 4 €; Kinder 4 – 15 Jahre 3 €; Gruppen ab 20 Personen Erwachsene 3,50, Kinder 2,50 €. **Infos:** Hunde dürfen nicht in den Park. Am Parkeingang stehen drei Hundetierboxen für die wartenden Vierbeiner zur Verfügung.

▶ Rund um den 37 m hohen Doppelturm der einstigen Stauferburg aus dem 12. Jahrhundert breitet sich ein 20 ha großes Wildparkgelände aus – Wald und Wiesen durchzogen von Wegen. Vorzeigeobjekt der Parkverwaltung ist Westeuropas größtes **Wolfsrudel,** dem ihr alltäglich um 15.45 Uhr von einer Tribüne bei der Fütterung

Hunger & Durst

Dafür ist im Park die **Gaststätte Adlerhorst** zuständig. Gut trifft es sich, dass sich direkt vor ihrer Terrasse auch ein Spielplatz befindet. Eine weitere Einkehrmöglichkeit, das Restaurant **Forsthaus Kasselburg,** befindet sich direkt neben dem Parkgelände.

zusehen könnt. Schon davor, exakt um 11 und 15 Uhr gibt es die zweite Hauptattraktion – **Flugvorführungen** mit Adlern, Milanen, Geiern und Falken, die sich in rasanten Flügen vom Turm herabstürzen.

Wild- und Freizeitpark Klotten

Gebrüder Hennes, 56818 Klotten. ✆ 02671/7660, Fax 5662. www.freizeitpark-klotten.de. info@freizeitpark-klotten.de. **Anfahrt:** Von Cochem mit dem Sessellift zum Pinnerkreuz erreichbar. A48 Trier – Koblenz Ausfahrt 4 Kaisersesch, dann über Landkern. **Zeiten:** Ostern – Ende Okt täglich 9 Uhr – Einbruch der Dunkelheit. **Preise:** 7 €, Gruppen ab 20 Personen 5,50 €; Kinder 4 – 14 Jahre 6 €, Schulklassen 5 €, Kindergarten 4 €.

▶ Der Wild- und Freizeitpark befindet sich auf einem Bergrücken zwischen Cochem und Klotten. Man hat einen schönen Ausblick auf die Mosel, ins Enderttal, auf die Burgruine Winneburg und die Cochemer Reichsburg.

Die Gehege sind recht groß. Um alles zu sehen, müsst ihr etwa 2,5 km zurücklegen. Im Wildpark sind Rothirsche, Damwild, Wildschweine, Füchse, Steinböcke, Luchse, Braunbären, Strauße, Wölfe, Mufflons, Bussarde, Papageien, Eulen, Fasane und eine Reihe anderer Tiere zu Hause, insgesamt sind es immer etwa 100 – 120 verschiedene Tierarten. Nicht alle Tiere stammen aus der Eifel. So seht ihr auch große Wapitihirsche aus Nordamerika und Dybowskihirsche aus Ostsibirien.

Ferner gibt es hier einen Freizeitpark, in dem ihr viel unternehmen könnt, z.B. mit den Sprung-, Schaukel- und Fahrgeräten, dem Nautic-Jet, im Wildwasser-Rondell, der Riesenrutsche oder dem Looping-Star.

Raubvögel kommen freiwillig zum Falkner zurück, weil sie faul sind. Warum denn mühsam Beute erlegen, wenn's beim Falkner Futter gibt, das stillhält?

Johanneshof, Johannes Graf, Andreasstraße 12, 54518 Altrich. ✆ 06571/5811. Do 17 – 20, Sa 9 – 12 Uhr. Hier gibt es frisches Gemüse, Dickmilch, Kartoffeln, Obst, Vollkornbrot, Wurst und ein kleines Naturkostsortiment.

Hunger & Durst

Im Park gibt es eine **Imbissbude**. Das **Restaurant** am Eingang ist eine Stunde länger geöffnet als der Park selbst.

Sommerrodelbahn Daun

Am Wild- und Erlebnispark, 64550 Daun. © 06592/1500. **Anfahrt:** / Wild- und Erlebnispark Daun. **Zeiten:** Ab 1. April bei trockenem Wetter 10 – 17 Uhr. **Preise:** 2,50 €, 10er-Karte 18 €; Kinder 3 – 14 Jahre 1,50 €, 10er-Karte 13 €.

▶ In rasanter Fahrt werden auf der 800 m langen Rodelstrecke 340 Höhenmeter zurückgelegt.

Sport & Spaß bei Schnee & Eis

Ski laufen am Mäuseberg bei Daun

Ski-Club Daun, 54550 Daun. © 05692/7737, 71477 (Schneetelefon), www.ski-club-daun.de (mit Schneelagebericht). webmaster@ski-club-daun.de. **Anfahrt:** A1 Ausfahrt 121 Mehren, 5 km südlich von Daun. **Zeiten:** Mo – Fr 14 – 19 Uhr, Sa, So 10 – 20 Uhr. **Preise:** Tageskarte 16 €, 10er-Karte 5 €; Kinder bis 16 Jahre Tageskarte 16 €, 10er-Karte 3,50 €; Tageskarte für Mitglieder des Ski-Clubs Daun 11 €.

▶ Am 561 m hohen Mäuseberg beim Gemündener Maar gibt es eine 400 m lange **Abfahrt** mit 95 m Höhenunterschied, Schlepplift, Flutlichtanlage, Skihütte, Rodelbahn.
Langlaufloipen gibt es ebenfalls in der Nähe: eine zwischen Manderscheid und Bleckhausen, eine in Waldkönigen (Info © 06592/2974) und drei in Darscheid (Info © 06592/4467).

Wie entstehen Engel? Sucht euch eine Schneefläche, durch die noch keiner gelaufen ist, dreht euch mit dem Rücken dazu und lasst euch nach hinten in den weichen Schnee fallen. Nun streckt ihr die Arme zur Seite, und lasst sie – mal etwas höher, mal etwas tiefer – in den Schnee fallen. Lasst euch vorsichtig aufhelfen und ihr seht im Schnee einen wunderschönen Engel-Abdruck.

Langlauf am Ernstberg

Skilanglauf Ernstberg e.V., Werner Frank, 54570 Hinterweiler. © 06592/2974, 980142 (Schneebericht). **Anfahrt:** Von Daun 4 km auf der B421 Richtung Hillesheim bis Waldkönigen, dort 2 km Richtung Hinterweiler. **Preise:** Loipenbenutzung gratis. **Hinweis:** Der Ernstberg wird auch Erresberg genannt.

▶ Rund um den 700 m hohen Ernstberg bei Daun-Waldkönigen werden bei guter Schneelage mehrere schöne Loipen mit unterschiedlichen Längen (insgesamt 16 km) und Schwierigkeitsgraden gespurt. An den Wochenenden ist die Skihütte »Auf der Wacht« von 10 bis 17 Uhr bewirtet. Geplant sind Langlaufski und Elementar-Skiunterricht durch eine DSV-Skischule auf der Skischulwiese mit transportablem Kleinschlepplift. Einfach mal nachfragen!

Ballone & Bahnen

Ballon fahren über der Vulkaneifel

Eifel-Balooning, Joachim Jung, Wirichstraße 8, 54550 Daun. ✆ 06592/985465, Fax 985467. Handy 0171/6111631. www.eifel-ballooning.de. info@eifel-ballooning.de. **Preise:** Mo – Fr morgens 155 €, abends und am Wochenende 195 €; Ermäßigung für Gruppen ab 6 Personen 10 – 15 %.

▶ Die Eifel von oben genießen ohne Motorenlärm. Nur hin und wieder stört der Gasbrenner die himmlische Ruhe, wenn die Luft im Ballon aufgeheizt wird. Und ist es nicht besonders aufregend, wenn man gar nicht weiß, wo es hingeht? Denn in einem Heißluftballon fährt man mit dem Wind. Deshalb braucht ihr euch auch nicht wärmer anzuziehen als am Boden.

Dampfbahn-Sonderfahrten durch die Eifel

Eifelbahn e.V., 54561 Gerolstein. ✆ 06593/9829250, Fax 9829251. www.eifelbahn.de. eifelbahn@t-online.de. **Anfahrt:** Bahnhof auf der Linie Trier – Köln und der Eifelquerbahn Ulmen – Daun – Gerolstein. A1 oder A48 über Dreieck Vulkaneifel bis A1 Ausfahrt 119 Daun, dann über B257/421/410 etwa 25 km west-

Umweltbewusste Schneehasen fahren natürlich nur bei Tageslicht und ausreichend Neuschnee Ski. Langläufer schonen den Wald und bleiben selbstverständlich in den ausgewiesenen Spuren.

HANDWERK UND GESCHICHTE

Packtipp: Fotoapparat und Fernglas nicht vergessen!

wärts. Rad: Gerolstein liegt am Kylltal-Radweg. **Infos:** Ein detailliertes Faltblatt und die Webseite enthalten das vollständige Programm inklusive Fahrpreisen.

▶ Der Gerolsteiner Verein der Eisenbahnfreunde hat es geschafft, einen beachtlichen Fuhrpark an altgedienten Eisenfahrzeugen und Reisezugwagen anzuschaffen und wieder verkehrstauglich zu machen. Er verfügt über eine Dampflokomotive sowie mehrere Triebwagen und Motordraisinen. Damit unternimmt er allerlei Touren von Gerolstein aus, so u.a. nach Prüm – Pronsfeld, Jünkerath – Losheim, Erdorf – Bitburg, Daun – Monreal und nach Mayen zum Lukasmarkt.

Auf der landschaftlich schönen Strecke der Eifelquerbahn Gerolstein – Daun – Kaisersessel verkehren Ende Juni – Ende Oktober Sa, So und Fei wieder **Schienenbusse**. Zustieg an den Bahnhöfen Gerolstein, Pelm, Hohenfels, Dockweiler-Dreis, Rengen, Daun, Darscheid, Utzerath, Berenbach, Ulmen, Uersfeld, Laubach-Mühlenbach, Kaisersesch. Gerolstein alle 2 Std. 9.15 – 19.15 Uhr, bis Kaisersesch 1,5 Std. Ab Kaisersesch alle 2 Std. 11 – 19 Uhr.

Sesselbahn von Cochem zum Pinnerkreuz

Cochemer Sesselbahn GmbH, Endertstraße 44, 56812 Cochem. ✆ 02671/989063, 989265, Fax 989064. www.mosel-reisefuehrer.de/CochemerSesselbahn/default.html. cochemer.sesselbahn@t-online.de. **Zeiten:** Ostern – Mitte Nov täglich 9.30 – 18.30 Uhr. **Preise:** einfach 4 €, hin und zurück 5,50 €; Kinder bis 13 Jahre 1,80 € bzw. 2,50 €; Ermäßigungen für Gruppen ab 15 Personen und Schulklassen ab 20 Personen, Saisonkarte, Wochenkarte, Familienkarte, 10er-Karte.

Ihr könnt auf der Höhe zum 4 km entfernten Tierpark Klotten wandern.

▶ In wenigen Minuten bringt euch die Sesselbahn vom Moseltal zum ca. 200 m hohen Berg mit dem weithin sichtbaren Pinnerkreuz hinauf. Auf der Höhe erwartet euch ein gemütliches Terrassencafé. Die Aussicht auf Cochem, den Fluss und den Hunsrück ist hervorragend.

Betriebsbesichtigungen

Sprudelfabrik Dauner Quellen

Dauner Sprudel GmbH, Maria-Hilf-Straße 22, 54550 Daun. ✆ 06592/96980, www.dauner-quellen.de. office@dauner-sprudel.de. **Anfahrt:** 7 Buslinien ab ZOB Daun. In der Südstadt kurz vor Gemünden, direkt am Fluss Lieser. **Zeiten:** Besichtigung nur über das Verkehrsamt Daun, ✆ 06592/939178, das nach Vereinbarung Gruppen zusammenstellt. **Preise:** Besichtigung kostenlos.

▶ Sprudelfabrik, das heißt Waschen, Etikettieren, Abfüllen von zahllosen Flaschen – Produktion, die über automatisierte Fertigungsstraßen läuft. Ihr erfahrt aber auch einiges über die Entstehung des Sprudelwassers und weshalb die Vulkaneifel so viel davon hat.

Eifeler Glockengießerei Mark in Brockscheid

Glockenstraße 51, 54552 Brockscheid. ✆ 06573/9903314, Fax 9111. www.glockengiesser.de. **Anfahrt:** Von der A1, Anschlussstelle Manderscheid Richtung Eckfeld/Daun, von dort nach Brockscheid. **Zeiten:** Führungen durch die Glockengießerei: Gruppen, ganzjährig (tel. Anmeldung erforderlich), Mo – Sa 9 – 12, 14 – 16.30, So 11 – 13 Uhr, alle 30 Minuten; Einzelbesucher, Mo – Sa 10, 11, 12, 14, 15, 16, Anschluß an angemeldete Gruppen möglich, 1.11. – 1.4. Führung lediglich um 15 Uhr. **Preise:** 2 €; Kinder und Jugendliche 6 – 17 Jahre 1,50 €.

▶ Auch die Sendung mit der Maus war schon hier. Die Glockengießerfamilie betreibt dieses Handwerk seit 1620, seit 1840 ist sie in Brockscheid ansässig. Diese Glockengießerei gehört zu den sechs letzten Deutschlands. Auf der Führung könnt ihr viel über Glocken und den Guss von Glocken erfahren. Es bedarf allerdings eines besonderen Terminglücks, einen Glockenguss live zu erleben, denn in Brockscheid wird nur 4 bis 5 mal pro Jahr gegossen.

Es gibt einen Laden, wo ihr allerlei Andenken, aber auch Getränke, Bücher und Landkarten erwerben könnt, ferner ist in der Gießerei ein Bistro. Sehr informativ ist das Video »Der Glockengießer«.

Eifelfrische & Co.

Vulkanhof Ziegenkäserei, Familie Thommes-Burbach, Vulkanstraße 29, 54558 Gillenfeld. ✆ 06573/9148, Fax 996416. www.vulkanhof.de. info@vulkanhof.de. **Anfahrt:** A1 Ausfahrt 121 Mehren; 6 km auf der B421 nach Süden (14 km von Daun). **Zeiten:** März – Oktober Mo – Sa 10 – 17 Uhr, November – Februar Di – Fr 14 – 17 Uhr, Sa 11 – 17 Uhr, Führungen nur nach Voranmeldung. **Preise:** Führung 4 € mit, 2 € ohne Käseprobe; Kinder Führung 2 € mit Käseprobe.

▶ Hier könnt ihr »Eifelfrische«, »Eifelmilde« und »Eifelwürze«, d.h. rein ökologisch hergestellten Ziegenfrischkäse, halbfesten Ziegenschnittkäse und Ziegenschnittkäse kaufen. Und euch vorher ansehen, wie der Käse hergestellt wird. Das ist meist 10 – 12 Uhr möglich, besser vorher nachfragen. Vielleicht ist bei einem Besuch im Februar – April auch bei den Ziegen gerade wieder Nachwuchs da, der bestaunt werden kann.

Jedes Jahr im August findet ein großes **Hoffest** statt, bei dem ein kleiner Handwerkermarkt aufgebaut wird. Für die Kinder gibt es eine Walderlebnisschule, eine Verlosung und eine Strohburg, alles angebotene Essen ist aus eigener Erzeugung.

Gerolsteiner Sprudel

Gerolsteiner Brunnen GmbH & Co., Vulkanring, 54568 Gerolstein. ✆ 06591/14-238, Fax 14-249. www.gerolsteiner.de. gerolsteiner.brunnen@gerolsteiner.com. **Anfahrt:** Nicht weit vom Bhf Gerolstein. B410 Prüm – Daun. **Zeiten:** Spontanbesucher Mo – Fr 15 Uhr, Auf Anmeldung auch Mo – Fr 10, 11 und 14 Uhr. **Preise:** Eintritt frei. **Infos:** Führungen für Gruppen (nur mit Anmeldung) Mo – Fr 10, 11 + 14 möglich.

▶ In der großen Mineralwasserfabrik gibt es eine kostenlose Führung für alle, die schon immer einmal wissen wollten, wie Mineralwasser in die Flasche kommt. Die Tour dauert etwa eine Stunde. Damit ihr unterwegs nicht verdurstet, werdet ihr zu einer Gerolsteiner-Trinkprobe eingeladen.

Schneidemühle Meisburg

Josef Schneider, 54570 Meisburg. ✆ 06599/222, www.meisburg.de/kultur/schneidemuehle.html. **Anfahrt:** Bus 505 Mo – Fr von Daun/Bitburg und Bus 523 von Manderscheid – Gerolstein – Wallenborn – Deudesheim. An der B257 Daun – Bitburg. **Zeiten:** Besichtigung mit Führung Di 10 und 11 Uhr, Do 14, 15, 16 Uhr, Sa 14, 15, 16 Uhr, Nov – Feb und Gruppen nach tel. Vereinbarung. **Preise:** 4 €, in Gruppen ab 20 Personen 3 €; Kinder 7 – 14 Jahre 2 €.

▶ Bei Meisburg steht die letzte von Wasserkraft getriebene Schneidemühle von Rheinland-Pfalz, ein uraltes Bauwerk, das bereits 1346 urkundlich erwähnt ist. Sie wurde bis 1968 gewerblich genutzt. Mittlerweile ist sie renoviert und fungiert nun als Schaumühle. An drei Tagen in der Woche setzt das alte Mühlrad, das der kleine *Lohsalmbach* treibt, die Wasserkraft in jene geballte Energie um, die dicke Baumstämme zu sägen vermag.

Gerolsteiner gehört zu den wenigen Unternehmen, die ihr Mineralwasser überall in Deutschland anbieten, es geht sogar eine beträchtliche Menge in den Export. Das Unternehmen beschäftigt 794 Personen, verkauft gut 7 Mio Hektoliter und erzielte 175 Mio Euro Umsatz. Damit ist es Marktführer in der Branche.

Hunger & Durst

Direkt neben der Mühle gibt es eine kleine **Imbissbude**.

In ↗ **Wallenborn** gibt es ferner ein viel bestauntes Naturphänomen zu bewundern, eine Kohlensäurequelle, die alle halbe Stunde kocht und brodelt.

Bio-Imkerei Mehler

Imkerei Mehler Wallenborn, Neue Straße 3, 54570 Wallenborn. ✆ 06599/258, Fax 284. www.biobee.de. info@biobee.de. **Anfahrt:** 10 km von Daun in Richtung Bitburg an der B257. **Zeiten:** Führungen für Einzelpersonen und Familien April – Okt Mi und Sa 14 – 17 Uhr. Termine für Gruppen ab 15 Personen nach Voranmeldung ganzjährig. Laden der Imkerei Mo – Fr 8 – 18, Sa 9 – 17 Uhr, So November – April 10 – 12, April – Oktober 10 – 15 Uhr. **Preise:** Eintritt frei.

▶ Deutschlands größte Bio-Imkerei mit über 1000 Völkern. Für die zahlreichen Besucher und Besucherinnen wurde ein Lehrstand eingerichtet, an dem euch der Imker vieles über das Leben der Bienen und die Honigproduktion erzählt. Zu haben ist fast alles, was mit Honig zu tun hat: verschiedene Honigsorten, Honig-Senf (!), Bärenfang (Likör), Pollen, Met, Möbelwachs, Bonbons, Kerzen, Kosmetik.

Burgen & Museen

Ober- und Niederburg von Manderscheid

Manderscheid. ✆ 06572/737, Fax 932962. www.niederburg-manderscheid.de. niederburg-manderscheid@t-online.de. **Anfahrt:** A1 Abfahrt 122 Manderscheid, nach 4 km am Ortseingang. **Zeiten:** Unterburg März – Okt Mi – Mo 10.30 – 17 Uhr, im Januar und Februar nur an mehreren Sa und So geöffnet; Führungen können telefonisch vereinbart werden. **Preise:** 2 €; Kinder 0,70 €. **Infos:** Es gibt ein ausführliches Programm für das Burgenfest.

▶ Zwei mächtige Burgen über dem Liesertal, knapp 2 km östlich von Manderscheid. Eine, die **Niederburg,** auch *Unterburg* genannt, liegt nur wenig oberhalb vom Ufer. Die andere, die

SPUK AUF DER NIEDERBURG

Im Jahre 1844 wurden in der Niederburg bei Manderscheid Ausbesserungsarbeiten vorgenommen. Dabei fand man in der Wand neben dem großen Wachturm eine Nische, deren Eingang zugemauert war. Der Raum war so groß, dass ein erwachsener Mensch gerade so aufrecht darin stehen konnte. Ganz oben an der Decke befand sich eine kleine Öffnung. Als die Steinmetze die Vorderwand entfernten, fanden sie in dem Kämmerchen ein menschliches Gerippe, eine kleine irdene Schüssel und einen Stein zum Sitzen.
Die Alten in Manderscheid wussten diesen schauerlichen Fund zu erklären: Vor ein paar hundert Jahren lebte auf der Niederburg ein stolzer Graf, der das gewöhnliche Volk verachtete. Seine Tochter liebte einen von den Dienstmannen der Burgbesatzung, und dieser, ein schmucker junger Kerl, erwiderte ihre Liebe. Bei einer heimlichen Zusammenkunft wurde das ungleiche Paar überrascht, und der jähzornige Alte ließ den unglücklichen Liebhaber auf der Stelle töten. Seine Tochter aber ließ er in jener Nische einmauern. Durch die kleine Öffnung erhielt sie täglich ein wenig Nahrung, bis der Tod sie von ihrer Qual erlöste.
Von dieser Zeit an spukte es jahrhundertelang um die Mitternachtsstunde am alten Wachturm. Der Spuk hörte erst auf, als man das Gerippe in ein christliches Grab gebettet hatte. (Den letzten Teil der Geschichte könnt ihr glauben oder nicht.) ◀

Oberburg, befindet sich schon recht hoch über dem Bach. Zwischen den Herren der lediglich 120 m Luftlinie voneinander entfernten Bauwerke bestand jahrhundertelang bittere Feindschaft.
Während die Oberburg zu allen Jahreszeiten und kostenlos besichtigt werden kann, bleibt die Unterburg, von wenigen Samstagen und Sonntagen abgesehen, von Anfang November bis Ende Februar geschlossen.
Die Niederburg ist eine echte Ritterburg und hat sogar ihr eigenes Schlossgespenst. Auf dem

Turnierplatz könnt ihr davon träumen, als Knappe einem Ritter zur Hand zu gehen oder als edles Burgfräulein von den vielen kühnen Rittersleuten umworben zu werden. Bei der Burgführung lernt ihr auch alle Burgtürme, den Gewölbekeller und den Palas kennen. Im Burgladen könnt ihr euch anschließend stärken.

Es ist möglich, von Manderscheid auf einem **Wanderweg** Richtung Oberburg (15 Minuten) und Unterburg (weitere 15 Minuten) zum Liesertal zu wandern.

Bertradaburg

Brigitte Tiepelmann, Burgring 13 + 15, 54570 Mürlenbach. ✆ 06594/864, Fax 864. www.bertradaburg.de. **Anfahrt:** Bhf auf der Bahnstrecke Gerolstein – Bitburg – Trier. 12 km südwestlich von Gerolstein. **Zeiten:** Außenanlage ganzjährig zugänglich. Führungen innen Ostern – Okt So 15 Uhr und Gruppen nach Vereinbarung. **Preise:** Führung 4 €; Kinder 2 €.

*Der Überlieferung nach soll **Karl der Große** in Mürlenbach geboren sein. Sein offizieller Geburtsort ist unbekannt, also kann diese Behauptung kaum widerlegt werden.*

▶ Bei der Führung durch das riesige, fünfstöckige Torhaus ist auch eine schöne Kapelle zu besichtigen. Die Burg hat einen ganz besonders grimmigen Torwächter, der *Gringbötschel* genannt wird. Er ist auf einem Relief aus Sandstein zu sehen. Vom Burghof aus kann man durch ein Loch im Rasen in das ehemalige Pulvermagazin schauen, wo das Schießpulver lagerte.

Reichsburg Cochem

Cochem. ✆ 02671/255, Fax 5691. **Anfahrt:** Cochem ist Bahnstation an der Strecke Trier – Koblenz, häufige Verbindungen. Vom Bhf eine halbe Stunde zu Fuß, Aufstieg vom Marktplatz aus. **Zeiten:** 15.3. – 15.11. täglich 9 – 17 Uhr, nur mit Führung (Dauer ca. 40 Minuten), Gruppen sollen sich vorher anmelden, sie können auch Termine für die Wintermonate bekommen.
Preise: 3,50 €; Kinder und Jugendliche 1,50 €; Ermäßigung für Gruppen.

▶ Die alte Reichsburg bestimmt die Silhouette von Cochem. Urkundlich wird sie erstmals im

Jahr 1051 erwähnt. Sie wurde im 13. Jahrhundert ausgebaut. Den Dreißigjährigen Krieg überstand sie zwar schadlos, aber 1688 konnte auch sie der Zerstörungswut der Truppen des französischen Sonnenkönigs Ludwig XIV. nicht standhalten. Die Ruine wurde erst 1868 von dem reichen Berliner Kommerzienrat Raviné aus ihrem elenden Zustand befreit, der den überwachsenen Trümmerhaufen vom preußischen Staat erwarb und nach den Plänen von 1576 als alte Reichsburg wieder erstehen ließ.
Am ersten Wochenende im August wird ein großes **Burgfest** gefeiert, das mit einem Festzug durch die Stadt und dem Einzug in die Burg beginnt. Ein historischer Handwerkermarkt ist gut mit Essständen gemischt. Damit keine Langeweile aufkommt, wird allerlei Schabernack und Spektakel getrieben. Für Kinder stehen Maskenschminken und verschiedene Spiele auf dem Plan.
Auf der Burg gibt es eigentlich das ganze Jahr über Veranstaltungen, Konzerte, Theater, Lesungen, Ausstellungen usw. Die Termine sind in einem Programmheft übersichtlich zusammengestellt.

Hunger & Durst

Die **Burgschänke** ist täglich 9 – 18 Uhr geöffnet (24.12. – 1.1. 11 – 15 Uhr). Sie bietet Eintopfgerichte, belegte Brötchen, Kaffee und Kuchen, Eis, Erfrischungsgetränke und Moselwein.

Großkaufleute und Industrielle nannte man früher Kommerzialrat, was sich von Kommerz = Handel ableitet.

Maarmuseum Manderscheid

Landessammlung für Naturkunde Rheinland-Pfalz, Wittlicher Straße 11, 54531 Manderscheid. ✆ 06572/920310, Fax 920315. www.maarmuseum.de. maarmuseum@t-online.de. **Anfahrt:** Hbf Wittlich, Regiobus Richtung Daun. Rad: Maare-Mosel-Radweg, ab Pantenburg Richtung Manderscheid. **Zeiten:** März – Oktober, Weihnachten und Karneval Di – Sa 10 – 12, 14 – 17 Uhr, So, Fei 13 – 17 Uhr, Sondertermine und Führungen ganzjährig auf Anfrage, Gruppen müssen sich anmelden. **Preise:** 2 €, Kurgäste 1,50 €; Kinder 4 – 15

Hunger & Durst

Café Alte Remise, Moselbergstraße 5, direkt am Museum. Heiße Waffeln und köstlicher Kuchen nach Oma Billas Rezepten. Mit Sonnenterrasse, romantischem Innenhof und Minizoo mit Hamstern, Vögeln und Kaninchen.

Jahre 1,30 €, Jugendliche 15 – 18 Jahre 1,50 €; Familienkarten 3,50 – 6,50 €, Ermäßigung für Studenten, Zivis und Gruppen ab 10 Personen. **Infos:** Führung für Gruppen bis 33 Personen 26,50 €, englische Führung 36,50 €.

▶ Ein sehr modernes Museum, nach einem effektreichen, interaktiven Multimediakonzept eingerichtet. Dies macht es möglich, dass man hier vieles ausprobieren und dabei spielerisch erlernen kann. Ein Highlight der Ausstellung ist das von innen begehbare Großmodell eines Maares. Man erfährt viel über den Vulkanismus in aller Welt und insbesondere in der Eifel, noch mehr aber über die Maare der Region: ihre Entstehung, ihre Pflanzenwelt und vieles mehr. Erstmalig zu sehen sind auch die Fossilien des ca. 45 Millionen Jahre alten Eckfelder Trockenmaares, allen voran das »berühmte Eckfelder Urpferdchen« und die »älteste Honigbiene der Welt«!

Spannende und kostenlose GEO-BIO-Exkursionen in der »Ferienregion Vulkaneifel um Manderscheid« sind ganzjährig nach Absprache und Anmeldung möglich. Dazu findet ihr auch immer einen Aushang im Schaukasten am Seiteneingang des Museums.

Eifel-Vulkanmuseum Daun

Leopoldstraße 9, 54550 Daun. ✆ 06592/985353, Fax 985355. www.vulkaneifel.de/eifel-vulkanmuseum. **Anfahrt:** Sa, So, Fei Eifelquerbahn von Gerolstein und Kaisersesch, Mo – Fr Bus 500 von Gerolstein. In der Ortsmitte. **Zeiten:** April – Okt Di – Fr 13 – 16.30 Uhr, Sa, So, Fei 11 – 16.30 Uhr, März und Nov Mi – Fr 14 – 16.30 Uhr, Sa, So, Fei 11 – 16.30 Uhr, außerdem 26. – 30.12, 1. – 6.1. und in der Karnevalswoche täglich 11 – 16.30 Uhr. Führungen sind nach Vereinbarung auch außerhalb der Öffnungszeiten möglich. **Preise:** 2,60 €, Kurgäste 2 €, Gruppen ab 15 Personen 1,50 €; Kinder 6 – 15 Jahre 1 €, Jugendliche 16 – 18 Jahre 1,50 €, Gruppen ab 15 Personen 0,80 €; Ermäßigung für Familien, Wehrpflichtige, Zivis, Studenten, Schwerbehinderte.

▶ Wie das Maarmuseum von Manderscheid auf dem neuesten Stand multimedialer Präsentation. Hier dreht sich allerdings alles um die Entstehung von Vulkanen und die Folgen der Eruptionen. Hauptattraktion dieses überaus anschaulichen und informativen Museums ist ein Modellvulkan, den ihr selbst auslösen könnt, an dem ihr sodann den Ablauf der Eruption miterlebt und als Krönung schließlich den zischenden Ascheregen bestaunen könnt. Das Museum ist nicht allzu groß, folglich kann der Rundgang von den meisten Kindern ohne größere Ermüdungserscheinungen überstanden werden.

Happy Birthday! Das Eifel-Vulkanmuseum Daun bietet für 20 € ein Geburtstagspaket an, das aus einer Filmvorführung und einer altersspezifischen Führung besteht (Dauer ca. 2 Stunden). Ferner erhält das Geburtstagskind einen Eintrittsgutschein für den Adler- und Wolfspark Kasselburg.

Schulmuseum Immerath

Verbandsgemeinde Daun, Hauptstraße 12, 54552 Immerath. ✆ 06573/9182, Verbandgemeinde 06592/939-208, vgv.daun@t-online.de. **Zeiten:** April – Okt Do 14 – 17 Uhr. **Preise:** 0,75 €; Kinder und Jugendliche 0,50 €. **Infos:** Museumsverwalterin Margret Strackbein ✆ 06573/216.

▶ In Immerath ist am alten Standort im 1. Stock des *Backes* die einstige Dorfschule aus der Zeit vor dem ersten Weltkrieg wieder hergestellt worden. Es war damals nicht einfach für Lehrer wie Schüler. Immeraths Schule bestand wie in vielen Eifeldörfern lediglich aus einem einzigen Klassenraum, in dem 60 Schüler und Schülerinnen Platz fanden. Das reichte aus, um alle schulpflichtigen Kinder des Dorfes unterzubringen. Der Lehrer musste all diese Schüler aus vielen Jahrgängen gleichzeitig unterrichten.

Die Übersetzung von Backes ist Backhaus.

Die Klassen waren spartanisch eingerichtet, die Unterrichtsmittel überaus bescheiden. Man saß auf klotzigen Holzbänken hinter groben Tischen und schrieb mit einem rauen Griffel auf eine kleine Schiefertafel. Im Winter musste jeder

Schüler einen Holzscheit mitbringen, damit der Klassenraum geheizt werden konnte. Die Lehrer waren bettelarm, sie mussten zusätzlich Landwirtschaft betreiben, um ein bescheidenes Leben führen zu können. Sie waren schlecht ausgebildet, ihr Unterrichtsstil war autoritär, die Kinder wurden geschlagen.

Tipp: Auf Wunsch lässt sich in der traditionellen Umgebung des Schulmuseums auch Unterricht arrangieren (ohne Schläge)!

Naturkundemuseum Gerolstein

Hauptstraße, 54568 Gerolstein. ✆ 06591/5235, 1387, Fax 1386. www.gerolsteiner-land.de. touristinfo@gerolsteiner-land.de. **Zeiten:** April – Okt Mo – Fr 14 – 17 Uhr, Sa, So und Fei 11 – 17 Uhr. **Preise:** 2 €; Kinder 0,50 €; Familien 4,60 €.

▶ Zu den Schwerpunkten des Museums im alten Rathaus gehören die Versteinerungen des Gerolsteiner Landes. Der Nachbau einer steinzeitlichen Wohnhöhle »Buchenloch« zeigt, wie die frühen Besiedler der Region lebten.
Ein anderer Schwerpunkt widmet sich Wald und Umwelt. In gläsernen Säulen wird vorgeführt, wie sich der Boden im Gerolsteiner Land zusammensetzt und welche Böden und Gesteine unter dem Wald zu finden sind. Interessant ist auch die mächtige Eiche mit den Tieren, die auf und mit ihr leben. Man kann die präparierten Bewohner des Baumes über ein Lichtschaltpult zum Sprechen bringen. In der Abteilung »Wald und Umwelt« dürft ihr mittels Computer und Mikroskop eigene Entdeckungen machen.

*Die **Mausefallenhändler** aus Neroth im 19. und 20. Jahrhundert wurden »Nerother Mousfallskramer« genannt und waren im ganzen deutschsprachigen Raum bekannt. Sie sprachen Jenisch, die Sprache des fahrenden Volkes.*

Mausefallenmuseum Neroth

Mühlenweg, 54570 Neroth. ✆ 06591/5822, 4752, www.neroth.de. **Anfahrt:** Mitten im 5 km westlich von Daun gelegenen Dorf. **Zeiten:** April – Oktober Mi 14 – 16, Fr 15 – 17, Gruppen ganzjährig nach Vereinbarung. **Preise:** 1 €; Kinder und Jugendliche 0,50 €.

▶ Im Dorf Neroth fertigten viele Menschen im 19. und 20. Jahrhundert in Heimarbeit Drahtwaren. Der letzte Betrieb, in einer 1842 gebauten Schule, wurde 1979 eingestellt und gibt den Kern für dieses Museum ab. Es ging hauptsächlich um Mausefallen. Der kleine Nager, der sich an menschlichen Nahrungsmitteln gütlich tut, wurde über Jahrhunderte bis in jüngere Zeit hinein erbarmungslos verfolgt. Da bestand auch reichlich Nachfrage nach Mausefallen. Es wurden aber auch andere Gegenstände aus Draht hergestellt, wie Topfuntersetzer, Kleiderbügel, Obst- und Blumenkörbe. Unter sachkundiger Führung könnt ihr einiges über das anstrengende Leben der Heimarbeiter, ihre Produkte und ihre Herstellungstechniken erfahren.
In einem Raum des Museums geht es international her: Mausefallen aus aller Welt sind dort ausgestellt, von den ältesten Holzfallen über Drahtfallen bis hin zu Einweg-Fallen aus Pappe zum Wegwerfen.

Hunger & Durst

Im Restaurant **Zur Neroburg** sind Familien mit Kindern sehr willkommen, ein Spielplatz ist ganz in der Nähe. Auf der Speisekarte findet ihr neben den üblichen Fleisch- und Fischgerichten ein Gericht, was es wohl nur hier in Neroth gibt: Die Mausefallenplatte wird auf einer original Mausefalle serviert.

Kinder dürfen in der alten Werkstatt von 1885 sogar selbst Federn aus Draht drehen.

Kinder- und Jugendkulturherbst

Veranstalter: Kulturamt der Stadt Wittlich, Neustraße 2, 54516 Wittlich. ✆ 06571/14660, Fax 146616.

Preise: Kindertheater 5 €; Kinder 4 €.

▶ Im Herbst veranstaltet das Kulturamt der Stadt für Kinder und Jugendliche den mehrwöchigen Kulturherbst mit Theater, Sport und Spiel. Dazu gehören mehrere Kindertheateraufführungen im Jugendhaus St. Bernhard.

Burgenfest Manderscheid

✆ 06572/737, Fax 932962. www.niederburg-manderscheid.de. niederburg-manderscheid@t-online.de.

Anfahrt: Von Manderscheid Richtung Autobahn A 1.

THEATER & AKTIONEN

Tipp: Von Manderscheid und Pantenburg gibt es an diesem Tag kostenlosen Bustransfer.

Preise: Wegezoll 5 €; Kinder 12 – 17 Jahr 3,50 €, Kinder bis 11 Jahre frei.

▶ Am letzten Augustwochenende wird in der Unterburg Manderscheid ein gut besuchtes Burgenfest gefeiert, ein ausgesprochenes Spektakel mit allerlei Mittelalterlichem wie Ritterturnieren, Jongleuren, Gauklern und Bänkelsängern. Für Kinder unter den Gästen gibt es auch ein Kinderritterturnier sowie Puppentheater und andere lustige Aktivitäten. Teil des Festes sind auch ein Handwerkermarkt und ein Feuerwerk am Samstagabend.

Ferienpass & Ferienspiele in Ulmen

Verkehrsamt Ulmen, Marktplatz 1, 56766 Ulmen. ✆ 02676/409209, Fax 409500.

In Ulmen ist samstags 8 – 12 Uhr **Wochenmarkt**.

▶ Die Gemeinde bietet Kindern, auch denen der Urlauberfamilien, ein reichhaltiges Ferienprogramm aus Kinderfesten, Kindertheater, Minigolfturnieren, Nachtwanderungen und allerlei anderen Aktivitäten. Dafür braucht ihr den Ferienpass. Es ist ratsam, sich frühzeitig anzumelden, denn bei einigen Veranstaltungen (z.B. dem Segelfliegen) ist die Teilnehmerzahl begrenzt.

Märkte & Feste

Säubrenner-Kirmes

Fremdenverkehrsverein Moseleifel-Touristik e.V., Neustraße 7, 54516 Wittlich. ✆ 06571/4086, Fax 6417. www.moseleifel-touristik.de. Moseleifel@t-online.de.

Zeiten: 3. Wochenende im August.

▶ Bei der großen Säubrenner-Kirmes werden 100 Schweine gebraten und verspeist. Das größte Straßenfest der Region mit Handwerkermarkt, Rummelplatz und Livemusik.

Weihnachtsmarkt Wittlich

Termine: 1. Advent Fr – So 11 – 19.30, 2. und 3. Advent Do – So 11 – 19.30.

▶ Samstags und sonntags kann man den Wittlicher Weihnachtstaler prägen und Kutschfahrten machen. Neben den üblichen musikalischen Darbietungen auf der Bühne stehen Laternenwanderungen, Weihnachtsbasteln »Tannenbaum sucht Weihnachtskleid« und eine Fackelwanderung in die Weinberge auf dem Programm.

Weitere Weihnachtsmärkte

1. Advent:
Fr – So: Daun
Sa, So: Gillenfeld

2. Advent: Sa, So: Manderscheid-Meerfeld

Festkalender Vulkaneifel

Ostern:	Mo: Neroth, Eierlage
Mai:	Um den 1.: Wittlich, Maifest
Juni:	2. Wochenende: Cochem, Moselweinwoche
	4. Wochenende: Wittlich, Sommerfest
Juli:	Letztes Wochenende: Gerolstein, St. Anna Kirmes
August:	2. Mi: Daun, Laurentiuskirmes
	3. Wochenende: Wittlich, Saubrenner-Kirmes
	4. Wochenende: Gerolsteiner Sprudelfest
	Letztes Wo.ende: Cochem, Heimat- und Weinfest
September:	2. Wochenende: Cochem-Sehl, Sehler Quetschefest
November:	1. Wochenende: Cochem, Federweißenfest

Karneval

Weiberfastnacht (Do):	Manderscheid, Umzug der »Möhnen«
	Daun, Rathauserstürmung
Karnevalssonntag:	Manderscheid, Fastnachtsumzug
	Bettenfeld, Fastnachtsumzug mit Fastnachtsparty
	Schalkenmehren, Karnevalsumzug
	Üdersdorf, Karnevalsumzug
Rosenmontag:	Deudesfeld, Rosenmontagsumzug
	Gerolstein, Rosenmontagszug
	Cochem, Rosenmontagszug

Burgenweihnacht auf der Niederburg

Kurverwaltung Manderscheid, 54531 Manderscheid. ✆ 06572/921549, Fax 921551. manderscheid@eifel-portal.de. www.manderscheid.de. **Zeiten:** 1. Advent Sa 15 – 20 Uhr, So 11 – 18 Uhr.

▶ Überall in der Niederburg gibt es etwas zu sehen und zu erleben: Geschichtenerzähler im Torturm, eine lebende Krippe, einen Weihnachtsmarkt, ausgefallene Leckereien und altes Handwerk wie Kerzenzieher, Silberschmied, Töpfer, Perlenweber, Steinmetz oder Schneider. Abends im Fackelschein ist die Kulisse der Burg besonders romantisch.

Altstadtweihnachtsmarkt Gerolstein

Termin: 3. Advent Fr 16 – 21 Uhr, Sa/So 11 – 18 Uhr.

▶ Freitag ab 19 Uhr Weihnachtsparty, Samstag und Sonntag ganztägig Weihnachtsmusik auf der Bühne, außerdem nachmittags Theaterstück, Märchenerzähler, Tombola und Fotostunde mit dem Weihnachtsmann. Im Naturkundemuseum können Kinder sich schminken lassen und Weihnachtsgeschenke basteln.

Burgweihnacht in Cochem

✆ 02671/255, Fax 5691. www.reichsburg-cochem.de. info@reichsburg-cochem.de. **Anfahrt:** Vom Weihnachtsmarkt an der alten Moselbrücke startet ein Shuttleservice zur Burg und zurück. **Termin:** 3. Adventwochenende 15 – 18 Uhr. **Preise:** 2,50 €; Kinder 1 €.

▶ Im Rosenhof der Reichsburg stehen stimmungsvolle Buden mit Weihnachtsartikeln und Naschereien. Im Vorhof werden die Gäste von einem Herold empfangen und durch ein Krippenspiel mit historisch gewandeten Schauspielern und echten Tieren geführt.

INFO & VERKEHR

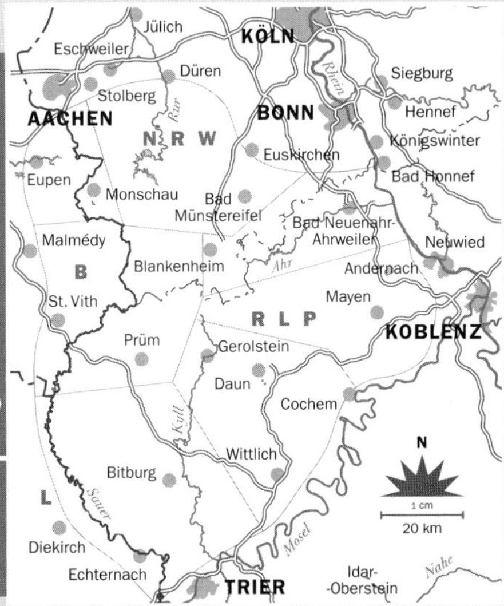

BORSIG

Wer eine Unterkunft sucht, sich aktuell über örtliche Veranstaltungen informieren oder mehr über die Region ergattern will, schaut am besten beim Fremdenverkehrsamt oder Verkehrsbüro des betreffenden Ortes vorbei – oder auf dessen Internetseite. In den nachfolgenden Adresslisten werden zunächst die übergeordneten Informationsstellen genannt, danach die örtlichen Touristen-Informationen.

Bücher und Karten finden Sie in Ihrer Buchhandlung. Beachten Sie dazu die Literatur- und Kartentipps in den Randspalten dieses Buches!

Auf den folgenden Seiten finden sich alle wichtigen Infoadressen der behandelten Region, gefolgt von grundlegenden Informationen zu den öffentlichen Verkehrsmitteln.

Touristen-Informationsstellen

Ein erholsamer Urlaub fängt wie ein gelungener Ausflug mit guter Vorbereitung an. Mit diesem Reiseführer habt ihr schon die wichtigsten Informationen über euer Wunschziel in der Hand. In den örtlichen Touristen-Informationen gibt es aber vielleicht noch Karten und gute Tipps zu Festen und Veranstaltungen sowie weitere Übernachtungsadressen.

Informationen über die gesamte Eifel

Eifel Tourismus GmbH, Kalvarienbergstraße 1, 54595 Prüm. ✆ 0180/5002283, Fax 5012283. www.eifel.info. info@eifel.info. **Angebot:** Eifel Tourismus gibt zweimal im Jahr das Eifel-Gäste-Journal heraus. In dieser dicken Gratiszeitung findet ihr Ausflugs- und Übernachtungstipps und – ganz wichtig – aktuelle Veranstaltungen.

Tourist Info Eupen, Marktplatz 7, B-4700 Eupen. ✆ 0032-87/553450, Fax 556639. www.eupen-info.be. info@eupen-info.be. **Zeiten:** Mo – Fr 9 – 17 Uhr, Sa 9 – 13 Uhr, So (nur Juli und August) 9 – 13 Uhr. **Angebot:** Hier bekommt ihr neben den üblichen Broschüren auch eine kopierte Stadt-Rallye und einen Stadtplan – damit ist die Stadterkundung gleich viel

WISSEN IST MACHT …

… und Connexions sind alles!

Zentrale Internetportale der Region:

www.nrw-tourismus.de: Homepage des Nordrhein-Westfalen Tourismus e.V. mit Infos über Kultur, Radfahren, Wandern, Sport, Wellness, Spaß und mehr zu allen Reiseregionen des Landes.

www.rlp-info.de: Homepage der Rheinland-Pfalz Tourismus GmbH mit allen Regionen des Landes, Veranstaltungen, Kultur.

www.eifelzupferd.de: 60 Reiterhöfe mit Beschreibungen und Preisen für Wanderreiter, Reiterferien, Reitstunden und mehr.

www.eifel-radtouren.de: Detaillierte Angaben zu den Hauptfahrradrouten durch die rheinland-pfälzische Eifel.

Infostellen im Hohen Venn

Mit dem Vulkanexpress auf Nikolausfahrt

spannender. Und wer die Antworten der Stadtrallye wieder abgibt, kann sogar einen tollen Preis gewinnen.

Monschau Touristik GmbH, Stadtstraße 1, 52156 Monschau. ✆ 02472/8048-0, 804824, Fax 4530. www.monschau.de. touristik@monschau.de. **Zeiten:** Mo – Fr 10 – 17 Uhr, Sa und So 10 – 16 Uhr. **Angebot:** Das Personal dieser Touristeninformation ist ausgesprochen nett und macht sogar Vorschläge zu Aktivitäten, nach denen man gar nicht gefragt hat. Dadurch erlebt ihr noch viel mehr.

Infostellen in der Nordeifel

Touristik-Agentur Mechernich, Zikkurat, Virnicher Straße 100, 53894 Mechernich-Firmenich. ✆ 02256/9589-61, Fax -65. www.erlebnisstrasse.de. mechernich-touristik@t-online.de.

Kurverwaltung Bad Münstereifel, Bahnhof, Kölner Straße 13, 53902 Bad Münstereifel. ✆ 02253/542244, Fax 542245. www.bad-muenstereifel.de. touristinfo@bad-muenstereifel.de. **Zeiten:** Mo – Fr 17 Uhr.

Tourist Information, Apotheken-Museum, Werther Straße 15, 53902 Bad Münstereifel. ✆ 02253/7631, www.bad-muenstereifel.de. touristinfo@bad-muenstereifel.de. **Zeiten:** Di – Fr 14 – 17 Uhr, Sa, So und Fei 11 – 16 Uhr.

Verkehrsamt Kall, Bahnhofstraße 9, 53925 Kall. ✆ 02441/88853, Fax 88848. www.kall.de. aesser@kall.de. **Zeiten:** Mo – Fr 8 – 13 Uhr, Do 14 – 18 Uhr.

Touristik Schleidener Tal e.V., – Eifelsteig – Kurhausstraße 6, 53937 Schleiden-Gemünd. ✆ 02444/2011, Fax 1641. www.eifelsteig.de. Tourist-Info-Gemuend-Eifel@t-online.de. **Angebot:** Damit euch bei der Wanderung auf dem Eifelsteig das Gepäck nicht zu schwer wird, bietet der Verein Touristik Schleidener Tal für 189 € vier ÜF im DZ in guten Hotels (Zimmer mit DU/WC), den Voraustransport eures Gepäcks, Wanderkarte und gedruckte Wegbeschreibung an. Auf Anfrage HP. Kinder bis 11 Jahre erhalten bei Unterbringung im DZ von 2 zahlenden Gästen eine Ermäßigung von 30 %.

Verkehrsamt Hellenthal, Rathausstraße 2, 53940 Hellenthal. ✆ 02482/85115, Fax 85114. www.hellenthal.de. tourismus@hellenthal.de. **Zeiten:** Mo – Fr 8.30 – 12.30 Uhr, Do 13.30 – 17 Uhr, Fr 14 – 18 Uhr, Sa, So und Fei 10 – 12 Uhr.

Infostellen in der Schneifel

Tourist-Info, Dachverband der Verkehrsvereine Manderfeld, Rocherath, Wirtzfeld und Büllingen, Hauptstraße 23, B-4760 Büllingen. ✆ 0032-80/398255, Fax 398265. www.buellingen.com. info@buellingen.com. **Zeiten:** Di – Sa

9.45 – 10.45, Mitte Juli – Mitte August 10 – 15 Uhr (kann sich demnächst ändern).

Touristinfo St. Vith, Hauptstraße 43, B-4780 St. Vith. ✆ 0032-80/280130, Fax 280131. www.st.vith.be. info@st.vith.be. **Zeiten:** Sept – Juni Mo – Sa 10 – 12.30, 13.30 – 15.30 Uhr, Juli – August Mo – Sa 9.30 – 12.30, 13 – 17 Uhr, So, Fei 10 – 15 Uhr.

Verkehrsverein Reuland-Ouren, Kulturhaus 135, B-4790 Burg Reuland. ✆ 0032-80/329131, Fax 329131. www.eastbelgium.com/reuland-ouren. vv.reuland-ouren@skynet.be. **Zeiten:** Mo – Fr 10 – 12, 14 – 16 Uhr, im Sommer 10 – 17 Uhr, Sa 10.30 – 14.30 und So 14 – 17 Uhr.

Königlicher Fremdenverkehrsverein Robertville, 53, Rue Centrale, B-4950 Robertville. ✆ 0032-80/446475, www.robertville.be. robertville@belgique.com.

Tourist-Information Oberes Kylltal, Burgberg 22, 54589 Stadtkyll. ✆ 06597/2878, Fax 4871. www.obereskylltal.de. touristinfo.obereskylltal@t-online.de. **Zeiten:** Mo – Fr 9 – 12.30, 14 – 16.30, Sa 9 – 12 Uhr. **Angebot:** Das Angebot »3 Tage Wandern ohne Gepäck« führt auf zwei verschiedenen Routen durch das Obere Kylltal, die »Eifel-Quellenwanderung« zu den Quellen von Ahr, Kyll, Urft und Prüm mit 6 Übernachtungen. Bei den Tagesetappen von 14 – 24 km wird euer Gepäck zum nächsten Hotel gefahren. 3 ÜF, Gepäcktransport, Wanderkarte und Wegebeschreibung kosten 102 €, 6 Übernachtungen kosten 222 €.

Tourist-Information Prümer Land, Hahnplatz 1, 54595 Prüm. ✆ 06551/505 (im Winter auch Schneebericht), Fax 7640. www.pruem.de. ti@pruem.de. **Zeiten:** Mo – Fr 9 – 17 Uhr, 1.6. – 31.10. auch 10 – 12 Uhr.

@ Weitere informative und nützliche Internetportale:
www.eifel.de
www.eifelfuehrer.de
www.eifeltour.de
www.eifel-touristik.de / www.eifel-tourismus.de
http://eifel-tipp.de

Infostellen in der Hohen Eifel

Tourist-Information Adenau, Kirchstraße 15, 53518 Adenau. ✆ 02691/30516, www.adenau.de. vgadenau@adenau.de.

Tourist-Information Hocheifel/Nürburgring, Info-Zentrale am Nürburgring, 53520 Nürburg. ✆ 02691/3026-10, Fax -50. www.nuerburgring.de. pr@nuerburgring.de. **Zeiten:** Im Sommerhalbjahr täglich 9 – 17 Uhr, im Winter unregelmäßig.

Tourist-Information Kelberg, Dauner Straße 22, 53539 Kelberg. ✆ 02692/87218, Fax 87239. www.vgv-kelberg.de. touristinfo.kelberg@t-online.de. **Zeiten:** Mo – Mi 8 – 16, Do 8 – 18, Fr 8 – 12.30 Uhr.

Tourist-Information Hillesheim, Graf-Mirbach-Straße 2, 54576 Hillesheim. ✆ 06593/809200, Fax 809201. www.hillesheim.de. touristinfo.hillesheim@t-online.de. **Zeiten:** Mo – Fr 9 – 16.30, Sa 9 – 12 Uhr.

Tourist-Information Brohltal, Kapellenstraße 12, 56651 Niederzissen. ✆ 02636/19433, Fax 80146. www.brohltal.de. tourist@brohltal.de. **Zeiten:** Mo – Fr 8 – 17.30 Uhr, Sa 10 – 14 Uhr, So 8 – 13 Uhr. **Angebot:** Die Tourist-Information gibt perfekte Infos über den Vulkanpark Brohltal/Laacher See und bietet März – Oktober geführte Wanderungen an, die alle an den Bahnhöfen der Brohltalbahn starten.

Verkehrsamt Mayen, Altes Rathaus, 56727 Mayen. ✆ 02651/903004, Fax 903009. www.mayen.de. Verkehrsamt@Touristinformation-Mayen.de. **Zeiten:** Nov – März Mo – Fr 9 – 12.30/13.30 – 17.30 Uhr, April – Okt auch Sa 9.30 – 12 Uhr.

Verbandsgemeinde Mendig, Marktplatz 3, 56738 Mendig. ✆ 02652/980014, Fax 980019. www.mendig.de. vg@mendig.de. **Zeiten:** Mo – Fr 8 – 12, Di, Do auch 14 – 16 Uhr.

Verbandsgemeindeverwaltung Maifeld, Marktplatz 4, 56751 Polch. ✆ 02654/9402-0, Fax -48. www.maifeld.de. info@maifeld.de. **Zeiten:** Mo – Do 8 – 12, 14 – 16 Uhr, Fr 8 – 13 Uhr.

Verkehrsamt Ferienregion Kaisersesch, Bahnhofstraße 47, 56759 Kaisersesch. ✆ 02653/999615, Fax 999618. www.kaisersesch.de. kaisersesch.touristik@lcoc.de. **Zeiten:** Mo – Fr 8.30 – 12, Do 14 – 16 Uhr.

gufu, Gewerbe- und Fremdenverkehrsverein Uersfeld und Umgebung e.V., Hauptstraße 7, 56767 Uersfeld. ✆ 02657/940113, Fax 940115. www.oberes-elztal.de. gufu@oberes-elztal.de.

Infostellen rund um die Ahr

Tourist-Information Remagen, Kirchstraße 6, 53424 Remagen. ✆ 02642/20187, Fax 20127. www.remagen.de. tourist-info@remagen.de. **Zeiten:** Mo – Do 8.30 – 12, 13 – 16, Fr 8.30 – 12 Uhr.

Tourismus & Service GmbH Ahr Rhein Eifel, Bad Neuenahr-Ahrweiler, Felix-Rütten-Straße 2, 53474 Bad Neuenahr-Ahrweiler. ✆ 02641/9773-0, Fax 977373. www.wohlsein365.de. info@wohlsein365.de. **Zeiten:** Mo – Fr 9 – 18, Sa, So 10 – 15 Uhr (im Winter Sa + So nur 10 – 13 Uhr).

Tourist-Information Sinzig-Bad Bodendorf, 53489 Sinzig-Bad Bodendorf. ✆ 02642/980500, Fax 980501. www.sinzig-info.de. sinzig-info@wohlsein365.de. **Zeiten:** Mo – Fr 9 – 12 und 14 – 17 Uhr, Sa 10 – 12 Uhr.

Tourist-Information Bad Breisig, Koblenzer Straße 59, 53498 Bad Breisig. ✆ 02633/45630, Fax 456350. www.bad-breisig.de. tourist-info@bad-breisig.de. **Zeiten:** Nov – Ostern Mo – Fr 9 – 17.30, Ostern – Okt auch Sa 10.30 – 13 Uhr.

Tourist-Information Altenahr, Haus des Gastes, Bahnhof, 53505 Altenahr. ✆ 02643/8448, Fax 3516. www.altenahr-ahr.de. info@altenahr-ahr.de. **Zeiten:** Mo – Fr 9 – 12 und 14 – 17 Uhr, Sa 9 – 12 Uhr.

Tourist-Information Rech, Nollstraße 31, 53506 Rech. ✆ 02643/7072, Fax 1857.

Tourist-Information Mayschoß, An der Rotweinstraße 42, 53508 Mayschoß. ✆ 02643/8308, Fax 936093. www.mayschoss.de. info@mayschoss.de.

Bürger- und Verkehrsbüro Blankenheim, Rathausplatz 16, 53945 Blankenheim. ✆ 02449/87-222, 87-223 und 87-224, Fax 87-303 und 87-326. www.blankenheim-ahr.de. verkehrsbuero@blankenheim-ahr.de. **Zeiten:** Mo 8.30 – 16 Uhr, Di, Do 8.30 – 18 Uhr, Mi 7.30 – 16 Uhr, Fr 8.30 – 12.30, Sa 9.30 – 12.30 sowie Sa 14 – 17 Uhr und So 10 – 12.30, 14 – 17 Uhr, 200 m weiter im Eifelmuseum.

Andernach.net Touristeninformation, Läufstraße 4, 56626 Andernach. ✆ 02632/298-420, Fax 298-440. www.andernach.net. info@andernach.net. **Zeiten:** Mai – Sept Mo – Fr 9 – 18, Sa 9 – 13 Uhr, Okt – April Mo – Fr 9 – 17 Uhr.

Tourist-Information Römische Weinstraße, Altes Weinhaus, Brückenstraße 46, 54338 Schweich. ✆ 06502/93380, Fax 933815. www.schweich.de. mosel@touristinfo-schweich.de. **Zeiten:** Mai – Okt Mo – Fr 9 – 12.30 und 13 – 18 Uhr, Sa 9 – 12 Uhr, Nov – April Mo – Fr 9 – 12.30 und 13 – 17 Uhr. **Angebot:** Sehr nette Beratung und gute Informationen über die Eifeldörfer Naurath und Föhren.

Tourist-Information Bitburger Land, Im Graben 2, 54634 Bitburg. ✆ 06561/94340, Fax 943420. www.eifel-direkt.de. info@eifel-direkt.de. **Zeiten:** Mo – Fr 8.30 – 17 Uhr, Juni – September auch Sa 10 – 13 Uhr. **Angebot:** Die Tourist-Information vermittelt eine Römische Stadtführung durch Bitburg, bei der ein Mitglied des geschichtsbegeisterten Vereins Miletes Bedenis in römischen Gewändern die Stadt zeigt. Die Gruppenführung dauert eine gute Stunde und kostet 70 €.

Tourist-Information Kyllburger Waldeifel, Haus des Gastes, Hochstraße 19, 54655 Kyllburg. ✆ 06563/930243, Fax 1238. www.stadt-kyllburg.de oder www.tourist-info.kyllburg.net. tourist-info@kyllburg.de.

Fragt in der Tourist-Information Blankenheim nach den Faltblättern »Tippeltouren in der Gemeinde Blankenheim« vom Eifelverein Blankenheim. Das sind Wandertouren für die ganze Familie, die auch mit einem stabilen Buggy oder Rolli zu befahren sind.

Infostellen in der Südeifel

Im **Schweicher Weinhaus** erhält man die Wanderkarte »Der Meulenwald und die Mosel bei Schweich«, mit der sich prima Wanderungen durch den Meulenwald bei Föhren und Naurath planen und durchführen lassen.

Verkehrsamt Speicher, Rathaus, 54662 Speicher. ✆ 06562/64-0, Fax -59. www.vg-speicher.de. Rathaus@vg-speicher.de.

Fremdenverkehrsamt Irrel, Auf Omesen 2, 54666 Irrel. ✆ 06525/79115, Fax 79244. www.irrel.de. eifel@irrel.de. **Zeiten:** Mo – Mi 8 – 12 und 14 – 16 Uhr, Do 8 – 12 und 14 – 18 Uhr, Fr 8 – 12.30 Uhr.

Der vom Verkehrsamt Irrel herausgegebene Wanderführer »Sauertal ohne Grenzen« erklärt 24 Wanderrouten und kostet 12,60 €.

Verkehrsverein Irrel, Hauptstraße 4, 54666 Irrel. ✆ 06525/500, Fax 500. www.tourist-information-irrel.de. info@tourist-information-irrel.de. **Zeiten:** Mo – Fr 10 – 12 Uhr, April – Okt auch 14 – 16 Uhr.

Tourist-Information Echternacherbrück, Lottogeschäft, Bergstraße 1, 54668 Echternacherbrück. ✆ & Fax 06525/503. **Zeiten:** Di, Do, Fr 9 – 12, 14 – 18 Uhr, Mi, Sa 9 – 12 Uhr.

Tourist-Information Ferschweiler, Schole-Tossing, Sybillenstraße 1, 54668 Ferschweiler. ✆ 06523/1308, 1454, www.ferschweiler.de. info@ferschweiler.de.

Fremdenverkehrsverein Bollendorf, Sauerstaden, 54669 Bollendorf. ✆ 06526/93033, Fax 93035. www.bollendorf.de. bollendorf@t-online.de. **Zeiten:** Winter Mo, Di, Mi, Fr 10 – 15 Uhr, Sommer Mo, Mi, Fr 10 – 12, 13-17 Uhr, Di 9 – 12, 13 – 17 Uhr, Do 13 – 17 Uhr.

Tourist-Information Neuerburg, Herrenstraße 2, 54673 Neuerburg. ✆ 06564/19433, Fax 2576. www.vg-neuerburg.de. tineuerburgerland@t-online.de. **Zeiten:** Mo – Fr 8 – 17 Uhr.

Tourist-Information Körperich, Grundschule, 54675 Körperich.

Achtung! Der **Gaytal-Park** hat eine eigene Tourist-Information: ✆ 06566/96930, Fax 969310.

Tourist-Information Mettendorf, Gemeindeverwaltung, Enztalstraße 38, 54675 Mettendorf. ✆ 06522/1233, 1370, Fax 1233. paul-lentes@web.de.

Tourist-Information Sinspelt, Hauptstraße 2, 54675 Sinspelt. ✆ 06522/344, Fax 343. www.sinspelt.de. helmut.kandels@sinspelt.de.

Verkehrsamt Arzfeld, Luxemburger Straße, 54687 Arzfeld. ✆ 06550/961080, Fax 961082. www.vg-arzfeld.de. ti-arzfeld@t-online.de.

Informationsbüro Daleiden, Hauptstraße 20, 54689 Daleiden. ✆ 06550/1450, Fax 961018. www.daleiden.de. infos@islek.de.

Syndicat d'Initiative et du Tourisme Beaufort, 87, Grand-rue, L-6310 Beaufort. ✆ 00352/836099-301, 836081, Fax 869414. www.beaufort.lu. info@beaufort.lu oder beaufort@pt.lu. **Zeiten:** Okt – März, Mo – Fr 8 – 12, 13 – 17 Uhr, April – Sept auch Sa 9 – 12, 13 – 17 Uhr, Mai, Juni auch So 9 – 12 Uhr, Juli und August täglich 8 – 19 Uhr.

Syndicat d'initiative et du tourisme, 9 – 10, Parvis de la Basilique, L-6486 Echternach. ✆ 00352/720230, Fax 727524. www.mullerthal.lu. info@mullerthal.lu. **Zeiten:** Mo – Fr 9.30 – 12.30, 14 – 17 Uhr, Sa 10 – 12, 14 – 16 Uhr.

Fremdenverkehrsamt Vianden, 1a, rue du vieux marché, L-9419 Vianden. ✆ 00352/834257, Fax 849081. www.tourist-info-vianden.lu. viasi@pt.lu. **Zeiten:** Mo – Fr 9 – 12, 13 – 17 Uhr, in der Hauptsaison täglich geöffnet. **Angebot:** Im Juli und August Fahrradverleih am Busbahnhof Vianden.

Die topografische Wanderkarte »Kleine Luxemburger Schweiz und Untersauer« ist für 2 € in jeder Touristen-Information der Gegend zu haben.

Infostellen in Vulkaneifel

Fremdenverkehrsverein Moseleifel-Touristik e.V., Neustraße 7, 54516 Wittlich. ✆ 06571/4086, Fax 6417. www.moseleifel-touristik.de. Moseleifel@t-online.de. **Zeiten:** Mo – Fr 9 – 13, 14 – 18 Uhr, Sa 10 – 12 Uhr.

Kurverwaltung Manderscheid, Grafenstraße 23, 54531 Manderscheid. ✆ 06572/921549, Fax 921551. www.manderscheid.de. touristinfo.manderscheid@t-online.de. **Zeiten:** Mo – Fr 9 – 12.30, 13.30 – 17, Sa 9.30 – 12 Uhr.

Kur- und Verkehrsamt Daun, Leopoldstraße 5, 54552 Daun. ✆ 06592/95130, Fax 951320. www.daun.de. tourist-info.daun@daun.de. **Zeiten:** Mo – Fr 9 – 13, 14 – 17 Uhr, Sa 10 – 13 Uhr.

Tourist-Information Schalkenmehren, Maarstraße 7, 54552 Schalkenmehren. ✆ 06592/9811-60, Fax -62. www.schalkenmehren.de. Rosemarie.Rohland@t-online.de.

Fremdenverkehrsbüro Gillenfeld, Am Markt 5, 54558 Gillenfeld. ✆ 06573/720, Fax 996426. www.gillenfeld.de. tourist-info@gillenfeld.de. **Zeiten:** Mo – Fr 10 – 12 Uhr.

TW Gerolsteiner Land GmbH, Quellpavillon, Brunnenplatz, 54568 Gerolstein. ✆ 06591/13180, 13182 (Prospekte), Fax 13183. www.gerolsteiner-land.de. touristinfo@gerolsteiner-land.de. **Zeiten:** Nov – März Mo – Fr 10 – 16 Uhr, April – Okt Mo – Fr 9 – 17, Sa 10 – 13 Uhr. **Angebot:** Im Quellpavillon wird man superfreundlich informiert und beraten.

Tourist-Information Deudesfeld, Blumengasse 1, 54570 Deudesfeld. ✆ 06599/243, 244. www.deudesfeld.de.

Verkehrsamt Ulmen, Marktplatz 1, 56766 Ulmen. ✆ 02676/409209, Fax 409500. www.ulmen.de. verkehrsamt.ulmen@t-online.de. **Zeiten:** Mo, Mi, Fr, Sa 15 – 17, Juli und August Mo – Sa 15 – 17 Uhr.

Tourist-Information Ferienland Cochem, Endertplatz 1, 56812 Cochem. ✆ 02671/60040, 600411 (Prospekte), 600444 (Reservierungen), 19412 (Zimmer für Kurzentschlossene),

Fax 600444. www.cochem.de. verkehrsamt.cochem@lcoc.de. **Zeiten:** Nov – März Mo – Fr 10 – 13, 14 – 17 Uhr, April – Okt Mo – Do 10 – 17, Fr 10 – 19 Uhr, Mai – Okt auch Sa 10 – 17, Juli – Okt auch So 10 – 12 Uhr.

Tourist-Information Lutzerath, Trierer Straße 36, 56826 Lutzerath. ✆ 02677/910033, Fax 910034. www.lutzerath.com. touristinfo.lutzerath@t-online.de. **Zeiten:** Mo, Di, Do, Fr 9.30 – 11, Juli und August auch So 9.30 – 11 Uhr.

Kurverwaltung & Tourist Information Bad Bertrich, Kurfürstenstraße 32, 56864 Bad Bertrich. ✆ 02674/932222, Fax 932225. www.bad-bertrich.de. Bad-Bertrich@t-online.de. **Zeiten:** Mo – Fr 8 – 12 und 13.30 – 17 Uhr, April – Okt auch Sa 9.30 – 12 Uhr.

Mit Bahn und Bus durch die Eifel

Eine fantastische Hilfe für Ausflüge mit öffentlichen Verkehrsmitteln ist die »Fahrplankarte Rhein-Mosel« des VCD, Verkehrsclub Deutschland. Sie deckt im Maßstab 1:150.000 auch die gesamte deutsche Eifel ab. Darin sind alle Bahnen und Busse mit Liniennummer, Streckenführung, Fahrtdauer und -häufigkeit aufgeführt – unabhängig davon, wer der Anbieter ist. Erhältlich für 10 € unter www.fair-kehr.de.

Aus den großen Städten Köln, Bonn, Koblenz, Trier und Aachen gibt es Bahnverbindungen in die Eifel, die ein Auto sogar bei einem längeren Urlaub entbehrlich machen. Erholsamer ist es allemal, denn wer sich darauf einstellt, auf Bus und Bahn zu warten und vor Ort die Gegend zu Fuß oder im Sattel kennen zu lernen, nimmt sich für alles mehr Zeit, lässt die Alltagshektik weit hinter sich und wird viele Details wahrnehmen, die im Auto viel zu schnell vorbeihuschen.

Wer in der Eifel mit den umweltschonenden öffentlichen Verkehrsmitteln Bahn und Bus reist, hat es jedoch nicht leicht: In den letzten 30 Jahren sind viele Bahnstrecken stillgelegt worden. Auch das Busnetz ist kleiner geworden und die Häufigkeit, in der Strecken bedient werden, hat sich ebenfalls deutlich vermindert. Einigermaßen gut versorgt sind lediglich die größeren Orte entlang der Hauptbahn- und -buslinien.

Längst nicht jedes Dorf ist mit der Bahn oder dem Bus erreichbar und bei vielen anderen beschränken sich die Verbindungen zu den nächstgrößeren Ortschaften häufig auf zwei bis drei Fahrten pro Werktag. An den Wochenenden und während der Schulferien existiert zumeist noch nicht einmal diese Schmalkost.

Umweltbewusste Familien mit Kindern, die mit öffentlichen Verkehrsmitteln unterwegs sind, tun gut daran, wenn sie sich rechtzeitig vor der Reise die entsprechenden Fahrpläne besorgen oder einen Blick ins Internet werfen.

Die Eifel ist regional nach Verkehrsverbünden gegliedert, die jeweils eigene Fahrpläne herausgeben. Es gibt eine ganze Reihe von sehr günstigen Tarifen für Tageskarten, durch die Familien auf Ausflügen Geld sparen können.

Durch Nordeifel und Hohes Venn

Dank der privaten **Bahnlinie** entlang der Rur und der neu eingeführten Luchsus-Linien an den Wochenenden sieht es für umweltbewusste Reisende in der Nordeifel nicht mehr ganz so düster aus wie noch vor einigen Jahren. Dennoch will ein Urlaub mit öffentlichen Verkehrsmitteln gut geplant sein. Hilfreich können dafür sein:

VRS Verkehrsverbund Rhein-Sieg, Krebsgasse 5 – 11, 50667 Köln, ✆ 0221/20808-0, Fax 20808-40, ✆ 01803/504030, www.vrsinfo.de, info@vrsinfo.de. Betreiber von Bussen und Straßenbahnen im Erftkreis, Rhein-Sieg-Kreis und Kreis Euskirchen. Zusätzlich gilt der VRS-Tarif auf bestimmten Linien in einigen angrenzenden Städten und Gemeinden der Kreise Daun und Düren.

Aachener Verkehrsverbund GmbH, Neuköllner Straße 1, 52068 Aachen, ✆ 0241/96897-0, Fax -20, www.avv.de, info@avv.de für die Kreise Düren und Aachen und das Hohe Venn. Der **NaTourBus** (Linie 385) Eupen Bushof – Eupen Bahnhof – Haus Ternell – Monschau – Kalterherberg (nur Sa) fährt Sa, So und Fei je viermal täglich pro Fahrtrichtung etwa zwischen 10 und 18 Uhr.

Rurtalbahn, Dürener Kreisbahn GmbH, Kölner Landstraße 271, 52351 Düren. ✆ 02421/3901-0, Fax -188. www.dkb-dn.de. service@dkb-dn.de. **Angebot:** Dank der Privatinitiative vieler Menschen im Rurtal konnte die 1903 eröffnete Bahnstrecke Linnich – Düren – Heimbach erhalten bleiben, als ihr die DB mit dem Rotstift zu Leibe rückte. Nun fährt zwischen Jülich und Untermaubach im 30-Minuten-Takt, weiter bis Linnich bzw. Heimbach im Stunden-Takt die Rurtalbahn. Umsteigemöglichkeit von der DB-Strecke Köln – Aachen besteht in Düren. Südlich von Düren gibt es folgende Bahnhöfe, Haltepunkte und Bedarfshaltepunkte: Annakirmesplatz, Kuhbrücke, Lendersdorf, Renkerstraße, Tuchmühle, Kreuzau, Eifelstraße, Üdingen, Untermaubach, Obermaubach, Zerkall, Nideggen-Brück, Abenden, Blens, Hausen und Heimbach. Von Köln nach Düren gelangt man auch mit der S13.

Tipp: Wer den **NaTourBus** des Aachener Verkehrsverbundes nehmen will, sollte das Euregio-Ticket kaufen. Es kostet 12,50 € und gilt an Wochenenden und Feiertagen für 2 Erwachsene und 3 Kinder unter 12 Jahre in fast allen Bussen der Tarifregion Maas-Rhein.

Tipp: Sonntags und an Feiertagen lässt die Dürener Kreisbahn das **Mäxchen** aus der Fahrzeughalle. Mäxchen ist ein Doppeldeckerbus, der im Stundentakt eine Rundtour von Schmidt über Heimbach, Mariawald, den Kermeter, Schwammenauel, Hasenfeld und Heimbach zurück nach Schmidt fährt.

Urftsee-Pendelbus, Kreisverkehrsgesellschaft Euskirchen mbH, Kirchstraße 5, 53937 Schleiden-Gemünd. ✆ 02251/95721-0, Fax 95721-21. www.kve-euskirchen.de. **Angebot:** Ein Bus für Sonntagsfahrer! Ausschließlich sonntags verkehrt der Urftsee-Pendelbus von Mai bis Oktober zwischen dem Marienplatz in Gemünd und der Haltestelle Urftsee/Haftenbach, die etwa 800 m Fußweg von der Staumauer entfernt liegt. Mit Anschluss an die Luchsus-Linie 817 von und nach Kall sowie »Zwischenlandungen« in Wolfgarten und Paulushof. Abfahrt in Gemünd um 11 und 14 Uhr, am Urftsee um 11.30, 14.30 und 16.30 Uhr. Erwachsene zahlen hin und zurück 5 €, einfache Strecke 3 €, Kinder 3 bzw. 2 €, Familien mit max. 3 Kindern 12 bzw. 7 €.

Die Fahrradmitnahme im Urftsee-Pendelbus ist kostenlos!

Durch die Hohe Eifel

Die **Bahnlinie** Andernach – Mendig – Monreal – Kaisersesch war schon fast verschwunden und erfährt nun eine Wiederbelebung,

Die **Buslinie** Koblenz – Ochtendung – Mayen wird recht gut bedient, ansonsten solltet ihr beim Reisen mit öffentlichen Verkehrsmitteln viel Zeit und Nerven mitbringen. Infos:

RMV Rhein-Mosel Verkehrsgesellschaft mbH, Neversstraße 5, 56068 Koblenz, ✆ 0261/10001-0, Fax 0261/10001-55, www.rmv-bus.de, info@rmv-bus.de.

Rund um die Ahr

Von der großen **Bahnlinie** den Rhein entlang geht in Remagen die Stichstrecke der Ahrtalbahn ab, die über Bad Neuenahr-Ahrweiler bis Altenahr führt. Außerdem führt die Strecke der Brohltalbahn, besser bekannt als Vulkanexpress, durch diese Region.

Im Kreis Ahrweiler betreibt die Ahrweiler Verkehrs GmbH je nach Wochentag bis zu **18 Buslinien** zwischen allen größeren Orten, leider z.T. mit nur wenigen Verbindungen pro Tag. Infos:

Ahrweiler Verkehrs-GmbH, Bahnhofstraße 11, 56654 Brohl-Lützing, ✆ 02633/4252-0, Fax -22, www.aw-online.de/awv, awv-gmbh@t-online.de.

Tipp: Die Kreise Ahrweiler, Koblenz-Mayen, Cochem, Simmern, Neuwied und Rhein-Lahn sind im **VRM** Verkehrsverbund Rhein-Mosel GmbH, Schloßstraße 18 – 20, 56068 Koblenz, Info-Hotline ✆ 01805/986986, www.vrminfo.de, Bestellung der Fahrpläne per Internet möglich, pro Kreis 1 €.

Autofähren ab Remagen

Personenfähre Remagen – Erpel, Fährbetrieb Dieter Lasch, Rieslingstraße 16, 53579 Erpel. ✆ 02644/8684, Fax 961540. Handy 0172/2313539. http://erpel.net/nixe/preise.htm oder www.nixe.Erpel.org. Nixe@erpel.org. **Zeiten:**

6.25 – 19.30 Uhr. **Preise:** Einfache Fahrt 0,80 €, Rückfahrkarte 1,50 €, mit Fahrrad das Doppelte; Kinder bis 3 Jahre frei, Kinder 4 – 10 Jahre, Kinderwagen, Hunde einfach 0,70 €, hin und zurück 1,20 €.

Autofähre Remagen-Knipp – Linz: ✆ 02644/961550

Autofähre Remagen-Rolandseck – Bad Honnef: ✆ 02224/2560

Der Mittelrheinabschnitt Bingen – Remagen besitzt nur ganz wenige Brücken: 2 in Koblenz, 1 in Bendorf und 1 in Neuwied. Dieses Manko wird durch Fähren nur teilweise ausgeglichen, denn diese verkehren nicht rund um die Uhr. Auch kann Hochwasser den Fährverkehr verhindern. Auf jeden Fall machen aber die kurzen Überfahrten nicht zuletzt Kindern viel Spaß.

Durch die Süd- und Vulkaneifel

In der Südeifel und Vulkaneifel ist der **VRT Verkehrsverbund Region Trier** Hauptanbieter für Bus und Bahn. Er umfasst die Stadt Trier und die Landkreise Trier-Saarburg, Bernkastel-Wittlich, Bitburg-Prüm und Daun. Dort benötigen die Fahrgäste nur noch eine Fahrkarte – egal ob sie mit Stadtbussen, Regionalbussen oder Nahverkehrszügen fahren. Neben Einzelfahrkarten gibt es Tageskarten und Gruppenkarten. Fahrkarten gelten für alle Busse und Bahnen im Tarifbereich, auch für die Bahnlinien R474 Köln – Euskirchen – Gerolstein – Bitburg – Trier und R690 Trier – Wittlich – Cochem – Koblenz. Infos:

VRT Verkehrsverbund Region Trier GmbH, Bahnhofsplatz 1, 54292 Trier, ✆ 0651/14596-0, Fax 14596-14, www.vrt-info.de, kontakt@vrt-info.de.

Fahrradverleih

Viele schöne Ecken der Eifel bleiben Autoreisenden verborgen. Dorthin gibt es aber stets einen Wanderweg und häufig einen Radweg. Also nur Mut: die meisten Anbieter vermieten Fahrräder auch stundenweise, wenn man es erst einmal ausprobieren möchte.

Schmiko Sport, Heinz Schröder, Kölner Straße 13, 53902 Bad Münstereifel. ✆ 02253/543877, Fax 543878. www.schmiko-sport.de. schmiko1@aol.com. (Nordeifel). **Zeiten:** Mo – Fr 10 – 13, 14 – 18.30 Uhr, Sa 10 – 13 Uhr. **Angebot:** Fahrrad- und MTB-Verleih im Bahnhof, 1 Kinderanhänger, pro Tag 5 – 10 €, günstigere Wochenend- und Wochentarife.

Landal GreenPark Stadtkyll, 54589 Stadtkyll. ✆ 06597/92920, Fax 929250. (Schneifel). **Angebot:** MTB halber Tag 6, ganzer Tag 10, City Bikes mit Siebener Nabenschaltung halber Tag 4,25, ganzer Tag 6,25, Kinder 3 €. Eigentlich wird nur an Gäste vermietet, wenn die aber keinen Bedarf haben, können auch Außenstehende von dem Angebot Gebrauch machen.

Breuer's Rad Shop, Hauptstraße 162, 53518 Adenau. ✆ 02691/1078, www.breuers-radshop.de. info@breuers-radshop.de. (Hohe Eifel). **Angebot:** Mo – Fr Touren-/Trekkingrad 10 €/Tag, MTB 12,50 €/Tag, Sa, So Touren-/Trekkingrad 17,50 €/WE, MTB 22,50 €/WE.

Seehotel Maria Laach, 56653 Maria Laach. ✆ 02652/5840, Fax 584522. www.maria-laach.de/seehotel. seehotel@maria-laach.de. (Hohe Eifel). **Angebot:** Räder pro Stunde 2,50 €, Tag 7,50 €. Eigentlich nur für Hotelgäste, gelegentlich aber auch für Nicht-Gäste.

Bahnhof Remagen, Deutsche Bahn AG Bahn-Bike, Bahnhofstraße 2, 53424 Remagen. ✆ 02642/22028, Fax 22028. (Ahr). **Zeiten:** Mo – Fr 8 – 20 Uhr, Sa 10.15 – 20 Uhr, So, Fei 9 – 20 Uhr. **Infos:** Service-Mitarbeiter auf Bahnsteig 2/3. **Angebot:** 6,50 €/Tag, auch Kinderräder und Kindersitze. Besser vorher anrufen, gerade an Wochenenden und für Gruppen ist eine Reservierung empfehlenswert.

Ritzel-Sport, Jesuitenstraße 25, 53474 Bad Neuenahr-Ahrweiler-Bad Neuenahr. ✆ 02641/78893, www.ritzel-sport.de. info@ritzel-sport.de. (Ahr). **Zeiten:** Mo – Fr 9 – 18.30 Uhr, Sa 9 – 13.30 Uhr. **Angebot:** Tourenräder mit 3 bis 7 Gängen, 7 €/Tag, MTB 13 €, Trekkingräder 11 €. Wochenpreise und Gruppenpreise auf Anfrage.

Hotel Auberge Altringer, Neuerburger Straße 4, 54675 Sinspelt. ✆ 06522/712, Fax 301. www.auberge-altringer.de. info@auberge-altringer.de. (Südeifel). **Zeiten:** 8 – 21 Uhr. **Angebot:** Räder pro Tag 5 €, auch 2 Kinderräder vorhanden.

Fun Bike, Rainer Nöllen, Trierer Straße 1, 54550 Daun. ✆ 06592/3883, Fax 8022. www.fun-bike-daun.de. rainer.noellen@t-online.de. (Vulkaneifel). **Zeiten:** Mo – Fr 9 – 13 und 14 – 18 Uhr, Sa 9 – 13 Uhr. **Preise:** MTB, Trekkingräder 8 €, Kindersitze 3 € pro Tag; ab 10 Räder und 3 Tage 6 € pro Tag.

Im Internet hat Breuer's Radshop eine tolle Mountainbikestrecke für die fitteren unter euch beschrieben. Auf 26 km geht es etwa zweieinhalb Stunden rund um den Nürburgring. Zu finden unter dem Stichwort »Grüne Hölle«.

In **Manderscheid** gibt es das **Gästemobil »Ritter Kunibert«:** Kunibert holt euch für kleines Geld von den Bahnhöfen Gerolstein und Wittlich ab, bringt euch zum Ausgangspunkt einer Wanderung oder holt euch am Tageswanderziel wieder ab. Außerdem werden Fahrten zu den Ausflugszielen in der näheren Umgebung angeboten. Anmeldung bis 16.30 Uhr am Vortag über den Vermieter oder direkt bei der Kurverwaltung Manderscheid, ✆ 06572/921549 oder 932665.

FERIENADRESSEN

UNTERKÜNFTE

Aus der Vielzahl von Unterkünften, die sich für erlebnisreiche Wochenenden und Ferienaufenthalte eignen, habe ich eine Auswahl vorgenommen, bei der die Bedürfnisse von Kindern, Jugendlichen und Familien im Vordergrund stehen. Zunächst wird in einer kurzen Beschreibung das für die jeweilige Unterkunftsart Charakteristische skizziert. Danach werden die Unterkünfte nach Art gegliedert und regional sortiert mit Adresse und Preisen vorgestellt, von der Familienferienstätte über Urlaub auf dem Bauernhof und auf Reiterhöfen bis zu Jugendherbergen, Jugendfreizeit- und Gästehäuser sowie Jugendzelt- und Campingplätzen.

Hotels & Pensionen

Nordeifel

Hotel Garni Erftschlösschen, Unnaustraße 8 – 10, 53902 Bad Münstereifel. ✆ 02253/545880, Fax 545881. www.erftschloesschen.de. mail@erftschloesschen.de. **Angebot:** Hotel mit Spielgeräten, Garten, Fitnessgeräten und Spielplatz. DZ 75 – 85 €.

Hotel Tannenhof, Reutershan GmbH, Alte Landstraße 20 – 24, 53902 Bad Münstereifel-Iversheim. ✆ 02253/3290, Fax 2614. reutershangmbh@aol.com. **Angebot:** Kindgerechtes Hotel mit Nichtraucherzimmern, Fitnessgeräten und Spielplatz. DZ 63 €.

Ein »Hotel garni« bietet nur Übernachtung und Frühstück an, keine weiteren Mahlzeiten.

Schneifel

Landhotel am Wenzelbach, Familie Arens, Kreuzerweg 30, 54595 Prüm. ✆ 06551/95380, Fax 953839. www.wenzelbach.de. landhotel@wenzelbach.de. **Angebot:** Ein ***Landhotel mit Pferden, Katzen, Hund, eigener Angus-Rinderzucht, großem Garten mit Spielgeräten für Radler, Biker, Wanderer und Wanderreiter. ÜF im DZ ab 32 €, Kinder im Zimmer der Eltern frei, Frühstück dann 8 €, Zustellbett 18 €. Familiensuite: 2 große Schlafzimmer mit TV, Sitzecke, Dusche, WC, Telefon, für 2 Erwachsene und 2 Kinder ab 3 Ü 105 € pro ÜF. Abends wird in dem kinderfreundlichen Restaurant auch vegetarische Vollwertkost angeboten.

Das Hotel gehört zum Zusammenschluss »Bett & Bike«, ist also ein besonders fahrradfreundlicher Betrieb. Hier werden Räder verliehen und Tourenvorschläge gemacht.

Hohe Eifel

Gasthaus zur Burgschänke, Burgstraße 23, 53533 Aremberg. ✆ 02693/391, Fax 930118. **Zeiten:** Di – Sa ab 12 Uhr, So, Fei ab 9 Uhr. **Angebot:** Gasthaus nicht weit von den wenigen

Überresten der Burg Aremberg. Terrasse mit Ausblick in die Eifel. ÜF 27,50 € pro Person, Ermäßigungen bei mehr als 2 bzw. 7 Ü. Kinder bis 12 Jahre zahlen die Hälfte.

Südeifel

youtel 1202, Jugendhotel Bitburg, Westpark 10, 54634 Bitburg. ✆ 06561/944410, Fax 944420. www.youtel.de. jugendhotel@t-online.de. **Anfahrt:** DB bis Bitburg-Erdorf oder Trier Hbf, Hotel organisiert Bustransfer für Gruppen. B51 bis Freizeitzentrum »Flugplatz Bitburg«. **Angebot:** Speziell für Jugendliche, Gruppen und Familien konzipiertes Hotel mit 252 Betten deutlich über JH-Niveau. Die Zimmer haben 2 – 4 Betten, jeweils 2 Zimmer haben ein gemeinsames Bad, für Lehrer und Betreuer gibt es auch EZ. Mit Bistro, Hauskino, Spielzimmer, Internet-Café. Ü 9,50 € – 32 €, je nach Saison und Zimmerart, Frühstück 4,30 €, warme Mahlzeit 6,50 €, kalte Mahlzeit 4,90 €.

Tipp: Es gibt auch eine Selbstversorgerküche für etwa 20 Personen.

✸ **Tipp: Heuhotel Hinkelshof,** Hauptstraße 14, 54675 Körperich-Seimerich. ✆ 06566/93046, Fax 93047. www.hinkelshof.de. hinkelshof@onlinehome.de. **Angebot:** Schlafen im Heu und danach ein zünftiges Bauernfrühstück. Das ist Urlaub pur! Im Heuschober können bis zu 50 Menschen ihren Schlafsack ausrollen, bei Heuschnupfen könnt ihr auf Zimmer mit Strohsäcken, normalen Betten oder Himmelbett ausweichen. Kinder bis 9 Jahre zahlen für Heunacht und Frühstück 9 €, Erwachsene 14,50 €.

Hunger & Durst

Nachmittags und abends kommen viele Leute zum **Hinkelshof,** um den selbst gebackenen Kuchen oder die Speisen mit Ziegenkäse aus der nahen Käserei, Eiern und Milchprodukten vom Bauernhof und Bauernbrot frisch aus dem Ofen zu vertilgen. Der Hit sind aber die Pfannkuchen und Eifelfladen, eine Spezialität ähnlich wie Pizza mit typischen Eifler Zutaten.

Hotel Auberge Altringer, Neuerburger Straße 4, 54675 Sinspelt. ✆ 06522/712, Fax 301. www.auberge-altringer.com. info@auberge-altringer.com. **Angebot:** Landhotel mit großem Park zum Toben in der Natur; durch den Park fließt sogar ein Bach: der Enzbach. Außerdem: Spielplatz, Außenschach, Minigolf, Tennis, Tischtennis. Erwachsene schlafen dort für 28 – 33 € für ÜF, Ermäßigung für Kinder im Zimmer der Eltern bis 3 Jahre 80 %, bis 6 Jahre 60 %, bis 12 Jahre 40 %, darüber und 3. Erwachsener 20 %.

Vulkaneifel

BAKIHO Kinderhotel Eifelperle, Reiffenbergstraße 1, 54550 Daun. ✆ 06592/96830, Fax 968321. www.kinderhotel-eifelperle.de oder www.bakiho.de. kinderhotel@t-online.de. **Anfahrt:** Bahn bis Gerolstein, Bus bis Daun. Rad: B 257/421 (Eifel-Mosel-Maare-Radweg). **Preise:** ÜF 27 – 37 €, HP plus 7 €, VP plus 11 €; Kinder bis 8 Jahre 3 – 8 €, bis 11 Jahre 11 – 16 €, Kinderzimmer für bis zu 3 Kinder 14 – 21 €; Ermäßigungen für Klassen-, Gruppen- und Familienfahrten sowie längere Aufenthalte. **Angebot:** BAKIHO: das heißt »Baby- und Kinder-Hotel« und genau das ist es auch. Es liegt am Ortsrand und bietet vieles für Kinder: Kur-Urlaub mit Kindern, Kinderbetreuung und -animation, Spielzimmer, Spielplätze, Fahrrad-, Bollerwagen-, Kinderwagen- und Buggyverleih, Hallenbad, Sauna, Internetzugang; Zimmer mit Du/Bad/WC, Baby-Überwachung, alles für die Babypflege, und unendlich viel mehr. Es ist nicht weit zu Minigolf, Kurpark mit Ententeich und Wald. Kinder können auch allein kommen.

Landhaus am Weyersberg, Am Weyersberg 18, 54552 Mehren. ✆ 06592/3180, Fax 1236. Landhaus-Krebs@t-online.de. **Angebot:** Hotel in Waldnähe mit Gaststube, Spielzimmer, Garten mit Teich. DZ Du/WC ÜF 22 – 24, HP 29,50 – 31,50 €/Pers., bei nur einer Ü 7,50 € Aufschlag, Kinder bis 4 Jahre frei, bis 10 Jahre halber Preis.

Seehotel am Stausee, P. Schinagl, Am Stausee 2, 54568 Gerolstein. ✆ 06591/222, Fax 81114. **Angebot:** Hallenbad, Solarium, Sauna, Tischtennis, Sonnenterrasse, DZ Du/WC oder B/WC ÜF 27,50, HP 31,50 €, Kinderermäßigung.

Hotel-Café-Restaurant Pappelhof, 54570 Weidenbach. ✆ 06599/810, 600, 7265, Fax 1257. www.hotel-pappelhof.de. info@pappelhof.de. **Angebot:** Hotel, Restaurant, Café, Liege- und Spielwiese, Minigolfplatz, DZ Du/WC ÜF 18 €, HP 22 €, VP 25 €/Pers., Kinder unter 10 Jahre zahlen die Hälfte, Ermäßigungen für Gruppen.

Waldhotel Zur Wandersruh, Restaurant Kupferschmiede, Katja und Timo Wolff, Birresborner Straße 8, 54574 Kopp. ✆ 06594/92090, Fax 920927. www.wolffhotel.de. info@wolffhotel.de. **Angebot:** Von Wald umgeben, Aufenthaltsraum, Kinderspielzimmer, Spielplatz, Tischtennis, Gartenlaube mit Grillplatz, FW für 2 – 7 Pers., 33,50 – 52,50 €/2 Pers., weitere Pers. 2,50 – 5 €, am Abreisetag 12,50 – 25 € extra. Auch DZ mit Du/WC.

Appartementhaus Schommers, Trierer Straße 28a, 56826 Lutzerath. ✆ 02677/269, Fax 292. www.lutzerath.com/wohnung.schommers.htm. **Angebot:** 13 Appartments à 45 qm für 2 – 6 Pers., 37,50 €/4 Personen, Tischtennisraum, Grillplatz, Kinderspielplatz, Liegewiese.

Pension-Gästehaus Borsch, Blumenstraße 11, 56826 Lutzerath. ✆ 02677/238, Fax 540. www.lutzerath.com/Wohnung/borsch.htm. **Angebot:** ÜF 15 – 17,50, HP 22,50 – 27,50, VP 27,50 – 37,50 €/Pers., auch vegetarische Vollwertkost möglich.

Abkürzungen bei Unterkünften:

AFM – für Familienzuschüsse anerkannte Unterkünfte
bT – behindertengerechte Toilette
bW – behindertengerechter Waschraum
bf – behindertenfreundlich, Näheres erfragen!
DZ – Doppelzimmer
EZ – Einzelzimmer
FH – Ferienhaus
FW – Ferienwohnung
HP – Halbpension
JH – Jugendherberge
K – kleinkindgerecht
MBZ – Mehrbettzimmer
Ü – Übernachtung
ÜF – Ü mit Frühstück (jeweils pro Person)
VP – Vollpension
DLG – Deutschen Landwirtschaftsgesellschaft

Familienferienstätten

Haus St. Willibrod, Aachener Straße 20, 53518 Honerath. ✆ 02691/92460, Fax 924644. www.Familien-Ferien-Werk.de **Anfahrt:** Bahn bis Altenahr, dann Bus nach Adenau in der Hohen Eifel. **Infos:** Familien-Ferien-Trägerwerk e.V., In der Aue 1, 42929 Wermelskirchen, ✆ 02193/50600, Fax 506029. **Angebot:** Familienferienstätte oberhalb von Adenau, AFM, 5 EZ, 17 DZ, 3 VZ, teilweise mit Du/WC, Ü Erw. 20,50, Kinder je nach Alter 5 – 12,50 €, ÜF plus 2,50, HP Erw. 27,50, Kinder je nach Alter 9 – 20 €, VP Erw. 31,50, Kinder je nach Alter 10 – 22,50 €, in den Sommerferien nur VP, Diät und vegetarische Kost n.Vb., Bastelräume, Garten mit Spielplatz und Liegewiese.

Haus Springiersbach, Karmelitenstraße 4, 54538 Bengel-Springiersbach. ✆ 06532/2163, Fax 3830. www.Familien-Ferien-Werk.de. Familien-Ferien-Werk@t-online.de. (Vulkaneifel). **Infos:** Familien-Ferien-Trägerwerk e.V., In der Aue 1, 42929 Wermelskirchen, ✆ 02193/50600, Fax 506029. **Angebot:** Familienfreizeitstätte neben einem Karmeliterkloster, von Wald und Wiesen umgeben. AFM, Zi. z.T. mit Du/WC, Ü 19,50, Kinder je nach Alter 5 – 12,50 €, ÜF 21,50, Kinder 7,50 – 15 €, HP 26,50, Kinder 9 – 20 €, VP 28, Kinder 10 – 22,50 €, in den Sommerferien nur VP. Bf, Spielzimmer, Tischtennisraum, Spielplatz, Volleyball, Bolzplatz, nachmittags Kinderbetreuung.

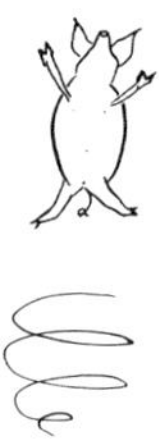

Ferienwohnungen und -häuser

Ferienwohnungen (FW) oder Ferienhäuser (FH) sind in den Haupturlaubsregionen stark verbreitet. Ferienwohnungen oder -häuser sind in der Regel geräumig, besitzen neben Wohn- und Schlafräumen eine Küche, so dass sich die Gäste selbst verpflegen können. Bei den ausgewählten Ferienwohnungen und -häusern ist im Allgemeinen ein Hof, ein Garten oder eine Wiese und häufig auch ein Spielplatz dabei. Die Kinder haben also reichlich Platz und Möglichkeiten zum Spielen.

Hohes Venn

Ferienwohnung Küpper, Diana Küpper, Messeweg 77, 52156 Monschau-Kalterherberg. ✆ 02472/7811, dianakuepper@web.de. **Angebot:** Ruhige FW am Hohen Venn 85 qm für bis zu 6 Personen, 34 €/2 Personen, jede weitere 6 €, Endreinigung 25 €. Mit großem Balkon, Kinderstuhl, Spielplatz, Liegewiese und Zweiradgarage.

Ferienhaus Fitz, Fitz Gerda, Schiffenborn 68, 52156 Monschau-Mützenich. ✆ 02471/8347, www.ferienhaus-fitz.de. gerda.fitz@gmx.net. **Angebot:** FH mit 100 qm für 2 – 8 Personen, 40 €/2 Personen, jede weitere Person 8 €, Endreinigung 26 €. Mit Kinderzimmer, Kinderbett, Hochstuhl, Schaukel, Sandkasten, Kinderfahrzeugen, Liegewiese, Innenhof und Bolzplatz.

Ferienwohnung Lauscher, Heckweg 20, 52156 Monschau-Rohren. ✆ 02472/3632, Fax 805791. www.ferienwohnung-lauscher.de. Arthur.Lauscher@t-online.de. **Angebot:** FW 75 qm für bis zu 6 Personen, 36 €/2 Personen, jede weitere 8 €. Mit Kinderbett, Mikrowelle, Spielplatz, Liege- und Spielwiese.

Haus Cremer, Inge Cremer, Dröft 24 a, 52156 Monschau-Rohren. ✆ 02472/2752, www.haus-cremer.de. info@haus-cremer.de. **Angebot:** FW 90 qm für bis zu 8 Personen, 38 €/2 Pers., jede weitere Pers. 10 €, Endreinigung 30 €. Mit rustikalem Grillraum, Liege- und Spielwiese. Die Vermieterin bietet Kutschfahrten mit eigenen Pferden an. Die Kaninchen und Pferde auf dem Hof freuen sich immer über Streicheleinheiten. Eigene Kaninchen können mit in den Urlaub genommen werden und bekommen einen separaten Stall.

Ferienwohnung Edelbauer, Ingrid Edelbauer, Schwerzfelder Straße 27, 52159 Roetgen. ✆ 02471/2582, Edelbauer@wilmsag.de. **Angebot:** FW 80 qm für bis zu 6 Personen, 50 €/4 Personen, jede weitere 5 €. Mit Kinderbetten, Kinderstuhl und auf Wunsch Frühstücksservice.

Idealer Startpunkt für einen Radelurlaub im Hohen Venn.

Nordeifel

Gut Kallerbend, Karin und Gerd Humpert, 52385 Nideggen-Zerkall. ✆ 02427/1217, Fax 901641. www.gut-kallerbend.de. gutkallerbend@yahoo.de. Wanderreitstation 59. **Angebot:** FW ab 50 qm für 2 – 6 Personen pro Tag und Kopf 21 €, ab 3 Tage 18 €. Mit gutem Restaurant. Ideal für Wanderreiter.

Ferienwohnung, Peter und Karola Voissel, Valderstraße 9, 53894 Mechernich-Glehn. ✆ 02443/48282, 5663, Fax 48282. **Angebot:** FW 80 qm für 2 – 6 Personen, 40 €/2 Personen, jede weitere 6 €. Mit Kinderbetreuung auf Anfrage, Kinder bis 2 Jahre frei.

Ferienwohnung Carina, Jürgen Möller, Auf dem Daniel 21, 53894 Mechernich-Kommern. ✆ 02443/9128-01, Fax -02. hjmoeller1@aol.com. **Angebot:** FW für 2 – 6 Personen

70 qm, 36 €/2 Personen, jede weitere 5 €, Endreinigung 14 €. Großer offener Wohn-Essraum, Terrasse, Rasen. Auch kleine Kinder können ungefährdet spielen, 50 m vom Haus entfernt ist ein großer Spielplatz. Die Tochter der Vermieter freut sich immer über Gäste in ihrem Alter. Nach Absprache können auch Hunde mitgebracht werden.

Hotel Eifeltor, 53894 Mechernich-Kommern. ✆ 02443/981-353, Fax 981-352. www.freizeit-insel.de. freizeitinsel@t-online.de. **Angebot:** Sehr ruhig gelegene FW, 75 qm für 4 Personen. 1 Schlafzimmer mit Doppelbett, Kinderschlafzimmer mit 2 Einzelbetten, Einbauküche mit Spülmaschine, Bad/Toilette, Wohnzimmer, TV. Ab 3 Tage 110 € pro Tag incl. Bettwäsche und Zimmerreinigung.

Residenz Tanneck, Bergstraße 43, 53902 Bad Münstereifel. ✆ 02253/5456-0, Fax 5456-66. www.residenz-tanneck.de. urlaub@residenz-tanneck.de. **Angebot:** Großes Haus am Waldrand mit 31 Appartements 32 – 57 qm für 2 – 4 bzw 2 – 6 Personen, 40 – 73 € je nach Größe und Saison inklusive Nebenkosten und Endreinigung. Mit Restaurant, Aufenthaltsraum, offenem Kamin, Hallenschwimmbad, Liegewiese, Spielplatz, Sportraum, Sauna, Solarium, Lift, Waschmaschine und Trockner. Auf Wunsch Brötchenservice. Vorangemeldete Haustiere kosten 5 € pro Tier und Tag, Kinderbett und Hochstuhl 10 € für die Dauer des Aufenthalts.

Packtipp: Bettwäsche und Handtücher mitbringen spart pro Person 10 €.

Gestüt Sheherazade, Dr. Thomas Haan, Suhrstraße 33, 53902 Bad Münstereifel-Ohlerath. ✆ 02257/1613, 7433, Fax 952612. www.araber-gestuet.de. info@araber-gestuet.de. Wanderreitstation 51. **Anfahrt:** Abholung vom Bhf Bad Münstereifel möglich. **Angebot:** FW 65 qm für 2 – 6 Pers. direkt über den Pferdeboxen, 1. Nacht 56 €/2 Pers., ab 2. Tag 40 €, ab 2. Woche 35 €, jede weitere Person 10 €, bis 10 Jahre 5 €, Ermäßigungen für Wanderreiter (Pferde: Box 12 €, Weide 8 €), Wanderer, Radfahrer. Mai – Oktober kann das Hallenschwimmbad mitbenutzt werden.

Haus Derkum, Dagmar und Roland Derkum, Dorfstraße 39, 53902 Bad Münstereifel-Schönau. ✆ 02253/180187, r.derkum@web.de. **Angebot:** Ruhig gelegene FW für eine Kleinfamilie, 2 Betten, 1 Kinderbett, 50 qm 28 – 36 €/2 Personen, weitere Person 5 €, NK inklusive. Hund willkommen.

Ferienwohnung in Otto's Steakhouse, Ahrstraße 2, 53925 Kall-Krekel. ✆ 02447/356, Fax 8335. www.ottos-steakhaus.de. **Anfahrt:** Direkt an der B258. **Angebot:** FW 120 qm für bis zu 6 Personen mit Fitnessraum und Sauna. Grillplatz

Hunger & Durst

Wer nicht selber kochen möchte, wird in **Otto's Steakhouse** mit üppigem Biker-Frühstück oder American Breakfast (So) und leckeren Steak-Spezialitäten – natürlich auch Wild, Lamm, Fisch und vegetarischen Gerichten – fürstlich verpflegt.

im Garten vorhanden, Parkplatz am Haus. In den 40 € pro Nacht ist die Endreinigung bereits enthalten. Hunde sind herzlich willkommen und können ohne extra Kosten mitgebracht werden.

Schneifel

Feriendorf Worriken, Worriken 9, B-4750 Bütgenbach. ✆ 0032-80/446961, Fax 444247. **Angebot:** Das Feriendorf liegt am Ufer des 120 ha großen Stausees von Bütgenbach, besteht aus 48 Holz-Chalets für 4 – 5 Personen und ist von einer prächtigen Waldlandschaft umgeben. In dem Gebäudekomplex befindet sich auch ein Sportzentrum mit Restaurant, Schwimmbad, Sauna, Golf, Wassersport und Tennis. Preise: ab 41 €/Nacht.

Appartement Larina, B-4760 Manderfeld. ✆ 02694/343, Fax 1320. **Infos:** Peter Schütteler, Münstereifeler Straße 18, 53520 Hümmel. **Angebot:** FW für 2 – 4 Erwachsene und 1 Baby. Mit Liegewiese, Schaukel, Rutsche, Kinderstühlchen, Grillmöglichkeit und Kaminfeuer. Kleine Hunde dürfen mitgebracht werden. Wochenendbelegung 90 – 115 €, Woche 230 – 290 €, Bettwäsche 6 €, Endreinigung 25 €.

Haus Mühlenberg, Dorf 27, B-4760 Weckerath. ✆ 0032-80/548324, Fax 548324. Buchung bei Erna Huberts-Grommes, Hausnummer 28. **Angebot:** Ehemaliger Bauernhof für 6 Große und ein Baby, 110 qm Wohnfläche. Mit großer Terrasse, Grill, Kinderstuhl, Kinderbett, Garage und Parkplatz. Kleine Hunde auf Anfrage zugelassen. Wochenende 100 €, Woche 261 €, inkl. NK, Endreinigung selbst oder 25 €.

Forellenhof, Neubrück, B-4780 St. Vith. ✆ 0032-80/228214, Fax 229265. www.forellenhof.be. reservatie@forellenhof.be. **Angebot:** Ferienpark mit 10 FH für 4 – 5 bzw. 6 – 8 Personen. Miete pro Woche 240 – 440 €, Wochenende 175 – 230 € je nach Saison, inkl. Nebenkosten. Schwimmbad, Kinderspielgarten, Grillplatz, Fritüre, Restaurant und Tea-Room.

In der Eifel ist man französisch beeinflusst, deswegen sagen die Leute hier zur Frittenbude vornehm »Fritüre«

Ferienhaus Tenhaef, Th. Tenhaef, Waldweg 2, 53949 Dahlem-Frauenkron. ✆ 06557/7114, Fax 900623. t.tenhaef@t-online.de. **Angebot:** FH in Waldnähe für 2 – 10 Personen nicht weit vom Kronenburger See, 30 €/2 Pers., jede weitere Pers. 5 €, NK, am Abreisetag 50 €, K, Schaukel, Liegewiese, viel Platz für Kinder.

Bauernhof Kloep, Familie Kloep, Birbachtal am Stausee, 54584 Jünkerath. ✆ 06597/2686, Fax 2686. www.bauernhof-kloep.de. ingo.kloep@t-online.de. **Angebot:** Bauernhof am Wald und See, DLG, 13 FW, 40 – 85 qm, 2 – 7 Pers., 29

– 45 €/4 Personen, jede weitere Pers. 3,50 €, NK, Bettwäsche und Handtücher mitbringen, Kinderspielplatz, Liegewiese, Grillplatz, Hallenbad 4 km entfernt.

Landal GreenParks Wirfttal, 54589 Stadtkyll. ✆ 06597/92920, Fax 929250. www.landal.de. **Angebot:** Komfortabel eingerichtete FW-Bungalows bis 6 Pers., 208 € pro Woche für 2 Pers., je weitere 2 Pers. 35 €. Spiel- und Sportplätze, Tischtennis, Hallenbad mit Hot-Whirlpool, Plantschbecken, Lebensmittelverkauf, Restaurant, Minigolf, Pferde- und Ponyreiten, Reitunterricht, Fahrradverleih, nebenan Freibad.

Tannenhof, Familie Renn, 54611 Scheid. ✆ 06557/828, Fax 828. **Angebot:** Ferienblockhaus am Bauernhof, für 4 Pers., 40 €, NK, Endreinigung, Liegewiese, Grillplatz, Reitmöglichkeit. Kronenburger See 3 km entfernt.

Feriendorf Reinskopf, Familie Göbel & Floss, Auf Reinskopf, 54614 Schönecken. ✆ 06553/1227, Fax 960519. www.feriendorf-reinskopf.de. info@feriendorf-reinskopf.de. **Angebot:** Feriendorf mit 9 FH, Spielplatz, Spielhaus, Ententeich, Grill, Waschmaschine und Trockner. Jedes Haus ist unterteilt in ein Appartement für 2 Personen ebenerdig und ein Blockhaus mit offenem Kamin für 4 Personen im oberen Teil mit getrennten Eingängen. Zusatzliege, Kinderbett oder Hochstuhl werden auf Anfrage zur Verfügung gestellt. Pro Woche beträgt der Mietpreis für ein Blockhaus 245 – 380 €, ein Appartement 135 – 225 €, das ganze Haus 355 – 580 €.

Hier wird Mülltrennung groß geschrieben!

Hohe Eifel

Monika Oster, Jägerpfad 8, 53769 Retterath. ✆ 02657/1486, Fax 1760. Das Ferienhaus ist in der Schulstraße 3. **Angebot:** FH für 1 – 3 Personen in der Schulstraße 3 ruhig am Ortsrand, umgeben von Wiesen und Wald. 55 qm, Radio, Kabel-TV, Terrasse, Stellplatz, Grillmöglichkeit, Kinderbett, Zustellbett. Haustiere sind nach vorheriger Vereinbarung willkommen. 33 €/2 Personen inkl. Wäsche.

Eifel-Ferienhäuser Henn, Irmgard und Theo Henn, Lissendorfer Straße 23, 54584 Gönnersdorf bei Gerolstein. ✆ 06597/2545, Fax 4336. Handy 0171/9509768. www.eifelurlaub-henn.de. eifel-ferienhaus.HENN@t-online.de. **Angebot:** FH ganz unterschiedlicher Größe und auch unterschiedlichen Aussehens und Standards, 30 – 59 €/2 Pers., jede weitere Pers. 6 €, NK. Familienferienanlage mit vielen Möglichkeiten zum Spielen: Spielplatz, Spielhalle mit Tischtennis, Poolbillard, Dart, Fußballflipper, Universalspielfeld für alle Ballsportarten. Ganzjährig geöffnet.

Südeifel

Von den 20 Wachtürmen, die Echternach im 13. Jh. besaß, wurden 5 zu modernen Ferienwohnungen umgebaut.

Syndicat d'initiative et du tourisme, 9 – 10, Parvis de la Basilique, L-6486 Echternach. ✆ 00352/720230, 720272, Fax 727524. www.mullerthal.lu. info@mullerthal.lu. **Angebot:** Wohnen im alten Befestigungsturm. 5 FW 60/70/10/105 qm für 4 bzw 6 Personen, mit Terrasse und Waschmaschine, z.T. auch mit Spielraum, Spielplatz, Geschirrspülmaschine und Liegewiese. Wochenmiete je nach Größe und Saison 300 – 470 €.

Vulkaneifel

Haus Hennig, Mosenbergstraße 38, 54533 Bettenfeld. ✆ 0221/372134, Fax 3762064. Handy 0179/3987170. **Angebot:** Restauriertes altes Bauernhaus am Ortsrand, 2 FW à 75 qm für 2 – 6 Pers., 27,50 €/2 Pers., 32,50 €/4 Pers., 37,50 €/6 Pers., NK, am Abreisetag 57,50 – 67 €. K, Spiel- und Grillplatz, Liegewiese, Garten.

Blockhaus-Ferienpark »Am Salmwald«, Am Mönchforst, 54533 Eisenschmitt. ✆ 06567/8070, Fax 1250. www.ferienpark-rob.com. **Angebot:** Am Wald Blockhäuser im Tiroler Stil mit 2 bzw. 4 FW zu 55 bzw. 60 qm, 25 – 36 €/2 Pers., z.T. Zuschlag für jede weitere Person von 5 €, NK, Bettwäsche mitbringen oder Zuschlag. K, Spielplatz, Liegewiese, Grillplatz mit Hütte, Planwagenfahrten.

Ferienwohnung, Anita Philipp, Ginsterweg 3, 54550 Daun-Boverath. ✆ 06592/3383, Fax 980101. www.fewo-daun-vulkaneifel.de. phil-daun@t-online.de. **Anfahrt:** Transfer vom und zum Bhf Gerolstein. **Angebot:** 3-Sterne-Ferienwohnung 42 qm, 1 Schlaf-, 1 Wohn-Schlafzimmer, Bad/WC, Wohnküche. Bis 2 Pers. 31 € pro Tag, jede weitere 10 €, Kinder bis 12 frei, Endreinigung 25 €. Bettw., Hand- und Geschirrtücher 5 € pro Pers. und Tag, Kurtaxe separat. Sat-TV, Garten, Liegewiese, Terrasse, Wellness-Sauna, Wochenend-Brötchen-Service.

Laachmühle, Pützbachstraße 8, 54550 Daun-Steinborn. ✆ 06592/4599, Fax 10478. laachmuehleripstein@t-online.de. **Anfahrt:** Bus vom Bhf Gerolstein. **Angebot:** Im Bachtal 3 FW für 2 – 7 Pers., 26 €/2 Pers., 34 €/4 Pers. und 39 €/4 Pers., jede weitere Pers. 5 €, Endreinigung 21/26/31 €. Liegewiese, Grill, Pferdeweide, Forellenteiche, Zwergesel, Kaninchen, Hühner, Tauben, Gänse, Wachteln, Ziegen, Schafe, Mutterkühe, Hund, Katzen.

Ralf und Waltraud Zender, Brücker Straße 1, 54552 Dreis. ✆ 06595/10243, Fax 10243. Handy 0170/6905868. www.ferienhaus-zender.de. post@ferienhaus-zender.de.

Anfahrt: Bahn bis Gerolstein. **Angebot:** 1 FW von 120 qm für 4 – 8 Pers., 40 €/4 Pers., jede weitere Pers. 6 €, Endreinigung 25 €. Kinder unter 2 Jahre werden nicht berechnet. Spielwiese, Spielplatz, volle Baby- und Kinderausstattung. Mit tollem Service auf Wunsch: Transfer zu Bahn&Bus, Babysitter, Raclettegerät, Brötchen & »Voller Kühlschrank zur Anreise«.

Ferienwohnung, Hiltrud Weiler, Am Weyersberg 8, 54552 Mehren. ✆ 06592/4343. **Angebot:** Am Wald 1 FW mit 85 qm für 2 – 5 Personen, 32,50 €/2 Pers., jede weitere 4 €, am Abreisetag 52,50 €, halber Preis für Kinder bis 14 Jahre, K, Liegewiese, Spielplatz.

Ferienwohnung »Alter Bahnhof«, 54552 Schalkenmehren. ✆ 0521/392101, Fax 3906462. www.ferienwohnungen-eifel.de. petrahallau@aol.com. Vermietung durch Petra Hallau, Hausfeld 9, 33729 Bielefeld. **Angebot:** Restauriertes ehemaliges Bahnhofsgebäude in ruhiger Lage am Maare-Mosel-Radweg. 2 FW zu 68 und 112 qm, 30 €/2 Pers., 50 €/4 Pers., jede weitere Pers. 7€, Endreinigung 30 bzw. 35 €, viele Möglichkeiten für Kinder im Haus und in der Umgebung.

Panorama-Ferienwohnungen, Heidi Diedrichs, Weinbachstraße 18, 54552 Schalkenmehren. ✆ 06592/4595, 2620, Fax 9825131. www.panorama-ferienwohnungen.de. heidi.diedrichs@t-online.de. **Angebot:** Blick auf das Dorf und das Maar, Waldnähe, 2 FW, 2 – 5 Pers., 18 – 44 €/4 Pers., jede weitere Pers. 7,50 €, NK, Endreinigung 30 €, K, Liegewiese, viel Platz für Kinder, Möglichkeit zum Grillen.

Haus Löhwald/Haus Eifelblick, Marianne Schmitz, Löhstraße 36, 54552 Üdersdorf. ✆ 06596/7166, 407, Fax 7166. www.hausloehwald.de. hausloehwald@aol.com. **Angebot:** 1 Blockhaus (45 qm, 2 – 4 Pers.), 1 FW (80 qm, 2 – 6 Pers.), 2 Ferienstudios (2 – 4 Pers.), 26 – 30 €/2 Personen, jede weitere Pers. 5 €, Endreinigung 16 €. Großer Garten, Liegewiese, Grillplatz, Weiher zum Schwimmen und Boot fahren.

Ferienwohnung Thull, Gabriele Thull, Lieserweg 12, 54552 Üdersdorf-Tettscheid. ✆ 06596/875, Fax 961016. www.Ferienwohnung-thull.de. otto.thull@t-online.de. **Angebot:** Am Waldrand, kein Verkehr. 1 FW, 90 qm, 2 – 5 Pers. mit offenem Kamin, großem Wohnraum, Liegewiese. 36 €/2 Pers., jede weitere Pers. 5,50 €, Strom extra, Handtücher und Bettwäsche vorhanden, viele Spielmöglichkeiten für Kinder.

Gestüt Pfauenhof, Dorle und Egon Kessler, Mühlenweg 2 – 4, 54552 Utzerath. ✆ 02676/603, 1771, Fax 951518. www.ferien-gestuet-pfauenhof.de. gestuet-pfauenhof@freenet.de. **Anfahrt:** B257, Nürburgring Richtung Cochem. Nach 10 km rechts Richtung Utzerath, nach 1 km im Tal am rechten Hang. **Angebot:** Ferienwohnungen auf einem Gestüt. 4 FW 4 – 6 Personen, 70 qm pro Tag 49 €/4 Pers., 2 FW für 2 – 4 Personen 50 qm, pro Tag 36 €/3 Personen, 1 FW im historischen Fachwerkhaus für 8 Personen pro Tag 54 €/4 Personen, jede weitere Person 6 €, Endreinigung 20 – 33 €. Ermäßigungen und Pauschalangebote in der NS. **Angebot:** Hier wollen nicht nur Pferde, sondern auch Kälbchen und ein Dalmatiner gestreichelt werden. Spielen nach Lust und Laune am Bach und auf dem Spielplatz. Die Pferde auf die Koppel führen, Reitunterricht, eine Ponywanderung, eine Unimogfahrt, großes Lagerfeuer mit Stockbrot, Reiterspiele oder – ganz abenteuerlich – die Rinder auf eine neue Weide treiben. Kaffeetrinken mit selbst gebackenem Kuchen. Die Großen sind mit Begeisterung dabei oder relaxen und beobachten den roten Milan, der hoch oben seine Kreise zieht. Reiten (nur für Gäste): Großpferd 10 €, Pony 8 €.

Bungalow Park Feriendorf Felsenhof, Familie A.C. Hogenboom, 54568 Gerolstein. ✆ 06591/3129, Fax 4876. www.felsenhof.de. info@felsenhof.de. **Zeiten:** ganzjährig. **Angebot:** Ausgedehnte Ferienanlage, FH von unterschiedlichem Standard für 4 – 10 Pers., 41 €/4 Pers., 58 €/4 Pers., 64 €/6 Pers., 113 €/10 Pers., am Abreisetag ca. 25 € extra. Ermäßigung in der Vor- und Nachsaison, Spielwiese, Spielplatz, Kinderschwimmbecken, Tischtennis, Tennisplatz, Minigolf, Freiluftschach. Im Sommer gibt es ein Animationsteam mit vielen tollen Spielideen. Haustiere nicht erlaubt.

Ferienwohnung Zeyenhof, Heinz Koßmann, Hinterhausen 27, 54568 Gerolstein-Hinterhausen. ✆ 06591/3586. **Angebot:** Bauernhof mit 2 FW à 66 qm für 2 – 6 Pers., 45 €/4 Pers., jede weitere Pers. 5 €, Strom nach Verbrauch. Bf, K, Liegewiese, Grillplatz, Reiten, Kühe, Hühner, Hund und Katze, Mitarbeit möglich.

Waldferienpark Gerolstein, W. und C. Wolters, 54568 Gerolstein-Hinterhausen. ✆ 06591/678, Fax 7210. **Angebot:** Geräumige FH im Wald, 5 – 6 Pers., 45 – 85 €. Spielplatz, Streichelzoo, Ferienprogramme für Jung und Alt, Restaurant, Hallenbad, Sauna, Solarium.

Burg Bertrada, Brigitte Tiepelmann, Burgring 13 und 15, 54570 Mürlenbach. ✆ 06594/864, Fax 864. www.bertradaburg.de. **Angebot:** Ferien in der Burg, 5 Appartements für 2

– 4 Pers., 25 – 45 €/2 Pers., jede weitere 4 €, Endreinigung 22 – 27 €. Das FH hat Zentralheizung, im Burghaus wird mit Holz in einem Kamin und gusseisernen Öfen geheizt.

Ferienhaus Lescher, Römerstraße 14, 56826 Lutzerath. ✆ 02677/1247, Fax 1501. **Angebot:** 2 FW für 2 – 4 bzw. 2 – 5 Pers., 30 €/2 Pers., jede weitere Pers. 5 €, am Abreisetag 30 €, Wiese, Kleintiergehege.

Ferien auf dem Bauernhof

Auf einem richtigen Bauernhof mit Tieren und Feldern zu wohnen ist für viele Kinder ein spannendes Erlebnis. Mit Tieren spielen, beim Füttern zuschauen oder sogar ein wenig bei der Feldarbeit mithelfen bringt zusätzlichen Spaß. Oft gehören zu den Gehöften auch große Innenhöfe und Wiesen, wo Kinder viel Platz zum Herumtollen haben. Manche Höfe können den Kindern und Familien darüber hinaus auch zünftige Kutsch- und Planwagenfahrten bieten.

Hohes Venn

Rodehof, Hans-Otto und Rose-Marie Förster, 52156 Monschau-Kalterherberg. ✆ 02472/3236, Fax 1743. www.rodehof.de. info@rodehof.de. **Angebot:** Der Rodehof ist ein bewirtschafteter Grünlandbetrieb mit Kühen, Kälbern, Hund und Katze am Rande des Hohen Venn. Eigene Pferde können mitgebracht werden. Zwei FW 58 qm für 2 – 6 Personen 42 €/2 Personen, jede weitere Person 9 €, Kinder unter 2 Jahre frei. Die Perlenbachtalsperre ist leicht zu Fuß erreichbar.

Margret und Freddy Bauer, In den Stecken 14, 52156 Monschau-Mützenich. ✆ 02472/5202, Fax 4550. www.bauershof.de. info@bauershof.de. **Angebot:** Ferienwohnung A: 65 qm für 2 – 5 Personen mit Kinderbett und Hochstuhl. 38 €/2 Personen, jede weitere Person 8 €, Endreinigung 30 €. FW B: 120 qm für bis zu 15 Personen, denn neben zwei Zimmern für bis zu 3 Personen gibt es ein Zimmer mit Etagenbetten für 9 Pers. Mit Kinderbett und Hochstuhl. 70 €/5 Personen, jede weitere Person 8 €, Endreinigung 40 €. Es gibt Lagerfeuerplatz, Grill, Spiel- und Liegewiese, Spielgeräte und sogar ein Schlauchboot. Auf Anfrage sind auch Frühstücksservice und das Mitbringen von Pferden möglich.

Die Familie Bauer bietet auch Naturführungen durchs Hohe Venn und Planwagenfahrten an, ohne dass ihr Übernachtungsgäste seid.

Victorhof, Iris und Elmar Victor, Hatzevenn 10, 52156 Monschau-Mützenich. ✆ 02472/940682, Fax 940682. www.victorhof.de. info@victorhof.de. **Angebot:** Urlaub mit Kühe melken, Pony reiten, Hühner und Ziegen füttern, Katzen streicheln, Basteln mit Heu, Hofwanderung und Hofquiz. 3 FW 90 qm für 2 – 7 Personen, 80 qm für 2 – 6 Personen und 72 qm für 2 – 4 Personen mit komplett eingerichteten Küchen. Garten, Sandkasten, Spielplatz, Liegewiese, Grill. Die FW kostet für 2 Personen 42 €, für jeden weiteren Erw. 8 €, für Kinder 7 – 14 Jahre 6 €, 1 – 6 Jahre 4 € einschließlich NK, Bettwäsche, Handtücher, Kinderausstattung, Brötchenservice und täglich eine Kanne frischer Kuhmilch. Endreinigung 20 €. Außerdem als Serviceangebote: Babysitter, Frühstück, »Tischlein Deck Dich«, Einkaufsservice, Fahrradverleih, Shuttle zum Monschauer Weihnachtsmarkt.

Nach 1945 wurde besonders in Mützenich viel geschmuggelt, denn in Belgien waren Kaffee und Zigaretten viel billiger. Einmal ist die Fußballmannschaft in eine andere Liga abgestiegen, weil die Spieler als verurteilte Schmuggler im Gefängnis saßen.

Nordeifel

Ferienhof und Hofmolkerei Jansen, Schießgasse 11, 52152 Simmerath-Lammersdorf. ✆ 02473/1342, Fax 87317. www.ferienhof-jansen.de. info@ferienhof-jansen.de. **Anfahrt:** Abholung vom Bhf Aachen oder Düren möglich. **Angebot:** 5 FW 45 – 72 qm für 2 – 7 Pers. ab 34 € pro Nacht und Wohnung, Heunacht 7,50 €. Alle Wohnungen haben komplett eingerichtete Küchenzeile, Sat-TV, Radio, Telefon, Haartrockner. Schaukel, Sandkasten, Tischtennisplatte, Spielscheune, Grillplatz, Sauna, Solarium, Whirlwanne, kleines Freibad, Liegewiese, Gesellschaftsspiele. Bücher dürfen mitbenutzt werden, frische Milch gibt es für Gäste gratis.

Karola und Peter Voissel, Valderstraße 9, 53894 Mechernich-Glehn. ✆ 02443/48282, Fax 314202. **Angebot:** 1 FW 80 qm auf dem Bauernhof, bis 6 Pers., 2 Schlafzimmer, Wohn-, Esszimmer, Einbauküche, Dusche, Bad, SAT-TV, Terrasse mit Grill, Kinderausstattung. 35 €/2 Personen, jede weitere Person 6 €.

Cäcilienhof, Maria und Hubert Hufschmidt, Cäcilienhof, 53894 Mechernich-Lorbach. ✆ 02484/911072, Fax 911074. www.eifelferienhof.de. hubert.hufschmidt@t-online.de. **Angebot:** FW 2 – 5 Pers., 52 qm mit Liegewiese, Gartenmöbel, Grill, Kinderspielplatz, Autoabstellplatz. 36 €/2 Personen, jede weitere Person 6 €, Kinder unter 5 Jahre frei.

Pünderhof, Elke und Matthias Pünder, Hochstraße 11, 53894 Mechernich-Lückerath. ✆ 02443/2578, Fax 902019. www.puenderhof.de. info@puenderhof.de. **Angebot:** Frei stehendes Fachwerkhaus im Feriendomizil Naturpark Nordeifel. FW 60 qm für 2 – 4 Personen 36 €/3 Personen, 70 qm 2 – 6 Personen 41 €/4 Personen, je weitere Person 6 €, inklusive Bettwäsche, Handtücher und NK. Endreinigung 26 €, Hund pro Nacht 2,50 €. Der Pünderhof ist ein Mischbetrieb mit Mutterkuhhaltung. Liegewiese, Grillplatz, Sandkasten, Obstwiesen, Kinderausstattung.

Hubertushof, 53925 Kall-Keldenich. © 02441/6334, Fax 770320. www.hubertushof-ferfer.de. Mo, Di, Do, Fr 10 – 12, 16 – 19 Uhr, Sa 9 – 13 Uhr. Angebot: Der biologisch bewirtschaftete Hof verkauft Milch, Eier aus Freilandhaltung, Fleisch, Wurst, Geflügel, Eingemachtes und selbst gezüchtete Champignons, Austernpilze und Shiitake-Pilze. Außerdem im Sortiment: Obst, Gemüse, Getreide, Käse, Säfte und Obstweine.

Hubertushof, Hubert Ferfer, Hubertushof, 53925 Kall-Keldenich. © 02441/6334, Fax 770320. www.hubertushof-ferfer.de. hubertushof-ferfer@t-online.de. **Angebot:** Rustikales Holzblockhaus als FH, 50 qm, separate Lage, Sat-TV, Grill, 35 – 45 € pro Tag/4 Personen, Haustier 2,50 €. ****FW von 80 qm für 2 – 6 Personen, großer, giebeloffener Wohnraum, Sat-TV, Radio, eigener Telefonanschluss, Balkon im Giebel, Einbauküche. 50 – 60 € pro Tag/4 Personen, jede weitere Person 5 €, Haustier 2,50 €. Preise inklusive aller Nebenkosten, Bettwäsche, Handtücher, Endreinigung.

Margaretenhof, Cilia und Andreas Gentz, Margaretenhof, 53925 Kall-Keldenich. © 02441/770528, Fax 4561. www.eifelfarm.de. gentz@eifelfarm.de. **Angebot:** FW 50 qm für 2 – 4 Personen, 35 € für 2 Personen, jede weitere 5 €. Kinderausstattung auf Wunsch, Behindertengerechte Dusche und WC, Terrasse, Liegewiese, Sandkasten, Abenteuerwald, Familienanschluss oder Mitarbeit im Betrieb möglich.

Meurerhof, Hans-Jakob und Vera Meurer, Meurerhof, 53925 Kall-Keldenich. © 02441/4400, Fax 776461. www.eifel-erholung.de. hans-jakob@eifel-erholung.de. **Angebot:** Zwei FW im alten Kornspeicher und im alten Heustall, 68 qm für 2 – 4 Personen, 40 € für 2 Personen, jede weitere 3 €. Mit Hochstuhl, Wickelauflage, Kinderbett, Einkaufsservice. Hunde dürfen auf Anfrage mitgebracht werden.

Tipp: Wer sich traut, darf die Nacht auf dem Heuboden gemeinsam mit den Hofkatzen verbringen.

Monika Breuer, Zum Wilsamtal 35, 53940 Hellenthal-Udenbreth. © 02448/8010, Fax 919769. www.breuer-hof.de. breuer-hof@web.de. **Angebot:** FW 65 qm für 4 – 6 Personen 39 €/4 Personen, jede weitere 5 €. Kinder bis 3 Jahre sind frei, wenn sie im Reisebett schlafen. FH für 2 – 3 Personen 35 qm 31 €. Appartement für 2 – 4 Personen 34 €. Endreinigung 10 €. Mit Spielgeräten im Garten. Kinder können beim Füttern und Ausmisten helfen, bei Regen im Kuhstall schaukeln und auf dem Heuboden toben. Auf dem Hof leben Kühe, Kälber, Rinder, Hühner, Katzen, Kaninchen und der Hund Mucki.

Tipp: Wohnmobilhafen mit 30 Stellplätzen in der Urftstraße, Nettesheim: www.wohnmobilstellplatz.de

Ferienhof Hoffmann, Familie Hoffmann, Welver Wiesen 3, 53947 Nettersheim-Tondorf. © 02440/478. **Angebot:** FW 60 qm für 4 Personen ab 35 €. Mit Fahrradverleih, Spielmöglichkeiten, Grillplatz und Liegewiese.

Schneifel

Haus Tannenbach, Leonie Nober-Plattes, Dorf 18, B-4760 Weckerath-Manderfeld. ✆ 0032-80/548312, Fax 548312. www.eastbelgium.com/-htm/D09/ID09407.htm. **Angebot:** Bauernhof im malerischen Ourtal unmittelbar an der deutsch-belgischen Grenze. FW für 2 – 5 Personen 225 €/Woche oder 90 €/Wochenende. Kinderbett und -stuhl vorhanden. Spielplatz am Haus, es besteht die Möglichkeit, auf dem Traktor mitzufahren, beim Melken zuzusehen, die Tiere (Pony, Ziegen, Enten, Gänse, Hühner, Kaninchen) zu füttern und zu streicheln. Reitplatz nebenan, Wassersportmöglichkeiten in nächster Nähe, im Winter Rodeln und Skifahren.

Ferienhof Kloep, Familie Kloep, Birbach am Waldsee, 54584 Jünkerath-Glaadt. ✆ 06597/2686, Fax 2686. www.bauernhof-kloep.de. ingo.kloep@t-online.de. **Angebot:** Familienhof am Ortsrand mit 13 FW, 40 – 85 qm, 2 – 7 Pers., 27,50 – 42,50 €/4 Pers., jede weitere Pers. 2,50 €, NK nach Verbrauch, Grillplatz. Auf diesem Grünland- und Ackerbaubetrieb können Kinder Kühe, Rinder, Kälber, Katzen und die Ziegen Samy & Molly kennen lernen, Mitarbeit ist möglich. Wer höflich bittet, darf auch mit auf dem Traktor mitfahren.

Feinenhof, Hedwig Feinen, Brunnenstraße 6, 54597 Fleringen. ✆ 06558/8570, Fax 1257. www.Ferienhof-Feinen.de. **Angebot:** DLG, AFM, 2 FH, 85 und 100 qm, 6 – 8 Pers., 40 – 60 €, 12 FW, 65 – 100 qm, 2 – 9 Pers., 40 – 47,50 €/4 Pers., jede weitere Pers. 3,50 €, K, Spiel- und Bolzplatz, Liegewiese, Grillhütte, Tischtennis, Fahrradverleih, Grünlandbetrieb, Kühe, Ponys, Schweine, Schafe, Ziegen, Kaninchen, Hühner, Katzen, Reiten für Kinder.

Ferienhof Bach, Burgstraße 1, 54608 Brandscheid. ✆ 06555/526, Fax 936200. **Angebot:** AFM, 2 FW, 4 – 6 Pers., Preise auf Anfrage, Kinder auch ohne Begleitung der Eltern zu Reiterferien möglich, auch Camping, Bauernstube, Terrasse mit Grillmöglichkeit, Reiten unter Aufsicht, geführte Ausritte, Ponyreiten kostenlos, Reiterferien, Fahrradverleih, gemischter Betrieb, aber mehr Grünlandwirtschaft, Kühe, Schweine, Ponys, Hunde.

Michelshof, Christel Reusch, Amelscheider Weg, 54608 Mützenich. ✆ 06555/8485, Fax 936183. www.michelshof-eifel.de. info@michelshof-eifel.de. **Angebot:** DLG, AFM, 5 FW, 60 – 67 qm, 2 – 6 Pers., HS 47,50 €/2 Pers., NS 32,50 €/2 Pers., NK nach Verbrauch, K, Haustiere 2,50 €, Spielplatz, Bolzplatz, Reiten, Planwagenfahrten, Fahrradverleih, Grillhütte, Grünlandbetrieb, Pferde, Kühe, Ponys, Ziegen, Kaninchen, Enten, Hühner, Pfauen, Hund, Katzen, Mitarbeit möglich.

Fehlenhof, Dorothee und Hubert Murges, Hauptstraße 15, 54608 Mützenich-Schweiler. ✆ 06555/1330, Fax 936223. www.fehlenhof.de. Fehlenhof@t-online.de. **Anfahrt:** DB-Bahnhof Gerolstein oder Jünkerath, Abholservice. **Angebot:** 6 FW, 2 – 8 Pers., ab 40 €/2 Pers., jede weitere Pers. 5 €, NK inklusive, Kinder bis 2 Jahre frei. Spielplatz, Liegewiese, Spielscheune, Tischtennis, Kettcars, Grill, Ponyreiten, Planwagenfahrten, Fahrradverleih, Grünlandbetrieb, Pferde, Ponys, Rinder, Ziegen, Hühner, Enten, Kaninchen, Katzen, Hund. Auch für Gruppen geeignet, mit Aufenthaltsraum und Gemeinschaftsküche, Waschmaschinen, Trockner, Solarium. Mitarbeit möglich. Schnupperwoche Nov – März (außer Ferien) 200 € für bis zu 4 Personen.

Ferienhof Begon, Edmund und Monika Begon, Hauptstraße 21, 54608 Mützenich-Schweiler. ✆ 06555/8079, Fax 931234. www.ferienhof-begon.de. Edmund.Begon@t-online.de. **Angebot:** Kleiner Bauernhof mit 1 FH 80 qm, 31 – 61 €, 2 FW 42/45 qm 27 – 38 €, NK nach Verbrauch. Spielplatz, Liegewiese, Grill, Traktorwagenfahrten, viele Tiere.

Schminneshof, Karin Schminnes, Auf dem Tribunal 2, 54608 Sellerich. ✆ 06551/3571, Fax 965185. www.hof-schminnes.de. info@hof-schminnes.de. **Angebot:** DLG, 2 FW, 54 qm, 2 – 7 Pers., NS 25 – HS 32,50 für 2 Pers., weitere Pers. 4 €, NK nach Verbrauch. Bauernstube, Hausschlachtung, Fahrradverleih, Grünland- und Forstbetrieb, Kühe, Rinder, Kälber, Esel, Katzen, Hund.

Hohe Eifel

Hotel-Reiterhof Haus Sonneck, Familie Schäfer, 53539 Kelberg-Rothenbach. ✆ 02692/295, Fax 8375. www.reiterhof.net. reiterhofant@aol.com. **Angebot:** Hotel, Restaurant, Reiterhof, 23 DZ Du/WC, ÜF ab 22,50 €, HP ab 25 €. 4 FW Bf, Spielplatz, Tischtennis, Basketball, Fußball, Fahrradverleih, Reiterferien für Kinder, Schnitzeljagden, Fahrten mit dem hauseigenen Planwagen, Nachtwanderungen und einmal in der Woche Grillfest, Grünlandbetrieb mit Pferden, Rindern, Damwild, Ziegen, Kaninchen, Hühnern, Hund und Katzen.

Schwalbenhof, Ferdi und Annemie Adolphi, Einzelhof, 54578 Berndorf. ✆ 06593/759, Fax 998647. www.schwalbenhof-eifel.de. schwalbenhof@hotmail.com. **Angebot:** DLG, 4 FW, 60 – 100 qm, 2 – 8 Pers., 30 € für 2, 40 € für 4 Pers., jede weitere Pers. 4 – 5 €, Bettwäsche 3,50 €/Bett, NK nach Verbrauch, K, Grillplatz, Sauna, Ponyreiten, Mitarbeit möglich, Ackerbau- und Grünlandbetrieb, Kühe, Ponys, Hund, Katzen.

Felix Leif, Waldstraße 15, 54578 Nohn. ✆ 02696/497, Fax 1554. **Angebot:** Am Waldrand, 2 FW, 2 – 4 und 2 – 6 Pers., 25 und 27,50 €/2 Pers., jede weitere Pers. 2,50 €, am Abreisetag 40 bzw. 45 €, Bf, Tischtennis, Wiese, Ponyreiten.

Dreymüllerhof, Jakob Dreymüller, 54578 Nohn. ✆ 02696/220. **Angebot:** 2 FW, 2 – 4 und 2 – 6 Pers., 27,50 bzw. 32,50 €/2 Pers., jede weitere 2,50 €, Endreinigung 17,50 €, Kinderspielplatz, Tischtennis, Grillplatz.

Schäferei Thielen, St.-Rochus-Weg 18, 54579 Üxheim-Flesten. ✆ 06593/9134, Fax 80664. www.schaeferei-thielen.de. info@schaeferei-thielen.de. **Angebot:** Zwei FH auf Schäferei in idyllischer Landschaft mit einer Herde von etwa 300 Tieren. Besonders zur Lammzeit Dez – April bietet der Schafstall mit Hunderten von Lämmern viele spannende Momente. Aber auch im restlichen Jahr gibt es viel zu erleben: Schafschur, Heu- und Getreideernte und Wanderungen. 87 qm, 2 – 8 Pers., 36 – 51 €/2 Pers., jede weitere Pers. 5 €, inklusive Wasser und Endreinigung, plus Strom + Gas. Viel Platz für Kinder zum Spielen, Möglichkeit zum Grillen.

Haus Wiesengrund, Helena Schepp, Waldweg 26, 54587 Lissendorf. ✆ 06597/2559, Fax 4045. **Angebot:** AFM, 10 FH, 63 – 190 qm, 2 – 16 Pers., Preise auf Anfrage, NK nach Verbrauch. Bf, auch Übernachtung im Heu möglich, Grillplatz, große Wiese, Grünlandbetrieb, Milchschafe, Hausschlachtung.

Ferienbauernhof Loch, Moselstraße 11, 56294 Münstermaifeld-Mörz. ✆ 02605/952163, Fax 952366. www.scheunenlaedchen.de. info@scheunenlaedchen.de. **Angebot:** 2 FH, 50 – 70 qm, KB, 2 – 5 Pers., 46 €/3 Pers., jede weitere Pers. 8 €, Endreinigung 26 €, Hofladen mit ökologischen Produkten, alte Schmiede und Getreidemühle, Fahrradverleih, umweltschonender Grünland- und Ackerbaubetrieb, Pferde, Kühe, Kälbchen, Ziegen, Hasen, Hühner, Katzen. Mitarbeit möglich.

Damwild- und Highland-Hof, Doris und Hans Vogel, Am Schorenberg 2, 56745 Rieden. ✆ 02655/2385, Fax 4319. **Anfahrt:** Abholen vom Bhf Mayen möglich. **Angebot:** Am Ortsrand in ruhiger Lage. AFM, 1 FH für 2 – 4 Pers., 40 €, Tierzucht, Damwild im Gehege.

Hunger & Durst

Am Ende der Straße Lange Bahn in Rieden gibt es einen **Sauerbrunnen**, das ist eine Quelle, aus der das Quellwasser mit natürlicher Kohlensäure heraussprudelt. Hier holen sich viele Einwohner und Touristen ihr Sprudelwasser direkt aus dem Boden.

Rund um die Ahr

Ilkenhof Löhndorf, Heinz Windolf, 53489 Sinzig. ✆ 02642/42221, Fax 44543. **Angebot:** FW, 80 qm, 40 €/2 Pers., jede weitere Pers. 5 €, Endreinigung 25 €, Spielmöglichkeiten, Reiten, Kutsch- und Planwagenfahrten, Grünlandbetrieb.

Kahlenbergerhof, Familie Esser, Wilhelm-Bell-Straße 6, 56659 Burgbrohl. ✆ 02636/3126, Fax 3126. www.kahlenberger-hof.de. info@kahlenberghof.de. **Angebot:** Zwei FW in einem alten Gutsherrenhaus aus dem 19. Jahrhundert.

Südeifel

Tipp: »Teuflisch gute Tage«: Ein Pauschalangebot mit teuflisch gutem Essen und geführter Wanderung durch die Teufelsschlucht.

Ferienhof Neises, Renate Neises, Hauptstraße 20, 54310 Minden. ✆ 06525/7172, Fax 933436. www.pension-neises.de. info@pension-neises.de. **Anfahrt:** DB bis Trier, Abholung am Hauptbahnhof. Rad: Am Zusammenfluss von Prüm und Sauer am Sauertalradweg. **Angebot:** Ackerbau und Mutterkuhhaltung. Erwachsene zahlen ab 15 €, Kinder bis 5 Jahre 5 €, 6 – 12 Jahre 12 €, im eigenen Jugendzimmer ab 8 Jahre 15 €. Fahrradverleih.

Ferienhaus Lenz, Justin Lenz, Hauptstraße 34, 54619 Üttfeld-Niederüttfeld. ✆ 06559/382, Fax 1377. www.ferienhaus-lenz.de. info@ferienhaus-lenz.de. **Anfahrt:** Ab B410 Prüm – Lux in Lichtenborn 5 km nach Norden. **Angebot:** AFM, 2 FW, 55 – 125 qm, 2 – 12 Pers., K, 42 €/4 Pers., jede weitere Pers. 5 €, NK nach Verbrauch. Spielwiese, Grillplatz, Mitarbeit möglich, Grünland- und Ackerbaubetrieb, Kühe, Kälber, Kaninchen, Katzen.

Tipp: In der Reitschule der Hungerburg kann die ganze Familie Reitunterricht nehmen!

Gutshof Hungerburg, Familie Portz, 54634 Bitburg-Stahl. ✆ 06561/3278, 940430 (Anrufbeantworter), Fax 940431. http://home.t-online.de/home/hungerburg. hungerburg@t-online.de. **Angebot:** Gemütliche FW für 52 – 72 € pro Nacht auf einem einsamen Gutshof mit Ackerbau, Rinder- und Pferdezucht westlich von Bitburg. Nach Wanderungen und Radtouren kann man mit einem Buch aus der Hofbücherei herrlich in der Kaminstube entspannen. Wenn der Weideaustrieb der Rinder erfolgt ist, können auch Wanderreiter aufgenommen werden (etwa Mai – Oktober).

Nattenheimer Mühle, Elisabeth Tilkes, 54636 Bickendorf. ✆ 06569/235, Fax 1587. **Anfahrt:** A60, Ausfahrt 6 Bitburg. **Angebot:** 1 km außerhalb von Bickendorf gelegen, 1 FW 80 qm, 2 – 8 Pers., 30 € für 2 Pers., jede weitere Pers. 5 €, NK nach Verbrauch. Grillplatz, Liegewiese, Mitarbeit möglich, Kühe, Kaninchen, Hund, Katze.

Heuhotel Nengshof, Alfred und Margit Lenz, Hauptstraße 13, 54636 Wißmannsdorf. ✆ 06527/776, Fax 93129.

www.nengshof.de. nengshof@t-online.de. **Angebot:** Gruppen schlafen im großen Schlafraum im Bett oder im Heulager, morgens gibt es frisch gemolkene Milch zum Frühstück, dann macht das Wandern, Ausreiten, Planwagenfahren oder Radeln doppelt Spaß. Für Familien (auch mit Haustieren) stehen 2 FW und 1 FH zur Verfügung. Außerdem können bis zu 18 Wanderreiter untergebracht werden. Erwachsene zahlen 17 €, Kinder 12 €.

Packtipp: Schlafsack nicht vergessen.

Mayischhof, Ludwig und Alma Hermes, Kapellenweg 4, 54649 Lauperath. ✆ 06554/404, Fax 900668. www.mayischhof.de. info@mayischhof.de. **Angebot:** Wohnen in einer ehemaligen Vogtei aus dem 12. Jahrhundert. Die FW »Pferdestall« und »Heuboden« haben Platz für jeweils 4 – 5 Personen, in der »Kornkammer« gibt es 6 Betten. Alle Wohnungen sind etwa 70 qm groß und kosten 50 € für 2 Personen, jede weitere 6 €, plus Strom und Wasser nach Verbrauch. Auf dem Hof leben Enten, Pferde, Kühe, Schweine und der Hofhund Tina. Hier könnt ihr reiten, Kälbchen füttern, auf dem Traktor mitfahren, beim Melken zusehen, Schweine füttern, mit dem Hund Spazieren gehen, grillen, auf der Spielwiese toben oder Ährenkränze winden.

Alles aus dem hübschen Bauerngarten wird zu Tee, Likör, Aufgesetztem, Tinktur oder Wein verarbeitet.

Jupp und Tina Heintges, Finstinger Straße 8, 54655 Malberg. ✆ 06563/1354. **Angebot:** Am Ortsrand unterhalb einer Schlossruine am Fluss gelegener, denkmalgeschützter Hof mit Bioland-Landwirtschaft. Schlaflager für max. 15 Personen à 5 €, Zeltplatz für max 5 kleine Zelte, 5 €/Person. Spielplatz, Reiten, Fahrradverleih, Obst- und Gemüseanbau, Grünlandbetrieb, Mitarbeit möglich, Pferde, Rinder, Hühner, Katzen, Ökoprodukte und vegetarische Gerichte.

Heyenhof, Johanna Coumont, In der Gracht 4, 54675 Sinspelt. ✆ 06522/512, Fax 1419. www.heyenhof.de. info@heyenhof.de. **Angebot:** Eindrucksvolles Gehöft aus dem Jahre 1804, Waldnähe, DLG, AFM, FW, 60 qm, 2 – 6 Pers., 40 €/2 Pers., jede weitere Pers. 5 €. K, Spielplatz, Liegewiese, Grillplatz, Tischtennis, Reiten, Fahrradverleih, Grünlandbetrieb, Pferde, Kühe, Schafe, Ziege, Hühner, Katzen.

Stephanshof, Josef und Martina Juchmes, Einzelhof am Waldrand, 54689 Dahnen. ✆ 06550/709, Fax 4257. mjuchmes@t-online.de. **Angebot:** DLG, 2 FW, 64 – 75 qm, 3 – 6 Pers., 40 €/4 Personen, jede weitere Pers. 5 €, plus Endreinigung. Grillmöglichkeit, Fahrradverleih, Reitausbildung für Kinder und Erwachsene, Reiterferien, Reithalle, Außenplatz, Wanderreiten, Urlaub mit Pferd.

Vulkaneifel

Kapellenhof, Günther und Regina Krämer, Einzelhof, 54531 Manderscheid. ✆ 06572/4408, Fax 92785. www.Kapellenhof.de. Urlaub@Kapellenhof.de. **Anfahrt:** Bus von Wittlich Richtung Wengerrohr, Haltestelle am Hof. **Angebot:** Großer Hof inmitten von Wiesen, DLG, AFM. 3 FW, 60 und 80 qm, 36 – 39 €/2 Pers., jede weitere Pers. 6 €, Endreinigung 25 €, Kinder unter 1 Jahr frei, K, Spielplatz, Liegewiese, Grillhütte, Tischtennis, Grünlandbetrieb, Pferde, Kühe, Schweine, Kaninchen, Ziegen, Möglichkeit zum Reiten. Auch Planwagenfahrten möglich. Die Gästezimmer sind ideal für Gruppen, Familien und Rad-/Wander-/Reitergruppen. Frühstück überwiegend mit hofeigenen Produkten.

Hubertushof, Irene und Siegfried Schneiders, Einzelhof, 54552 Schönbach. ✆ 02676/292, Fax 1030. **Angebot:** AFM, 11 FH, 52 – 95 qm, 40 – 57,50 €/4 Pers., jede weitere Pers. 5 – 7,50 €, Bettwäsche 5 €. Bf, Spielplatz, Liegewiese, Grillhütte, Grünlandbetrieb, Pferde, Kühe, Kälber, Hühner, Gänse, Katzen.

Hof Dellenborn, Anni und Ulrich Stump, Dellenweg 16, 54568 Gerolstein-Müllenborn. ✆ 06591/611, www.m-stump.de. **Angebot:** Ökologische Landwirtschaft, 1 FW (bau-biologisch) und 1 Blockhaus, 36 bzw. 45 qm, 2 – 5 Pers., 33 – 37 €/2 Pers., jede weitere Pers. 6 €, letzter Tag plus 30 € Endreinigung, Strom nach Verbrauch, für Nichtraucher, Grillplatz.

Heilsberger Hof, Mechtild Schroeter, 54570 Niederstadtfeld. ✆ 06596/261, Fax 572. heilsbergerhof@yahoo.de. **Anfahrt:** A48 Abfahrt Daun Richtung Üdersdorf – Niederstadtfeld. **Angebot:** AFM, 4 FW, 50 qm, 2 – 4 Pers. 50 €, NK nach Verbrauch, mitgebrachte Haustiere 5 €/Tag, Endreinigung 20 €. Nichtraucher-Grünlandbetrieb mit Kühen, Gänsen, Hund, Pony, Hühnern, Enten, Schweinen. Frühstück ist möglich, ebenso Pferdeeinstellung.

Reiterhöfe und Reiterferien

Ferien auf dem Reiterhof haben einen sehr speziellen Charakter, die Kinder kommen primär zum Reiten, entweder, um es überhaupt erst zu erlernen, oder um ihr Hobby zu pflegen. Sie verbringen die Ferien ohne die Eltern und leben in der Regel in Vollpension. Um Reiterferien für Kinder in dieser Art durchführen zu können, brauchen die Anbieter die Erlaubnis des Jugend-

amtes. Ohne diese muss zumindest eine verantwortliche erwachsene Person mitkommen. Das Ganze wird dann als Familienferien mit zumindest einer Reitstunde täglich organisiert.

Reiterferien können von sehr unterschiedlicher Qualität sein. Natürlich sollten die Reitlehrer oder -lehrerinnen pädagogisches Geschick und wirklich Zeit für die Kinder haben. Die Gruppen sollten klein, die Pferde frisch sein. Die Kinder sollten vormittags und nachmittags je eine Stunde theoretischen und praktischen Unterricht bekommen.

Zu den Reiterferien können Kinder ab 8 Jahre kommen. Viele Betriebe setzen als Obergrenze 13 Jahre, manche akzeptieren aber auch noch 16-Jährige. Die meisten Kurse sind reine Mädchenkurse, da unter Jungen nur geringes Interesse an Reiterferien besteht. Bei den Höfen handelt es sich zumeist um Gestüte oder Grünlandbetriebe, Betriebe mit Ackerlandwirtschaft sind selten in dieser »Branche«. Die Reiterferien dauern zumeist 1 Woche, können aber auch länger sein. Nur wenige Höfe bieten eine kürzere Dauer an.

Nordeifel

Rurberger Ponyhof, Matthias und Iris Reulike, Im Bollard 14, 52152 Simmerath-Rurberg. ✆ 02473/4001, ponyhof-rurberg@web.de. **Angebot:** Familienfreizeiten und Ferien für allein erziehende Mütter und Väter auf dem Ponyhof. Hier können Eltern und Kinder gemeinsam Urlaub machen.

Buchholzbacher Mühle, Anton Wienands, Buchholzbacher Mühle, 53902 Bad Münstereifel-Rupperath. ✆ 02257/7141, Fax 952194. www.buchholzbacher-muehle.de. reitbetrieb_wienands@t-online.de. **Angebot:** Übernachtungsmöglichkeit für Wanderreiter. ÜF ab 18 €, Gastbox 13 €. Reiterferien für Jugendliche bis 17 Jahre pro Woche VP und 12 Reitstunden 282 €.

Schneifel

Wildbusch, Claudia und Peter Weddingen-Kluth, Wildbusch 1, 54597 Schlausenbach. ✆ 06552/5255, Fax 5255. www.eifel-zu-pferd.de. Eifel zu Pferd Station 33. **Angebot:** FH mit Zeltplatz und Wanderreitstation. FW für 4 Personen 40 € pro Nacht, Zelten 2 €, Wanderreiterzimmer pro Person 12 €. Frühstück 6 €. Pferde: Offenstall 6 €, Weide 8 €, incl. Kraftfutter, Hafer und Eifler Wiesenheu. Kinder-Reitferien für max. 4 Kinder in VP mit 1 Stunde Reiten 20 € pro Tag.

Ferienhof Bach, 54608 Brandscheid. ✆ 06555/526, Fax 936200. **Angebot:** FW, Ponyreiten kostenlos, Reiterferien für Kinder 7 – 12, Mädchen bis 13 Jahre, bis 8 Kinder in der Gruppe, 249 €/Woche, gemischte Landwirtschaft, jedoch hauptsächlich Milchwirtschaft, auch Fahrradverleih.

Rolf und Uschi Roßbach, Auf dem Dackscheid 3, 54619 Großkampenberg. ✆ 06559/93051, Fax 93052. **Anfahrt:** A60, Abf. 3 Bleialf, 6 km. **Angebot:** Reiterferien für Jungen 7 – 11 und Mädchen 7 – 16 Jahre, täglich 2 Reitstunden, 255 €/Woche, Animationsprogramm (Lagerfeuer, Schnitzeljagd u.a.), mehrere Betreuerinnen.

Reiterhof auf dem Dackscheid, Uschi und Rolf Roßbach, Auf dem Dackscheid 1, 54619 Heckhuscheid. ✆ 06559/93051, Fax 93052. www.dackscheid.de. dackscheid@t-online.de. **Anfahrt:** A60, Abf. 3 Bleialf, 5 km. **Angebot:** Bauernhof mit Kaninchen, Hühnern, Enten, Katzen und Hund. Die Offenstallhaltung mit riesigen Weiden und Wiesen lässt die Pferde und Ponys sehr ausgeglichen wirken. In dem anerkannten pädagogischen Ausbildungsbetrieb können Mädchen 7 – 16 und Jungen 7 – 11 Jahre für 285 € bei Unterbringung in Zimmern mit 4 – 7 Betten und vier Mahlzeiten am Tag eine Woche reiten, spielen und gemeinsame Abenteuer erleben.

Hohe Eifel

Reiterhof Haus Sonneck, Familie Ant-Schäfer, 53539 Kelberg-Rothenbach. ✆ 02692/295, Fax 8375. www.reiterhof.net. reiterhofant@aol.com. **Angebot:** Landhotel, Bauernhof und Kinderreitpension in einem. Die Kinder erhalten tgl. 2 Reitstunden, z.T. mit Ausritten. Die übrige Zeit kann auf dem Spielplatz oder mit Fußball, Tischtennis oder Basketballspielen verbracht werden. Der Reiterhof organisiert auch Planwagenfahrten zum Schwimmbad, Schnitzeljagden, Grillfeste (1x wöchentlich) und Nachtwanderungen. Tiere auf dem Hof: Ziegen, Kuh, Rind, Damwild, Kaninchen, Hund, Katzen, Meerschweinchen und Hühner. Unterkünfte für die Kinder: Mehrbettzimmer (Etagenbetten) mit Waschbecken, separate Dusche und WC. Preis der Reiterferien: 225 €/Woche.

Rund um die Ahr

Georgienhof, Johannes Doll, Michaela Riepl, Batterieweg 152, 53424 Remagen. ✆ 02642/7055, Fax 44335. Handy 0171/7209919. www.georgienhof.de. **Angebot:** Pferdepension, Reitschule, Reitstall, Reitverein, Klassenfahrten für Sonderschulen, Reithalle, Reitplatz, Reiterferien für Mädchen 9 – 12 Jahre 260 €/Woche.

Südeifel

Steffis Wanderreiterstation, Gestüt Jakobushof, Steffi Hütter, 54649 Lambertsberg. © 06554/900188, Fax 1554. www.eifelzupferd.de/stationen/22.htm. **Angebot:** Hier können Wanderreiter und ihre Pferde zwischen allen denkbaren Übernachtungsmöglichkeiten wählen: Offenstall, Laufstall, Box. Überdachtes Paddock 10 €, Weide, Weidepaddock 5 €, mit Frühstück (Kraftfutter, Eifler Wiesenheu), Zeltplatz 3 €, Gästezimmer HP 30 €, VP 32 €, FW 4 Personen 50 €, Frühstück 9 €.

Reiterpension Schmalen, Dietmar Schmalen, Büchelstraße 24, 54668 Ferschweiler. © 06523/475, Fax 933522. www.reiterpension-schmalen.de. **Anfahrt:** Abholung vom Bahnhof Bitburg-Erdorf 7,50 €. **Angebot:** Reiterferien für Jungen 8 – 12, Mädchen ab 8 Jahre 260 €/Woche. Longenstunden, Reiten auf dem Reitplatz und in der Reithalle, Ausritte, Verpflegen und Pflegen der Pferde, Bringen der Pferde vom Stall zur Koppel und zurück, Satteln, Planwagenfahrten, Ausflüge etc. Im Preis enthalten sind 7 Tage VP, 10 Reitstunden und alle Getränke (Eistee, Mineralwasser, stilles Wasser). Erwachsene können Hof, Stallungen und Reitplatz für ÜF 15 € kennen lernen.

Vulkaneifel

Reiterpension Mauritiushof, 54533 Oberscheidweiler. © 06574/8888, Fax 8888 oder 948800. Handy 0171/5249299. www.mauritiushof.de. reiten@mauritiushof.de. **Anfahrt:** A1 Abfahrt 123, durch Hasborn und Oberscheidweiler, dort Richtung Niederscheidweiler, wo der Mauritiushof ausgeschildert ist. **Angebot:** Spielend Reiten lernen ohne Angst und mit viel Spaß. Reiterferien mit VP für Mädchen ab 7 Jahre 235 – 300 €, Erwerb des Reiterpasses möglich, Reitwochenende Fr – So 80 €; Reithalle, Reit- und Geschicklichkeitsplatz, Schwimmbad, Schatzsuche, Malwettbewerbe, Kicker, Tischtennis, Nachtwanderung, Lagerfeuer und Grillen.

Happy Birthday!

Während des Ferienaufenthalts erhält jedes Geburtstagskind ein Reiterwochenende zum Geschenk. Auch die Siegerin bei der Miniplaybackshow am Abschiedsabend gewinnt ein Reiterwochenende.

Heike und Heinz Stolz, 54552 Schalkenmehren. © 06592/2554, Fax 3076. **Angebot:** Reiterferien für Kinder und Jugendliche 1 Woche 240 €, 1 Tag 37 €.

Gestüt Pfauenhof, Dorle und Egon Kessler, Mühlenweg 2 – 4, 54552 Utzerath. © 02676/603, 1771, Fax 951518. www.ferien-gestuet-pfauenhof.de. gestuet-pfauenhof@freenet.de. **Anfahrt:** A48 Abfahrt 2 Ulmen, ab B259 Richtung Nürburgring nach 5 km ab nach Utzerath. Nach 1 km im Tal liegt am Hang rechts der Pfauenhof. **Angebot:** Reiterferien ohne Eltern: Unterbringung im gemütlichen Landhaus, Vollpension mit ausgewogener guter Küche, Reitunterricht auf dem Platz, Ausritte für gute Reiter, ganztägige Betreuung mit Programm (Stockbrot, Grillen, Heuernte, Ponywanderung, Reiterspiele), genügend Ansprechpartner und Betreuer, kleine Gruppe, Aufnahme von max. 8 Mädchen von 8 – 15 Jahre. Pro Woche 285 €.

Pony-Hotel Essinger Hof, Marlene Sreicher-Wirtz, 54570 Hohenfels-Essingen. ✆ 06595/961040, Fax 961041. www.ponyhotel-essingerhof.de. **Angebot:** Großer Hof an stark frequentierter Straße, Reiterwoche für Kinder und Jugendliche in Begleitung, 7 Tage VP in Zi. mit Du/WC inkl. 14 Reitstunden für Kinder 8 – 11 Jahre 227,50 €, 12 – 13 Jahre 305 €, Teenies 14 – 16 Jahre 325 €. Täglich zweimal aufs Pferd, Reitunterricht, Longe, Ausritt, aber auch Pferd versorgen. Die Kinder- und Teeniepreise basieren darauf, dass die Kinder als 3. oder 4. Person im Elternzimmer schlafen.

Jugendherbergen

In Jugendherbergen schläft man in 4- bis 6-Bettzimmern, isst in Speisesälen und spielt mit vielen anderen Kindern auf einem Bolzplatz oder einem großen Spielplatz. Das Publikum ist fast durchweg sehr jung. In jüngster Zeit sind viele JH renoviert und modernisiert worden. Fast alle bieten im Haus und dessen Umfeld gute Möglichkeiten zu Sport und Spiel. Viele organisieren Ausflugsprogramme mit dem Bus, dem Rad oder zu Fuß. Manche engagieren sich in Zusammenarbeit mit den umliegenden Forstämtern in Umweltschutz und Naturerkundung durch Naturerlebnisexkursionen.

@ Informationen zu Jugendherbergen unter www.djh.de. Unter service-center@djh-rheinland könnt ihr das Heft »Ferien in den rheinischen Jugendherbergen« mit Pauschalangeboten für Gruppen oder Schulklassen anfordern.

Achtung: Die meisten JH sind über Weihnachten geschlossen, wenn nicht anders angegeben vom 24. bis 26.12.

Um in Jugendherbergen übernachten zu können braucht man einen gültigen Herbergsausweis, wofür ein Jahresbeitrag von 10,50 € (Personen bis 26 Jahre, Junioren genannt) beziehungsweise 18 € (Personen ab 27 Jahre, Senioren genannt) fällig ist. Entgegen dem Begriff »Jugend«herberge können in Deutschland mit Ausnahme von Bayern auch Senioren, also auch ältere Familienmitglieder (sogar Opa und Oma), in Jugendherbergen übernachten.

Der Standard und die Anlage und Architektur der Herbergen ist sehr unterschiedlich. Manche sehen wie moderne Hotels aus, andere sind in gewaltigen mittelalterlichen Burgen untergebracht. Auch bei den Übernachtungspreisen bestehen deutliche Unterschiede. Nicht alle Jugendherbergen entsprechen dem Klischee von der Billigunterkunft, aber im Großen und Ganzen sind die Preise erträglich niedrig.

Hohes Venn

JH Burg Monschau, DJH, Auf dem Schloss 4, 52156 Monschau. ✆ 02472/2314, Fax 4391. www.djh.de/jugendherbergen/monschau-burg jh-monschau-burg@djh-rheinland.de. **Angebot:** Wohnen in einer alten Burg! Auf der Verpflegungsliste steht sogar auf Wunsch ein Rittermahl. Innen ist sie modern eingerichtet und hat sogar 3 Familien-Appartements. 96 Betten, ÜF 13,80 €, HP 17,60 €, VP 19,90 €. Ermäßigung für Gruppen und Familien in der NS. Sofern nicht anders angegeben, zahlen Personen über 27 Jahre 2,70 € mehr und es gibt Ermäßigungen bei mehr als 2 Übernachtungen.

JH Monschau-Hargard, DJH, Hargardsgasse 5, 52156 Monschau-Hargard. ✆ 02472/2180, Fax 4527. www.djh.de/jugendherbergen/monschau-hargard. jh-monschau-hargard @djh-rheinland.de. **Zeiten:** im Dez. geschlossen. **Angebot:** Ideal für Exkursionen ins Hohes Venn. Für eure Freizeitgestaltung gibt es Spielesammlungen, Kicker, Billard, Tischtennis, Basketball, E-Piano, Bolzplatz und Grillhütte. 148 Betten, Jugendzeltplatz, ÜF 15 €, HP 19,60 €, VP 22,50 €. Kindergärten zahlen pro Nacht und Kind 3 € weniger. Bei gemischten Gruppen und Familien sind Kinder bis 2 Jahre frei und Kinder 3 – 5 Jahre erhalten 30 % Ermäßigung.

Nordeifel

JH Rurberg, JH für Natur- und Abenteuersport, 52152 Simmerath-Rurberg. ✆ 02473/2200, Fax 4911. www.djh.de/jugendherbergen/rurberg, jh-rurberg@djh-rheinland.de. **Anfahrt:** Ab Hbf Aachen Bus 68, dann 30 Minuten Fußweg, 2 x täglich hält der Bus auch an der JH. A4 Aachen – Köln, Abfahrt 7 Düren, B399 nach Simmerath, dort ab Richtung Stausee, kurz vor Rurberg an der Serpentinenstraße L166 in einer unübersichtlichen Kurve rechts. **Angebot:** Hier könnt ihr was erleben! Jugendherberge mit Kanadierverleih, Kletterwand, Hochseilgarten, Kicker, Flipper, Tischtennis, Bällen, Kinderspielgeräten, Volleyball, Klavier, Gitarre, 3 Grillplätzen, Discoraum mit DJ, mobiler Discoanlage, Bistro und Kinderkino am Wochenende. 220 Betten, ÜF 14,20 €, HP 17,80 €, VP 21,10 €.

Das Jugendherbergsteam hat eine spannende Stadtrallye zwischen Jugendherberge und Burg Nideggen ausgearbeitet. Lehrern und Gruppenleitern wird ein Kopierexemplar im Info-Paket zugeschickt.

JH Nideggen, DJH, Rather Straße 27, 52385 Nideggen. ✆ 02427/1226, Fax 8453. jh-nideggen@djh-rheinland.de. www.djh.de/jugendherbergen/nideggen. **Anfahrt:** Vom Rurtalbahn-Bhf Nideggen 30 Minuten Fußweg, Schülernetzkarten der Großräume Aachen und Köln gelten bis Nideggen. **Angebot:** Diese JH ist besonders bei Kindergärten und Grundschulklassen beliebt, denn hier kann man so richtig toben: Aschesportplatz, Tischspiele, Bälle, Tischtennis, Grillplatz und Discoraum. Die Größeren nehmen das Haus gern als Ausgangspunkt für Kanadier-Touren und Felsklettern. 162 Betten, ÜF 14,10 €, HP 18,40 €, VP 21,20 €. Ermäßigungen für Familien und Kindergärten. Ihr könnt für eure Klassenfahrt auch komplette Themen-Wochen von 3 oder 5 Tagen buchen. Wie wär's mit einem Erfinderprogramm namens »Auf den Spuren von Daniel Düsentrieb« oder einem magischen Programm namens »Das Orakel von Nideggen«?

JH Bad Münstereifel, DJH, Herbergsweg 1 – 5, 53902 Bad Münstereifel-Rodert. ✆ 02253/7438, Fax 7483. www.djh.de/jugendherbergen/bad-muenstereifel, jh-bad-muenstereifel@djh-rheinland.de. **Anfahrt:** Vom Bhf Bad Münstereifel 20 Minuten Fußweg. **Angebot:** Eine JH für Sportler und Kreative: Mountainbikeverleih, Tischtennis, Volley- und Basketball, Außenschach, Discoraum, Grillhütte, Bastelraum und Töpferwerkstatt. 164 Betten, rollstuhlgeeignet, ÜF 14,80€, HP 19,40 €, VP 22,30 €. Ermäßigungen in der NS.

JH Gemünd, DJH, Im Wingertchen 9, 53937 Schleiden-Gemünd. ✆ 02444/2241, Fax 3386. www.djh.de/jugendherbergen/gemuend, jh-gemuend@djh-rheinland.de. **Angebot:** Die JH liegt am Ortsrand und damit mitten im größten Wald-Naturschutzgebiet Nordrhein-Westfalens. Ausstattung: Klavier, Volleyball, Basketball, Fußball, Tischtennis, Kicker, Bälle, Pedalos, Grillplatz, Lagerfeuerstelle, Schlittenverleih. 162 Betten, ÜF 13,80 €, HP 18,30 €, VP 20,30 €. Sofern nicht anders angegeben, zahlen Personen über 27 Jahre 2,70 € mehr und es gibt Ermäßigungen bei mehr als 2 Übernachtungen.

JH Hellenthal, Erlebnispädagogik- und Outdoor-Zentrum, Platiß 3, 53940 Hellenthal. ✆ 02482/2238, Fax 2557. www.djh.de/jugendherbergen/hellenthal, jh-hellenthal@djh-rheinland.de. **Angebot:** Schon seit vielen Jahren ist diese JH für ihre anspruchsvolle Erlebnispädagogik bekannt. Besonders der neue überdachte Hochseilgarten mit 20 Seilstationen ist »Abenteuer pur«! Außerdem: Spielkiste, Basketball, Volleyball, Badminton, Tischtennis, Grillplatz, Disco, Lagerfeuerplatz. 70 Betten, rollstuhlgeeignet, ÜF 14,40 €, HP 18,90 €, VP 21,20 €.

Schneifel

JH Sankt Vith, Rodter Straße 13a, B-4780 St. Vith. ✆ 0032-80/229331, Fax 229332. sankt-vith@vjh.be. **Angebot:** Dieses Haus des Flämischen Jugendherbergsverbandes ist komplett quadratisch gebaut und liegt etwa 5 Minuten vom Stadtzentrum entfernt in sehr ruhiger Lage. Die Jugendherberge hat 85 Betten, vorwiegend in Vierbettzimmern, ist von viel Spielgelände umgeben und ein guter Ausgangspunkt für ausgedehnte Spaziergänge und Wanderungen in dieser herrlichen Landschaft nahe des Hohen Venn. Mit Tischtennis, Grillplatz, Bar, Gesellschaftsspielen und Abstellraum für Fahrräder. Eine ideale Herberge für Familien, Gruppen, Schulen und Einzelreisende. ÜF 13 €, Kinder 3 – 12 Jahre 10,40 €.

Jugendgästehaus Prüm, DJH, Kalvarienbergstraße, 54595 Prüm. ✆ 06551/2500, Fax 70030. www.djh-info.de. jh-prüm@djh-info.de. **Anfahrt:** Vom Bhf Gerolstein (Trier – Köln) Bus 4367. **Angebot:** 2004 eröffnetes Jugendgästehaus mit attraktivem Ambiente und Angebot. 150 Betten in 1-, 2- und 4-Bettzimmern mit Dusche/WC und freundlicher Ausstattung. Außerdem: Veranstaltungs- und Kongresszentrum mit 9 Seminar- und Aufenthaltsräumen, Kongress-Saal für bis zu 600 Personen, Restaurant, Grillplatz, Spielplatz, Spielfeld. ÜF 16,90 €, HP 22,90 €, VP 25,90 €, Kinder bis 2 Jahre frei, 3 – 14 Jahre 50 %.

Hohe Eifel

JH Mayen, DJH, Am Knüppchen 5, 56727 Mayen. ✆ 02651/2355, Fax 78378. www.djh-info.de. jh-mayen@djh-info.de. **Anfahrt:** 10 Minuten Fußweg vom Bhf Mayen-West. **Angebot:** Im Nordwesten der Stadt, 130 Betten, 2- bis 6-Bettzimmer, 4 Tagesräume, Cafeteria, Tischtennis, Bolzplatz, Grillen, ÜF 12,60 €, HP 17,40 €, VP 19,80 €.

Rund um die Ahr

JH Bad Neuenahr-Ahrweiler, DJH, St. Piusstr. 7, 53474 Bad Neuenahr-Ahrweiler-Bachem. ✆ 02641/34924, Fax 31574. www.djh-info.de. jh-bad-neuenahr-ahrweiler@djh-info.de. **Anfahrt:** Bad Neuenahr-Ahrweiler ist Bahnstation an der Strecke Remagen – Altenahr. **Angebot:** Im Stadtteil Bachem direkt an der Ahr, 15 Minuten Fußweg zur Altstadt von Ahrweiler. 140 Betten, 1-, 2- und 4-Bettzimmer, alle mit Du/WC, 11 Zi. für Rollstuhlfahrer, 8 Tagesräume, 1 Saal, Speiseräume,

Tipp: Neben der Jugendherberge, direkt an der Ahr, dürfen Wohnmobile auch über Nacht stehen.

Cafeteria, Kinderspielzimmer, Klavier, Tischtennis, ÜF 16,60 €, HP 22,30 €, VP 25,40 €.

Naturschutzjugendherberge Altenahr, DJH, Langfigtal 8, 53505 Altenahr. ✆ 02643/1880, Fax 8136. www.djh-info.de. jh-altenahr@djh-info.de. **Anfahrt:** Ahrtalbahn Remagen – Altenahr, dann ein Stück Fußweg. Gute Ausschilderung im Ahrtal, Parkplatz nur über superschmale Brücke oder durch Furt, Shuttledienst für Reisebusse. **Infos:** Seminarprogramm anfordern. **Angebot:** 1 km südlich von Ahrweiler am wilden Bach im Wald. 98 Betten, MBZ, 4 Tagesräume, Spielplatz, Tischtennis, Basketball, Bolzplatz, Grillen, Fachbibliothek für Natur und Umwelt, eine Reihe von Aktivitäten im Umweltschutz und in sensibler Walderkundung (mit Förstern der Ämter Adenau und Honerath). Info und Anmeldung Forstinspektor Dietmar Ebi, ✆ und Fax 02656/235, ÜF 12,10 €, HP 16,80 €, VP 19,30 €. Außerdem zahlreiche Seminare: Yoga & Massage, Homöopathie, Brot & Käse machen, Zauber & Hexenkräuter, afrikanischer Tanz, Kalligrafie, Pantomime u.v.a.m.

JH Burg Blankenheim, DJH, Burg 1, 53945 Blankenheim. ✆ 02449/9509-0, Fax 9509-10. www.djh.de/jugendherbergen/blankenheim, jh-burg-blankenheim@djh-rheinland.de. **Anfahrt:** DB bis Blankenheim-Wald, Bus bis Blankenheim. **Angebot:** In dieser echten Ritterburg lässt es sich sehr komfortabel schlafen. Wegen der besonders guten Akustik im Rittersaal und in der Vogtei finden Chöre, Orchester und Big Bands hier ideale Probenbedingungen. Gitarren und zwei Klaviere sind vorhanden. Volleyball, Tischtennis, Fußball, Mountainbike-Verleih, Grillplatz, Bistro und offener Kamin. 164 Betten, ÜF 15 €, HP 19,30 €, VP 21,60 €

Südeifel

JH Bollendorf, DJH, Auf der Ritschlay 1, 54699 Bollendorf. ✆ 06526/200, Fax 1204. www.djh-info.de. jh-bollendorf@djh-info.de. **Anfahrt:** Busverbindung mit den Bahnhöfen Trier und Bitburg-Erdorf. **Angebot:** Oberhalb von Bollendorf, Blick auf die Sauer, 156 Betten, 1-, 2-, 4- und 6-Bettzimmer, alle mit Du/WC, 6 Tagesräume, Cafeteria, Partyraum, Spielecke, Tischtennis, Billard, Tischfußball, Bolzplatz, Basketball, Grillen, ÜF 15,90 €, HP 21,80 €, VP 24,70 €.

JH Beaufort, Auberge de Jeunesse, 6, rue de l'Auberge, L-6315 Beaufort. ✆ 00352/836075, Fax 869467. www.youthhostels.lu. beaufort@youthhostels.lu. **Anfahrt:** Von Luxemburg Bus 107, von Echternach Bus 414. Am Ortsausgang Richtung Grundhof. **Preise:** 13,60 €. **Angebot:** Die JH liegt im Ortszentrum und verfügt über Selbstkocherküche, Fernsehraum, Gemeinschaftsraum, Telefonkabine, Grillplatz und Tischtennisplatte. Die 80 Betten sind auf 12 Zimmer verteilt: 4 x 2 Betten, 4 x 6 Betten, 4 x 12 Betten. WC und Waschgelegenheiten befinden sich auf der Etage. Ein Fahrradverleih befindet sich im Dorf.

Tipp: Ihr solltet weit im Voraus buchen, diese Jugendherberge ist sehr beliebt und häufig ausgebucht.

JH Echternach, Auberge de Jeunesse, 9, rue André Duchscher, L-6434 Echternach. ✆ 00352/720158, Fax 728735. www.youthhostels.lu. echternach@youthhostels.lu. **Anfahrt:** Im Stadtzentrum. **Preise:** 13,60 €. **Angebot:** Die JH verfügt über einen Sportplatz für Basket- oder Volleyball. Außerdem: rollstuhlgerechtes WC, Selbstkocherküche für Einzelgäste, Telefonzelle, Tischtennisplatte, Fernsehraum und 2 Gemeinschaftsräume. 130 Betten in 12 Zimmern: 2 x 4-Bettzimmer mit Dusche und Waschbecken, 1 x 6 Betten, 3 x 8 Betten, 1 x 10 Betten, 1 x 14 Betten, 3 x 16 Betten, 1 x 20 Betten, jeweils mit WC auf den Etagen und Duschen im Anbau.

Tipp: In den Luxemburger JH gibt es keine Altersbeschränkung, man braucht aber einen Jugendherbergsausweis oder »Welcome Stamps«.

JH Vianden, Auberge de Jeunesse, 3, montée du Château, L-9408 Vianden. ✆ 00352/834177, Fax 849427. www.youthhostels.lu. vianden@youthhostels.lu. **Preise:** 13,60 €. **Angebot:** Die JH liegt im oberen Teil der Ortschaft, nur ein paar Minuten vom Schloss entfernt und befindet sich in einem traditionsreichen Gebäude mit 10 Schlafzimmern mit 2/4/8/10 bzw. 12 Betten. Die Zimmer sind auf 2 Stockwerke verteilt. Auf jedem Stockwerk befinden sich Sanitäranlagen. Zusätzlich verfügt die JH über Gemeinschaftsraum, Selbstkocherküche und einen kleinen Aufenthaltsraum.

Vulkaneifel

Vulkaneifel-Jugendherberge, DJH-Jugendgästehaus, Mosenbergstraße 17, 54531 Manderscheid. ✆ 06572/557, Fax 4759. www.djh-info.de. jh-manderscheid@djh-info.de. **Anfahrt:** Vom Bhf Manderscheid ca. alle 2 Std. Busse. **Zeiten:** 24. – 26.12. zu. **Angebot:** Am Südwestrand von Manderscheid, 1998 komplett modernisiert, 105 Betten, 1-, 2-, 4- und 6-Bettzimmer, alle mit Du/WC, Bf, 2 Zi. für Rollstuhlfahrer, 4 Tagesräume, 1 Speisesaal, Cafeteria, Tischtennis, Kicker, Bolzplatz, Grillhütte, ÜF 16,60 €, HP 22,30 €, VP 25,40 €.

Eifelmaar-Jugendherberge, DJH-Jugendgästehaus, Maria-Hilfstraße 21, 54550 Daun. ✆ 06592/2884, Fax 1506. www.djh-info.de. jh-daun@djh-info.de. **Anfahrt:** Busse von den Bahnstationen Gerolstein (Köln – Trier) und Wittlich (Koblenz

– Trier). **Angebot:** Richtung Gemündener Maar am Wald. 147 Betten, 1-, 2-, 4- und 6-Bettzimmer, alle mit Du/WC, 3 Aufenthaltsräume, Kinderspielplatz, Tischtennis, Bolzplatz, Volleyball, Basketball, Grillhütte, ÜF 15,90 €, HP 21,80 €, VP 24,70 €. Kinder 3 – 14 Jahre zahlen die Hälfte.

JH Gerolstein, DJH, Zur Büschkapelle 1, 54568 Gerolstein. ✆ 06591/4745, Fax 7243. www.djh-info.de. jh-gerolstein@djh-info.de. **Anfahrt:** 15 Gehminuten vom Bhf Gerolstein (Trier – Köln). **Angebot:** Oberhalb von Gerolstein am Wald. 180 Betten, 1-, 2-, 4- und 6-Bettzimmer, alle mit Du/WC, Bf, 8 Zi. für Rollstuhlfahrer, 5 Tagesräume, 1 Partyraum, Kicker, Kinderspielplatz, Spiel- und Liegewiese, Tischtennis, Bolzplatz, Volleyball, Basketball, Grillmöglichkeit, ÜF 13,50 €, HP 18,20 €, VP 20,60 €.

JH Cochem, DJH, Klottener Straße 9, 56812 Cochem-Cond. ✆ 02671/8633, Fax 8568. www.djh-info.de. jh-cochem@djh-info.de. **Anfahrt:** Vom Bhf Cochem an der Strecke Koblenz – Trier über die Moselbrücke 5 Minuten Fußweg. **Angebot:** Neben der Moselbrücke am rechten Moselufer. 146 Betten, 2-, 4-, und 6-Bettzimmer, Bistro, 7 Seminarräume, Spielplatz, Kicker, Flipper, Billard, Bolzplatz, Grillhütte. ÜF ab 16,90 €, HP ab 22,90 €, VP ab 25,90 €. Erst 2003 renoviert.

Naturfreundehäuser

Äußerlich sehen sich Naturfreundehäuser und Jugendherbergen mitunter zum Verwechseln ähnlich: wanderhüttenhafte Architektur, große und kleine Schlafsäle, um das Haus herum Spiel- und Bolzplätze mit viel Leben. Aber in ihnen herrscht doch ein sehr unterschiedlicher Geist. Denn Naturfreunde sind als Spross der Arbeiterbewegung seit ihrer Gründung um Emanzipation und soziale Solidarität bemüht. Politische Diskussionen mit gesellschaftskritischer oder ökologischer Zielsetzung waren und sind selbstverständlich. In einigen Häusern wird noch die Selbstverwaltung, das heißt der ehrenamtliche Hüttendienst, praktiziert. Die meisten Häuser haben Lokale und Biergärten, in denen man preiswert essen & trinken kann.

Naturfreundehäuser stehen allen offen, also auch Nichtmitgliedern, allerdings zahlen Letztere ein wenig mehr. Der Mitgliedsbeitrag liegt je nach Ortsgruppe bei etwa 40 € für einen Erwachsenen und dessen Kinder und etwa 65 € für ein Elternpaar mit Kindern. Naturfreundehäuser sind sehr kinder- und familienfreundlich und bieten zumeist große Spielflächen und -plätze im Umfeld der Häuser.

@ Unter http://naturfreundehaeuser.de findet ihr alle Naturfreundehäuser Deutschlands.

Laacherseehaus, NFH Laacher See, Laacherseestraße 17, 56743 Mendig. ✆ 02652/4777, Fax 2282. www.laacherseehaus.de. info@laacherseehaus.de. (Hohe Eifel). **Anfahrt:** Über Bahnhof Andernach zum Bahnhof Mendig, anschließend 3,5 km zu Fuß (Richtung Maria Laach) oder Bus Andernach – Maria Laach, dann eine halbe Stunde zu Fuß in Richtung Mendig. A61 bis Ausfahrt Mendig, dann rechts Richtung Maria Laach, 900 m. **Zeiten:** ganzjährig. **Angebot:** Etwa 1 km südlich von Maria Laach an der Straße Mendig – Laacher See etwas zurückgesetzt am Waldrand. 87 Betten, 2-, 3-, 4- und Mehrbettzimmer, mit Waschbecken oder Du/WC. Preise für Nichtmitglieder: ÜF 18,50 €, Kinder bis 3 Jahre 4 €, 3 – 5 Jahre 10,30 €, 6 – 12 Jahre 14,40, 13 – 17 Jahre 15,50 €. Auch Gruppentarife, HP, VP möglich. Voll bewirtschaftetes Lokal, Liegewiese, Kinderspielplatz, Bolzplatz, Ferienheim, Jugendzeltplatz. Hauptsitz der Aktion Umweltdetektiv des LV Rheinland, biologische Station.

NFH Berg, Naturfreundeweg, 53505 Berg. ✆ 02643/7308, Fax 901969. www.naturfreundehaus-berg.de. nfh-berg@t-online.de. (Ahr). **Anfahrt:** Ab Bhf Rheinbach Bus bis Haltestelle Berg. Ab A61/A565 Kreuz Meckenheim B257 Richtung Altenahr 9 km bis Kalenborn, dort auf der Höhe Richtung Rheinbach bis Abzweigung Kreuzberg/Berg, in Berg Hinweisschild. **Zeiten:** ganzjährig. **Angebot:** 500 m von Berg, AFM, 68 Betten, 2-, 3-, 4- und Mehrbettzimmer, z.T. mit Waschbecken. Preise für Nichtmitglieder: ÜF 18,50 €, Kinder 3 – 5 Jahre 10,30 €, 6 – 10 Jahre 13,40 €, 11 – 17 Jahre 14,50 €, Studenten 17,50 €. Voll bewirtschaftet, Lokal, Liegewiese, Kinderspielplatz, Bolzplatz, Jugendzeltplatz.

NFH Obermaubach, Bergsteiner Straße 56, 52372 Kreuzau. ✆ & Fax 02422/6351. www.naturfreundehaus-obermaubach.de, info@naturfreundehaus-obermaubach.de. **Anfahrt:** Ab Bhf Düren Rur-Tal-Bahn nach Heimbach, von Obermaubach 20 Min. Fußweg. A4 Ausfahrt Düren, Richtung Euskirchen bis Abzweig Kreuzau, dann Richtung Winden. **Angebot:** Das überschaubar kleine Haus liegt am Rand der Ortschaft in der Rur-Eifel mit ihren vielen Stauseen und Felsenhängen.

Am Stausee Obermaubach lässt es sich herrlich Boot fahren und wandern. Das NFH ist ganzfährig geöffnet, voll bewirtschaftet und hat 38 Betten mit 1 x 2, 7 x 4 und 1 x 8 Betten. ÜF 17 €, Kinder 3 – 5 Jahre 10 €, 6 – 12 Jahre 12,50 €, bis 17 Jahre 15,50 €; Gruppentarife. HP und VP möglich. Spielwiese, Selbstkocherküche, 2 Aufenthaltsräume.

Jugendfreizeit- und Gästehäuser

Jugendfreizeit- und Gästehäuser (inkl. Schullandheime) ähneln in ihrer Einrichtung den Jugendherbergen und Naturfreundehäusern. Oft ist ihr Standard aber niedriger. Sie sind ausschließlich für große Kinder- und Jugendgruppen gedacht, das heißt vor allem für Klassenfahrten und Freizeiten in den Sommerferien. Entsprechend ihrer bescheidenen Ausstattung sind auch die Tarife angenehm niedrig.

Hohes Venn

Gîte d'Etape d'Eupen, Haus Stockem, Stockem 39/40, B-4700 Eupen. ✆ 0032-2/2090300 (Reservierungszentrale), 0032-87/740851, Fax 2230389. **Angebot:** 27 Zimmer, große Spielwiese. ÜF unter 6 Jahre 6,80 €, unter 26 Jahre 10,50 €, ab 26 Jahre 13 €. Mittagessen oder Reisebrote 4,80 €, Abendessen 7,35 €, VP 14,80 €/22,65 €/25,15 €, Bettwäsche 4 €.

Jugend- und Gästehaus Eupen, Judenstraße 79, B-4700 Eupen. ✆ 0032-87/553126, Fax 557903. www.giteupen.org. giteupen@belgacom.net. **Anfahrt:** SNCB-Bahnhof Eupen 1 km entfernt. **Angebot:** Das Jugendgästehaus liegt auf dem Berg zwischen Unter- und Oberstadt, 10 Min. vom Stadtzentrum entfernt, 5 Min vom Wald. 104 Betten in 19 Zi. zwischen 2 und 12 Betten, ein behindertengerechtes 3-Bettzimmer. ÜF für Kinder bis 6 Jahre 6,80 €, unter 26 Jahre 10,50 € und ab 26 Jahre 13 €. Ess-, Mehrzweck- & Klassenräume, Spielwiese und Grillplatz am Haus. Schwimmbad 3 Gehminuten.

Packtipp: Schlafsäcke mitbringen!

Alte Schule, Verein für Jugend- und Erwachsenenbildung Aachen/Rohren e.V., Droeft 8, 52156 Monschau-Rohren. Anmeldungen bei Agnes Hilfrich, Gulpener Straße 19, 52074 Aachen, ✆ 0241/81262. **Angebot:** Ehemalige Dorfschule mit Tagesraum, Speiseraum, Küche. 30 Betten in 8 Schlafräumen: 3 x 2 Betten, 3 x 3 Betten, 1 x 7 Betten, 1 x 8 Betten. Duschen, WC, Tischtennisplatte, Kicker und Hof zum Parken und Spielen. Übernachtung pauschal für bis zu 20 Gäste Fr – So oder Mo – Fr 245 €, jede weitere Person 1,60 € pro Tag, Strom nach Verbrauch.

Nordeifel

Ferienfreizeitheim Weiler am Berge, Spitzbergweg 7, 53894 Mechernich-Weiler am Berge. ✆ 0221/8013948, Fax 795611. www.weiler-verein.de. buchen@weiler-verein.de. **Infos:** ✆ 02256/3255. **Angebot:** Ehemalige Schule mit einem Lehrerwohnhaus direkt am Wald. 38 Betten in 10 Zimmern. Außerdem gibt es am Haus 3 Tagesräume, Tischtennisraum mit Platte und Fußballkicker, Lagerfeuer- und Grillplatz, Rasen-Volleyballplatz, große asphaltierte Hoffläche mit Basketball-Anlage und viel Rasenfläche zum Liegen und Spielen. In unmittelbarer Nachbarschaft gibt es einen Fußballplatz, der von den Gruppen benutzt werden darf. VP 22 €, Selbstversorger 12,90 €. Bei reinen Familienfreizeiten gibt es für 2- – 10-Jährige 25 % bzw. für 11- – 14-Jährige 12,5 % Preisnachlass. Kinder unter 2 Jahren sind frei.

Jugendgästehaus Nettersheim, Schulstraße 22, 53947 Nettersheim. ✆ 02486/80070, 1246 (Anmeldung/Information), Fax 7878. www.nettersheim.de. nettersheim@eifel-online.de. **Anfahrt:** Vom Bhf Nettersheim 10 Minuten Fußweg. A1 Ausfahrt Nettersheim, B258. **Angebot:** 200 Betten in 12 EZ, 12 DZ und 32 MBZ. ÜF kosten für Gäste unter 16 Jahren 15 €, darüber 17 €. Es liegt zentral in Nettersheim, nicht weit vom Naturschutzzentrum entfernt. Vollwert- oder vegetarische Kost und Speisen für spezielle Glaubensrichtungen auf Anfrage. Mit Kiosk, Spielmöglichkeiten, Fernsehraum und Grillplatz. Reines Nichtraucherhaus.

Tipp: Bei mindestens 4 Übernachtungen wird es billiger.

Schneifel

Haus Schleck, Helmuth Schleck, Witzfeld 31, B-4760 Büllingen. ✆ 0032-80/647642, Fax 647642. **Angebot:** 2 Schlafsäle für bis zu 50 Personen. Dazu Aufenthaltsraum, Küche mit Geschirr und Besteck für 50 Gäste, Spielwiese, Lagerfeuerplatz. Preis pro Nacht 100 €. Das Haus liegt 3 km vom Sport- und Freizeitheim Worriken Bütgenbach entfernt, wo man fast jede Sportart ausüben kann.

Packtipp: Schlafsack und Kopfkissen mitbringen.

Eifelhaus Detzelvenn, Sabrina Gaspers, Dorfstraße 33, B-4782 Amelscheid-Schönberg. ✆ 0241/84470, Fax 872779. **Angebot:** Gruppenhaus mit 34 Betten in 6 Zimmern, 4 x 5 Betten, 2 x 7 Betten, auf der Höhe über dem Ourtal. Pro Nacht 210 €, mit Spielplatz.

Gruppenunterkunft Schüller, Familie Blunk, Schulstraße 10, 54586 Schüller. ✆ 06597/4508. **Angebot:** Uriges altes Kirchhaus bei Jünkerath mit 2- bis 12-Bettzimmer für maximal für 35 Personen mit Möglichkeit zum Reiten.

Rund um die Ahr

Jugendhof Finkenberg, Jugendbildungsstätte des Erftkreises, Finkenberg 20, 53945 Blankenheim. ✆ 02449/228, Fax 7790. www.jugendhof-finkenberg.de. jugendhof.finkenberg@gmx.de. **Anfahrt:** Bus vom Bhf Blankenheim-Wald bis Blankenheim-Mitte. **Angebot:** 2003 renoviertes Schullandheim des Erftkreises, in dem Familien, Kindergärten, Schulen und Kinder- und Jugendgruppen auch aus anderen Regionen willkommen sind. Jeder Gruppe steht ein eigener Aufenthaltsraum zur Verfügung. 120 Betten in 33 Schlafräumen, 3 Speiseräume, 7 Aufenthaltsräume und 1 Leiterzimmer. Mit Tischtennisplatten, Angebote wie Disco-, Videoanlage, Flügel, Sporthalle, Werkraum, beheiztes Freibad oder Grillhütte können kostenlos nach Absprache genutzt werden. Zahlreiche Referenten bieten Workshops und Exkursionen im Bereich der Abenteuer- und Erlebnispädagogik und Naturerfahrungen an (Buchung und Eigenfinanzierung erforderlich). In schneereichen Wintern kann man auf dem Rodelhang hinter dem Haus erstklassige Abfahrten genießen, Schlitten können geliehen werden. Die Preise sind wirklich günstig: für Familien und Kinder-/Jugendgruppen kostet die Übernachtung 9,20 €, Frühstück 2,80 €, Mittagessen 5,80 €, Abendessen 4,40 €, bei mehr als 2 Nächten und für Kindergartengruppen gibt es Ermäßigungen. Kinder unter 3 Jahren bezahlen nichts.

Tipp: Je 15 Teilnehmer ist ein Betreuer frei.

Bundeskursstätte der Pfadfinderinnenschaft St. Georg (PSG), Mühlenberg 5, 53945 Blankenheim-Ahrhütte. ✆ 02697/7482, www.ahrhuette.de. info@psg-bundesverband.de oder psg@ahrhuette.de. **Anfahrt:** DB Blankenheim-Wald 15 km, Bus Dollendorf 1 km. A1 Ausfahrt Blankenheim Richtung Adenau. **Infos:** Pfadfinderinnenschaft St. Georg, Unstrutstraße 10, 51371 Leverkusen, ✆ 0214/4039-20, Fax -22. **Angebot:** Frisch renoviertes Selbstversorgerhaus mit 52 Betten für Jugendgruppen und Schulklassen mit 4 Tagesräumen, Speiseraum, Aufenthaltsraum, Lesezimmer und Meditationsraum. Die Zimmer haben 1, 2, 3, 4, 10 oder 14 Betten. Außerdem ein Zeltplatz mit Grill und Feuerstelle für etwa 100 Personen. Das Haus kostet pro Person 8 €, ab 30 Personen 7 €, Wochenendpauschale 18 € bzw. 17 €, Zeltplatz 3,50 €. Mindestbelegung 20 Personen, in den Ferien 40 Personen.

Tipp: Das Haus ist behindertengerecht ausgebaut. Eines der Einzelzimmer im Erdgeschoss hat Dusche und WC für Behinderte.

Jugendzeltplätze

Für Schulklassen und größere Jugendgruppen gibt es schließlich noch die Jugendzeltplätze. Das ist zweifellos die einfachste, wildeste und auch preiswerteste Variante des Campens. In der Regel existieren auf diesen Plätzen nur ganz einfache Waschgelegenheiten und Toiletten, keine Lokale und nur in Ausnahmefällen Aufenthaltsräume. Dafür gibt es viel Gelände, so dass die Kinder und Jugendlichen sich so richtig austoben können. Oft haben diese Plätze eine Stelle für zünftige Lagerfeuer. Wie die Campingplätze liegen die Jugendzeltplätze meist in schöner Landschaft am Bach, Fluss, See oder Waldrand. Sie gehören Gemeinden oder Forstämtern, bei denen man sich anmelden muss und denen eine Gebühr zu zahlen ist.

Hohes Venn

Jugendzeltlagerplatz Dreistegen, Dreistegen, 52156 Monschau. ✆ 02472/5497. **Angebot:** Der Zeltplatz liegt etwas außerhalb von Monschau im Waldstreifen entlang der oberen Rur. Preise nur auf Anfrage.

Schneifel

Waldjugendlager Jünkerath-Wirfttal, Verbandsgemeindeverwaltung Obere Kyll, Rathaus, 54584 Jünkerath. ✆ 06597/16137, Fax 16128. www.oberekyll.de. info@oberekyll.de. **Anfahrt:** Bhf Jünkerath. **Angebot:** Bei Stadtkyll, einem schön gelegenen Dorf (1400 Einw., Läden, Gaststätten, Erlebnis- und Hallenbad, Kinderspielplatz), 16 Hütten im Köhlerhüttenstil (für bis zu 7 Pers., Bettwäsche oder Schlafsack mitbringen), Küche (Küchen- und Kochgeschirr mitbringen), Gemeinschaftshaus, Aufenthaltsraum, Bolzplatz, Tischtennisplatten, in der Nachbarschaft: Freibad (beheizt 24°C, 5-m-Sprungturm, Riesenrutsche) und Minigolf; Hütte pro Nacht 1.11. – 30.4. 36 €, 1.5. – 31.10. 48 €, Mindestbelegungsgebühr 200 €, Kaution pro Hütte 30 €.

Jugendlager Prüm, Stadtverwaltung, Hahnplatz 1, 54595 Prüm. ✆ 06551/2481, Fax 984221. stadt@pruem.de. Das Lager ist im Stadtteil Dausfeld. **Angebot:** 10 beheizbare Köhlerhütten für bis zu 7 Personen, Aufenthaltsraum, eingerichtete Küche, Toiletten, Duschen, Waschräume, Feuerstelle, Grill und Bolzplatz. Pro Hütte und Nacht Mitte September bis Mitte Mai 23 €, Mitte Mai bis Mitte September 30 €. Mindestbelegung 5 Hütten und 2 Übernachtungen. Nebenkosten

Packtipp: Schlafsack, Wolldecke, Kopfkissen, Teller, Tassen und Essbesteck mitbringen!

werden nach Verbrauch berechnet. Frei- und Hallenbad und Fahrradverleih in der Nähe.

Wigwam in Bleialf, Jugendlager Bleialf, Ursula Hacken, Untergbergstraße 16, 54608 Bleialf. ✆ 06555/8691 (Info + Reservierung), 1069 (Telefon im Lager), Fax 931004. Handy 0171/1711338. e.hacken@t-online.de. **Anfahrt:** Das Lager ist im Brandscheider Weg. **Angebot:** Von Wäldern umgeben unmittelbar am Schwimmbad, 10 Wigwamhütten für jeweils bis zu 7 Personen. Pro Hütte und Nacht kostet es 21 € (15.05. – 15.09.) oder 17,50 € (15.09. – 15.05.). Mit Trinkwasserversorgung, Waschräumen, Duschen, Toiletten, fester Feuerstelle, Aufenthaltsraum und Kücheneinrichtung (nur Teller, Tasse, Besteck ist mitzubringen).

Südeifel

Waldjugendlager Irrel, Norbert Thünemann, Büchelstraße 4, 54666 Irrel. ✆ 06525/932555, Fax 932559. thuenemann-irrel@t-online.de. **Angebot:** Das Waldjugendlager Irrel befindet sich nahe den »Irreler Wasserfällen«, etwa 1,5 km vom Ortskern Irrel entfernt. Großer Zeltplatz für über 200 Pers., 7 Köhlerhütten für jeweils bis zu 7 Personen, Mai – August 23 € pro Tag und Hütte, September – April 20 €, (Aufpreis für Kurzbuchungen unter 3 Nächten). Zelten pro Person und Nacht 2,30 €.

Jugendzeltplatz Ernzen, 54668 Ernzen. ✆ 06525/7224, Fax 79244. **Angebot:** Von Wald umgeben, Zeltplatz für 150 – 200 Personen, 2 Blockhütten für bis zu 60 Pers. Zelten pro Person und Nacht 2 €, Schlafräume Mai – August 26 €, September – April 20 €.

Jugendzeltdorf Ferschweiler, Gemeindeverwaltung Ferschweiler, 54668 Ferschweiler. ✆ 06523/811. **Angebot:** Viel Wald in der Umgebung, großer Zeltplatz, Kapazität für über 400 Pers. Pro Person und Nacht 2,60 €. Gegen Aufpreis: Küchenbenutzung, Endreinigung, Müll, Miete von Tischgarnituren.

Jugendzeltplatz Ammeldingen, Ortsgemeinde Ammeldingen, Hubert Norta, 54673 Ammeldingen. ✆ 06564/2724. **Angebot:** In der Nähe von Neuerburg, etwa 1,5 km von Ammeldingen entfernt. Zeltplatz für maximal 120 Pers. Zelten pro Person und Tag 2 €.

Jugend- und Freizeitstätte Fischbach, Peter Schuster, Talstraße 2, 54675 Fischbach-Oberraden. ✆ 06564/4530, Fax 930823. www.jfs-fischbach.de. jfs-fischbach@web.de. Anschrift der Unterkunft: Brücke 7. **Angebot:** Zeltplatz für maximal 100 Pers., ferner 2 Blockhäuser und Unterkünfte im

Bio-Label Hof, Robert und Edith Kölsch, Kunkelborn 1, 54298 Welschbillig-Kunkelborn. ✆ 06506/8133, Fax 953296. Do, Fr 10 – 18, Sa 9 – 13 Uhr und nach telefonischer Vereinbarung. Der Hofladen bietet ein Naturkost-Vollsortiment an.

Schlafhaus für bis zu 100 Pers. Mit Grillplatz, Mehrzweckraum und Betreuerräumen.

Vulkaneifel

Jugendhüttendorf Vulkaneifel, Familie Moritz, Herbstwiese, 54531 Manderscheid. ✆ 06572/92110, Fax 921149. **Angebot:** 22 Holzhütten, winterfest, 5 Tagesräume, Bolzplatz, Basketball, Volleyball, Tischtennis, Grill- und Lagerfeuerplätze, Kinderspielplatz, Plantschbecken, VP 17 – 22,50 €, auch Ü mit Selbstversorgung möglich, für Kindergruppen, Schulklassen, Familien und Wanderer; angeschlossen sind ferner Zeltplatz und Naturcamping.

Campingplätze

Für Kinder, vor allem wenn sie aus der Stadt kommen, hat es etwas Abenteuerliches und einen Hauch von Freiheit, in einem Zelt auf einer Wiese in der Nähe von Bach, Fluss oder Wald zu leben, den Regen auf das Zelt prasseln zu hören und dem Rauschen des Windes und Zwitschern der Vögel zu folgen. Man braucht nur aufzuspringen und ist bereits mitten in der Wiese und auf frischem Gras.

Campingplätze können von sehr unterschiedlichem Standard sein. Auf den ganz einfachen Plätzen gibt es außer sehr einfachen sanitären Anlagen und Toiletten gar nichts. Auf Komfortplätzen existieren dagegen nicht nur hervorragende sanitäre Einrichtungen, sondern sogar Schwimmbäder, Restaurants, Lebensmittelläden, Küchen, Aufenthaltsräume, Babywickelräume, Kinderspielplätze, Minigolfplatz, Grillplatz oder Grillhütte. Entsprechend bestehen auch deutliche Unterschiede bei den Preisen. Zudem zahlen Camper mit Wohnwagen deutlich mehr als Radler und Fußgänger, die gerade mal eines kleinen Zeltplatzes bedürfen.

Hohes Venn

Campingplatz Perlenau, Perlenau, 52156 Monschau. ✆ 02472/4136, Fax 4493. www.monschau-perlenau.de. **Zeiten:** 10 Tage vor Ostern – 31. Oktober. **Angebot:** Familiengerechter Platz mit unparzellierter Zeltwiese, Außenschwimmbad, Kleinkinderbecken, Spielplatz, Einkaufladen, Café-Restaurant. Pro Person 4,50 €, Kinder 3 €, Hunde 2 €,

Hier wird auf Mülltrennung geachtet!

Auto 2,50 €, Zelt 3 – 4,50 €, Wohnwagen/Anhänger 4,50 €, Wohnmobil 5 – 6,50 €, Motorrad 2 €, auf der Homepage finden sich immer mal wieder günstige Sonderpreise.

Schneifel

Camping Edelweiß, Trierer Straße, B-4760 Büllingen. ✆ 0032-80/642051, 398255, Fax 398265. **Angebot:** Netter Campingplatz mit 100 Standplätzen entlang eines schattigen Hanges am Teich. Mit Tennis, Volleyball, Sauna und Spielplatz. Auto mit Zelt 5,50 €, Caravan 7,50 €, pro Person 1,75 €, Dusche 1,25 €, Waschmaschine 2,50 €.

Camping International, Ouren 14, B-4790 Ouren. ✆ 0032-80/329291, Fax 420142. www.camping-international.be. info@camping-international.be. **Zeiten:** April – September. **Angebot:** **Campingplatz direkt an der Our mit 140 Kurzzeit-Stellplätzen, Restaurant, Sport- und Spielplatz. Die Our ist ein prima Wasserspielplatz, hier könnt ihr schwimmen, plantschen, Boot fahren und Dämme bauen. Erwachsene 3,50 €, Kinder bis 14 Jahre 2 € (maximal zwei Kinder pro Familie werden berechnet), Hund 2 €, Zelt/Caravan 3,80 €, Auto 2,50 €, Wohnmobil 6,30 €, Motorrad 1,50 €.

Landal GreenParks Wirfttal, 54589 Stadtkyll. ✆ 06597/9292-0, Fax 9292-50. www.landal.de. info@landal.de. **Zeiten:** ganzjährig. **Infos:** Mo – Fr 8 – 21, Sa 10 – 15 Uhr, ✆ 06581/919393. **Angebot:** An einem kleinen Stausee im Wirfttal, gut ausgestattet, 270 Stellplätze, davon 165 für Touristen. Stellplatz und 2 Pers. 10 – 22 €, weitere Pers. 2,25 €, Hund 2,25 €, Lebensmittelverkauf, Restaurant, Imbiss, Babywickelraum, Kinderspielplatz, Hallenbad mit Plantschbecken, Minigolf, Fahrradverleih, benachbart ferner das Freibad der Gemeinde mit Riesenrutsche.

Waldcamping Prüm, Postfach 1012, 54591 Prüm. ✆ 06551/2481, Fax 6555. www.waldcamping-pruem.de. info@waldcamping-pruem.de. **Zeiten:** ganzjährig. **Angebot:** Von Wald umgeben, 210 Stellplätze, davon 110 für Touristen, pro Person 4 € (10 % Rabatt bei CCI-, ADAC- und DCC-Mitgliedern), Kinder bis 4 Jahre frei, Stellplatz inkl. Auto, Wohnwagen, Zelt, Strom 11 €, Hund 1,25 €. Gruppenzeltplatz, bW, bT, Lebensmittelverkauf, Restaurant 1 km, Babywickelraum, Kinderspielplatz, Freibad benachbart, Hallenbad 900 m entfernt.

Camping Bleialf, Im Brühl 4, 54608 Bleialf. ✆ 06555/1059, Fax 294. www.camping-bleialf.de. info@camping-bleialf.de. **Zeiten:** ganzjährig. **Angebot:** Am Waldrand, 190 Stellplätze (96 für Touristen), Erw. 4,75 €, Kinder 4 – 14 Jahre 3,75 €,

Stellplatz 7,40 €, Hund 2,50 €, auch Holzferienhäuschen, bW, bT, Kinderbetreuung, Wickelraum, ca. 100 m entfernt Restaurant und Kinderspielplatz, Lebensmittelverkauf 200 m, Schwimmbad auf dem Platz, Fahrradverleih 600 m.

Prümtal-Camping und Freizeitzentrum im Bitburger Land, In der Klaus 5, 54636 Oberweis. ✆ 06527/9292-0, Fax -32. www.pruemtal.de. **Zeiten:** ganzjährig. **Angebot:** Von viel Grün umgeben, 232 Stellplätze (132 für Touristen), Erw. 3,75/ 4,95 €, Kinder 2,20/2,95 €, Caravan 2,75/3,60 €, Stellplatz 5,45/7,25 €, Hund 1,35/1,80 €. bW, bT, Lebensmittel, Restaurant, Imbiss, Aufenthaltsraum, Babywickelraum, Spielplatz, beheiztes Schwimmbad, Bolzplatz, Volleyball.

Hohe Eifel

Camping am Nürburgring, 53520 Müllenbach. ✆ 02692/224, Fax 1020. **Zeiten:** ganzjährig. **Angebot:** Am Nürburgring, sehr großes Gelände, Waldstreifen, 1200 Stellplätze (1000 für Touristen), Erw. 9,50, Kinder 3,50 €, bW, bT, Lebensmittelverkauf, 2 Restaurants, Kiosk, Abenteuerspielplatz mit Blockhütte, Lagerfeuer, Tischtennis.

Camping Laacher See GmbH, Am Laacher See, 56653 Wassenach-Maria Laach. ✆ 02636/2485, Fax 929750. www.camping-laacher-see.de. **Zeiten:** Ostern – Ende September. **Angebot:** Am Nordufer des Laacher Sees in malerischer Lage 180 Stellplätze, davon 90 für Touristen. Erw. 5 €, Kinder 3 – 14 Jahre 3 €, Wohnmobil 8 €, Wohnwagen 5 €, Pkw 3 €, Zelt 3,50 – 5 €, Hund 2 €, Dusche 50 Cent. Mit Restaurant, Imbiss, Minimarkt, Babywickelraum, Waschmaschine, Trockner, Spielplatz, Badesee, Bootsanlegestelle, Kanu, Paddeln, Segeln, Windsurfen, Tret- und Ruderbootverleih von einer Anlegestelle im Südwesten des Sees beim Kloster.

Rund um die Ahr

Camping Goldene Meile, Am Allwetterbad, 53424 Remagen. ✆ 02642/2222, Fax 1555. **Zeiten:** ganzjährig. **Angebot:** Am Rheinufer, benachbart das beheizte Allwetterbad, 500 Stellplätze (250 für Touristen), Erw. 4,50 €, Kinder 3,50 €, Stellplatz 6,25 €, Zelt 3 €, Hund 1 €, bW, bT, Kochstelle, Lebensmittelverkauf, Restaurant mit großer Terrasse, Kinderspielplatz, Babywickeltisch, einer der am besten ausgestatteten Plätze am Mittelrhein.

Europa-Campingplatz Am Wehr, 53505 Ahrbrück. ✆ 02643/ 6600, Fax 6902. claudiaenke@aol.com. **Zeiten:** ganzjährig. **Angebot:** Großer Campingplatz direkt an der Ahr mit separaten Wiesen für Biker, Jugendgruppen und Vereine. Babywickelraum, Waschmaschinen, Trockner, Spielplatz, Restaurant, Imbiss, Kiosk, Biergarten. Erwachsene 3,50 €, Kinder 4 – 14 Jahre 2 €, Wohnwagen + Pkw 6, Pkw 2, Wohnmobil 5, Zelt + Pkw 6, Zelt + Motorrad 2,50 €, Hund 1,50 €, Gruppenzelt 15 €. Ermäßigungen für Gruppen ab 20 Personen. Im Sommer könnt ihr ganz prima in dem kleinen Stauwehr schwimmen, plantschen und Staudämme bauen.

? *Rätsel: Fast überall in der Eifel stellen Obstbauern Viez her. Was ist das denn eigentlich?*

Camping Schulz-Kreuzberg, 53505 Altenahr-Kreuzberg. ✆ 02643/8338, Fax 3391. **Zeiten:** ganzjährig. **Angebot:** 310 Stellplätze, davon 50 für Touristen, Erw. 3,50 €, Kinder 2,50 €, Stellplatz 5 €, Auto mit Zelt 6 €, Hund 1 €, Restaurant, Lebensmittelverkauf, Kinderspielplatz, Babywickelraum.

Feriendorf Sahrtal, 53505 Kreuzberg/Ahr. ✆ 02643/2450, Fax 3113. www.feriendorf-sahrtal.de. info@feriendorf-sahrtal.de. **Angebot:** Familienplatz im ruhigen Sahrbachtal mit 150 Stellplätzen, Schwimmbad, Imbiss, Gaststätte und Spielplatz. Erwachsene 2,60 €, Kinder bis 12 Jahre 1,50 €, Hunde 1 €, Caravan + Auto 6,15 €, Zelt + Auto 5,10 €.

Südeifel

Eifel Ferienpark Waxweiler, Schwimmbadstraße 7, 54649 Waxweiler. ✆ 06554/92000, Fax 920029. **Zeiten:** Ostern – 5.11. **Angebot:** An der Prüm gelegen, 5 Minuten Fußweg vom Ortszentrum, 110 Stellplätze (alle für Touristen), Erw. 2,75/4 €, Kinder 2,25/3,50 €, Stellplatz 5,50/7,75 €, Hund 2,50 €, Lebensmittelverkauf, Restaurant 500 m entfernt, Kinderspielplatz, Tischtennis, Schach, Volleyball, freier Eintritt zum Schwimmbad, Minigolfanlage in der Nähe.

Camping Nimseck Irrel, 54666 Irrel. ✆ 06525/314, Fax 1299. www.camping-nimseck.de. info@camping-nimseck.de. **Zeiten:** Ostern – Anfang November. **Angebot:** Am Ufer der Nims, 300 Stellplätze, davon 150 für Touristen, Erw. 3,75/5,25, Kinder 2,75/4,25 €, Stellplatz 5,25/7,25, Hund 1,25/1,75 €, auch FH für bis zu 5 Pers., Restaurant, Kinderspielplatz, Babywickelraum, Freibad, Hallenbad 800 m, Tischtennis, in den Sommerferien Kinderspiele.

Camping + Freibad Echternacherbrück, Mindener Straße 18, 54668 Echternacherbrück. ✆ 06525/340, Fax 93155. www.echternacherbrueck.de. info@echternacherbrueck.de. **Anfahrt:** Bahn bis Echternach (Lux) oder Bus bis Echternacherbrück. **Rad:** Sauer-Radweg auf der luxemburgischen Seite. **Zeiten:** 1.4. – 15.10. **Angebot:** 430 Stellplätze (220 für Touristen), Erw. 5,10 €, Kinder 5 – 15 Jahre 3,10 €, Motorcaravan 6,70 €, Caravan 3,10 €, Auto 3,30 €, Zelt 3,10 €, Hund ab 1,50 €; Ermäßigungen in der NS. Kinderspielplatz, Babywickelraum, Lebensmittelverkauf, Restaurant 100 m entfernt, Bootsanlegestelle 500 m, Fahrradverleih 500 m. Freibad, warme Duschen sowie etliche Animationen sind im Preis bereits enthalten, z.B. Tischtennisturniere, Kinder-Disco, Keramikmalen, Wanderungen und Boule spielen.

Campingplatz »In der Enz«, Wilhelm Basse, In der Enz 23, 54673 Neuerburg. ✆ 06564/2660, Fax 2979. www.camping-in-der-enz.de. camping@basse.de. **Radweg:** liegt am Radweg auf der alten Eisenbahntrasse Neuerburg/Altfeld, auch gut zum Skaten. **Zeiten:** ganzjährig. **Angebot:** 130 Stellplätze, davon 80 für Touristen, Erw. 2,50 €, Kinder 4 – 15 Jahre 1,50 €, Wohnmobil 4 €, Wohnwagen 3 €, Auto 2 €, Zelt 2 – 3 €, Restaurant, Kinderspielplatz, benachbart zum Freizeit- und Erlebnisbad Aqua Fun.

Eifellux-Mobilheimpark, Gaytalstraße 1, 54675 Körperich. ✆ 06566/8597, Fax 1267. **Zeiten:** 1.4. – 15.10. **Angebot:** Ein ganz anderer Campingplatz, statt Zeltplätzen 30 Mobilheime für bis zu 5 Pers., mit 2 Schlafzimmern, Küche, Wohnraum, Du/WC, Restaurant, Aufenthaltsraum, Kinderspielplatz, Babywickelraum, Fahrradverleih.

Caravaning Parc Martbusch, 3, baim Martbesch, L-6551 Berdorf. ✆ 00352/790545, 790643, Fax 799182. berdorf@gmx.net. **Angebot:** Campingplatz mit der üblichen Ausstattung. Erwachsene 4 €, Kinder 3 – 14 Jahre 2,50 €, Stellplatz 4 €, Hunde 2,50 €. Direkt nebenan gibt es einen Minigolfplatz und einen riesigen Spielplatz. Der Weg zum Aussichtspunkt Rueltzbechlay mit seinen Sandsteinfelsen beginnt hier.

Vulkaneifel

Natur-Camping Vulkaneifel, Feriendorf Moritz, 54531 Manderscheid. ✆ 06572/92110, Fax 921149. **Zeiten:** April – Okt. **Angebot:** Terrassenförmig angelegtes, großes Gelände am Waldrand mit 80 Stellplätzen, davon 70 für Touristen. Erw. 4,50, Kinder ab 6 Jahre 1, Stellplatz 4/6,50, Hunde (nur auf einem Teil des Platzes erlaubt) 1,50 €, bW, bT, Laden, Imbiss, Kinderspielplatz, Babywickelraum, Tischtennis, Bolzplatz, Volleyball, Basketball, Lagerfeuer, Grillplätze.

Camping-Ferienpark Zur Dockweiler Mühle, 54552 Dockweiler. ✆ 06595/961130, Fax 961131. www.ferienpark.de. info@ferienpark.de. **Zeiten:** ganzjährig. **Angebot:** Großzügig angelegt, 280 Stellplätze, davon 130 für Touristen, Erw. 3,50 €, Kinder bis 14 Jahre 2 €, Motorcaravan und Caravan 8/

10,50 €, Auto 2 €, Zelt 4/6,50 €, Hund 1,75 €, auch Vermietung von Ferienhäusern, bT, Kochgelegenheit, Restaurant, Kiosk, Abenteuerspielplatz, Jugendhaus, Tischtennis, Kinderbetreuung.

Camping Feriendorf Pulvermaar, Vulkanstraße, 54558 Gillenfeld. ✆ 06573/287, 996500 (Gaststätte), Fax 996500. Handy 0172/8879345. **Zeiten:** ganzjährig. **Angebot:** 200 m über dem Pulvermaar gelegen, Wiese z.T. mit Bäumen, 120 Stellplätze (50 für Touristen), Erw. 3,50 €, Kinder 3 – 12 Jahre 3 €, Zelt/Motorcaravan/Caravan Größe 4 – 8 €, Hund 1 €, heiße Dusche 0,50 €, Restaurant, Kiosk, Kinderspielplatz, Tischtennis, Basketball, in den Sommerferien Brötchenservice und Kinderbetreuung, wenige hundert Meter zum Freibad Pulvermaar mit Bootsverleih. Gillenfeld mit Supermarkt, Bäckereien und Restaurants ist nur 2 km entfernt.

Campingplatz Oosbachtal, Müllenborner Straße 31, 54568 Gerolstein-Müllenborn. ✆ 06591/7409, Fax 3635. **Zeiten:** ganzjährig. **Angebot:** Am Wald, 90 Stellplätze, davon 30 für Touristen, Erw. 2,50 €, Kinder 6 – 16 Jahre 1,50 €, Motorcaravan und Caravan 6,25 €, Zelt 5 €, Hund 1 €, bW, bT, Laden, Restaurant, Imbiss, Aufenthaltsraum, Kochgelegenheit, Kinderspielplatz, Babywickelraum, Fahrradverleih.

Camping Schausten-Reif, Endertstraße 124, 56812 Cochem. ✆ 02671/7528, Fax 1875. **Zeiten:** ganzjährig. **Angebot:** Im engen, bewaldeten Enderttal an der Straße nach Landkern ca. 1 km vom Stadtzentrum. 85 Stellplätze (alle für Touristen), Erw. 3,25 €, Kinder bis 12 Jahre 2,50 €, Motorcaravan und Caravan 5,50/6 €, Auto 2,50 €, Zelt 5/6 €, Hund 1 €, Lebensmittelverkauf, Restaurant 500 m, Aufenthaltsraum, Kinderspielplatz.

Campingplatz Zur Winneburg, Endertstraße 141, 56812 Cochem. ✆ 02671/98730, Fax 4523. **Zeiten:** 15.4. – 30.10. **Angebot:** Im engen, bewaldeten Enderttal an der Straße nach Landkern (Hinterland, kein Blick auf den Fluss), 50 Stellplätze (40 für Touristen), Erw. 3,50 €, Kinder 2 – 12 Jahre 2 €, Caravan 3,50 €, Auto 2,50 €, Zelt 2,50 €, Hund 2 €, Restaurant, Aufenthaltsraum, Spielplatz, Fahrradverleih.

Camping Altes Forsthaus, 56814 Landkern. ✆ 02671/8701, Fax 8722. **Zeiten:** ganzjährig. **Angebot:** 300 m über der Mosel, 280 Stellplätze (130 für Touristen), Erw. 3 €, Kinder 2,25 €, Motorcaravan u. Caravan 4,50/5,50, Auto 1,50 €, Zelt 4,50/ 5,50 €, Boot 1,50 €, Hund 1 €, Restaurant, Kinderspielplatz, beheiztes Freibad.

MEHRTAGESTOUREN IM WESTEN DEUTSCHLANDS
9 Wanderungen mit leichtem Gepäck zwischen Eifel und Schwarzwald
von Rolf und Waike Weber

Mit An- und Abreise auch ohne Auto, Einkehr- und Unterkunftsadressen sowie GPS-Daten zu allen Zielorten. Ahrtal und Ahrgebirge, Eifel und Mosel, Hunsrück und Eltztal, Naturpark Nassau, Pfälzerwald, Nordvogesen, Kandelhöhenweg, Kaiserstuhl, Schwarzwald.
Alle Wanderungen sind auch in Tagestouren einteilbar.

Entspanntes Wandern ohne viel Gepäck!

Wanderführer im praktischen Taschenformat
192 Seiten, ca. 30 Fotos, ca. 12 Karten
ISBN 3-89859-151-4
12,95 € (D)

WESTERWALD RHEIN, LAHN, DILL & SIEG MIT KINDERN
700 Ausflüge, Aktivitäten und Adressen für Ferien und Freizeit
von Eberhard Schmitt-Burk

Über 700 getestete Ausflüge und Freizeitaktivitäten für Familien und Gruppen mit Kids von 3 bis 13 zwischen Bonn und Gießen, Siegen und Koblenz. Handfeste, gebrauchsfertige Informationen für jede Jahreszeit – komplett mit Bewertungen, Öffnungszeiten, Anfahrt und Preisen. Einfach Spitze!

Durchaus nicht nur für Ausflüge mit Kindern!

Ausflugsführer mit Piktogrammen und zahlreichen Zeichnungen
ISBN 3-89859-405-X
320 Seiten; 12,95 € (D)

RHEINLAND-PFALZ MIT KINDERN
Spiel, Sport, Natur und Abenteuer
Kurt Beck (Hg.), recherchiert von Eberhard Schmitt-Burk

Rund 400 umweltfreundliche Aktivitäten für die ganze Familie werden hier übersichtlich und kompakt vorgestellt. Sie zeigen, wie vielfältig und naturnah das Bundesland ist: Wasserspaß an Seen & Flüssen, Ausflüge ins Grüne, Kurzwanderungen und Radtouren, Schaubergwerke und Naturphänomene. Preiswerte und unbeschwerte Touren werden möglich durch genaue Angaben der Öffnungszeiten, Bahn- und Bus-Infos sowie schöner Ausflugslokale, wo Ihre Kinder willkommen sind.

Der ideale Ausflugsführer für die ganze Familie.

ISBN 3-89859-402-5
320 Seiten; 12,95 € (D)

REGISTER

A

B

C – D

IMPRESSUM

Druck & Bindung: Kösel, Kempten; www.KoeselBuch.de
Umschlaggestaltung: Agentur 42, Mainz
Karten: Peter Meyer Verlag
Zeichnungen: Silke Schmidt, Offenbach
Bezug über den Verlag (vertrieb@PeterMeyerVerlag.de) oder über Prolit, Fernwald-Annerod
ISBN 3-89859-408-4

debus PÄDAGOGIK

Angelika Holderried, Birgit Lücke (Hrsg.)

Handbuch Schulbibliothek

Planung – Betrieb – Nutzung

Selbstlernzentrum, Schulmediothek, Lernatelier oder Leseecke – die Schulbibliothek hat viele Namen. Eines jedoch ist gewiss: Schulen brauchen heute einen Raum, in dem das entspannte Lesen genauso möglich ist wie das selbstständige Lernen. Hier finden die Schülerinnen und Schüler nicht nur Bücher, sondern auch Zeitschriften, Hörbücher, DVDs und Internetdatenbanken. Sie lernen hier, zielgerichtet in diesen Medien zu recherchieren, um die gefundenen Informationen dann in einem neuen Kontext anzuwenden. Schülerinnen und Schüler, die eine gut ausgestattete Schulbibliothek nutzen können, lernen erfolgreicher – das haben verschiedene Studien nachgewiesen.

Wer erfolgreich eine Schulbibliothek aufbauen oder modernisieren möchte, kommt an diesem Handbuch nicht vorbei.

Autorinnen und Autoren: Klaus Dahm | Helga Hofmann | Angelika Holderried | Eva von Jordan-Bonin | Ingrid Lange-Bohaumilitzky | Birgit Lücke | Andreas Müller | Carolin Rohrßen | Hanke Sühl

ISBN 978-3-95414002-2, 240 S., € 29,80

Die Herausgeberinnen

Angelika Holderried, Diplombibliothekarin, MA in Germanistik, Soziologie und Empirischer Kulturwissenschaft, Leiterin „Schule und Bibliothek“ bei der ekz. bibliotheksservice GmbH in Reutlingen.

Birgit Lücke, Diplombibliothekarin, Leiterin der Stadtbücherei Warendorf, Kooperationen mit allen Schulen und diversen Bildungseinrichtungen am Ort; seit 2009 Vorsitzende der Kommission Bibliothek und Schule im dbv e.V.

debus PÄDAGOGIK

Ad.-Damaschke-Str. 10, 65824 Schwalbach/Ts.
Tel.: 06196/86065, Fax: 06196/86060
info@debus-paedagogik.de
www.debus-paedagogik.de